비전 통독 인도자 지침서

예수 그리스도를 초점으로 읽는
90일 성경 1독

비전 통독 인도자 지침서

지은이 | 조상연
초판 발행 | 2017년 9월 4일
2쇄 발행 | 2017년 12월 26일
등록번호 | 제1988-000080호
등록된 곳 | 서울특별시 용산구 서빙고로 65길 38
발행처 | 사단법인 두란노서원
영업부 | 2078-3352　FAX | 080-749-3705
출판부 | 2078-3331

책값은 뒤표지에 있습니다.
ISBN 978-89-531-2925-2　04230
(SET) 978-89-531-2926-9　04230
독자의 의견을 기다립니다.
tpress@duranno.com　www.duranno.com

두란노서원은 바울 사도가 3차 전도여행 때 에베소에서 성령 받은 제자들을 따로 세워 하나님의 말씀으로 양육하던 장소입니다. 사도행전 19장 8-20절의 정신에 따라 첫째 목회자를 돕는 사역과 평신도를 훈련시키는 사역, 둘째 세계선교(TIM)와 문서선교(단행본·잡지) 사역, 셋째 예수문화 및 경배와 찬양 사역, 그리고 가정·상담 사역 등을 감당하고 있습니다. 1980년 12월 22일에 창립된 두란노서원은 주님 오실 때까지 이 사역들을 계속할 것입니다.

예수
그리스도를
초점으로 읽는
90일
성경 1독

비전 통독 인도자 지침서

조상연 지음

두란노

성경을 예수님의 마음으로 읽는 《비전 통독》의 초점, 예수 그리스도!

성경은 오직 한 분 '예수 그리스도'의 이야기입니다!

성경을 올바르게 읽으려면 성경의 핵심을 먼저 알아야 합니다. 성경이 어떤 초점으로 기록되었는지 알면 성경의 핵심도 자연스럽게 알게 됩니다(요 5:39).

성경은 예수 그리스도를 초점으로 하여 기록된 책입니다. 구약성경은 오실 예수 그리스도의 이야기이고, 신약성경은 오신 예수 그리스도의 이야기입니다. 성경은 예수 그리스도를 주제로 약 1,600년에 걸쳐 40여 명의 기자에 의해 일관성 있게 기록되었습니다(딤후 3:16).

성경은 세상의 어떤 책과도 전혀 다른 방법, 즉 하나님의 감동으로 기록되었습니다. 그러므로 성경은 예수 그리스도의 마음으로 읽어야 합니다(빌 2:5-8).

성경은 눈으로만 읽어서는 안 됩니다. 성경은 하나님에게 복종해 십자가에 달려 돌아가신 예수님, 즉 죽으시고 부활하신 예수 그리스도의 마음으로 읽어야 합니다. 성경의 핵심 내용이 예수 그리스도이기 때문입니다.

예수님은 부활하신 후 그분의 부활을 '마음에 더디 믿는 자들'에게 "모세와 모든 선지자들의 글로 시작하여 모든 성경에 쓴 바 자기에 관한 것을 자세히 설명"(눅 24:25-27)하십니다. 또한 예수님은 '마음에 의심하는 자들'을 위해서 구약성경의 핵심을 풀어 주십니다(눅 24:44-47).

구약성경이 예수 그리스도에 대한 이야기임을 예수님이 증언하셨습니다. 사도 바울도 복음 전파 사역을 위해 구약성경을 가지고 예수 그리스도에 대해 강론했습니다(행 28:23). 그러므로 우리는 성경을 읽어야 예수 그리스도를 만날 수 있습니다.

지금은 말씀의 홍수 시대입니다. 그러나 말씀을 아는 만큼 순종이 뒤따르지 못하고 있습니다. 말씀에 순종하는 삶을 살았던 믿음의 선진들에 비해 이 시대는 풍성한 신학 지식만큼 삶을 살아 내는 사람을 찾기 어렵습니다. 때문에 예수 그리스도에게 정확히 초점을 두고 성경을 읽는 것이 무엇보다 필요합니다. 성경을 읽으면 믿음이 생기고, 믿음으로 말미암아 순종할 수 있기 때문입니다(롬 1:5).

히브리서 기자는 이스라엘 백성이 40년의 광야 시대 동안 엄청난 기적을 경험하고도 순종하지 않았던 이유를 "그들이 믿지 아니하므로 능히 들어가지 못한 것이라"(히 3:15-19)고 설명합니다. 순종하는 믿음은 그리스도의 말씀을 들을 때 생겨납니다(롬 10:17).

콩나물 재배법은 밑 빠진 독에 물을 붓는 것입니다. 희한하게도 물은 다 빠져나가지만 콩나물이 자라납니다. 성경 읽기 또한 밑 빠진 독에 물을 붓는 것과 같습니다. 성경을 아무리 읽어도 손에 잡히는 것이 없습니다. 하지만 콩나물이 자라듯 자기도 모르는 사이에 믿음이 조금씩 자라날 것입니다. 그러므로 《비전 통독》과 함께 성경을 예수님 초점으로 읽어 날마다 믿음이 자라게 하는 귀한 성경 읽기 운동에 여러분을 초대합니다.

《비전 통독》은 창세기부터 요한계시록까지 성경의 초점을 예수님에게 맞추어 읽는 구속사적 관점을 제시합니다. 구속사는 예수 그리스도의 생애와 사역에 대한 계시적 예언입니다. 또한 하나님의 구원 역사를 말합니다. 그러므로 구속사는 하나님이 예수님을 통해 이루신 구원의 역사입니다.

지난 10년 동안 하나님은 저에게 성경을 집중적으로 읽게 하셨습니다. 구약성경과 신약성경 그리고 바울 서신과 로마서를 수백 독에서 수천 독 하게 하셨습니다. 이렇게 성경을 읽게 된 것은 현대 의학으로도 고칠 수 없는 큰 질병 때문이었고, 또 그 질병이 딸에게 유전된 것을 알고부터입니다. 하나님은 제가 저와 딸의 인생을 책임질 수 없다는 무력함을 깨닫고 철저히 말씀만 의지하라고 성경을 읽게 하셨습니다.

그런데 성경을 읽으면 읽을수록 성경의 글자 이면의 하나님 마음이 읽히고, 예수님의 생명이 마음에 담기는 것을 느끼게 되었습니다. 이렇게 하나님은 성경 읽기가 단순한 문자 읽기가 아니라 예수님의 생명을 담아내는 것임을 알게 하셨습니다. 성경을 왜 읽어야 하는지, 하나님이 성경을 기록하신 목적이 무엇인지 새롭게 알게 하셨습니다. 그 목적은 예수 그리스도를 통한 구속을 우리에게 알려 주셔서 우리 자신은 죽고 예수의 생명으로 살게 하시려는 것입니다. 이러한 진리를 소개하기 위해 성경을 구속사적 관점으로 읽게 도와주는《비전 통독》을 집필했고, 그간의 성경 통독 사역을 통해 하나님은《비전 통독 인도자 지침서》라는 새 책도 쓰게 하셨습니다.

수년 동안 성경 통독 세미나를 진행해 오면서 기억에 남는 분이 있습니다. 오랫동안 예수님을 믿으면서도 성경을 읽지 못하다가 아주 짧은 기간(약 6개월) 동안 성경을 2독 하고 자신의 성경 통독 경험을 발표한 자매입니다. 자매는 발표하는 내내 눈물을 흘렸습니다. 자매가 깨달은 핵심은 말씀이 생명이라는 것입니다. 자매는 사사기를 읽다가 "이스라엘에 왕이 없으므로 사람이 각기 자기의 소견에 옳은 대로 행하였더라"(삿 21:25)는 말씀을 통해 자기 안에 왕이 없음을 알게 되었습니다. 자매는 예전에 성경을 읽을 때 '성경에 등장한 사람들이 어쩌면 저렇게 하나님의 말씀을 안 들을 수 있을까'를 생각했습니다. 그런데 정작 자신은 4대째 예수를 믿으면서 예수님이 자신의 왕이라고 선포했지만 자기 소견에 옳은 대로 살았던 것 때문에 눈물을 흘렸습니다. 그리고 성경을 알기만 해서는 안 되고 성경대로 사는 것이 중요하다는 것을 깨달았습니다. 저는 '비전 통독 세미나'를 인도하면서 통독의 값진 열매들을 보았습니다.

교회의 권사로 섬기면서 진리의 말씀대로 살아 보려고 발버둥 치다가 한 훈련 학교에 가서 복음을 만나 기뻐서 어쩔 줄 몰랐는데, 3개월쯤 지나면 또 제자리인 모습에 경악하며 그 훈련 학교에 중독되어 열 번이나 갔던 분의 간증도 잊을 수가 없습니다. 그 권사님은 예수 통치가 임해서 작은 예수로 살아갈 비전이 있는 '비전 통독 세미나'에 참석하고 자신은 죽고 예수로 사는 진리를 발견했습니다.

수년 전에 세미나에 참석했던 한 집사님은《비전 통독》으로 1독 하는 인도자가 되어 몇몇 분들과 함께 성경을 읽고 있었습니다. 1독을 마치게 되자 저를 자신의 집으로 초대해 중단하지 않고 성경을 더 읽도록 그들과 미팅을 주선하셨습니다. 그 후 수년이 지난 얼마 전 갑작스럽게 연락이 왔습니다. 이번에는 고등부 교사 약 20여 명과 함께 성경을 읽고 있는데 그들에게 도전을 주는 메시지를 전해 달라는 것입니다. 수년 만에 그 집사님이 인도하는 성경 통독 모임에 가서 느낀 것은, 평범한 가정주부도 교회의 집사와 고등부 교사로 섬기면서 이렇게 성경 통독 소그룹을 인도할 수 있다는 것입니다. 그 집사님은 제가 인도하는 세미나에 참석해, 성경을 읽으면서 일방적인 대화의 소통 또는 관계의 개선과 같은 아주 작고 사소한 영역에서 기적이 일어나고 있다고 간증하신 분이기도 합니다.

성경을 집중적으로 읽기 시작한 지 벌써 15년째가 되어 갑니다. 약 10년 동안은 성경만 읽었는데, 하나님의 은혜로 성경 통독에 관한 책을 집필하면서 세미나를 시작하게 되었습니다. 수년 동안 세미나를 진행하면서 성경 통독 인도자를 세우는 것에 대해 고민하게 됐습니다. 강의를 두 번 또는 세 번씩 듣는 분들은 물론 수년째 세미나에 참석하는 분들도 꽤 계십니다. 이런 분들 중 몇몇 분들은 교회에서 프로그램으로 사용할 수 있는 매뉴얼을 만들어 달라고 요청하기도 하십니다. 오래전부터 생각은 했지만 쉬운 일이 아니었습니다. 그런데 이번에 레제나 하우스 동역자들(PPT를 작업한 김영숙 간사, 수많은 질문을 만든 김성국 총무, 행정 서식을 수정 보완한 신기영 간사, 오늘의 미션과 임상 자료들을 만든 주영미 간사, 실제적인 운영 방법 등을 정리한 안숙향 간사, 주혜선 간사, 전구영 총무)의 도움과 두란노서원의 적극적인 지원으로《비전 통독 인도자 지침서》를 출간하게 돼 얼마나 감사한지 모릅니다.

《비전 통독 인도자 지침서》는 구속사적 성경 읽기와 15주 주차별 강의 내용이 PPT와 함께 수록되어 있고, 성경 66권의 개관이 각 책마다 정리되어 있습니다. 또한 개관을 설명한 후 각 권의 해당 일자별 설명이 정리되어 있습니다.

인도자가 강의할 때 PPT를 화면에 띄운 후 시작하는 것이 좋습니다. 간단한 인사와 함께 시작하면 더욱 좋겠지요. 강의 준비 시 총 강의 시간에 맞추어 PPT 한 장을 설명하는 데 어느 정도의 시간을 할애할지 미리 생각하면 좋습니다. 매주 강의를 시작하기 전에 지난 주 내용을 리뷰(review)해 주면 강의의 이해를 돕게 됩니다. 혹, PPT를 설명하는 것이 막연하다면《비전 통독 인도자 지침서》에 나와 있는 질문으로 시작하면 도움이 될 것입니다. PPT는 교재로 사용하는《비전 통독》의 내용이므로 자세한 설명이 필요하다면 해당 페이지를 안내해 줍니다. 강의 시간을 고려해서 중복되는 내용의 PPT는 건너뛰어도 됩니다. 단, 교재의 어느 곳에 그 내용이 있는지를 안내해 주면 좋습니다. 매주 강의 마지막 부분에 해당하는 PPT를 설명한 후에는 강의 내용을 종합해서 결론으로 정리해 주면 좋습니다.

아무쪼록《비전 통독 인도자 지침서》를 통해서 가정에서 열방까지 성경 통독의 새로운 바람이 불어 하나님의 말씀인 성경을 읽고, 믿고, 말씀대로 사는 역사가 일어나기를 소망합니다.

2017. 9

조상연(레제나 하우스 대표)

《비전 통독 인도자 지침서》 활용 방법

1. 가이드 구성

1) 개강(구속사적 성경 읽기)과 15주 주차별 강의 내용이 PPT와 함께 수록되어 있습니다.

2) 성경 66권마다 각 권의 개관이 정리되어 있습니다.

3) 개관이 설명된 후 각 권의 해당 일자별 설명이 정리되어 있습니다.

4) 교재와 PPT에는 없지만 설명을 통해서 구속사적 관점의 성경 통독에 대한 통찰을 줄 수 있는 Tip이 정리되어 있습니다.

2. 인도자 지침서 활용 방법

1) 간단한 인사와 함께 PPT를 화면에 띄운 후 강의를 시작합니다.

2) 강의 준비시 총 강의 시간에 맞추어 PPT 한 장을 설명 하는데 어느 정도의 시간이 필요한지 미리 생각하면 좋습니다.

3) 해당 주차의 강의를 시작하기 전에 이전 주차의 내용을 리뷰(review)하면 강의의 이해를 돕습니다.

4) PPT를 설명하는 것이 막연하다면 인도자 지침서 가이드에 나와 있는 질문으로 시작하면 됩니다.

5) PPT의 내용은 《비전 통독》의 내용이므로 자세한 설명이 필요하다면 해당 페이지를 안내해줍니다.

6) 교재나 PPT에 없는 내용은 《비전 통독 인도자 지침서》 가이드에 수록된 Tip을 활용하여 설명하면 구속사적 성경 통독에 대한 통찰력을 제공할 수 있습니다.

7) 강의시간을 고려해 중복되는 내용의 PPT는 건너뛰어도 됩니다. 단, 교재의 어느 곳에 그 내용이 있는 지 안내해줍니다.

8) 매 강의 마지막 부분에 해당하는 PPT를 설명한 후에는 강의 내용을 종합하여 결론으로 정리해주면 좋습니다.

3. 온라인 성경 통독 운영 자료는 레제나 하우스가 주관하는 운영 세미나 참석자에게 제공됩니다.

PART 1 비전 통독 인도자 지침서 가이드

• 《비전 통독 인도자 지침서》 본문

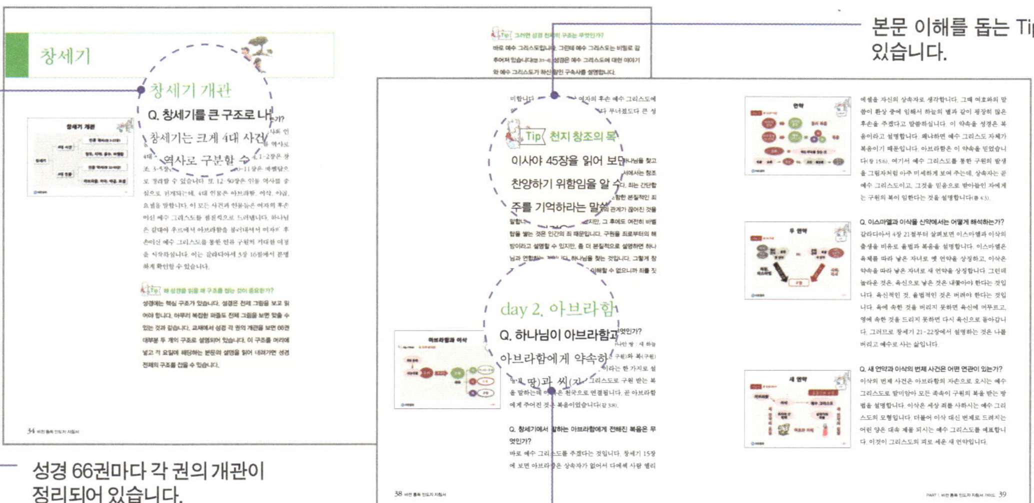

본문 이해를 돕는 Tip이 정리되어 있습니다.

성경 66권마다 각 권의 개관이 정리되어 있습니다.

일자별 범위에 해당하는 핵심 주제를 담았습니다.

• 《비전 통독 인도자 지침서》 PPT

성경 개관을 한눈에
파악할 수 있도록
도표로 정리하였습니다.

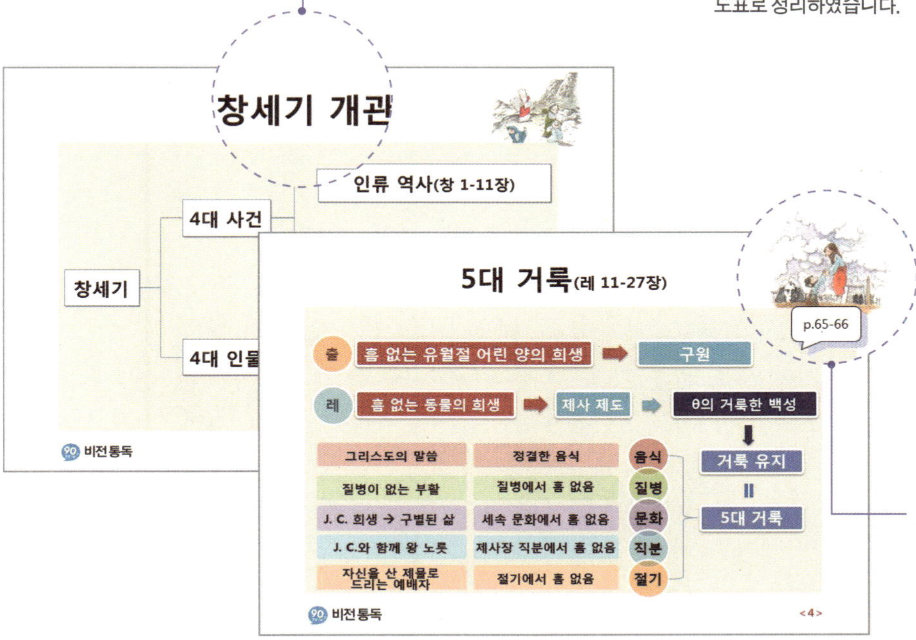

자세한 설명을 볼 수 있도록
《비전 통독》의 해당 페이지를
안내해줍니다.

PART 2 비전 통독 세미나 운영 가이드

• 《비전 통독 인도자 지침서》 행정 서식

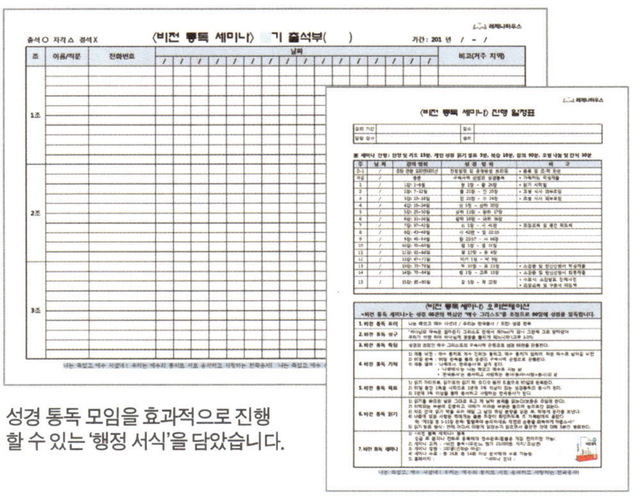

성경 통독 모임을 효과적으로 진행
할 수 있는 '행정 서식'을 담았습니다.

• 《비전 통독 인도자 지침서》 성경 기둥 PPT

책 별 핵심 기둥이 되는 내용을 한 장의
도표(PPT)로 정리하였습니다.

contents

PART 2

비전 통독 세미나 운영 가이드

구속사적 성경 읽기

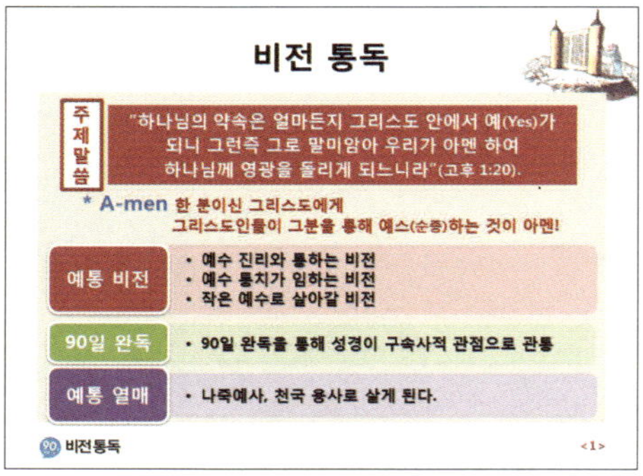

환영 인사

성경은 오직 한 분 '예수 그리스도'의 이야기입니다. 그 분의 이야기를 알아가기 전에 먼저 구속사의 전체가 어떻게 흘러가고 있는지를 설명하고자 합니다. "하나님의 약속은 얼마든지 그리스도 안에서 예가 되니 그런즉 그로 말미암아 우리가 아멘 하여 하나님께 영광을 돌리게 되느니라"(고후 1:20). 예수님이 통치하시는 삶이란 아멘으로 순종하는 삶입니다. 그런 삶이 우리 가운데 일어나야 합니다.

구호 외치기

결단하는 마음으로 다 같이 외쳐 보겠습니다.

(사회자) 나는~

(회중) 죽었고!

(사회자) 예수~

(회중) 사셨네!

(사회자) 우리는~

(회중) 천국 용사!

(사회자) 도전

(회중) 성경 천독!

성경의 초점은 무엇인가?

성경에는 초점이 있습니다. 바로 예수 그리스도입니다. 예수님은 "너희가 성경에서 영생을 얻는 줄 생각하고 성경을 연구하거니와 이 성경이 곧 내게 대하여 증언

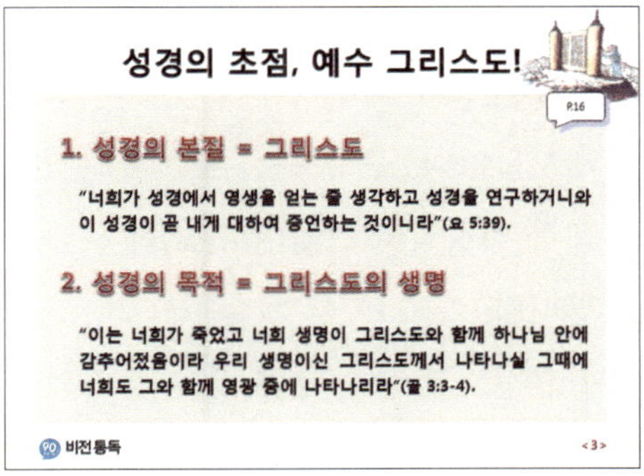

하는 것이니라"(요 5:39)고 말씀하셨습니다. 그리스도가 주제고 초점이지만, 하나님은 사람들에게 영생으로 접근하십니다. 성경을 통해서 영생을 얻는 방법을 설명하십니다.

성경을 읽는 방식은 개인의 특성에 따라 다양할 것입니다. 그러나 성경이 말하는 특성을 이해하고 성경이 원하는 방식으로 읽어야 합니다.

성경은 영생에 대한 정보를 제공합니다. 그 영생에 대한 정보가 예수 그리스도를 타고 내려옵니다. 성경에서 말하는 영생, 생명은 그리스도를 뜻합니다. 골로새서 3장 3-4절은 '우리의 생명이 바로 그리스도다'라고 말합니다. 그분에게만 생명이 있다는 것입니다. 요한복음은 '그리스도에게만 생명이 있다'라고 말합니다.

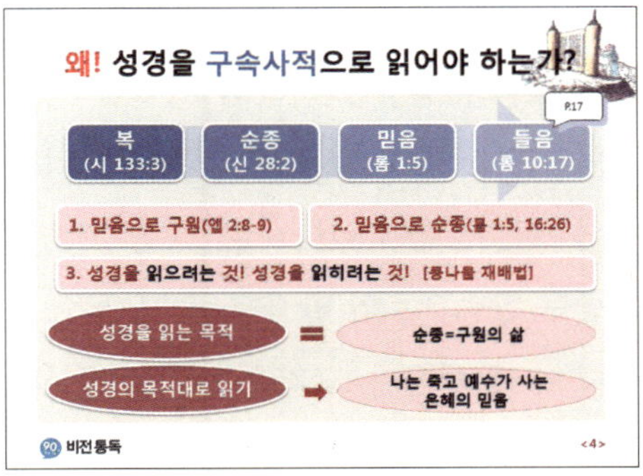

왜 성경을 구속사적으로 읽어야 하는가?

성경의 목적은 죄인을 구원하여 예수의 생명으로 살게 하는 것입니다. 예수 그리스도는 이 목적을 성취하시기 위해 성경의 예언대로 죄인의 죄를 해결하시고자(죄의 삯은 사망) 대신 죽으셨습니다. 그리고 예수의 의, 즉 예수의 생명으로 살게 하시려고 부활하셨습니다(눅 24:25-27, 44-47).

그런데 왜 성경을 구속사적으로 읽어야 할까요? 그 이유는 우리가 예수의 생명으로 살지 못하기 때문입니다. 사람들은 부활 신앙을 가졌음에도 예수의 생명이 아닌 옛 사람의 모습으로 살아갑니다. 예수님은 분명 우리를 구원하셨는데 우리는 여전히 부활하지 못한 삶을 살고 있습니다. 성경의 구속사는 예수님이 나를 위해 죽으시고 부활하신 목적을 말합니다. 그러므로 구속사적 관점으로 성경을 읽으면 그리스도에 대한 믿음이 생기게 됩니다. 또한 성경을 구속사적 관점으로 통독한다는 것은 성경의 저자이신 하나님의 의도에 따라 읽겠다는 뜻이며, 예수 그리스도를 초점으로 읽는 것을 말합니다.

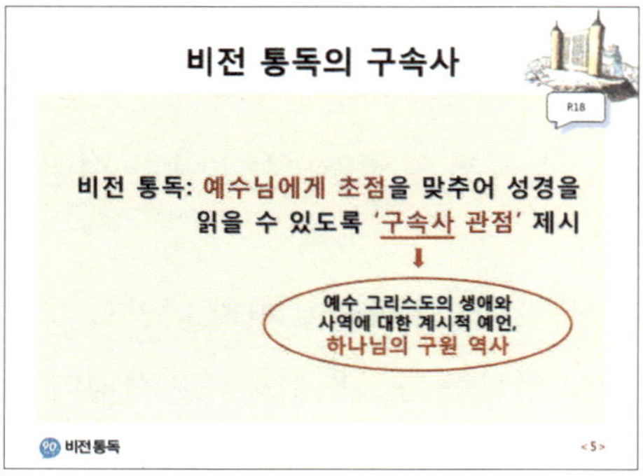

구속사란 무엇인가?

《비전 통독》은 성경의 초점을 예수님에게 맞추어 읽는 구속사적 관점을 제시합니다. 구속사는 예수 그리스도의 생애와 사역에 대한 계시적 예언입니다. 또한 하나님의 구원 역사를 말합니다.

성경을 구속사적 관점으로 읽는다는 것은 궁극적으로 순종을 의미합니다. 성경은 순종을 믿음이라 말합니다. 순종이 무조건 열심히 하는 것을 의미하는 것은 아닙니다. 로마서는 순종 역시도 믿음이라고 말합니다. 순종하는 믿음은 그리스도의 말씀에 근거합니다. "그러므로 믿음은 들음에서 나며 들음은 그리스도의 말씀으로 말미암았느니라"(롬 10:17).

성경은 하나님의 비밀입니다. 이 비밀은 그리스도의 생명으로 나타나서 사람에게 임마누엘로 연합되는 신학의 비밀입니다. 비밀을 깨달은 성도가 순종하면 '신학의 신비'가 됩니다. 예수의 생명인 신학의 비밀을 깨닫게 하고, 성도의 순종인 신앙의 신비로 살게 하는 원동력은 하나님의 말씀이신 성경에 있습니다. 성경은 순종을 요구하지만 순종은 믿음으로만 할 수 있습니다.

믿음은 들음에서 나고, 들음은 그리스도의 말씀입니다. 그 말씀은 본질적인 그리스도의 구속사역을 말합니다. 그러므로 구속사적 관점으로 성경을 통독하면 예수 그리스도의 구원 역사의 복음이 성도의 삶에 영향을 끼쳐 '나는 죽고 예수로 살고 싶어지게' 됩니다.

성경 읽기의 중요성은 무엇인가?

성경 읽기에서 중요한 것은 목적입니다. 하나님이 언제, 어디서, 누구에게, 어떻게 말씀하셨는가보다 더 중요한 것은 말씀의 초점입니다. 연대나 지명, 인명이나 도표를 공부하는 것은 일련의 프로그램입니다. 프로그램 때문에 그보다 더 중요한 것을 놓쳐서는 안 됩니다. 성경을

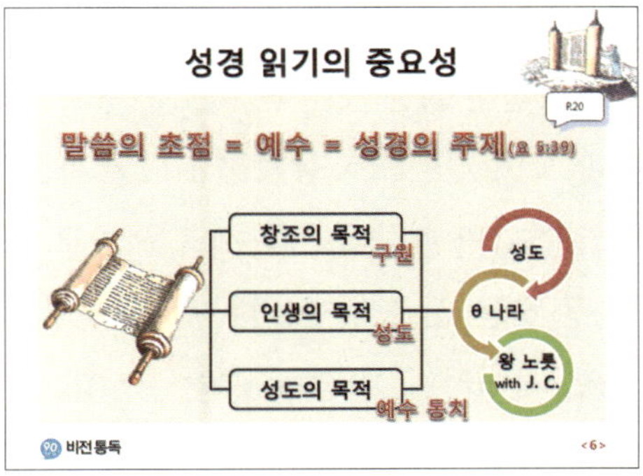

읽으면서 '왜 나를 창조하셨는가?', '왜 세상을 창조하셨는가?', '창조된 나의 인생은 무엇인가?', '어떻게 나 같은 죄인이 하나님의 은혜로 예수 믿고 하나님의 자녀가 되었는가?'를 발견해야 합니다.

우리가 하나님의 자녀가 된 데에는 목적이 있습니다. 그저 구원 받고 천국에 가는 것밖에 모른다면 목적을 모르는 것입니다. 성경의 결론은 하나님 나라에서 예수 그리스도가 내 안의 왕으로 살아 주시는 것입니다. 우리는 그리스도의 내주하심으로 현재 하나님 나라에 살고 있는 것이고, 하나님 나라의 백성인 것이고, 하나님의 통치를 받고 있는 것입니다. 그분의 통치가 왕 노릇이고, 그것이 성도의 최종 목적입니다.

창조의 목적은 구원에 있습니다(《비전 통독》 p. 20). 인생의 목적은 부자나 대통령이 아닌 하나님의 자녀가 되는 것입니다. 하나님이 인생을 만드셨기 때문에 하나님이 만드신 목적대로 살아야 합니다. 그 목적은 하나님의 자녀를 만드는 것입니다. 하나님의 자녀가 되는 것의 다른 말은 성도입니다. 성도의 목적은 예수님의 통치가 임하는 삶을 사는 것입니다.

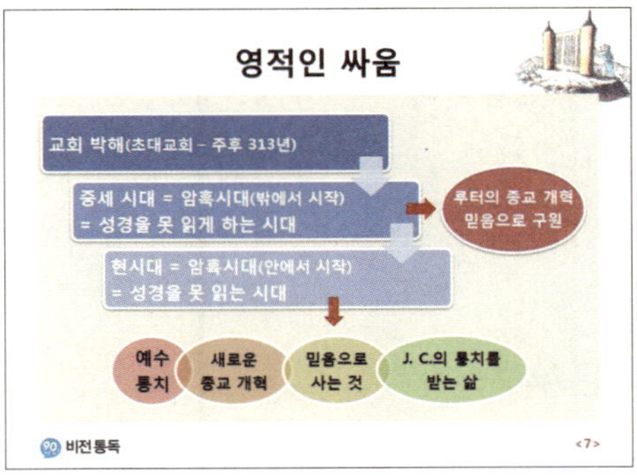

왜 중세 시대를 암흑 시대라고 말하는가?

중세 시대는 성경을 읽지 못하는 시대였습니다. 주후 500-1500년경을 중세 시대라고 합니다. 약 천 년의 기간이 흘러갑니다. 왜 중세 시대를 암흑 시대라고 말하는 걸까요? 성경을 읽지 못하게 하고 하나님의 구속사의 진리이신 예수 그리스도를 설명하지 못하게 했기 때문에 그들은 성경으로부터 눈이 멀어져 있었습니다. 그래서 면죄부를 파는 것이 옳은지 옳지 않은지를 알 수 없었습니다. 연옥설을 주장해도 그 구원론이 맞는지 틀리는지를 확인할 수 없었습니다. 그런 암흑 시대에 혜성같이 나타난 루터가 종교 개혁을 일으킨 것입니다.

오늘날에도 종교 개혁을 일으킬 수 있습니다. 예수 그리스도를 초점으로 성경을 읽는 것이 곧 새로운 종교 개혁입니다. 성경을 읽으며 믿음으로 살기를 결단할 때 새로운 종교 개혁이 일어나기 때문입니다. 새로운 종교 개혁은 '믿음으로 순종'하는 삶을 말합니다. 중세 시대가 성경을 못 읽게 했던 시대라면, 지금은 못 읽는 시대, 즉 잘 안 읽는 시대입니다. 성경을 명확한 초점으로 읽을 수 있다면 엄청난 효력이 발생할 수 있습니다.

성경 읽기를 영적 싸움이라고 하는 이유는 무엇일까요? 믿음으로 살게 하는 순종의 힘이 성경 읽기에서 나오는 것을 알기에 세상은 우리로 하여금 성경을 읽지 못하게 만듭니다. 따라서 우리는 세상과 싸워야 합니다. 성경은 세상이 성경을 읽지 못하게 만드는 여러 이유들을 기록합니다. 바울은 에베소 교회의 디모데에게 왜 사람들이 성경을 읽을 수 없는지를 기록해 놓았습니다(딤전 4:1, 딤후 4:3-4 참조).

초대교회에는 'public', 즉 공적인 성경 읽기 프로그램이 있었습니다. 그런데 지금은 'personal'로 바뀌었습니다. 개인적으로 읽는 것입니다. 공적인 성경 프로그램에는 성경 읽기와 가르치기(성경 공부) 그리고 설교하는 것 세 가지가 포함됩니다. 성경 공부, 설교는 지금도 public으로 되어 있습니다. 기도회도 public으로 되어 있습니다. 그러나 성경 읽기만 공적인 모임이 없습니다. 이제는 성경 읽기도 public으로 바뀌어야 합니다.

영적인 외부의 적은 누구인가?

성경은 사람들의 귀가 귀신의 말을 듣는다고 합니다. 귀는 귀신 귀(鬼)인데 우리의 귀가 귀신의 말을 좇는다는 것입니다. 디모데후서 4장 4절에 보면, "그 귀를 진리에서 돌이켜"라고 되어 있습니다. 사람들의 귀는 듣고 싶은 소리를 듣기 좋아합니다. 그리고 진리의 소리가 아닌

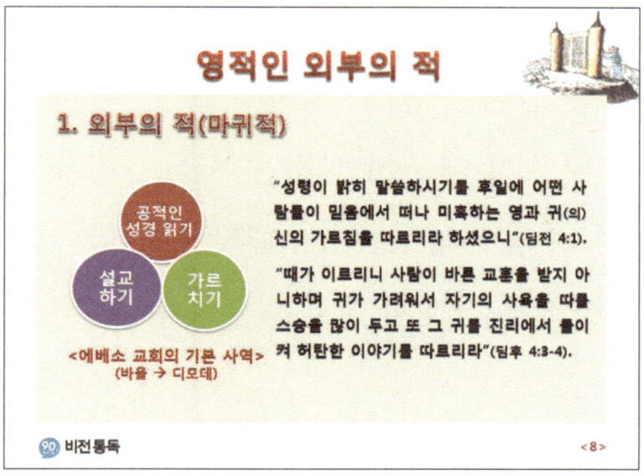

달콤한 소리를 듣기 좋아합니다. 그렇기 때문에 성경이 쉽게 읽히지 않는 것입니다. 성경을 읽지 못하게 귀신이 역사합니다. 영적 싸움입니다. 비전 통독 세미나 운영 가이드 중에는 짝에게 문자를 보내고 조장이 조원들을 관리합니다. 이는 함께 싸우기 위함입니다. 성경 읽기에는 대단한 파괴력이 있습니다. 지금까지는 성경 읽기에 대해 나와 성경의 목적이 서로 달랐습니다. 다름에 그 파괴력이 있습니다. 성경이 원하는 목적은 내 생각을 완전히 깨는 것입니다.

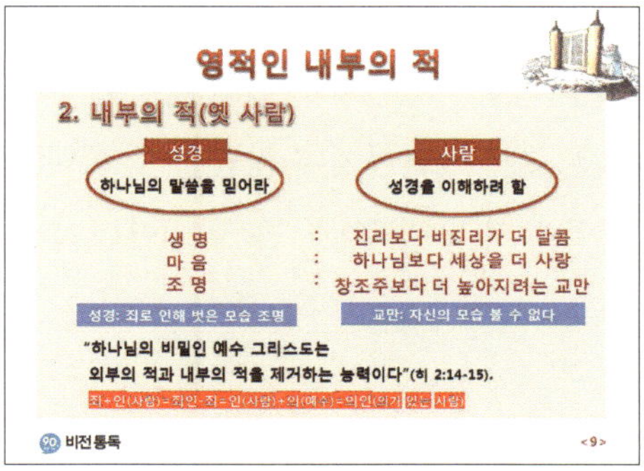

영적인 내부의 적은 누구인가?

나의 옛 사람은 하나님의 말씀을 달콤하게 생각하지 않습니다. 여기에 문제의 핵심이 있습니다. 성경은 논리적으로 지식의 체계와 문자를 동원합니다. 문자가 생기면서 하나님의 말씀을 기록했고, 지식 체계를 갖게 되었습니다. 그러나 성경의 목적은 지식 전달에 있지 않습니다. 성경은 하나의 논리적인 체계를 동원하지만, 믿을 수 없는 사실들이 많습니다. 홍해가 갈라지는 것을 체험했든 안 했든 상관없이 글로 기록되어 우리에게 왔습니다. 그런데 성경은 논리적으로 이해할 수 있는 내용이 아닙니다. 지식적인 이야기가 아니라는 것입니다. 상식적으로는 이해할 수 없는 이야기들이 주로 전개됩니다. 하나님이 사람이 되었다는 이야기부터 사람이 예수를 믿으면 절대로 죽지 않는다는 이야기 등, 어떤 것도 논리적으로 설명할 수 없습니다.

예를 들어, 한 사람이 나사로가 살아난 것을 보았습니다. 그리고 그것을 전달했지만 전달 받은 사람이 내 눈으로 보기 전에는 못 믿겠다고 합니다. 그것을 본 사람들 중에도 그것을 믿지 않는 사람이 있었습니다. 보고도 안 믿습니다. 그러니까 이것은 지식의 싸움이 아닌 것이 분명합니다. 이것은 영적인 싸움이고, 믿음의 싸움입니다. 믿어지느냐의 문제인 것입니다. 믿게 만드시는 하나님의 은혜가 아니면 믿을 수 없는 것입니다. 그런데 사람들은 이 은혜를 모르기 때문에 성경을 지식으로 생각하여, 이해하려 하고, 공부하려 하고, 깨달으려 합니다. 이렇게 접근하는 방법은 반드시 실패하게 됩니다.

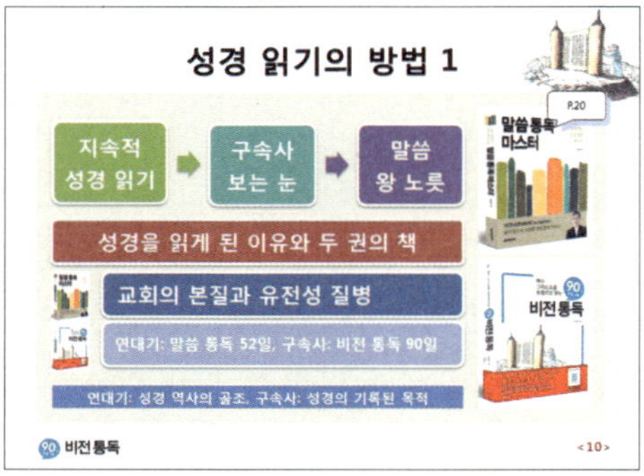

성경 읽기의 좋은 방법은 무엇인가?

성경 읽기의 일반적인 방법에는 사람들의 개인적인 특성이 있습니다. 정독으로 읽든 속독으로 읽든 그것은 사람의 특성이므로 전혀 상관이 없습니다. 정말 중요한 것은 성경의 특성입니다. 성경의 특성은 빨리 읽든 천천히 읽든 전혀 깨달아지지 않는다는 것입니다. 어떠한 방식으로 읽어도 성경은 쉽게 깨달아지지 않습니다. 왜냐하면 독자의 읽기 방식에 따라 깨달아지는 것이 아니기 때문입니다.

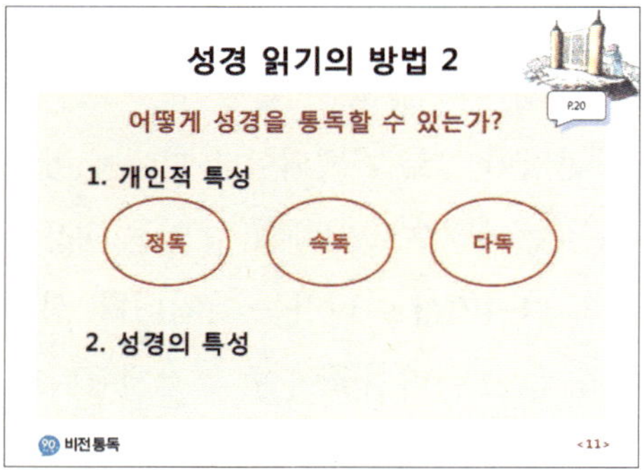

성경 읽기의 특성과 방법은 무엇인가?

성경 읽기의 방법에 있어서 가장 중요한 것은 성경의 특성을 이해하는 것입니다. 성경의 특성은 읽는 주체가 다르다는 것을 깨닫는 것입니다. 내가 읽는 것이 아니라 성경이 나를 읽는 것입니다. 나에게 믿음을 주는 것이 성경의 특성이고 목적입니다. 내가 성경을 천천히 읽든 빨리 읽든 많이 읽든 상관없이 나에게 믿음을 주시는 분은 하나님이십니다. 내가 어떤 열심을 갖느냐에 따라서 좌우되는 분이 아니십니다. 성경을 읽는 사람의 방식에 의한 개념의 차이가 아니라 근본적이고 본질적인 차이는 하나님이 주신 성경의 특성에 있습니다. 그 특성을 이해하는 것이 중요합니다.

하나님의 사역은 소경을 눈 뜨게 하는 것이었습니다. 그것을 증명하는 것이 사도 바울과 사도행전입니다. 바울은 율법에 정통했습니다. 성경 지식이 있었습니다. 율법은 곧 성경을 말합니다. 그는 성경을 박식하게 꿰고 있는 성경학자였습니다. 성경학자였기에 당연히 성경을 가르쳤습니다. 그런데 하나님이 그런 지식을 갖고 있는 성경학자 바울의 영적인 눈을 다메섹 도상에서 뜨게 만드셨습니다. 지금도 마찬가지입니다. 교회를 다녔으니까, 성경을 공부했으니까, 신학을 했으니까 성경 지식을 당연히 갖고 있습니다. 그런데 영적인 눈을 뜨지 않으면 지식에 갇힙니다. 그래서 바울은 그 눈을 뜨게 하는 것이 사역이 되었습니다(행 26:17-18). 베드로전서 2장 9절은 "우리를 어둠에서 빛으로 나오게 하신 이의 아름다운 덕을 선포하게 하시려고 제사장을 삼았다"라고 말씀합니다. 우리를 바울과 동일한 사명자로 부르셨다는 것입니다.

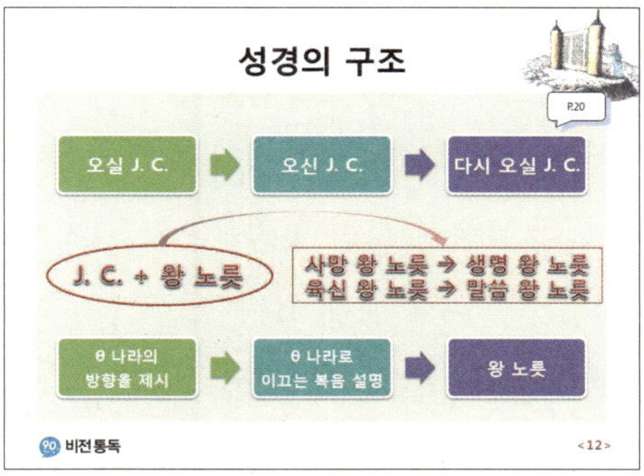

성경의 구속사적인 초점은 무엇인가?

성경의 구속사적 핵심은 예수 그리스도의 생애와 사역을 계시적으로 예언한 것입니다. 이것을 구약과 신약으로 좀 더 세분화해 보면, 구약에서 말하는 구속사적 핵심은 '예수를 믿으라'는 것이고, 신약에서 말하는 구속사적 핵심은 '예수로 살아라'는 것입니다.

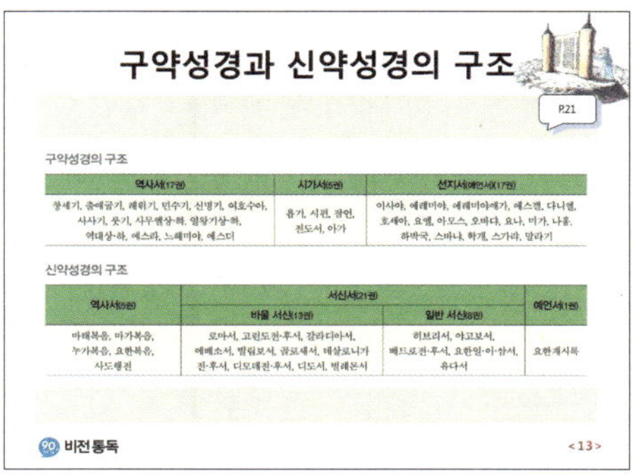

구약의 대명사인 율법은 무엇인가?

대명사라고 하는 이유는 무엇일까요? 구약에는 율법뿐 아니라 복음이 감추어져 있기 때문입니다. 그래서 율법을 정확하게는 '복음이 감추어진 율법'이라고 말할 수 있습니다. 율법이 쓰인 목적, 즉 율법이 요구하는 것이 있습니다. 놀랍게도 로마서 8장 4절은 율법의 요구에 대해 설명합니다. "육신을 따르지 않고 그 영을 따라 행하는 우리에게 율법의 요구가 이루어지게 하려 하심이니라." 율법, 즉 구약이 요구하는 것은 육신의 연약함 때문에 이를 수가 없습니다. 그런데 예수님이 율법의 요구를 이루신다는 것입니다. “이같이 율법이 우리를 그리스도께로 인도하는 초등 교사가 되어 우리로 하여금 믿음으로 말미암아 의롭다 함을 얻게 하려 함이라”(갈 3:24). 즉, 율법의 요구는 예수를 믿어 의롭게 되라는 것입니다. 하나님의 자녀가 되라는 것이 구약의 핵심입니다.

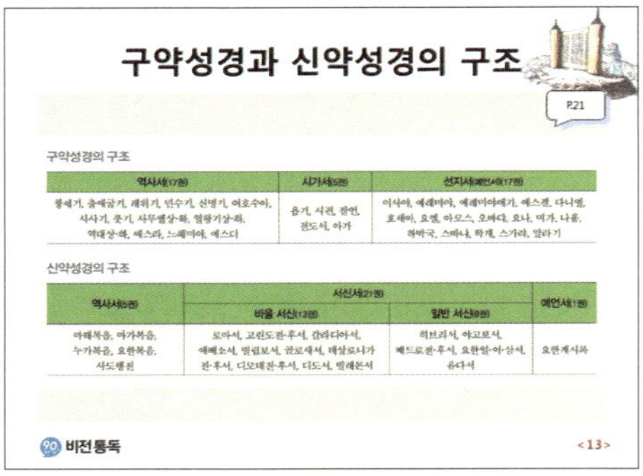

신약의 대명사인 복음은 무엇인가?

신약은 ‘예수로 살아라’는 것입니다. “복음에는 하나님의 의가 나타나서 믿음으로 믿음에 이르게 하나니 기록된 바 오직 의인은 믿음으로 말미암아 살리라 함과 같으니라”(롬 1:17). 그런데 신약에도 복음만 있는 것이 아니라 율법이 감추어져 있습니다. 율법보다 더 율법적인 복음으로 감추어져 있습니다. 율법을 만든 분이 예수님이기 때문입니다. 그런데 신약에 오신 예수님은 마음에 음욕만 품어도 간음이라고 하십니다. 율법보다 더 무서운 것이 복음인 것입니다. 마음속에 있는 생각도 죄로 보는 것입니다. 그러니까 이 복음은 사람이 믿음으로 살지 않으면, 예수로 살지 않으면 죄를 짓게 됩니다.

그러면 사람이 어떻게 복음으로 살 수 있을까요? 어떻게 은혜로 살 수 있을까요? 그 은혜는 나는 죽고 예수로 사는 것을 뜻합니다. 성경의 목적은 그분이 내 안에 임마누엘로 들어오셔서 나를 예수로 살게 만드시겠다는 것입니다. 그분에게 나를 내어 주면 복음적인 삶을 살게 됩니다. 내 마음에 임마누엘 되신 예수로 살게 되는 것이 은혜입니다.

성경의 역사는 무엇인가?

성경은 이스라엘 역사를 말하고자 하는 것이 아닙니다. 성경은 인간의 역사가 아닌 하나님의 구원 역사입니다. 성경을 구속사라고 정의했을 때 구속은 구원을, 사(史)

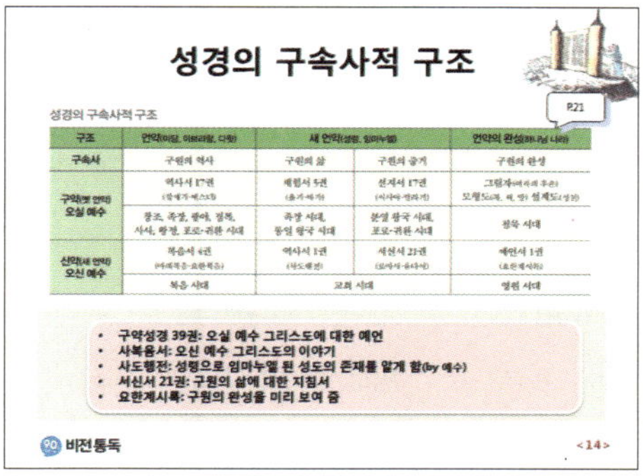

는 역사를 말하는 것으로, 구속사는 구원 역사를 의미합니다. 하나님의 구원 역사는 예수 그리스도가 핵심입니다. 구약성경에는 그분의 생애와 사역이 계시적으로 예언되어 있습니다. 계시적 예언이란 예수 그리스도의 탄생과 죽으심 그리고 부활의 전체 이야기가 구약에 소개되어 있다는 것입니다. 즉, 구약은 계시적 예언이고, 신약은 그것의 성취와 완성을 설명하며, 이 전체를 구속사로 보는 것입니다. 그러므로 성경은 구속 역사의 초점으로 기록된 것입니다.

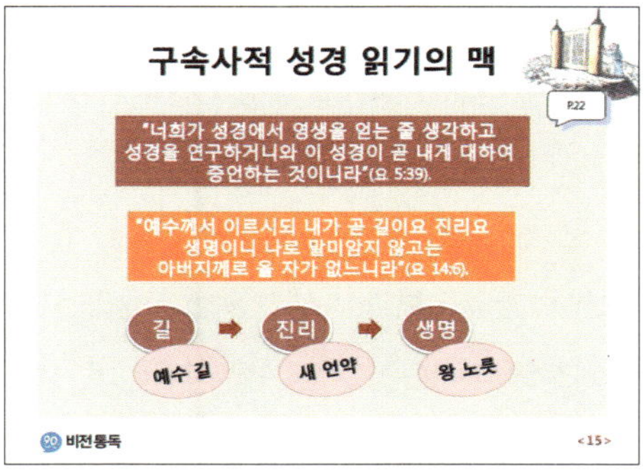

구속사적 성경 읽기의 맥은 무엇인가?

성경 66권은 예수 그리스도에 대한 주제로 성도가 그분의 나라에서 그리스도와 함께 왕 노릇 하는 이야기에 초점이 맞추어져 있습니다. 이것이 성경의 맥입니다. 성경의 결론은 왕 노릇이기에 사망이 왕 노릇 하는 세상에서 생명이 왕 노릇하는 것으로 전환되고, 육신이 왕 노릇 하는 사람의 기준에서 말씀이 왕 노릇 하는 하나님의 기준으로 전환되는 반전을 경험하게 되는 것입니다.

Tip 성경 66권은 한 권의 책

성경 66권을 한 권의 책으로 볼 때, 서론은 하나님 나라의 방향을 제시합니다. 본론은 하나님 나라로 이끄는 복음을 설명하는 내용이 전개되고, 복음의 효력으로 성령의 역사가 시작되어 예수 그리스도를 믿게 되면 결론적으로 그들은 모두 하나님의 백성이 됩니다. 하나님의 백성이 되어야 새 하늘과 새 땅에 들어갈 수 있기 때문입니다. 하나님의 구원 역사로 성경을 읽는다는 것은 바로 그 안에 담긴 의미를 읽는 것입니다. 단순히 글자를 읽는 것이 아니라, 성경이 말하고자 하는 진리를 읽는 것입니다.

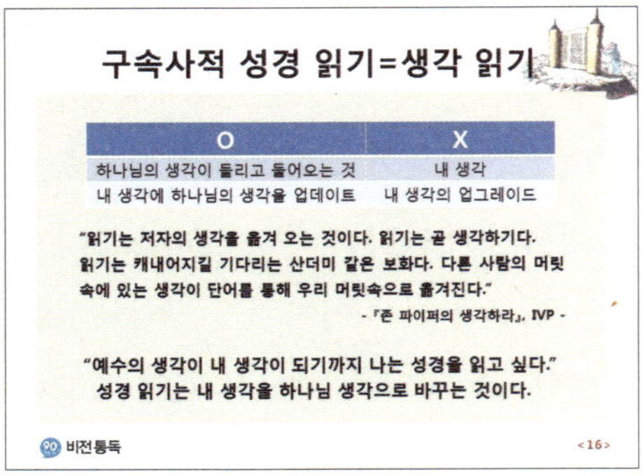

성경 읽기의 유익은 무엇인가?

성경을 읽다 보면 어느 순간 성경이 나를 읽는 경험을 하게 됩니다. 성경을 읽으면 성경의 생각이 내 생각을 깨고 들어오기 때문입니다. 일례로 벙어리가 된 신약 시대의 제사장 사가랴를 살펴봅시다. 그는 하나님의 이상을 보았습니다. 그럼에도 불구하고 하나님은 그를 벙어리로 만드셨습니다. 왜일까요? 하나님의 이상을 보고서도 그는 헛소리를 할 것이기 때문입니다. 믿지 않고 딴소리를 할 것이기 때문입니다(눅 1:20). 오죽하면 요한이라는 이름 하나 짓는 것도 하나님이 간섭하십니다. 사람들은 진리를 보고도, 직접 체험하고도 그것을 이해하지 못합니다. 왜냐하면 우리는 우리의 머리로 성경을 이해하려고 하기 때문입니다.

Tip 성경을 읽으면 하늘의 정보가 내 생각을 뚫고 들어온다!

일반적으로 믿음의 과정에서 성화라는 단계를 거치는데, 성화란 사람의 변화를 말하는 것이 아닙니다. 성도가 구원의 삶을 살 때 성경을 읽고 내가 조금 업그레이드되는 것이 아니라, 성경이 나를 완전히 새롭게 업데이트하겠다는 것입니다. 나를 완전히 갈아엎겠다는 것입니다. 내 생각을 바꾸고, 내가 가지고 있는 정신과 내 마인드 자체를 완전히 바꿔 버리겠다는 것입니다. 그분이 나의 옛 사람을 죽이시고 그분의 의로 살게 합니다.

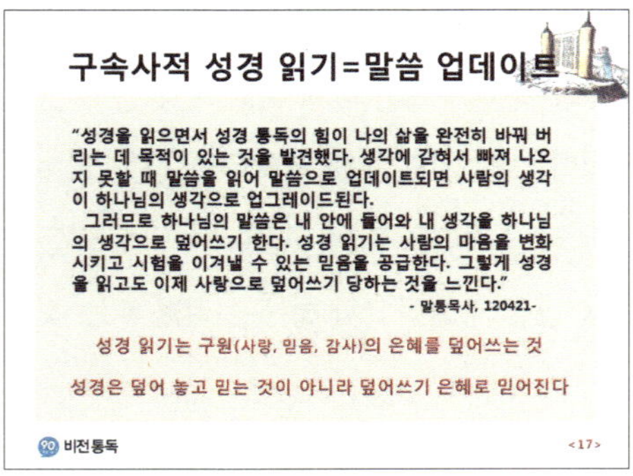

성화의 의미는 무엇인가?

존재의 변화란 갈라디아서 2장 20절의 삶을 사는 것입니다. 이것이 '나죽예사', 곧 나는 죽고 예수로 사는 것입니다. 이 삶이 성경의 결론이고 복음의 결론입니다. 그렇게 살 수 있는 방법이 어디에 있을까요? 하나님의 은혜밖에 없습니다. 하나님의 은혜를 의지하고, 하나님의 은혜를 믿는 것입니다. 그런 믿음으로 기도하며 성경을 읽는다면 은혜가 밀려들어올 때 완전히 다른 사람으로 바뀌어질 것입니다.

내가 죽고 내가 없어지는 것이 성화의 올바른 의미입니다. 성화는 내가 가지고 있는 지식이 조금 업그레이드 되는 것이 아니라, 내 생각이 하나님 생각으로 완전히 바뀌는 것을 말합니다.

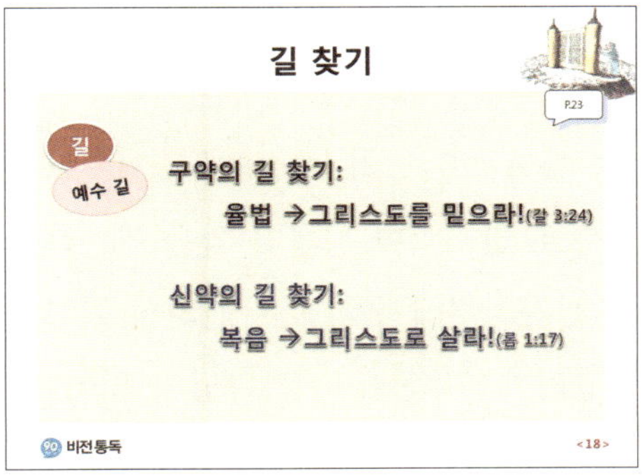

성경이 제시하는 길은 무엇인가?

구속사적 관점에서 중요한 성경 구절이 있습니다. "예수께서 이르시되 내가 곧 길이요 진리요 생명이니 나로 말미암지 않고는 아버지께로 올 자가 없느니라"(요 14: 6).

여기서 길은 예수님의 구원의 방법을 설명합니다. 진리는 언약으로 구원의 내용(구원의 삶)을 설명하고, 생명은 그 예수의 생명으로 사는 것으로 구원의 완성을 설명합니다. 구속사에서 말하는 구원과 구원의 삶 및 구원의 완성이 이 한 구절(요 14:6)에 다 담겨 있습니다.

Tip 성경을 읽고도 그리스도를 발견하지 못하면 길을 못 찾은 것이다.

잠언에서도 길의 중요성을 설명합니다. 어떤 길은 사람이 보기에는 바르나 필경은 사망의 길이라고 했습니다(잠 14:12). 또한 시편에서는 복 있는 사람은 죄인의 길에 서지 않으며, 의인의 길은 여호와가 인정하시지만 악인의 길은 망하게 된다고 했습니다(시 1:6).

성경을 다 읽고 연구해도 영생이신 그리스도를 모르면 생명의 길을 찾지 못한 것입니다. 길이 아니면 가지 말고, 진리가 아니면 알지 말고, 생명이 아니면 살지 말아야 합니다. 길을 찾지 못하는 성경 읽기와 공부는 혼란을 가중시키고, 진리를 모르는 성경 읽기와 공부는 비진리의 세상에서 방황하게 만들며, 진짜 생명을 모르는 성경 읽기와 공부는 인생의 목적을 놓치게 만듭니다. 그러나 진리의 길과 생명의 길을 찾게 되면 성경이 열리고, 인생이 열립니다.

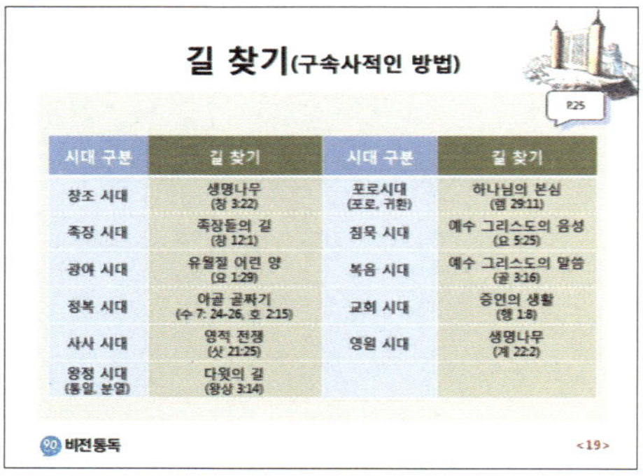

성경은 어떤 길로 안내하는가?

옛 언약과 새 언약, 두 언약은 행위와 믿음으로, 또는 사람과 하나님의 차이로 설명할 수 있습니다. 성경 전체의 초점을 볼 수 있으면 진리의 길을 찾게 됩니다. 성경에서 길을 찾은 자는 그리스도의 생명으로 살게 됩니다. 행위 언약으로는 구원을 받을 수 없습니다. 오직 그리스도의 은혜로만 구원 받을 수 있습니다.

구약성경에서 율법은 길이신 그리스도를 제시합니다. 그래서 율법은 사람들을 그리스도에게로 인도하는 선생이 되어 믿음으로 말미암아 의롭다 함을 얻으라고 말씀합니다. 또한 신약성경에서 복음은 진리의 길이신 그리스도를 제시합니다. "복음에는 하나님의 의가 나타나서 믿음으로 살게 한다"(롬 1:17)라고 로마서에서는 말씀합니다. 성경 전체는 그리스도의 길을 찾도록 안내하고, 그 길을 찾으면 그 길에서 살게 합니다. 진리의 길로 행하는 것은 예수의 생명으로 산다는 것입니다. 길을 찾은 사람은 그리스도와 함께 십자가에서 죽고, 그리스도의 부활로 인해 새 생명으로 거듭나게 됩니다.

성경이 인생의 길을 안내하는 이유는 무엇인가? 첫째 생명의 길을 찾게 하고, 둘째 참된 진리의 기준을 발견하게 하며, 셋째 나는 죽고 예수의 생명으로 살게 하려는 것입니다.

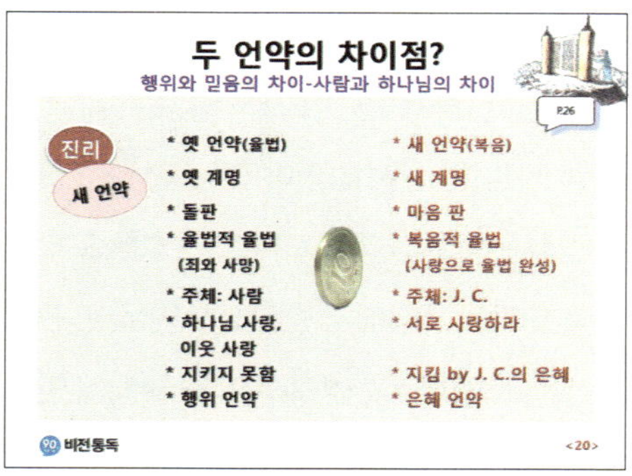

옛 언약과 새 언약의 차이점은 무엇인가?

옛 언약과 새 언약은 동전의 양면과 같습니다. 옛 언약(율법) 안에 감추어진 새 언약(복음)이 있고, 새 언약 안에 드러난 옛 언약이 있습니다. 물론 율법과 복음도 떼려야 뗄 수 없습니다. 똑같은 언약을 돌판과 마음 판에 새겼다는 차이만 있을 뿐입니다. 옛 언약인 율법보다 새 언약인 복음이 더 율법적입니다. 돌판에 새겨진 율법은 어긋난 행동을 하지 않으면 율법을 지키는 것으로 간주

합니다. 그런데 마음 판에 새겨진 복음은 마음에 음욕을 품기만 해도 간음이 되고, 죽이고 싶은 마음만 품어도 살인이 됩니다.

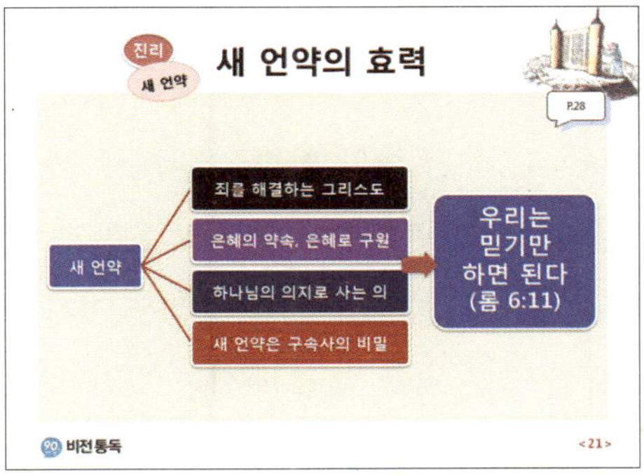

옛 언약과 새 언약의 효력은 무엇인가?

성경에서 말하는 언약의 진리를 모르면 은혜만 강조하다가 복음의 삶을 놓치고, 율법만 강조하다가 은혜를 놓칠 수 있습니다. 언약의 진리는 빙산의 일각과 같기 때문입니다. 언약의 진리를 믿음으로 받을 때 새 언약은 그리스도를 통해 우리 삶에 완성됩니다.

또한 감추어진 새 언약은 어떻게 드러나게 될까요? 말씀속에서 드러납니다. 그러므로 새 언약의 진리를 찾는 자는 말씀을 찾게 됩니다. 그러나 테크닉을 원하는 자는 프로그램만 찾게 됩니다.

행위 언약이란 '어떤 것을 하라', 또는 '하지 말라'는 행위를 전제로 한 언약입니다. 그리고 그러한 인간의 행위와 관계없이 하나님이 일방적으로 언약하시고 그 언약을 성취하시는 것을 은혜 언약이라고 합니다. 그러므로 행위 언약을 율법이라고 한다면, 은혜 언약은 복음의 새 언약입니다. 우리는 믿기만 하면 됩니다(롬 6:11).

새 언약(구속사적인 내용)

P.30

시대 구분	새 언약	시대 구분	새 언약
창조 시대	예수 그리스도를 상징하는 생명나무 (창 3:22, 계 2:7)	포로 시대 (포로, 귀환)	뜨인 돌 (손대지 아니한 돌, 단 2:34)
족장 시대	아브라함에게 약속하신 씨 (창 15:4, 갈 3:16)	침묵 시대	뜨인 해 (떠오르는 해, 말 4:2)
광야 시대	유월절 어린 양 (출 12:27, 고전 5:7)	복음 시대	그리스도의 세계 (마 1:1)
정복 시대	여호수아 (신 31:7-8)	교회 시대	왕 같은 제사장 (벧전 2:9)
사사 시대	여호와의 사자 (출 35:20, 삿 5:22, 13:21-22)	영원 시대	성도의 인내 (계 14:12)
왕정 시대 (통일, 분열)	다윗의 언약 (아브라함에게 약속하신 씨에 대한 언약의 반복, 삼하 7:12)		

비전통독 <22>

새 언약 안에 담겨진 구속사적 내용은 무엇인가?

구약에서는 빙산의 일각처럼 율법의 일각으로 하나님의 계명이 보입니다. 구약을 통해서 보이는 것은 율법이지만 바닷속의 보이지 않는 큰 얼음덩어리처럼 만세와 만대로부터 감추어졌던 크고 놀라운 새 언약이 있습니다. 신약에서는 빙산의 일각처럼 복음의 일각으로 예수님이 보입니다. 그러나 그분 안에 감추어진 보물은 바닷속의 큰 빙산처럼 잘 보이지 않습니다. 바다에 잔뼈가 굵은 선장은 빙산의 일각만 보아도 한눈에 바닷속의 큰 빙산 덩어리를 알아봅니다. 이처럼 말씀에 잔뼈가 굵은 성도가 되면 말씀의 일각을 보고도 그 말씀 속의 깊이를 알아볼 수 있을 것입니다.

아담이 무죄한 상태에서 선악과를 먹고 죄를 범한 것은 인간이 하나님의 은혜가 아니면 절대로 살 수 없다는 것을 보여 줍니다. 하나님이 아담에게 "선악을 알게 하는 나무의 열매는 먹지 말라 네가 먹는 날에는 반드시 죽으리라"(창 2:17)고 하신 행위 언약은 창조주 하나님 앞에서 피조물인 인간의 존재는 하나님의 은혜가 없으면 사망한다는 것입니다. 그러나 은혜 언약은 여자의 후손이신 그리스도가 죽은 자를 살려 내시는 것입니다. 이것은 뱀과 여자의 후손인 그리스도가 원수 관계임을 말합니다. 여자의 후손이신 그리스도는 뱀의 머리를 상하게 하실 것이고, 뱀은 그리스도의 발꿈치를 상하게 할 것입니다. 이것은 십자가 사건에서 성취됩니다. 첫 번째 아담의 불순종으로 모든 사람이 죄인이 되었고, 마지막 아담이신 예수 그리스도의 순종으로 죄인들의 죄가 사해지는 구원의 길이 열린 것입니다.

원시 복음이 있듯이 원시 언약도 있습니다. 원시 언약에는 모세를 통해서 주어진 옛 언약과 예레미야를 통해서 드러난 새 언약, 즉 두 언약이 함께 있습니다. 옛 언약은 행위 언약을 상징하는 선악과이고, 새 언약은 은혜 언약을 상징하는 생명나무의 열매입니다. 행위 언약인 선악과는 사람이 먹지 말아야 하는 것이고, 은혜 언약은 예수 그리스도가 하나님의 낙원에 있는 생명나무의 열매를 주어서 먹게 하시는 것입니다(계 2:7).

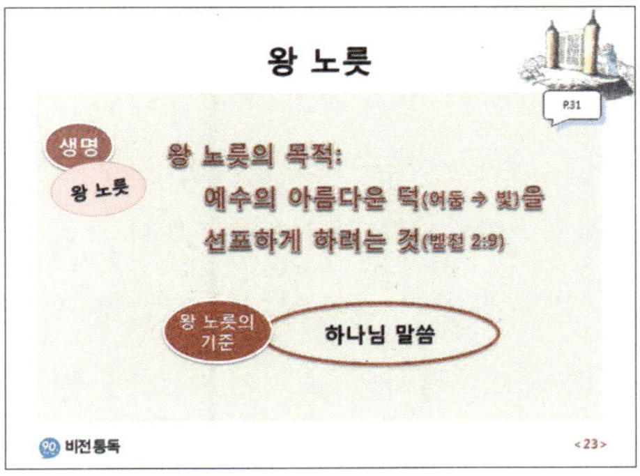

구원의 결론은 무엇인가?

마크 트웨인의 유명한 동화《왕자와 거지》또는 영화 〈광해, 왕이 된 남자〉에서는 왕자, 또는 왕이 아닌 신분의 사람이 왕자 노릇, 왕 노릇 하는 장면이 나옵니다. 영화 〈광해, 왕이 된 남자〉의 주인공 하선은 왕과 똑같은 외모는 물론이고 타고난 재주와 말솜씨로 왕의 흉내도 완벽하게 해냅니다. 하선은 왕이 되어서는 안 되는 사람이지만 조선의 왕이 됩니다. 진짜 광해군을 대신해서 왕의 대역을 맡게 된 것입니다. 천한 백성이 왕 노릇을 하려면 왕처럼 말하고, 왕처럼 생활하는 법을 학습해야 합니다. 그래야 진짜 왕 흉내를 낼 수 있기 때문입니다. 하지만 왕 노릇 연기는 단순히 흉내 내기만으로는 완벽할 수 없습니다. 자신 속에 있는 또 다른 나를 끄집어내어 그 캐릭터로 동화되는 과정이 필요합니다.

그리스도인들이 자신 안에 임마누엘로 계신 예수님의 모습을 나타내는 것은 단순히 흉내 내기로는 불가능합니다. 예수 그리스도가 계시지 않는 사람은 흉내조차도 낼 수가 없습니다. 예수로 동화되는 것은 예수화 되는 것이며, 곧 예수님처럼 왕 노릇 하는 것입니다. 그리스도인들에게는 예수 그리스도가 계시기에 진짜 예수님 모습으로 전환되는 것입니다. 예수님을 닮은 속사람이 옛사람의 자아를 내려놓게 하고 새 사람으로 살게 합니다.

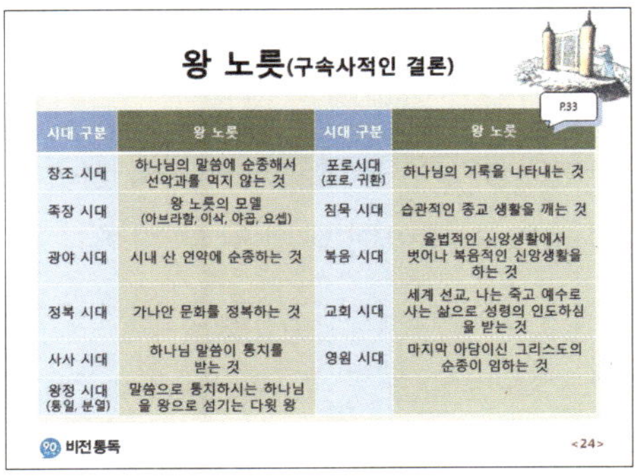

성경이 꿈꾸는 나라는 무엇인가?

실제로 역사 속에서 그리스도와 더불어 왕 노릇 하는 나라가 도래할 것입니다. 그러나 요한계시록에서 완성될 나라가 가시적으로 임하기 전에도 왕 노릇은 이미 창세기에서 출발했습니다. 사람을 용서하고 사랑하며 세상을 축복하는 왕 노릇은 아담에게 먼저 주어졌습니다. 아담은 사람의 총칭어로, 모든 사람이 왕 노릇을 할 수 있다는 것을 의미합니다.

예수 그리스도의 생명으로 사는 왕 노릇의 기준은 하나님의 말씀입니다. 하나님의 말씀에 불순종하면 사망이 왕 노릇 합니다. 그러나 말씀에 순종하면 예수의 생명이 왕 노릇 합니다. 성경은 사망이 왕 노릇 하는 무리와 생명이 왕 노릇 하는 무리로 나누어지는 모습을 적나라하게 보여 줍니다. 성경 역사의 줄기가 이 초점을 기준으로 흘러가고 있습니다. 그러므로 성경을 읽을 때 나는 죽고 예수로 사는 초점을 놓치지 말아야 합니다.

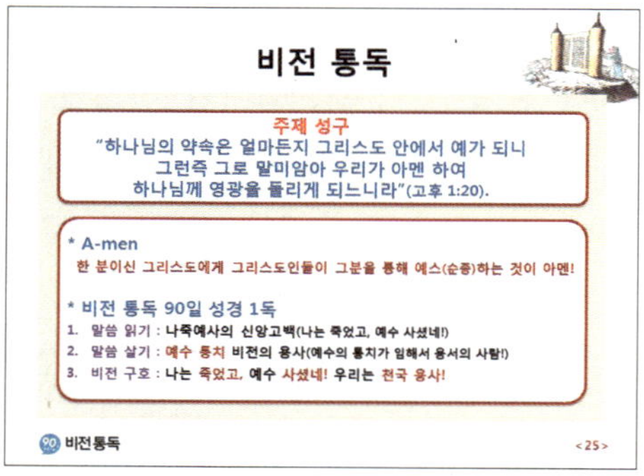

'비전 통독'의 주제 성구는 무엇인가?

고린도후서 1장 20절의 말씀에 나오는 '예'라는 단어가 영어 성경에는 'yes'로 되어 있습니다. No가 아니라 yes라는 것입니다. 그것을 다른 말로 하면 '아멘'입니다. 그리스도 안에서 하나님의 약속은 맞는 말이라는 것이고, 이것이 결론입니다. 그런데 이것으로 끝나는 것이 아니라 '그런즉'이라고 합니다. '그로 말미암아'는 예수님을 말합니다. 우리가 '아멘'해서 하나님에게 영광을 돌리게 된다는 것입니다.

여기서 아멘의 뜻을 알 수 있습니다. 아멘은 누구를 통해서 하는 것인가요? 그리스도를 통해서 하는 것입니다. 그래서 하나님에게 영광을 돌리게 됩니다. 하나님에게 영광을 돌리려면, 구원의 삶을 살려면 하나님의 말씀에 아멘하고 순종해야 한다는 것입니다. yes는 순종이라는 말입니다.

그런데 이것은 내 의지가 아니라는 것을 설명합니다. 지금 하나님이 나를 그렇게 하게 만들고 계시다는 것입니다. 아멘은 영어로 A-men인데 이것을 두 단어로 해석하면 '한 사람'이라는 뜻이 됩니다. 대표 되는 한 사람, 곧 예수 그리스도를 말하는 것입니다. 여기서 '한 사람'이 모든 사람에게 임마누엘 되면 A-men은 다시 '모든 사람'이 됩니다. 따라서 모든 사람이 한 사람 예수 그리스도에게 '아멘'하는 것이 'yes'라는 것을 알 수 있습니다.

'아멘'으로 예수 통치가 일어나야합니다. 이것은 믿음으로 가능한데, 믿음의 주체는 곧 예수 그리스도이십니다. 우리는 모두 "믿음의 주요 또 온전하게 하시는 이인 예수"(히 12:2)를 바라봐야 합니다.

성경이 말하는 것을 말하면 그리스도 외에는 할 얘기가 없습니다. 그리스도로 사는 것을 얘기하면 간단해집니다. 그분을 위해 사는 인생으로 바뀌기 시작합니다. 그분으로 인해서 행복해질 수 있는 은혜가 흘러 들어오게 됩니다. 그런 은혜들이 성경 읽기 과정을 통해 여러분에게 흘러넘치기를 축복합니다. 아멘!

PART 1

비전 통독
인도자 지침서
가이드

창세기

창세기 개관

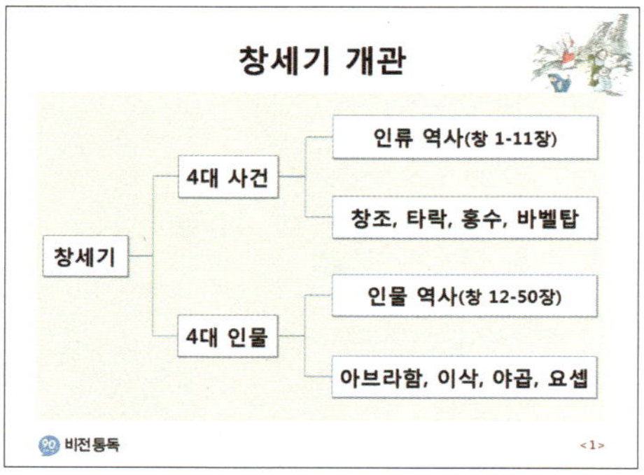

Q. 창세기를 큰 구조로 나눌 때 어떻게 나눌 수 있는가?

창세기는 크게 4대 사건과 4대 인물, 곧 인류 역사와 인물 역사로 구분할 수 있습니다. 1-11장은 인류 역사로 4대 사건을 중심으로 이야기가 전개되는데, 1-2장은 창조, 3-5장은 타락, 6-9장은 홍수, 10-11장은 바벨탑으로 정리할 수 있습니다. 또 12-50장은 인물 역사를 중심으로 전개되는데, 4대 인물은 아브라함, 이삭, 야곱, 요셉을 말합니다. 이 모든 사건과 인물들은 여자의 후손이신 예수 그리스도를 점진적으로 드러냅니다. 하나님은 갈대아 우르에서 아브라함을 불러내셔서 여자의 후손이신 예수 그리스도를 통한 인류 구원의 거대한 여정을 시작하십니다. 이는 갈라디아서 3장 16절에서 분명하게 확인할 수 있습니다.

Tip 왜 성경을 읽을 때 구조를 잡는 것이 중요한가?

성경에는 핵심 구조가 있습니다. 성경은 전체 그림을 보고 읽어야 합니다. 아무리 복잡한 퍼즐도 전체 그림을 보면 맞출 수 있는 것과 같습니다. 교재에서 성경 각 권의 개관을 보면 66권 대부분 두 개의 구조로 설명되어 있습니다. 이 구조를 머리에 넣고 각 요일에 해당하는 본문의 설명을 읽어 내려가면 성경 전체의 구조를 잡을 수 있습니다.

Tip 그러면 성경 전체의 구조는 무엇인가?

바로 예수 그리스도입니다. 그런데 예수 그리스도는 비밀로 감추어져 있습니다(엡 3:1-4). 성경은 예수 그리스도에 대한 이야기와 예수 그리스도가 하신 일인 구속사를 설명합니다.

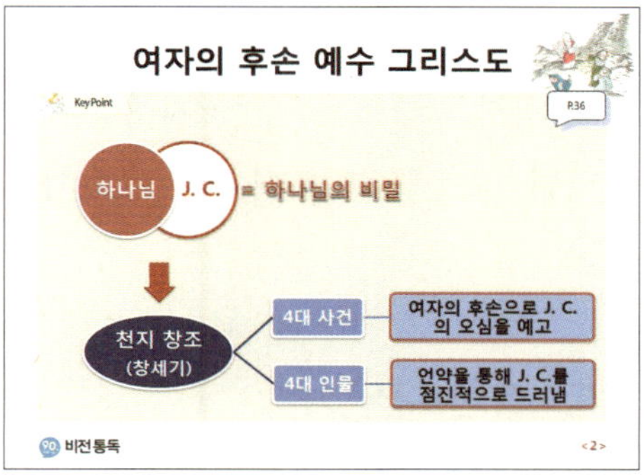

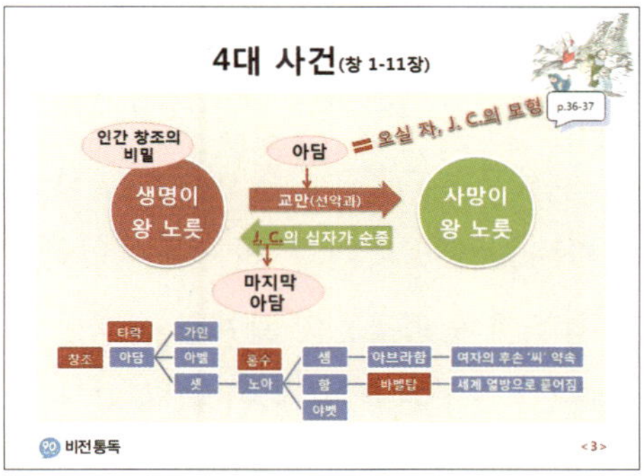

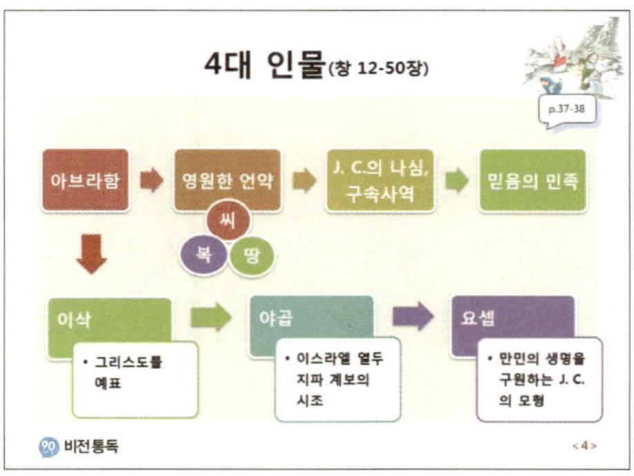

Q. 창세기에 감추인 하나님의 비밀은 무엇인가?

창세기 개관의 'Key Point'에서 제목을 '여자의 후손 예수 그리스도'로 잡은 이유가 있습니다. 창조는 단순한 창조가 아니라 종말에 의해 계획된 창조입니다. 로마서 5장 14절은 첫 아담을 오실 자의 모형이라 기록하고, 고린도전서 15장 45절은 마지막 아담에 대해 기록하는데, 마지막 아담은 바로 예수 그리스도임을 알 수 있습니다. 이것은 예정된 종말에 의해서 계획된 창조가 진행되고 있다는 것을 아주 강력하게 제시하는 것입니다.

예수 그리스도는 태초에 하나님과 함께 천지를 창조하신 분이십니다. 그러나 예수 그리스도에 관해서는 하나님의 비밀로 감추어져 있습니다(요 1:1, 골 1:16, 26-27). 성경은 점진적으로 예수 그리스도에 대해 증언합니다. 창세기는 특히 '4대 사건'을 통해 예수 그리스도가 여자의 후손(창 3:15, 갈 4:4)으로 오실 것을 예고합니다(창 1-11장). 그리고 하나님이 '4대 인물'과 맺으신 약속을 통해 그 비밀을 점진적으로 드러냅니다(창 12-50장).

창세기만 읽으면 예수님이 여자의 후손이라는 것을 알 수가 없습니다. 그런데 이사야 44-45장에 가면 창조의 목적을 아주 정확하게 설명합니다. 성경을 읽다 보면 어떠한 목적을 가지고 이야기를 전개시키면서 뒤로 갈수록 좀 더 자세하게 설명해 주고 있다는 것을 발견하게 됩니다. 앞에 문제가 있고 뒤에 답이 달려 있는 것입니다. 왜 그렇게 하셨을까요? 이유는 간단합니다. 끝까지 읽게 하려는 것입니다. 그래서 성경을 다 읽어 보면 답이 나옵니다.

day 1. 창조의 목적

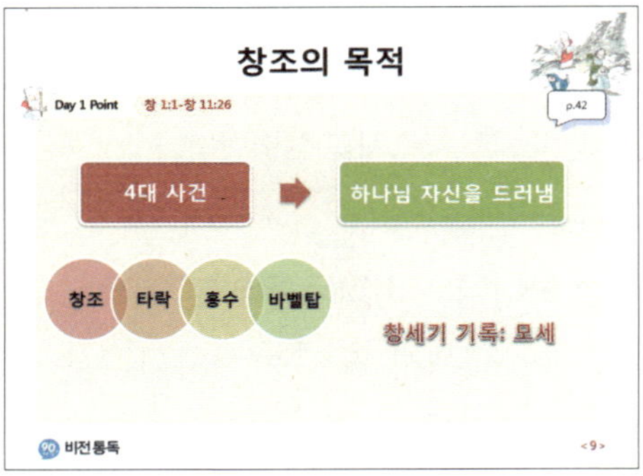

Q. 하나님이 세상을 창조하신 목적은 무엇인가?

창조의 목적은 출애굽의 목적과 동일합니다. 왜 하나님은 이스라엘 백성을 애굽의 노예 생활에서 해방시키셨을까요? 출애굽기에서 하나님이 아브라함에게 약속하신 언약 때문입니다. 그러므로 언약은 매우 중요합니다. 나를 구원하신 분은 천지를 창조하신 창조자이십니다. 창조의 목적은 하나님과 교제하며 하나님과 함께 사는 것입니다.

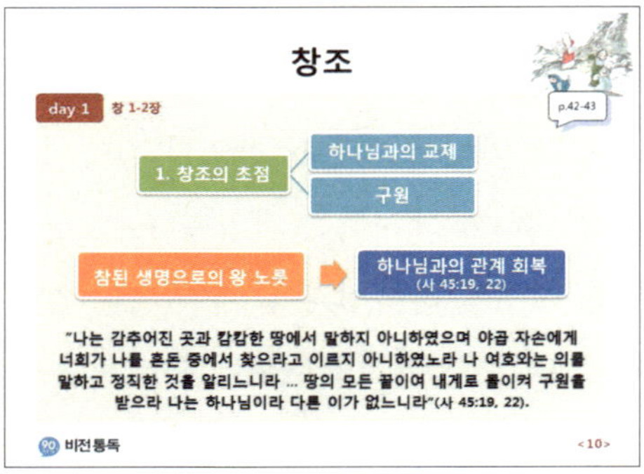

Q. 왜 하나님은 선악과를 만드셨는가?

하나님의 언약은 관계 개념입니다. 관계는 하나님이 설정해 놓으신 것입니다. 이것도 언약입니다. 관계의 개념에서 설정해 놓으신 언약입니다. 선악을 알게 하는 나무의 열매를 먹으면 정녕 죽는다는 말은, 너의 생명을 내가 가지고 있다는 말입니다. 선악과는 별로 중요하지 않습니다. 왜 그렇게 설정해 놓으셨는지를 이해하고 왜 이런 언약을 하셨는지를 알아야 합니다. 선악과는 언약의 문제입니다. 이는 창조자와 피조물의 관계를 설정한 것으로, 예레미야서에서는 이 관계를 '혼인 관계'로 설명합니다. '창조했다'는 것을 '너는 내 아내야'라고 설명하는 것입니다(사 54:5, 렘 31:32, 호 2:16, 고후 11:2 참조).

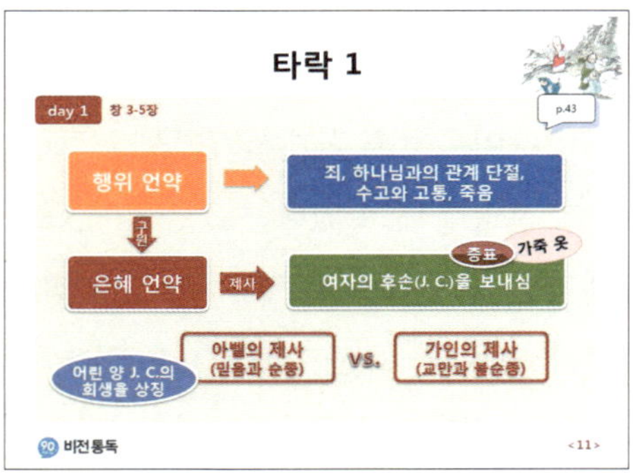

Q. 언약을 어긴 결과는 무엇인가?

바로 죽음입니다. 그러나 아벨의 제사를 통해서 구원의 길을 열어 주십니다. 생명나무의 길은 예수님이 있는 길입니다. 그런데 선악과를 따 먹은 후 그 길이 막혔습니다. 그리고 그 길이 열리면서 구원이 발생하는 것입니다. 요한계시록에서는 생명나무의 길이 열리는 것을 설명합니다. 잠언 또한 철저하게 예수 그리스도의 복음을 설명하는 책으로 생명나무가 자주 등장합니다. 그런데

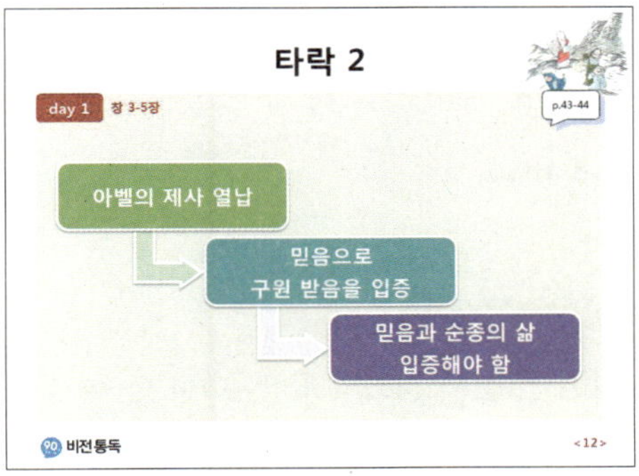

생명나무의 길은 제사를 통해서 열린다는 것입니다. 그것을 창세기 앞부분에서 간단하게 보여 주는데, 3장에서는 생명나무의 길이 막혔음을 그리고 4장에서는 바로 아벨의 사건을 이야기합니다. 그 길을 여는 방법을 설명하는 것입니다. 성경은 지금 어떻게 구원이 발생하는지 전개시켜 가는 것이 목적이기 때문입니다.

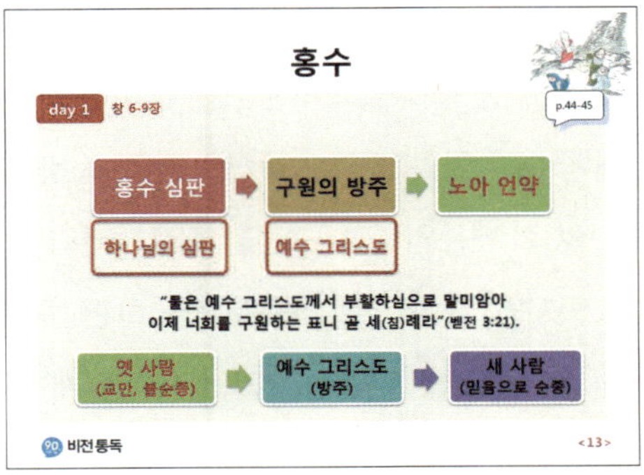

Q. 홍수 사건은 무엇을 의미하는가?

홍수 사건에는 죽은 사람들과 산 사람들이 있습니다. 죽은 자들은 죄 때문에 죽었고 산 자들은 방주 때문에 살았습니다. 이처럼 우리는 은혜로 구원 받습니다. 이것을 신약에서는, 물은 예수 그리스도가 부활하심으로 말미암은 구원하는 표, 곧 세(침)례라고 설명합니다(벧전 3:21). 세(침)례를 통해서 예수님과 함께 물에 수장되어 죽고 부활해서 다시 산다는 것입니다. 홍수 사건에서 방주를 통해 산다는 것은 예수님이 부활하신 개념을 설명하는 것입니다.

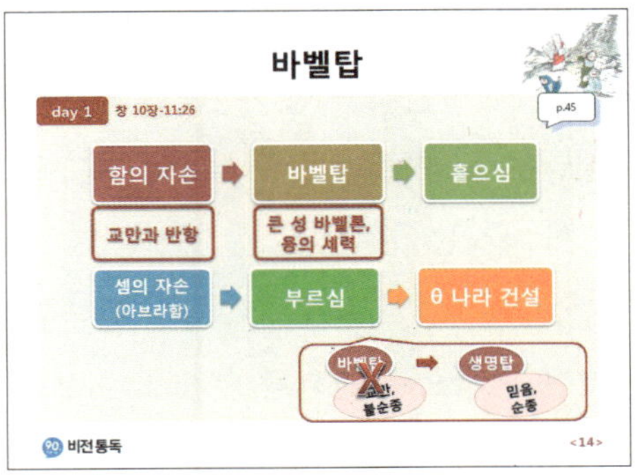

Q. 그러면 바벨탑이 상징하는 것은 무엇인가?

창세기 11장에서 바벨탑은 무너지지 않았습니다. 바벨탑을 쌓던 자들을 흩어지게 하셨을 뿐입니다. 사람들은 지금도 바벨탑을 쌓고 있습니다. 바벨은 흩어지게 한다는 뜻으로, 흩어질 모든 것들을 상징합니다. 흩어지는 것은 분리되는 것입니다. 분리된 상태에서 온 세상 사람들이 흩어져서 바벨탑, 상아탑을 쌓는 것입니다. 결국 창세기의 바벨탑이 상징하는 것은 자기 의, 자기 의지로 살려는 것입니다. 이것이 바벨탑입니다.

창세기 11장에 나오는 바벨탑에서 나중에 실제로 바벨론이라는 나라가 나왔습니다. 이 나라는 요한계시록 11장, 14장, 20장에 나오는 바벨론으로 세상 나라를 의미합니다. 그 나라는 훗날 여자의 후손 예수 그리스도에 의해 무너질 것입니다. "무너졌도다 무너졌도다 큰 성 바벨론이여"(계 14:8, 18:2).

Tip 천지 창조의 목적은 무엇인가?

이사야 45장을 읽어 보면 천지 창조의 목적은 하나님을 찾고 찬양하기 위함임을 알 수 있습니다. 그래서 전도서에서는 창조주를 기억하라는 말씀으로 그분을 찾게 만듭니다. 죄는 간단합니다. 성경은 이미 인간이 갖고 있는 죄를 포함한 본질적인 죄를 설명합니다. 본질적인 죄는 하나님과의 관계가 끊어진 것을 말합니다. 그로 인해 홍수가 있었지만, 그 후에도 여전히 바벨탑을 쌓는 것은 인간의 죄 때문입니다. 구원을 죄로부터의 해방이라고 설명할 수 있지만, 좀 더 본질적으로 설명하면 하나님과 연합하는 것입니다. 하나님을 찾는 것입니다. 그렇게 창조해 놓았는데 사람들이 하나님을 이해할 수 없으니까 죄를 짓게 되는 것입니다.

day 2. 아브라함과 이삭

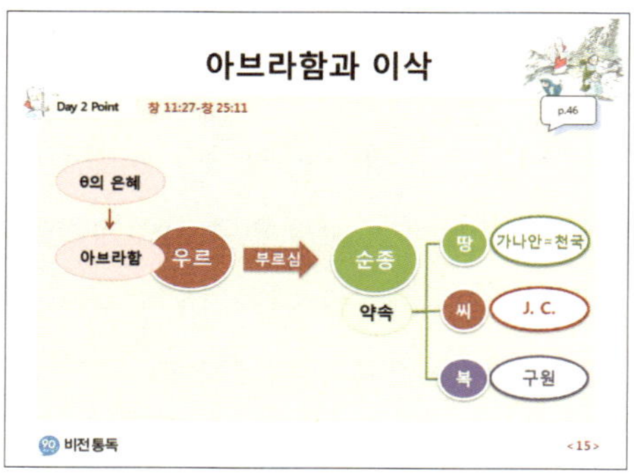

Q. 하나님이 아브라함과 맺으신 약속은 무엇인가?

아브라함에게 약속하신 세 가지는 땅(가나안 땅 : 새 하늘과 새 땅)과 씨(자손 : 예수 그리스도를 통한 구원)와 복(구원)입니다. 그런데 이 세 가지는 '구원'이라는 한 가지로 설명할 수 있습니다. 이는 예수 그리스도로 구원 받는 복을 말하는데, 이 복은 천국으로 연결됩니다. 곧 아브라함에게 주어진 것은 복음이었습니다(갈 3:8).

Q. 창세기에서 말하는 아브라함에게 전해진 복음은 무엇인가?

바로 예수 그리스도를 주겠다는 것입니다. 창세기 15장에 보면 아브라함은 상속자가 없어서 다메섹 사람 엘리

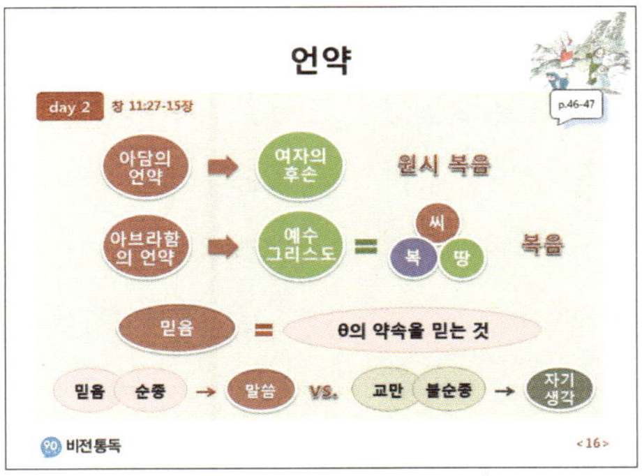

에셀을 자신의 상속자로 생각합니다. 그때 여호와의 말씀이 환상 중에 임해서 하늘의 별과 같이 굉장히 많은 후손을 주겠다고 말씀하십니다. 이 약속을 성경은 복음이라고 설명합니다. 왜냐하면 예수 그리스도 자체가 복음이기 때문입니다. 아브라함은 이 약속을 믿었습니다(창 15:6). 여기서 예수 그리스도를 통한 구원의 발생을 그림자처럼 아주 미세하게 보여 주는데, 상속자는 곧 예수 그리스도이고, 그것을 믿음으로 받아들인 자에게는 구원의 복이 임한다는 것을 설명합니다(롬 4:3).

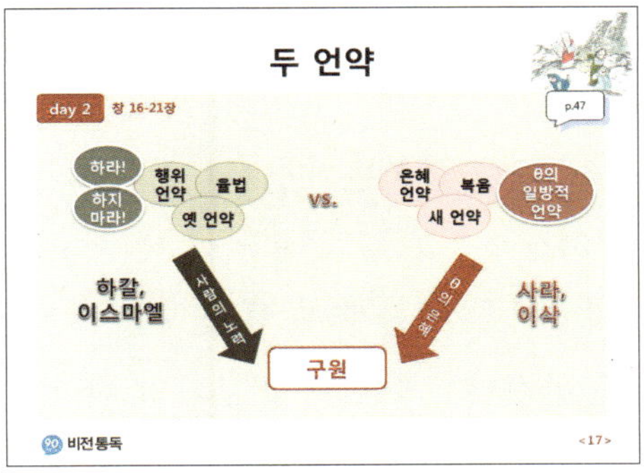

Q. 이스마엘과 이삭을 신약에서는 어떻게 해석하는가?

갈라디아서 4장 21절부터 살펴보면 이스마엘과 이삭의 출생을 비유로 율법과 복음을 설명합니다. 이스마엘은 육체를 따라 낳은 자녀로 옛 언약을 상징하고, 이삭은 약속을 따라 낳은 자녀로 새 언약을 상징합니다. 그런데 놀라운 것은, 육신으로 낳은 것은 내쫓아야 한다는 것입니다. 육신적인 것, 율법적인 것은 버려야 한다는 것입니다. 육에 속한 것을 버리지 못하면 육신에 머무르고, 영에 속한 것을 드리지 못하면 다시 육신으로 돌아갑니다. 그러므로 창세기 21-22장에서 설명하는 것은 나를 버리고 예수로 사는 삶입니다.

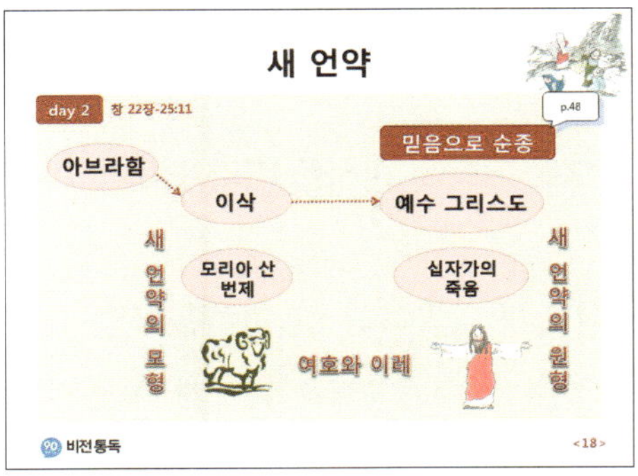

Q. 새 언약과 이삭의 번제 사건은 어떤 연관이 있는가?

이삭의 번제 사건은 아브라함의 자손으로 오시는 예수 그리스도로 말미암아 모든 족속이 구원의 복을 받는 방법을 설명합니다. 이삭은 세상 죄를 사하시는 예수 그리스도의 모형입니다. 더불어 이삭 대신 번제로 드려지는 어린 양은 대속 제물 되시는 예수 그리스도를 예표합니다. 이것이 그리스도의 피로 세운 새 언약입니다.

day 3. 야곱과 에서

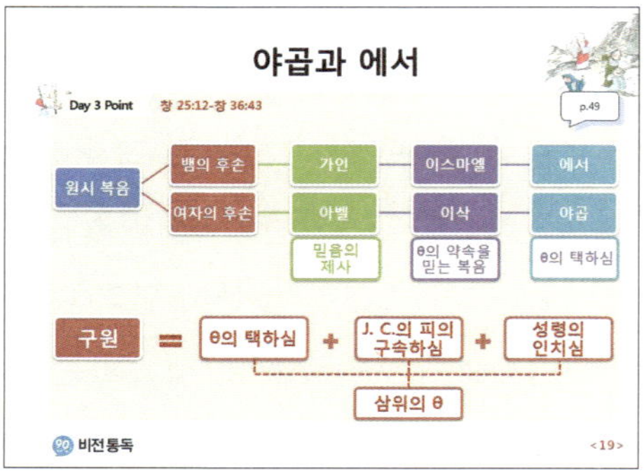

Q. 하나님의 구원은 어떻게 발생하는가?

구원은 하나님의 택하심과 예수 그리스도의 피의 구속하심과 성령의 인치심을 통해서 발생합니다(엡 1:4-13). 이는 인간을 창조하셨던 삼위일체 하나님의 동일한 역사입니다. 하나님은 자신의 형상을 따라 사람을 만드셨습니다. 그런데 죄로 인해 하나님의 형상이 일그러졌습니다. 그래서 구원이라는 단어와 구원 안에 있는 스토리와 메시지를 통해서 삼위 하나님이 사람을 새롭게 창조하십니다. 구원의 궁극적인 목적은 하나님의 형상을 회복하는 것입니다.

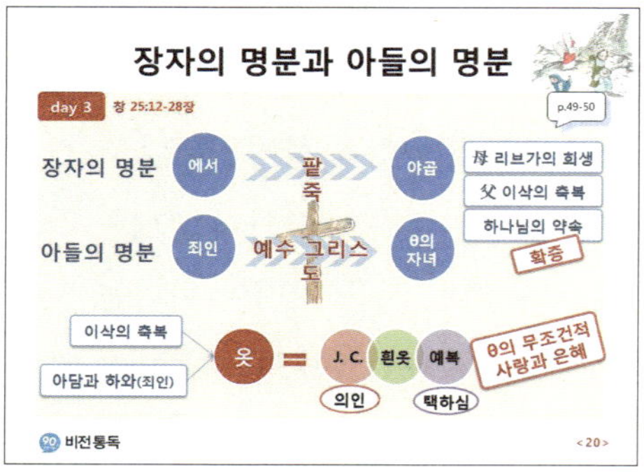

Q. 장자의 명분은 어떻게 얻어지는가?

물론 하나님의 택하심에 있습니다. 하지만 에서와 야곱의 팥죽 이야기에서 출발한 장자의 명분은, 야곱을 대신해 저주를 받겠다는 어머니 리브가의 이야기(창 27:12-13)와 에서의 옷을 입고 축복을 받은 야곱의 이야기를 통해 예수 그리스도의 십자가 저주(갈 3:13)와 그리스도로 옷 입고 구원 받는(계 7:13-14) 것을 구속사적 관점에서 보여 주는 것입니다. 그런데 야곱은 언제부터 택함을 받았습니까? 배 속에서부터 약속된 택함입니다(창 25:23). 하나님의 택하심은 무조건적인 택하심입니다(마 22:14).

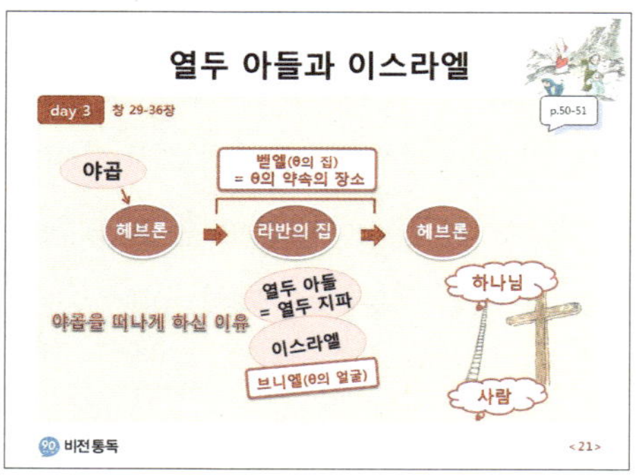

Q. 하나님이 야곱으로 고향과 친척을 떠나게 하신 이유는 무엇인가?

하나님은 아브라함에게 약속하신 큰 민족을 이루시기 위해 야곱으로 하여금 고향과 친척을 떠나게 하신 것입니다. 그것도 다시 돌아올 계획을 가지고 말입니다. 하나님은 야곱에게 이스라엘의 열두 지파가 되는 열두 아들을 낳게 하시고, 하나님 나라의 백성을 상징하는 '이스라엘'이라는 나라 이름을 얻게 하시어 고향으로 돌아가게 하십니다. 그 과정에서 벧엘(하나님의 집)에서 하늘까지 연결된 사닥다리 꿈을 꾸게 되는데, 이 장면은 요한복음 1장에서 나다나엘이 예수님에게 나아올 때 하신 말씀과 연결됩니다. 하늘에서 오르락내리락하는 것을 볼 것이라고 말씀하신 내용입니다(요 1:50-51). 이는 사닥다리가 벧엘에서 하늘까지 연결된 것처럼, 하나님과 갈라진 사이에 길 되신 예수 그리스도가 십자가 다리를 놓으신다는 것을 예표합니다.

day 4. 유다와 요셉

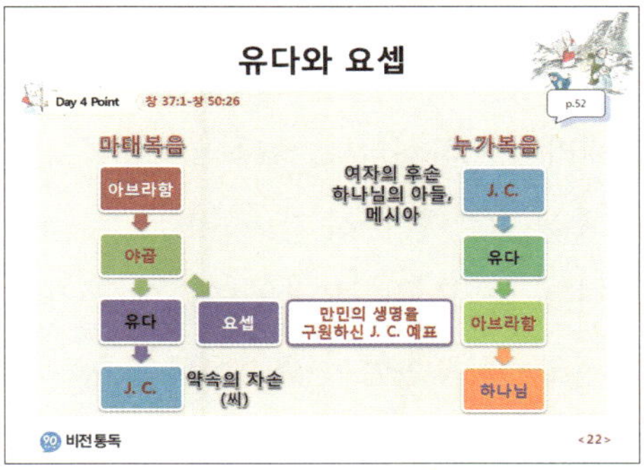

Q. 아담에게 약속하신 여자의 후손이 아브라함에게 약속하신 씨인 것을 어떻게 증명 할 수 있는가?

바로 족보에 열쇠가 있습니다. 족보를 통해서 예수 그리스도가 아브라함의 씨에서 왔고, 그가 여자의 후손이라는 것을 역학적으로 증명합니다. 마태복음의 족보는 아버지에서 아들로 내려오는, 아브라함에게 약속하신 씨에 관련된 족보입니다. 그래서 "아브라함과 다윗의 자손 예수 그리스도의 계보라"(마 1:1)라고 시작합니다. 그리고 누가복음의 족보는 마리아의 족보를 통해서 여자의 후손임을 증명합니다.

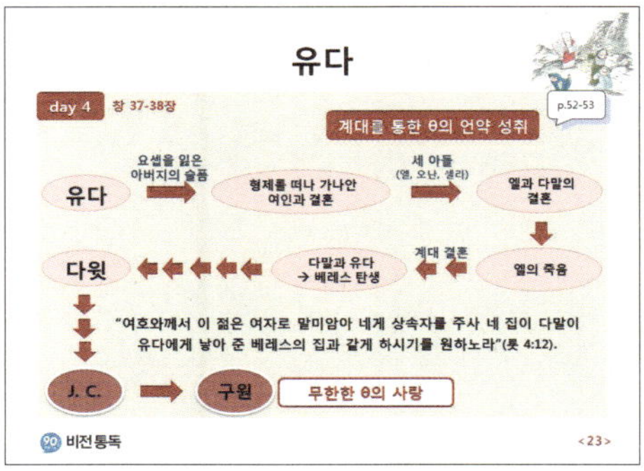

Q. 유다 족보의 의미는 무엇인가?

창세기 38장에는 유다가 다말을 통해 베레스를 낳는 이야기가 전개됩니다. 여기서 베레스가 어떻게 예수 그리스도와 연결되는지가 중요한데, 이를 룻기에서 좀 더 선명하게 풀어 줍니다. 룻기에서는 다말이 유다에게 낳아 준 베레스의 족보로 시작해 다윗까지 연결됩니다(룻 4:18-22). 이는 족보를 통해서 그리스도가 어떻게 오시는지를 설명하는 것입니다. 예수 그리스도를 통한 구원은 도저히 이해할 수 없을 정도로 무한한 하나님의 사랑입니다.

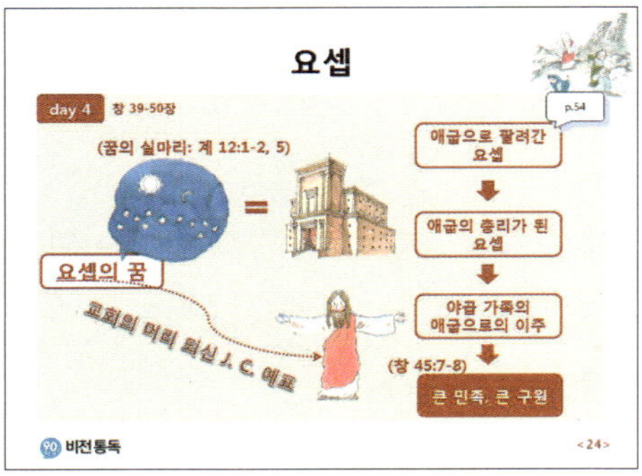

Q. 요셉은 어떻게 그리스도와 연결되는가?

첫 번째로, 요셉이 꾼 두 개의 꿈입니다. 이 꿈의 실마리는 요한계시록에서 풀리게 됩니다. 해와 달과 열한 별이 절하는 것은 계시록에 등장하는 여자의 후손인 예수 그리스도가 해와 달과 열한 별이 상징하는 영적 이스라엘인 교회의 머리 되심을 예표합니다. 즉 교회를 통치하시는 왕이심을 나타내는 것입니다.

두 번째로, 하나님은 큰 민족을 이루시기 위한 준비 작업으로 야곱에게 열두 아들과 이스라엘이라는 이름을 주십니다. 그리고 이스라엘 민족의 태동과 영적 출애굽을 통한 구원을 계시하시기 위해 육적 이스라엘인 야곱의 가족을 애굽으로 내려가게 하십니다. 하나님은 애굽에서 야곱 가족이 큰 민족을 이루며, 다시 가나안 땅으로 돌아올 것이라고 하십니다. 하나님은 큰 구원으로 야곱 가족의 생명을 보존하시고, 그 후손들이 번성하도록 하시기 위해 한 사람 요셉을 앞서 애굽으로 보내신 것입니다.

출애굽기

출애굽기 개관

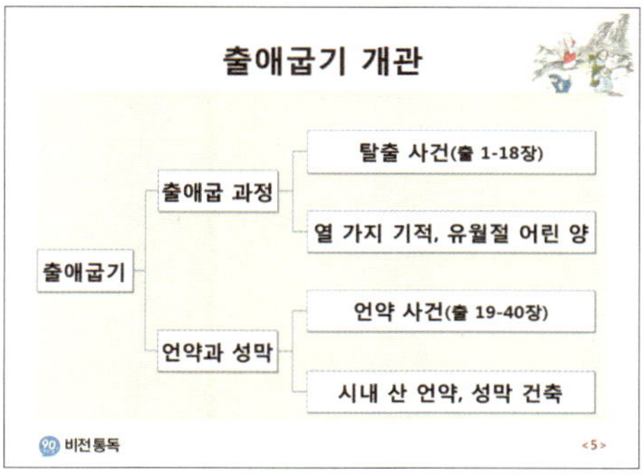

Q. 출애굽기의 중심 되는 이야기는 무엇인가?

출애굽기 구성의 핵심은 어린 양과 성막입니다. 전반부(출 1-18장)에서는 어린 양을 통해서 구원하셨고, 후반부(출 19-40장)에서는 언약과 성막을 주셨습니다. 이것은 구원하신 목적과 율법과 성막을 주신 목적이 똑같다는 의미입니다.

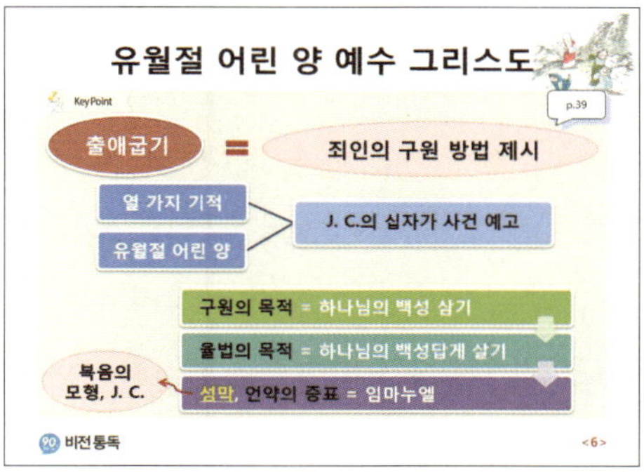

Q. 출애굽기에서 성막의 의미는 무엇인가?

먼저 유월절 어린 양은 예수 그리스도의 십자가 사건을 예표합니다. 그리고 성막을 중심으로 설명하면, 성막을 주신 것은 언약의 증표입니다. 언약은 율법입니다. 그래서 율법을 주신 이유를 성막에서 찾을 수 있습니다. 율법을 통해서 죄를 깨달으면 죄는 성막 안에서 해결하게 됩니다. 죄를 사함 받는 장소가 바로 성막 안이기 때문입니다. 결국 성막을 주신 이유는 사람과 함께 살고자 하심입니다. 성막은 하나님의 임재를 설명하기 위한 것이기 때문입니다. 즉, 성막은 예수 그리스도입니다. 출애굽기는 예수 그리스도를 통해서만 구원이 있음을 설명합니다. 그래서 요한복음 10장에서는 예수님을 양의 문으로 말씀합니다. 예수님이 아니고는 구원이 발생하지 않음을 설명하는 것입니다. 구원의 목적은 죄 사함을 받는 동시에 임마누엘인 것을 설명하는 데 있습니다.

Tip 성경의 핵심 이야기는 무엇인가?

성경은 두 가지를 기록합니다. 첫째는 나를 어떻게 구원하셨는지에 대한 설명이고, 둘째는 왜 구원하셨는지에 대한 내용입니다. 이는 예수님을 통해 나를 구원하셨다는 것과 그분이 나와 함께 살기 원하시기 때문에 구원하셨다는 내용으로 전개됩니다. 그래서 하나는 구원이고, 다른 하나는 구원의 삶인 것입니다. 이 두 가지 이야기가 구조화되고 설명되어, 나중에 어떻게 천국에서 영원히 세세토록 왕 노릇 하면서 살 것인가에 대한 내용을 요한계시록에서 구조적으로 살펴볼 수 있습니다.

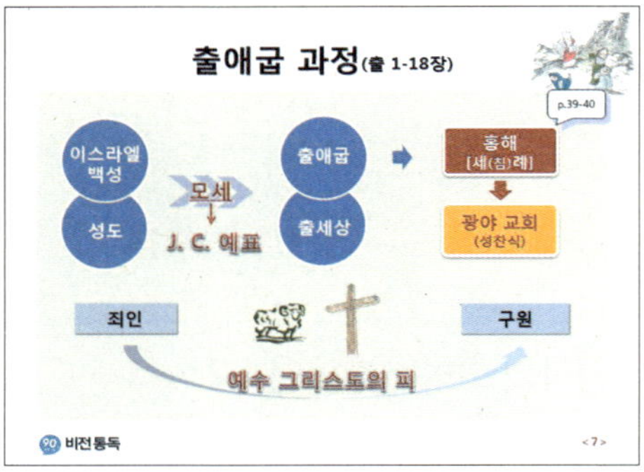

Q. 출애굽 과정은 무엇을 제시하는가?

① 죄의 노예에서 해방 – 구원을 예시
② 누구를 통해서? – 그리스도를 예표하는 모세
③ 구원은 오직 예수 그리스도의 피 – 유월절 어린 양
④ 교회의 출생(행 7:38의 광야 교회, 고전 10:1–4참조) – 구원의 결과

즉, 출애굽을 통해 죄에서의 구원을 설명하고자 함인데, 출애굽 하는 모세가 예표하는 예수 그리스도를 통해 구원을 이야기하고, 유월절 어린 양으로 구원의 방법을 설명하며, 구원의 결과는 교회를 이루게 하시려는 것임을 말하기 위함입니다. 그래서 구원 받은 내가 하나님의 교회가 되는 것입니다. 하나님의 교회는 예수님이 머리되시고 나는 그분의 몸이 되는 것입니다. 이것이 구원의 결과입니다.

Q. 구원 받은 광야 교회는 어떻게 구원의 삶을 살 수 있는가?

광야 교회는 언약을 통해서 살 수 있습니다. 또한 성막에서 제사를 드리며 삽니다. 그것은 임마누엘 된 상태에서 구원의 삶을 살 수 있는 것과 같습니다. 성막에서 소나 양이 죽어야 내가 살 수 있는 것처럼, 예수가 죽어야 내가 사는 것입니다. 이것이 구원입니다.

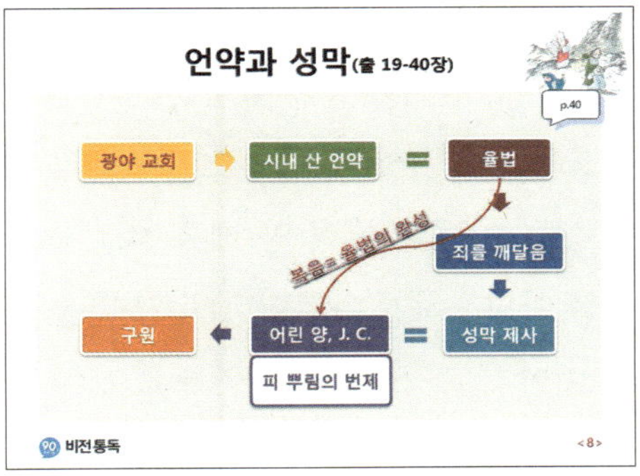

그렇다면 구원의 삶은 무엇입니까? 나는 죽고 예수가 사는 것입니다. 성막 안에서 벌어지는 일은 무엇입니까? 누군가가 희생되어 내가 사는 것입니다. 그렇다면 성막 안에서 임마누엘로 살아야 하는데 그땐 또 누가 죽어야 구원의 삶을 살 수 있습니까? 결국 내가 죽어야 임마누엘로 살 수 있습니다. 이것이 바로 구원과 구원의 삶을 설정하는 것입니다. 내가 죽지 않으면 예수로 살아 내지 못하며, 구원의 삶을 살 수도 없습니다.

day 5. 모세와 열 가지 기적

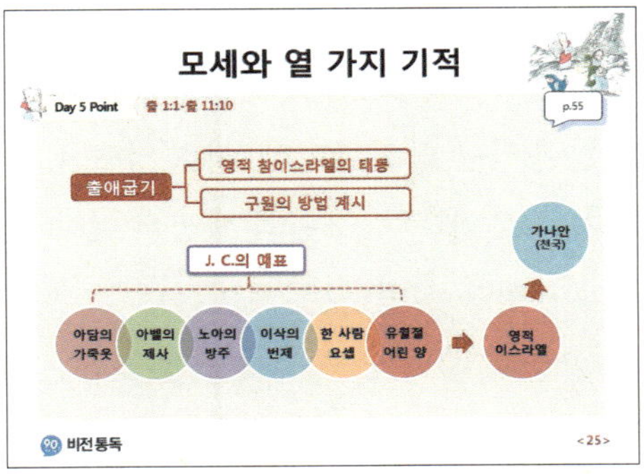

Q. 출애굽기의 구속사는 어떻게 표현되는가?

모세오경에서 처음 쓰인 책은 창세기가 아닙니다. 출애굽기, 레위기, 민수기, 신명기는 모세 시대에 일어난 상황을 전개합니다. 그런데 창세기는 이미 지나간 사건을 기록한 책입니다. 모세가 '모세사경'을 통해 나를 구원하신 분이 누구신지를 설명해야 했기에 창세기가 필요했던 것입니다. 여기서 구속사의 흐름은 아담의 가죽옷부터 희미하게 나오다 유월절 어린 양으로 확실하게 드러납니다.

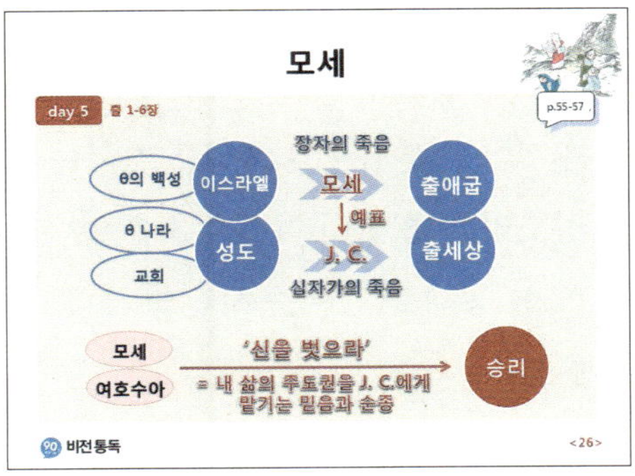

Q. 모세는 누구를 예표하는가?

모세는 그리스도를 예표합니다. 모세가 이스라엘 백성을 출애굽시키는 데 충성한 것은 그리스도가 십자가의 죽으심으로 성도들을 출세상시키시는 데 충성하신 것을 예표합니다.

또한 모세가 출애굽의 인도자로 자신의 권리를 포기한것은 예수님이 십자가에서 죽기까지 순종한 것을 예표합니다. 성도가 하나님의 집에서 충성하려면 모세가 그리스도를 예표하는 삶을 살았듯이, 성도는 그리스도를 나타내는 삶을 살아야 합니다.

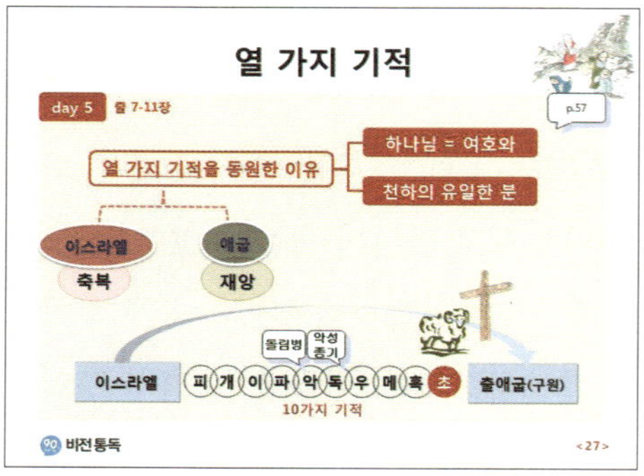

Q. 모세의 열 가지 기적은 무엇을 설명하는가?

모세의 열 가지 기적은 구원의 방법을 설명합니다. 창세기는 예수 그리스도를 통한 구원의 방법으로 아담의 가죽옷(죄를 가려 주는 것), 아벨의 어린 양 제사(희생 제사), 노아의 구원 방주를 어렴풋하게 나타냅니다. 그 다음 이삭의 번제와 요셉 이야기로 구원을 점진적으로 보여 줍니다. 그러다가 출애굽기에서는 좀 더 선명한 그림자로 유월절 어린 양을 그리스도의 예표로 보여 줍니다. 그리고 구원의 목적은 가나안 땅에서의 안식입니다.

day 6. 출애굽과 시내 산 언약

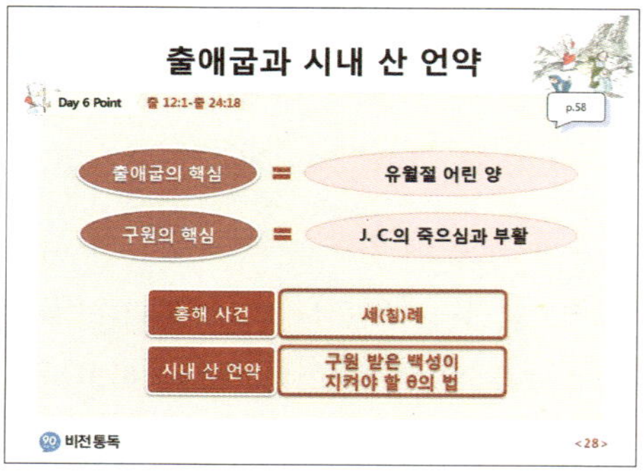

Q. 출애굽이 상징하는 것은 무엇인가?

출애굽은 유월절 어린 양을 상징합니다. 어린 양을 통해서 구원이 발생하기 때문입니다. 구원의 핵심은 예수 그리스도의 죽으심과 부활을 설명하는 데 있습니다. 홍해 사건은 예수의 생명으로 살게 하기 위함이고, 시내 산 언약은 구원 받은 백성이 지켜야 할 하나님의 법을 말합니다.

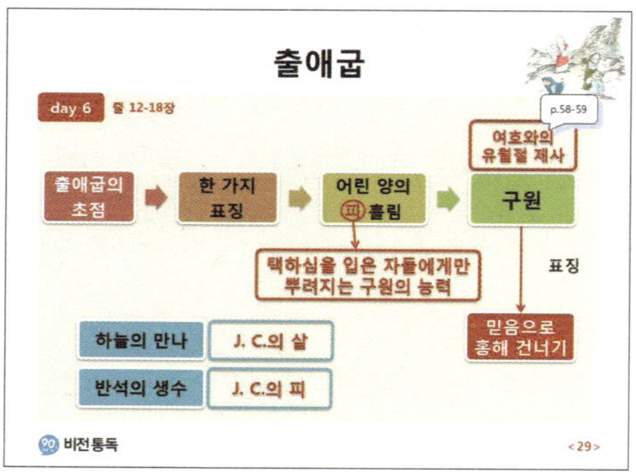

Q. 이스라엘 백성이 어떻게 홍해를 건널 수 있었을까?

홍해는 믿음으로 건널 수 있었습니다. 홍해를 건너는 것은 세상과 이별하는 것이고, 믿음으로 홍해를 건너는 것은 세상의 바다가 성도의 배를 절대 침몰시킬 수 없다는 것을 설명합니다. 또한 홍해를 건너는 사건을 세(침)례로 설명합니다(고전 10:2).

이 이야기로 어떻게 구원이 발생하는지를 좀 더 구체적으로 설명한 것이 호렙 산에서 반석을 치면서 나타난 사건입니다. 하나님께서 모세가 서 있는 호렙 산의 '그 반석'을 치면 물이 솟아날 것이라고 알려준대로 반석을 치는 사건은 반석이신 예수님의 고난을 상징합니다(출 17:6,

고전 10:4 참조). 이 사건 이후 광야 백성은 신령한 음식과 신령한 음료를 마시게 됩니다. 이스라엘 백성이 광야에서 먹고 마신 신령한 음식과 신령한 음료는 하늘의 만나와 반석의 생수입니다. 그러므로 그리스도의 살과 피를 상징합니다(고전 10:4).

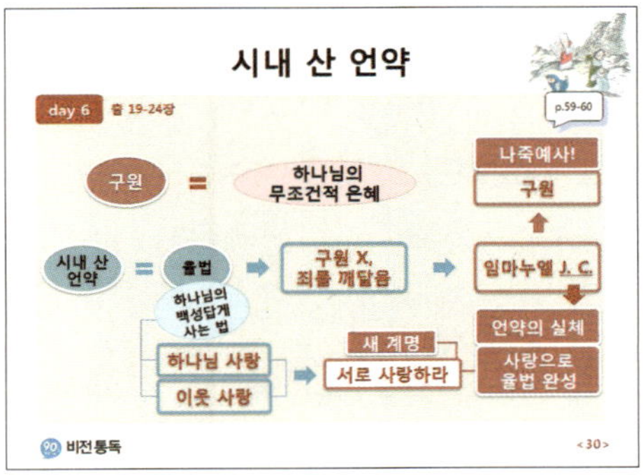

Q. 시내 산 언약의 핵심은 무엇인가?

유월절 어린 양의 피를 통해 홍해를 건너 하늘의 만나와 생수를 맛본 구원 받은 백성은 시내 산의 언약으로 살아야 합니다. 즉, 시내 산 언약은 구원 받은 자의 삶의 기준입니다. 구원은 하나님의 무조건적인 은혜로 주어집니다. 시내 산에서 주어진 율법은 이렇게 구원 받은 이스라엘이 하나님 백성답게 사는 법입니다.

그렇다면 어떻게 하나님의 법을 지킬 수 있을까요? 계명은 임마누엘, 곧 언약의 실체이신 예수 그리스도가 내 안에 살아 계실 때만 지킬 수 있습니다. 그리스도는 율법의 마침이시고, 사랑은 율법의 완성입니다. 즉, 예수 그리스도의 은혜로 구원 받은 사람은 죄에 대해 죽고, 그 안에 계신 예수 그리스도로 살아야 합니다.

Tip 새로운 삶의 방식은 무엇인가?

나 자신이 구원 받아 그리스도인으로 사는 것이 세상에서 깨끗하게 살고 있다는 의미는 아닙니다. 나에게는 수없이 많은 더러운 죄가 있지만, 잃어버렸던 자신을 찾고 주님에게 용서 받고 사는 것입니다. 용서 받은 것을 느끼는 만큼 남을 용서할 수 있다면 그는 정말 용사와 같은 사람입니다(용사는 용서하고 사랑하는 사람을 뜻합니다). 창세기에 나오는 여자의 후손인 예수 그리스도가 출애굽기에 나오는 유월절 어린 양으로 자기 백성을 구원하신 것은 그들을 새로운 삶의 방식으로 살게 하시기 위함입니다. 그것은 곧 천국 용사로, 남을 용서하고 사랑하고 축복하는 삶을 살게 만들겠다는 것입니다.

day 7. 성막 설계와 성막 완성

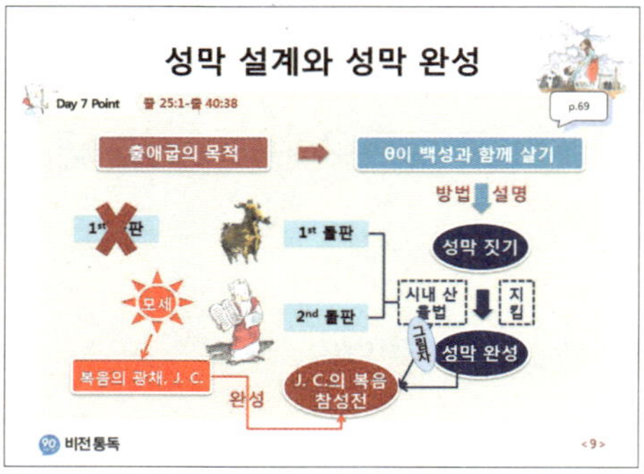

Q. 하나님이 이스라엘 백성을 출애굽시키신 이유는 무엇인가?

출애굽의 목적은 하나님이 당신의 백성과 함께 사시기 위함입니다(신명 5:9-10). 출애굽기의 구조를 살펴보면, 1-19장은 출애굽의 경과에 대한 설명입니다. 19장은 언약을 주신 이야기, 24장까지는 언약에 관한 이야기 그리고 25-40장은 성막의 이야기가 전개됩니다. 성막의 설계도를 먼저 주고 완성하는 그림을 보여 줍니다. 그런데 이 중간에 금송아지 사건이 끼어 있습니다. 시내 산에서 받은 십계명의 첫 번째 돌판과 두 번째 돌판 사이에 금송아지 사건이 연관돼 있습니다. 이것은 성막 완성이 율법이 아닌 복음으로 가능하다는 것을 설명합니다.

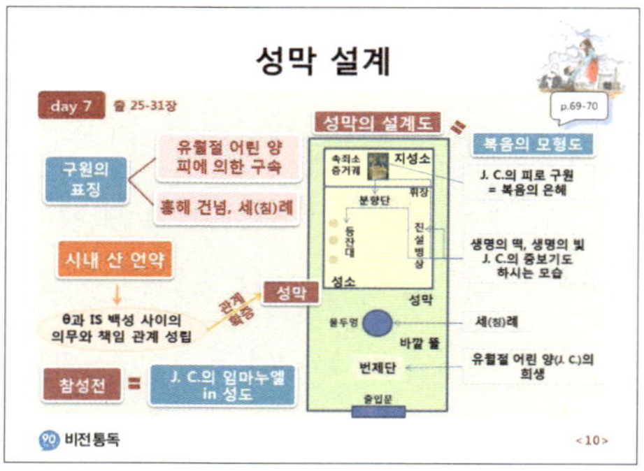

Q. 성막이 왜 복음의 모형도인가?

성막의 설계도는 복음의 모형도와 아주 흡사합니다. 율법을 통해서 죄를 깨달을 수 있습니다. 죄를 깨달은 죄인이 제물을 가지고 와서 자신의 죄를 제물에 전가시킴으로써 죄가 사해지는 것입니다. 제사는 성막 안에서만 지내게 되어 있습니다. 양을 잡을 때도 성막 뜰 안에서 잡아야 합니다. 이것은 레위기 언약에 정해진 기준으로, 이 성막은 예수 그리스도, 곧 예수님 안에서만 죄를 해결할 수 있음을 나타냅니다. 율법의 완성이신 그리스도, 죄를 사해 주시는 성막이신 예수 그리스도가 아니면 오늘날 우리가 어찌 구원 받을 수 있겠습니까!

Q. 성막을 완성하는 중간에 금송아지 사건이 기록된 이유는 무엇인가?

성막 설계도와 완성도 사이에 금송아지 사건이 끼어 있습니다. 그것은 성막이 완성되는 과정에도 여호와의 부재, 즉 우리 안에 금송아지를 품고 있는 것이 가능함을

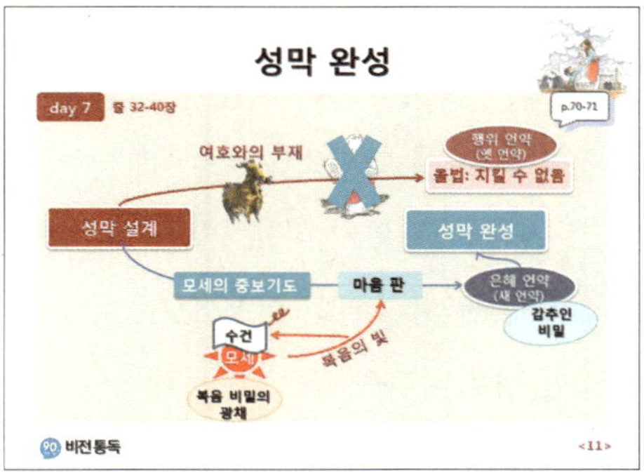

의미합니다. 성막은 설계되었지만 율법으로는, 설계도 그 자체만으로는 성막을 만들어 낼 수 없다는 것을 시사하는 것입니다. 이 사건은 율법을 통해서 우리의 죄를 날려 버리고 복음으로 오신 예수 그리스도가 우리 안에 들어오시는 하나님의 성령의 역사가 없이는 성막, 즉 참 성전이 세워질 수 없음을 보여 줍니다.

우리는 예수를 믿고 구원의 삶을 살려고 합니다. 그런데 구원의 삶으로의 진입이 잘되지 않습니다. 어떤 간격이 가로막고 있기 때문입니다. 하나님은 말씀을 통해서 이 간격을 깨 버리겠다고 하십니다. 그 간격은 바로 내 생각, 내 지식, 내 고집, 내 자아, 내가 갖고 있는 율법 그리고 내 기준(금송아지)입니다.

레위기

레위기 개관

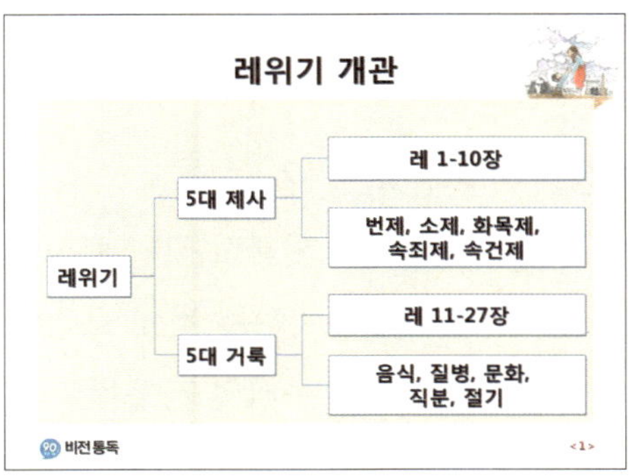

Q. 레위기의 구조는 어떻게 되는가?

레위기는 크게 두 개의 구조로 잡을 수 있으나, 내용으로 보면 세 개의 구조로 설명할 수 있습니다. 1-10장은 5대 제사로 서론에 해당하고, 11-25장은 5대 거룩으로 본론에 해당하며, 26-27장은 상벌에 대한 내용으로 결론이라 할 수 있습니다. 《비전 통독》에서는 11-27장까지를 5대 거룩으로 구분했지만, 11-25장까지는 거룩에 대한 이야기고, 26-27장은 상벌에 대한 이야기입니다. 따라서 구조를 크게 나누면 두 개, 좀 더 자세히 나누면 세 개(서론, 본론, 결론)가 되는 것입니다.

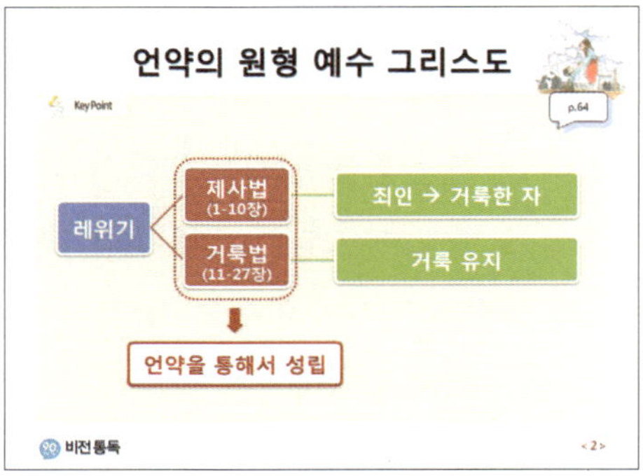

Q. 5대 제사와 5대 거룩은 무엇을 말하는가?

5대 제사는 구원을, 5대 거룩은 구원의 삶을 말합니다. 그런데 이 구원과 구원의 삶이 모두 언약을 통해서 이뤄진다는 것입니다. 그 언약의 주체가 바로 언약의 원형이신 그리스도이십니다. 구원과 구원의 삶은 모두 예수 그리스도 안에서 가능한 것입니다.

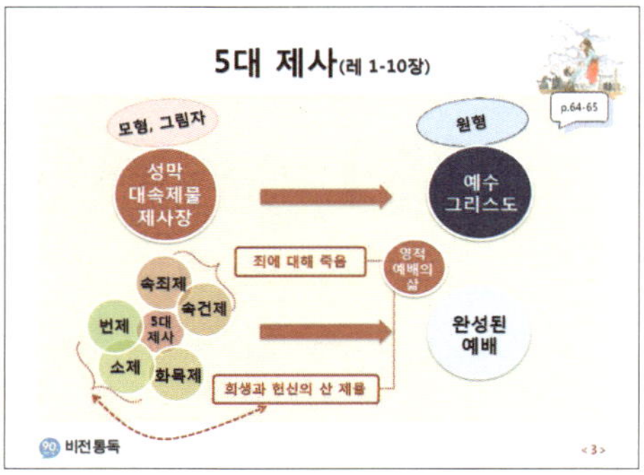

Q. 제사의 구성 요소는 무엇인가?

제사는 크게 다섯 가지로 구분할 수 있으며, 그 구성 요소는 성막, 제사장, 제물입니다. 이 역할을 예수 그리스도가 담당하시는데, 레위기에는 기록되어 있지 않지만 요한복음에서 예수님이 "너희가 이 성전을 헐라 내가 사흘 동안에 일으키리라"(요 2:19-21)고 말씀하시며 자신이 성전임을 드러내셨습니다. 또한 요한계시록에서도 그리스도를 어린 양, 곧 성전으로 기록합니다(계 21:22). 성전은 바로 임마누엘이신 예수 그리스도이십니다.

또한 히브리서에서는 예수님이 제사장과 제물이라고 설명합니다(히 6:20, 9:23, 10:10 참조). 그러므로 예수님이 성전이 되고, 제사장이 되고, 제물이 되면 구원이 발생하고, 내가 참성전이 되고 왕같은 제사장이 되고 산제물이 되면 구원의 삶이 나타납니다(고전 3:16, 벧전 2:9, 롬 12:1 참조).

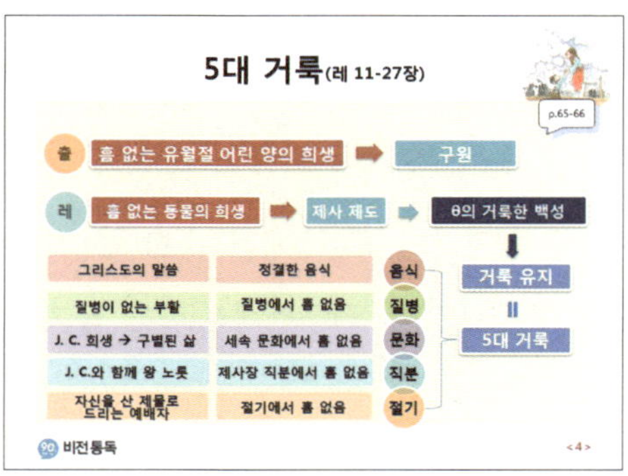

Q. 5대 거룩의 핵심은 어디에 있는가?

출애굽기에서 유월절 어린 양으로 거룩하게 된 백성이 광야 교회 생활에서 그 거룩을 유지하는 것에 초점이 있습니다. 음식의 거룩은 질병으로부터의 거룩을 가져오고, 세상 문화의 거룩은 모든 직분과 절기로부터의 거룩을 가져옵니다. 5대 제사의 목적이 화목제에 있다면, 5대 거룩의 목적은 문화, 즉 세상과 구별된 삶에 있습니다.

day 8. 제사와 위임법

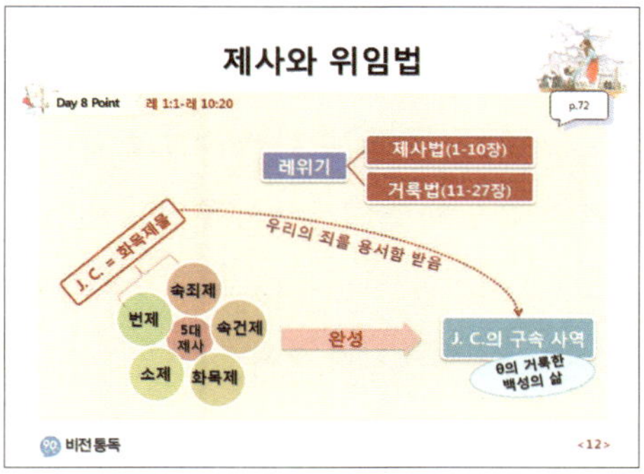

Q. 5대 제사와 그리스도가 어떻게 연결되는가?

5대 제사 중에서 가장 중심적인 제사는 가운데 있는 화목제입니다. 이 다섯 가지 제사는 하나의 제사, 곧 우리에게 산제사로 설명하려는 목적을 가집니다. 즉 5대 제사의 목적은 화목하게 하는 데 있습니다.

그 이유를 로마서 5장 6-10절에서 찾아볼 수 있는데, 우리의 상태를 연약할 때(6절), 죄인 되었을 때(8절), 원수 되었을 때(10절)라고 설명합니다. 말씀대로 살지 못하면 하나님과 원수가 되는 관계를 설정해 놓았습니다. 이럴 때 누가 죽었습니까? 로마서 5장 10절은 "그의 아들의 죽으심"으로 화목하게 되었다고 기록합니다. 바로 예수 그리스도가 죽으셨습니다. 예수님의 죽으심으로 원수 되었던 내가 하나님과 화목하게 되었다는 것입니다. 이것이 바로 제사의 목적입니다.

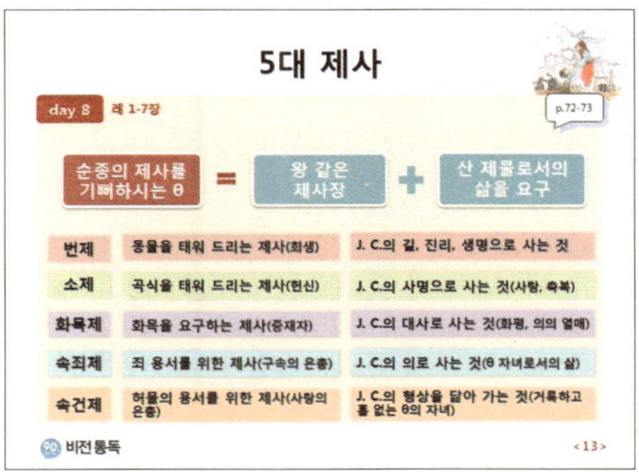

Q. 5대 제사는 무엇을 설명하는가?

5대 제사 안에는 제사의 방법과 목적과 내용이 모두 들어 있습니다. 그중 가운데 있는 화목제가 제사의 목적입니다. 하나님과 내가 화목하게 되는 것입니다. 화목하기 위해선 죄를 없애야 합니다. 그래서 뒤이어 속죄제, 속건제가 나옵니다. 이것이 죄를 없애는 것, 곧 제사의 내용입니다. 그럼 어떻게 드리나요? 번제, 즉 불에 태워서 드립니다. 그래서 번제와 소제는 제사의 방식입니다.

Q. 5대 제사를 어떻게 위임하시는가?

로마서 12장 1절은 산 제물로, 베드로전서 2장 9절은 왕 같은 제사장으로 위임하셔서 우리 인생을 불태우는 산 제물로 살기를 원하십니다. 즉, 하나님이 기뻐하시는 제사를 드리라는 것입니다. 번제로 죄를 불태우고, 소제로 삶을 불태우고, 화목제로 자존심을 버리라는 것입니다. 5대

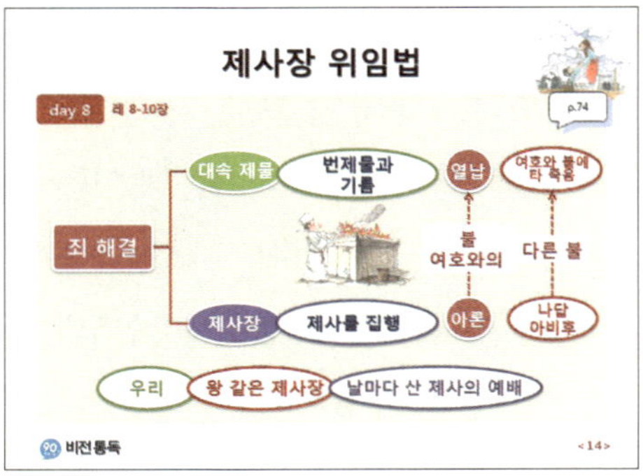

제사는 예수님이 우리의 죄를 구원해 주시는 것으로 끝나는 것이 아니라, 이 제사법이 우리에게 산제사로 연결되어 우리가 이렇게 살아 내기를 원하신다는 것입니다. 성도는 구원 받고 예수님이 그렇게 사셨구나 하는 것으로 끝나는 것이 아니라, 그분이 우리 안에 들어오셔서 우리가 번제와 소제, 화목제 그리고 옛 사람을 불태우는 속제죄와 옛 습관을 불태우는 속죄제로 살아 내기를 원하십니다.

day 9. 정결법과 속죄법

Q. 하나님이 요구하시는 것은 무엇인가?

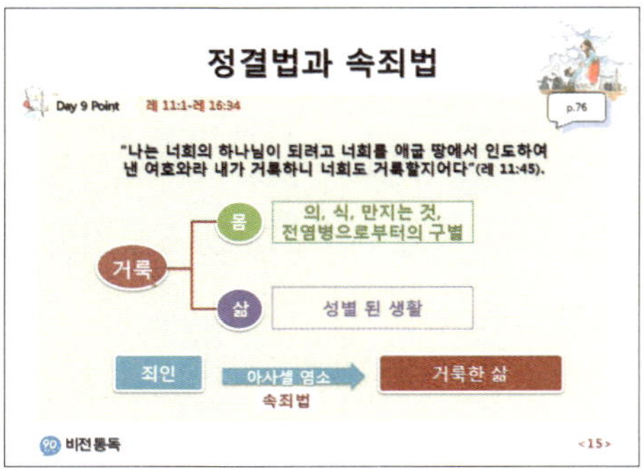

구원하신 이스라엘 백성에게 하나님은 거룩을 요구하십니다(레 11:45). 그 구체적인 방법은 몸의 거룩과 삶의 거룩이라 할 수 있습니다.

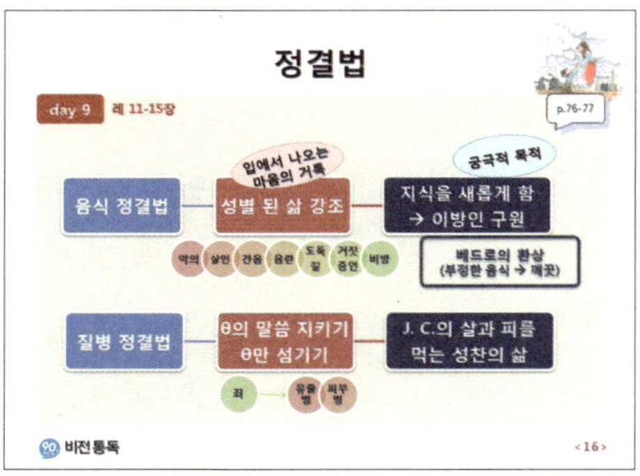

Q. 인생의 문제는 어디에서부터 출발하는가?

인간의 문제는 모두 먹는 문제로부터 출발합니다. 정결의 문제에서 음식이 맨 처음에 등장하는 것도 같은 이유에서입니다. 먹는 문제는 굉장히 중요합니다. 창세기에서 아담이, 광야 생활을 시작하면서 이스라엘 백성이, 그리고 현재 우리가 먹는 것 때문에 싸웁니다. 이 먹는 문제를 뚫고 가야 합니다. 예수님은 이 문제를 해결하는 본보기를 보여 주십니다. 음식도 중요하지만, 진짜 살려면 예수를 먹어야 합니다. 하나님의 말씀을 먹어야 합니다(신 8:3). 그러면 먹고사는 문제도 예수님이 해결하십니다. 그것을 마태복음 6장에서 분명히 설명합니다. "너희는 먼저 그의 나라와 그의 의를 구하라 그리하면 이 모든 것을 너희에게 더하시리라"(마 6:33).

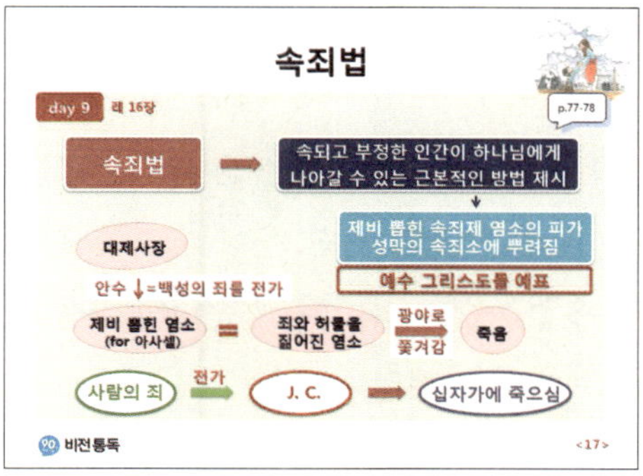

Q. '아사셀'의 의미는 무엇인가?

아사셀은 '내어놓음'이란 뜻이 있습니다. 속죄법은 레위기 16장에 나오는데, 대제사장이 제비 뽑힌 염소에게 안수해서 백성의 죄를 전가시키고 그 염소가 아사셀로 세워져서 광야로 내쫓겨 죽게 됩니다. 이 아사셀 염소는 예수 그리스도의 예표가 됩니다. 예수 그리스도는 모든 인간의 죄를 짊어진 아사셀인 것입니다.

day 10. 거룩법과 상벌법

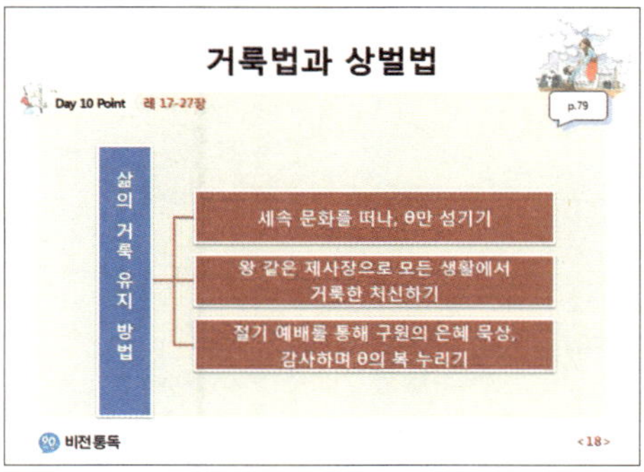

Q. 하나님의 백성이 거룩하게 살아가는 방법은 무엇인가?

거룩에는 두 가지가 있습니다. 하나는 몸의 거룩이고, 다른 하나는 삶의 거룩입니다. 몸의 거룩은 속죄법을 통해 이뤄지고, 삶의 거룩은 레위기의 5대 거룩이라 할 수 있습니다. 5대 거룩은 민수기의 교회 생활과 연관성이 있습니다. 그 연관성은 민수기에서 더 자세히 다뤄집니다.

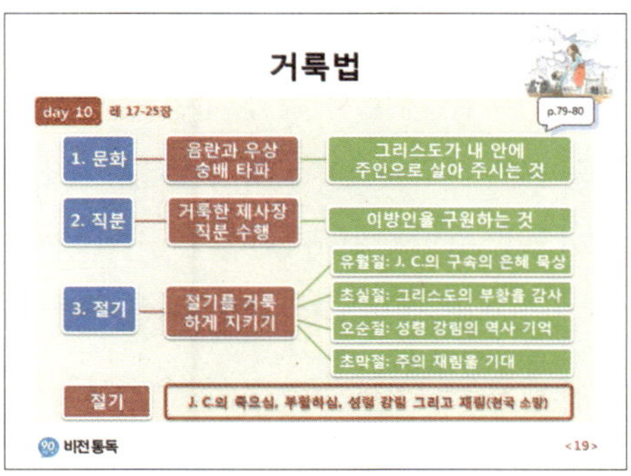

Q. 5대 거룩의 핵심은 무엇인가?

레위기 11-25장까지의 내용을 두 가지 거룩으로 나눈다면 몸의 거룩(음식, 질병)과 삶의 거룩(문화, 직분, 절기)입니다. 음식은 몸의 거룩이요, 마음의 거룩입니다. 이 이야기는 마태복음 15장에서 예수님이 바리새인들과 예수님의 제자들이 손을 씻지 않고 밥을 먹는 것에 대해 나누시는 대화를 살펴보면 알 수 있습니다.

레위기 18-25장에 나오는 삶의 거룩은 세 가지, 즉 문화와 직분과 절기입니다. 이는 세속 문화에서의 거룩, 성도, 즉 왕 같은 제사장 직분에서의 거룩 그리고 예배에서의 거룩을 말합니다. 이 세대를 본받지 말라는 명령을 기억해야 합니다.

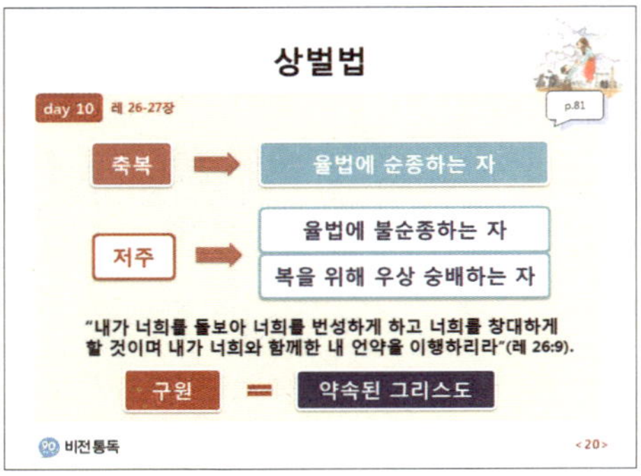

Q. 축복과 저주의 기준은 무엇인가?

은혜의 기준은 예수 그리스도입니다. 예수 그리스도에게만 구원이 있습니다. 즉, 구원의 복은 곧 예수 그리스도입니다. 그렇기 때문에 복을 위한 우상 숭배는 결국 저주를 받을 수밖에 없는 행동입니다. 순종하면 복을 받고 불순종하면 저주를 받는 것입니다. 이 상벌법은 구원과 동일한 개념입니다.

민수기

민수기 개관

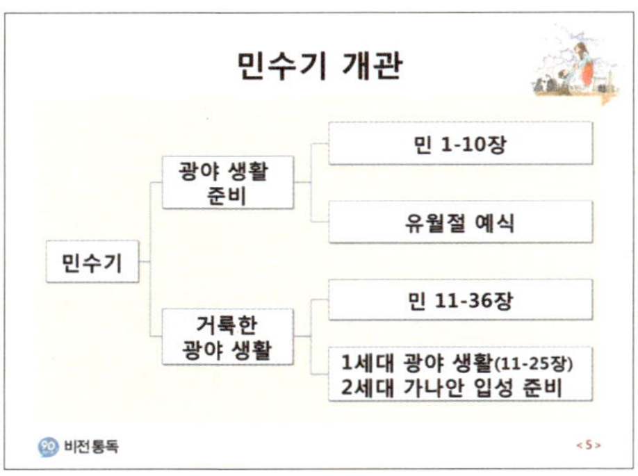

Q. 민수기는 어떤 책인가?

레위기가 거룩한 백성의 삶의 기준이라면, 민수기는 레위기의 기준을 근거로 한 불순종의 사례라고 할 수 있습니다. 민수기는 5대 거룩을 어떻게 살아 내야 하는가를 다루는데, 레위기의 5대 거룩을 살아 내지 못해 그것이 5대 경계가 되었습니다. 고린도전서 10장 1-13절에 나오는 광야 교회의 불순종에 대한 이야기가 바로 민수기 이야기입니다. 그렇게 살면 안 된다는 것을 본보기로 기록한 것이 민수기인 것입니다(고전 10:11).

Q. 민수기가 보여 주는 광야 생활의 불순종의 결과는 무엇인가?

불순종의 결과는 출애굽 1세대들이 가나안 입성을 못하고 죽은 것입니다. 레위기에서 거룩한 삶을 강조했지만 민수기에서 불순종한 백성은 결국 가나안에 들어

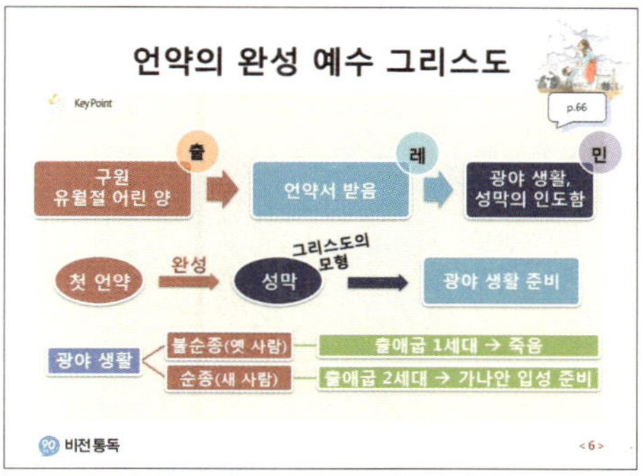

가지 못했습니다. 옛 사람의 모형인 1세대는 죽고 새 사람의 모형인 2세대들이 가나안 입성을 준비하게 됩니다.

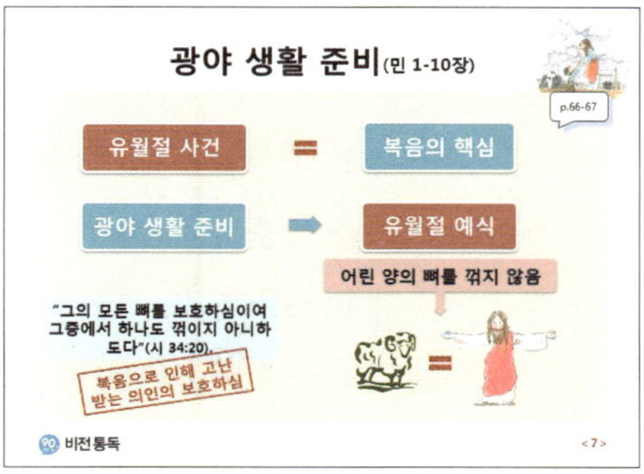

Q. 광야 백성의 정체성은 무엇인가?

하나님은 이스라엘 백성을 애굽으로부터 불러내셨습니다. 애굽에서 나온 후 20세 이상으로 싸움에 나갈 만한 사람을 계수하니 약 60만 명이 되었습니다. 신약성경에서는 하나님의 백성을 군대의 병사로 부릅니다(딤후 2:4).

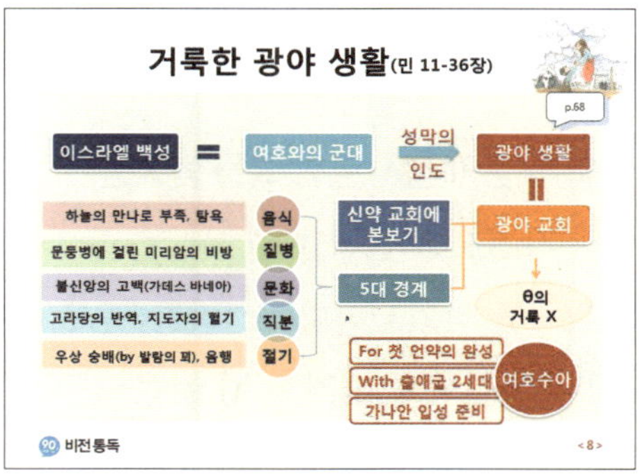

Q. 광야 생활이 주는 의미는 무엇인가?

광야 생활은 곧 광야 교회입니다. 광야 생활은 성막 중심의 생활이었고, 성막은 하나님의 임재를 말하기 때문입니다. 그래서 광야 백성들은 거룩해야 합니다. 이 광야 교회는 신약 교회의 본보기가 되고, 신약 교회는 오늘날 현대 교회의 본보기가 됩니다.

day 11. 광야 생활 준비

Q. 광야 생활 준비의 핵심은 무엇인가?

광야 생활에 있어서의 중요 핵심은 거룩입니다. 하나님의 백성이기에 거룩을 요구하시는 것입니다. 하나님의 임재이신 성막을 거룩히 구별하고 예물을 드리며 유월절을 거룩히 지킴으로써 자신의 거룩을 돌아보는 것입니다.

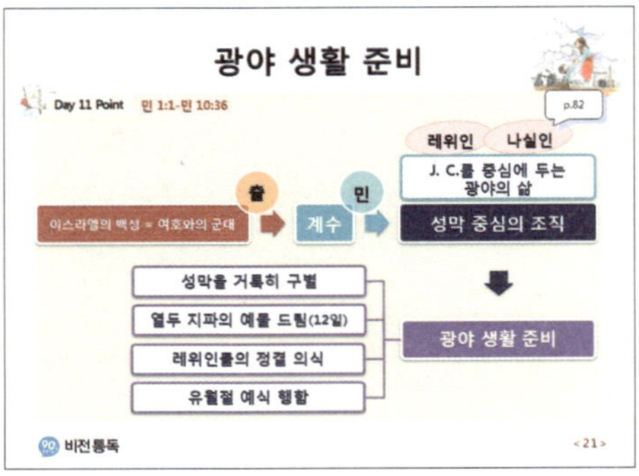

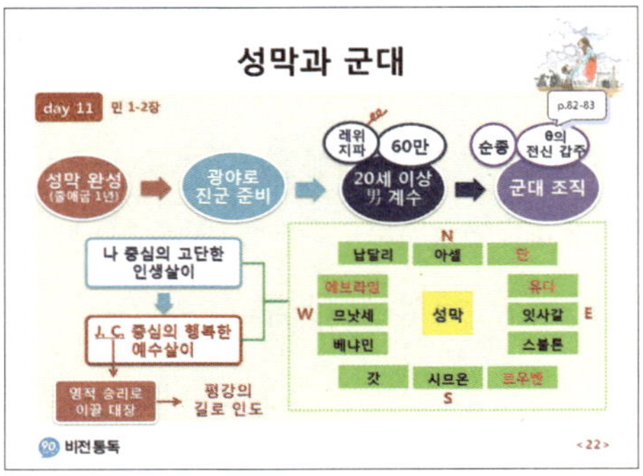

Q. 하나님은 구원 받은 백성을 어떻게 부르시는가?

하나님의 군대라 부르십니다. 그렇기 때문에 싸울 수 있는 군사를 계수하시는 것입니다. 이 군사들은 성막 중심으로 살게 됩니다. 이스라엘 백성을 민수기에서 군대 조직으로 설명한 것은 창조주에게 피조물은 순종만이 살 길이기 때문입니다. 우리 또한 그리스도 예수의 좋은 병사입니다. 현재 우리는 영적 전쟁 가운데 있기에 하나님의 전신 갑주를 입고 마귀의 간계를 능히 대적해야 합니다(엡 6:11).

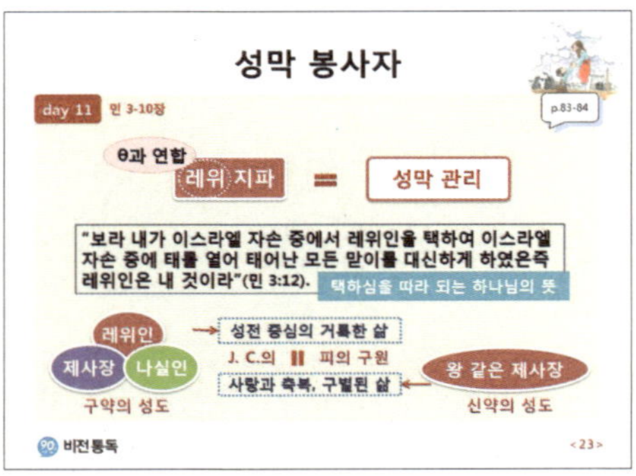

Q. 레위 지파는 어떻게 성막 봉사자의 복을 받았는가?

레위는 여동생 디나 사건으로 인해 세겜 사람을 무참히 학살해 야곱에게 저주를 받았습니다(창 34:25-27). 그러나 레위 지파가 성막 봉사자로 섬기게 된 것은 전적인 하나님의 뜻에 따른 선택입니다(롬 9:11). 구원도 역시 전적인 하나님의 선택입니다. 하지만 우리 편에서의 구별된 삶 또한 선택의 문제로 남습니다. 그것은 나실인입니다. 제사장, 레위인으로 세우신 분은 하나님이시지만, 나실인으로 살아가는 것은 결국 우리 개인의 몫입니다.

day 12. 광야의 삶

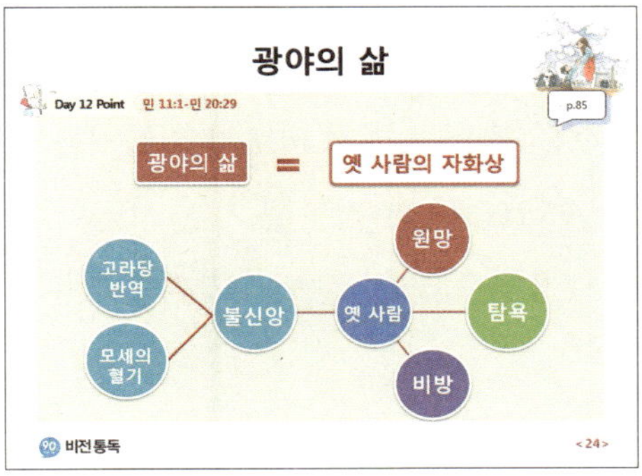

Q. 민수기의 본론은 무엇인가?

민수기를 3등분했을 때 11-20장이 레위기의 11-25장과 정확히 일치합니다. 레위기의 기준으로 살아 내는 실제 사례를 민수기에서 보여 줍니다. 그러나 그것은 실패의 사례입니다. 결국 옛 사람의 자화상을 보여 줍니다.

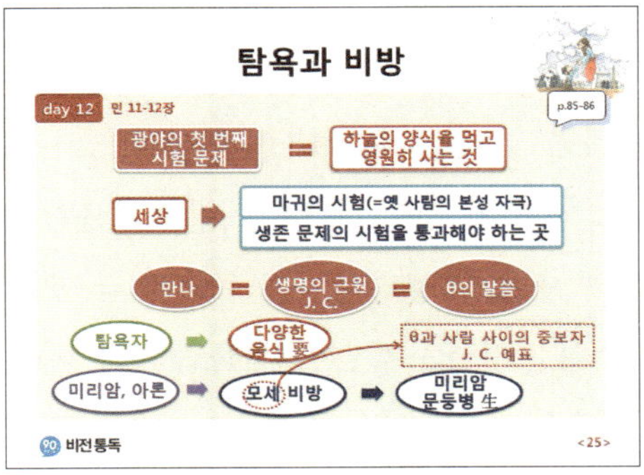

Q. 광야의 첫 번째 시험은 무엇인가?

음식과 질병의 문제입니다. 먼저 레위기 11장에 음식에서의 거룩이 나오는데, 민수기 11장에도 먹는 문제로 탐욕을 부리는 이야기가 나옵니다. 신기하게도 똑같은 11장에서 음식의 문제를 다루고 있습니다. 음식에서의 거룩이라는 의미를 여기서 부연 설명하는 것입니다. 오늘날 우리도 음식에서 거룩하지 못한 모습을 발견합니다. 이들은 또한 질병에서도 거룩하지 못했습니다. 무엇 때문에 질병에 걸렸습니까? 미리암이 모세를 비방하다가 문둥병에 걸렸습니다. 탐욕과 비방으로 인해 질병에 걸리게 됐습니다.

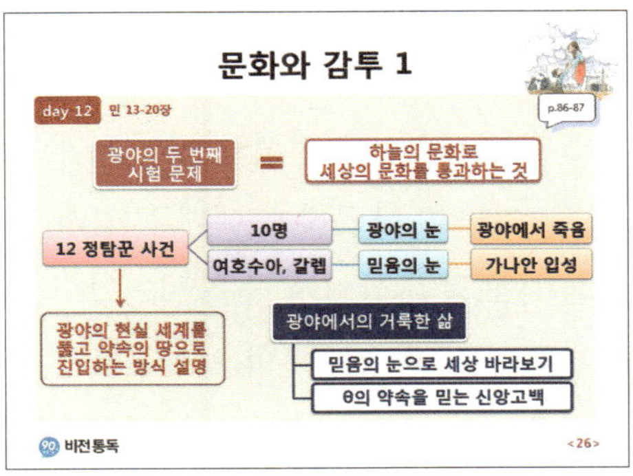

Q. 광야의 두 번째 시험은 무엇인가?

문화에 대한 것입니다. 문화 거룩에서의 경계를 살펴보면, 문화는 수직적이고 수평적인 내용이 있습니다. 불경건과 불의, 종교적인 것과 도덕적인 것의 타락을 이야기할 때 땅의 문화를 가지고 하늘의 문화를 설명합니다. 세상의 문화를 뚫고 하늘의 문화로 갈 수 있는 것은 결국 신앙고백입니다. 하늘의 문화는 서로 사랑하고 축복하며 사는 것입니다.

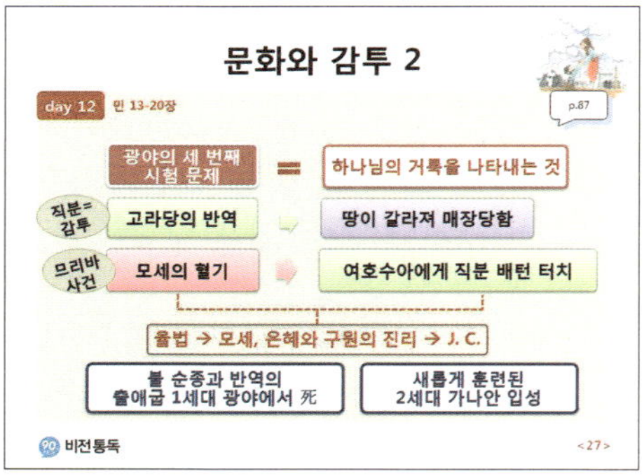

Q. 광야의 세 번째 시험은 무엇인가?

직분에 대한 것입니다. 직분 거룩에서의 경계를 살펴보면, 직분을 감투로 보는 고라당의 반역과 므리바 물 사건에서 모세가 반석을 두 번 치면서 지도자의 혈기를 부리는 장면에서 알 수 있습니다. 직분을 가진 자들이 그 직분을 잘못 쓰는 내용을 두 가지로 보면 첫째는 감투이고 둘째는 혈기입니다.

day 13. 새로운 삶

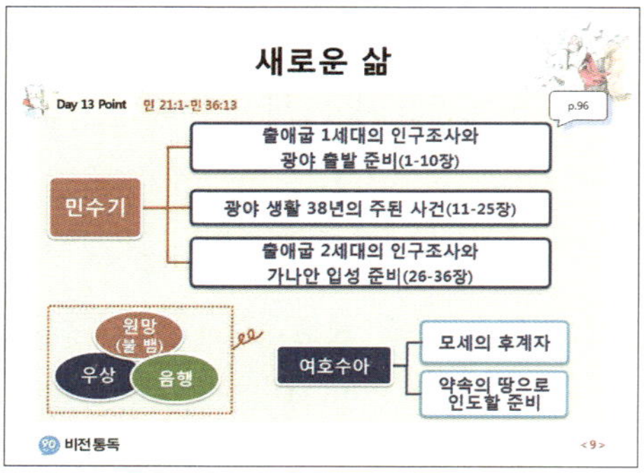

Q. 민수기에서 인구 계수의 의미는 무엇인가?

민수기(Numbers)에는 인구를 세는 내용이 나오는데 이것이 중요합니다. 이것이 구원입니다. 이는 각 사람의 생명이 하나님에게 있음을 설명합니다. 속전으로 생명 값을 지불해야 합니다. 지불하지 않으면 죽습니다. 예수 생명이 없는 자는 죽는 것입니다. 하나님의 아들이 있는 자는 생명이고, 아들이 없는 자는 죽음입니다. 그 아들이 예수의 생명입니다(요 1:4, 요일 5:12 참조).

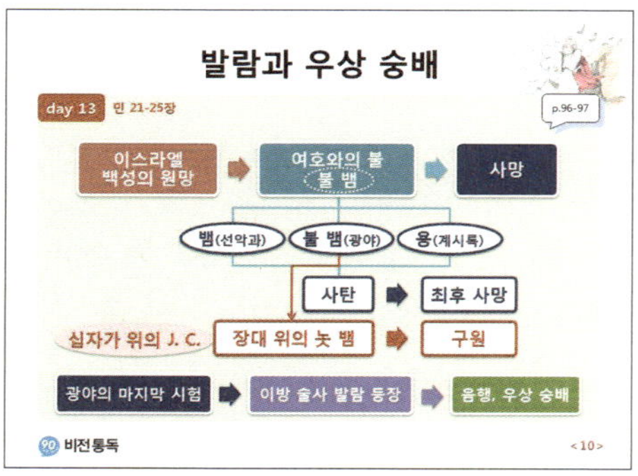

Q. 절기에서의 거룩이란 무엇인가?

절기란 예배를 드리는 것이며, 절기에 대해 거룩해야 한다는 것은 하나님을 섬기는 것을 말합니다. 그런데 이스라엘 백성은 하나님을 섬기지 않고 우상을 섬깁니다. 민수기 21-25장에는 모압 땅에서 우상 숭배와 음행한 사건이 나옵니다. 이는 하나님에게 예배 드리지 않는 이스라엘 백성의 대표적인 삶의 모습을 설명합니다. 이스라엘 백성은 구별된 제사장 나라의 백성으로서 왕이신 예수 그리스도를 주인으로 모시는 사람들입니다.

음식에서의 거룩은 탐욕으로 무너지고, 질병에서의 거룩은 비방으로 무너지고, 문화에서의 거룩은 불신앙으로 무너지고, 직분에서의 거룩은 감투로 무너지고, 절기에서의 거룩은 우상 숭배로 무너졌습니다.

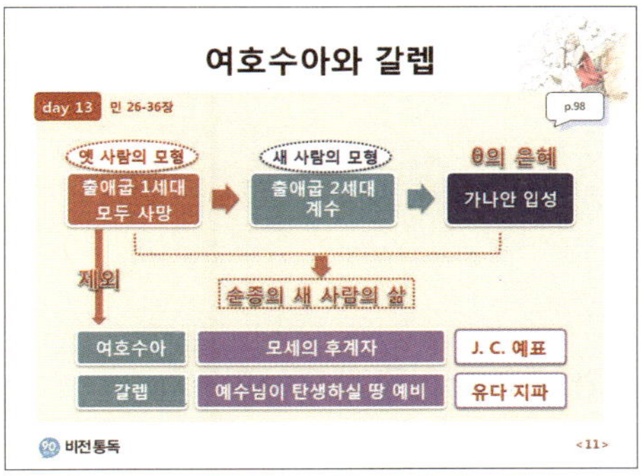

Q. 여호수아와 갈렙은 무엇을 선택했나?

여호수아와 갈렙은 하늘의 비전을 선택했습니다. "그들은 우리의 먹이라"(민 14:9)라고 말한 것은 곧 '그들은 우리의 구원의 대상이다'라고 말한 것입니다. 하나님은 우리를 통해서 '이 세상은 우리의 먹이다'라는 고백을 듣고 싶어 하십니다. 이렇게 신앙고백하는 사람들은 하나님이 책임져 주실 것을 믿고 그렇게 살게 됩니다. 예수를 먹게 만드는 것이 썩지 않을 영원한 양식을 구하는 것입니다. 이 세상에서 잘 먹고 잘 살려면 우상을 숭배할 수밖에 없습니다. 우상 단지가 따로 있는 것이 아니라 잘 먹고 잘 사는 것 자체가 우상입니다. 이것을 깨뜨릴 수 있는 것이 세계 선교입니다.

여호수아는 예수 그리스도를 예표하고, 갈렙은 예수님이 탄생하실 땅을 준비합니다. 예수 그리스도는 십자가 위에서 우리를 위해 죽으시고, 우리가 살게 될 영원한 땅을 예비하십니다. 그래서 여호수아와 갈렙을 통해서 예수 그리스도의 예표가 등장하는 것입니다. 십자가 위에서 우리를 위해 죽으시고, 우리도 죽이시고, 우리가 영원히 살게 될 땅을 예비하십니다.

Tip 모세오경을 한 줄로 요약하면 무엇인가?

창세기는 구원의 배경으로 하나님의 백성과 언약을 체결하신 분이 어떤 분인지를 우리에게 알려주며, 출애굽기는 구원의 발생으로 언약을 맺은 백성의 형성사를 다루면서 거룩한 언약이 어떻게 체결되었는지의 과정을 설명하고, 레위기는 삶의 기준으로 시내산에서 맺은 언약을 기록하고 있으며, 민수기는 구원받은 백성의 실제 생활로 레위기의 기준을 가지고 하나님의 법대로 사는 훈련을 말하고, 신명기는 광야에서의 민수기 훈련을 마친 이스라엘에게 레위기를 재해석해 준 책입니다.

신명기

신명기 개관

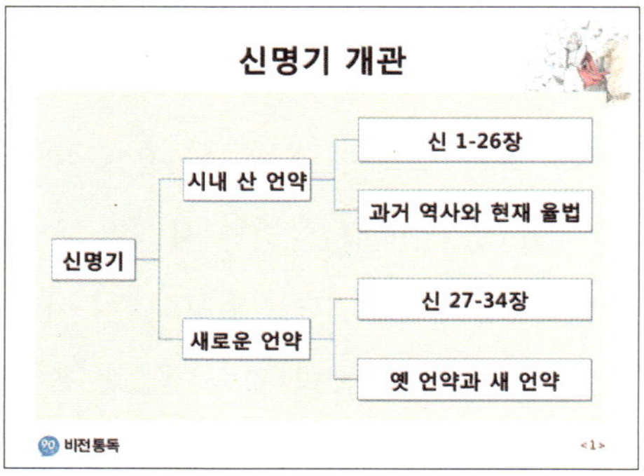

Q. 신명기의 구조와 내용은 어떻게 되는가?

신명기는 시내 산 언약(1-26장)과 새로운 언약(27-34장)으로 구조화할 수 있으며, 그 내용은 모세가 전한 세 편의 설교입니다. 두 개의 구조를 설명하면, 시내 산 언약은 율법을, 새로운 언약은 모압 땅에서 받은 새로운 언약을 말합니다.

신명기는 매우 중요한 책입니다. 신명기의 내용은 레위기를 반복한 것입니다. 레위기에서 율법을 설명하고 민수기에서 불순종의 사례가 나오면서 신명기가 등장합니다. 그리고 신명기 기준의 실제 사례로 여호수아서가 등장합니다. 여호수아서는 가나안 땅에 진입하는 것으로 순종의 사례를 설명합니다.

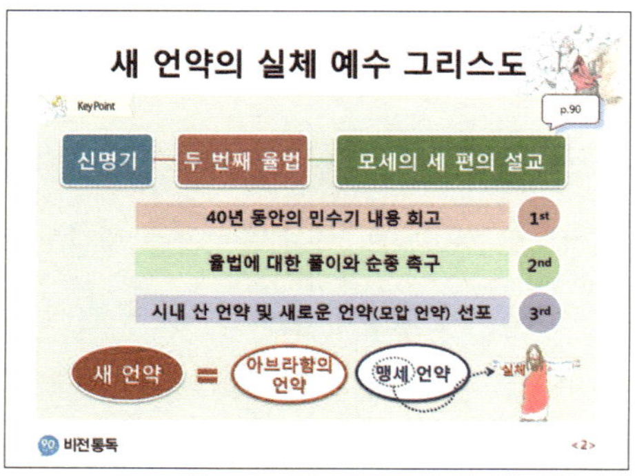

Q. 신명기에서 선포되는 새 언약의 의미는 무엇인가?

신명기는 세 가지를 설명합니다. 1-4장은 과거의 역사를 기억하라는 것이고, 5-26장은 현재의 율법에 순종하라는 것이며, 27-34장은 미래의 축복을 선택하라는 것입니다. 이 세 번째가 신명기의 매우 중요한 핵심입니다. 옛 언약은 행위를 통해, 새 언약은 믿음을 통해 축복과 저주로 갈라집니다. 성경은 하나님의 언약을 믿으라고 합니다. 곧 그분이 창조주이고 구원자인 것을 믿으라는 것입니다.

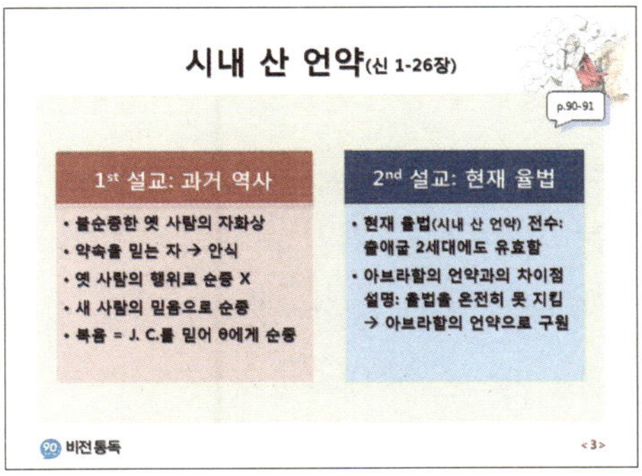

Q. 모세의 과거 회상의 의미는 무엇인가?

모세의 첫 번째 설교는 지난 40년 동안의 광야 생활을 회고하는 내용입니다. 이것은 옛 사람, 즉 불순종한 옛 사람의 자화상을 보는 것입니다. 다른 말로 바꾸면, 하나님의 약속을 믿지 못한 것이요, 나아가 하나님을 믿지 못한 것입니다.

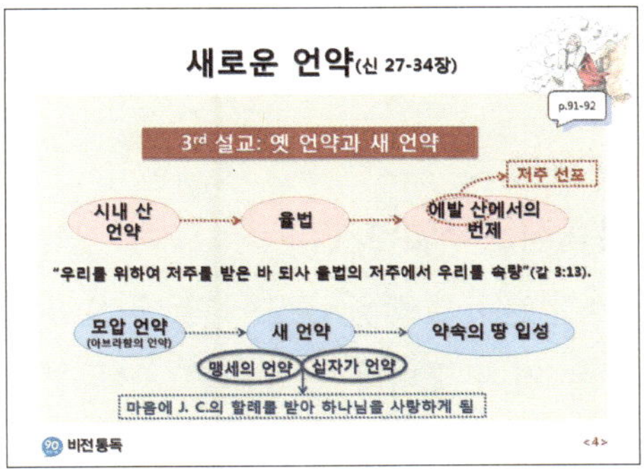

Q. 새 언약의 기준은 무엇인가?

레위기는 옛 언약, 신명기는 새 언약으로 볼 수 있습니다. 먼저 아브라함에게 언약을 주시고 모세의 율법을 430년 후에 주셨습니다. 그럼에도 불구하고 모세의 율법을 새 언약이라 하지 않습니다. 신명기 29장 13절에서 말하는 아브라함의 언약을 예레미야 31장 33절에서는 새 언약이라고 표현합니다. 하나님은 시내 산 율법을 주시기 전에 아브라함과 맺으신 언약으로 하나님의 백성을 구원하실 계획을 가지고 계셨습니다. 성령을 통해서 하나님이 주체가 되어서 구원하심이 새 언약입니다.

day 14. 과거 역사와 율법 교육

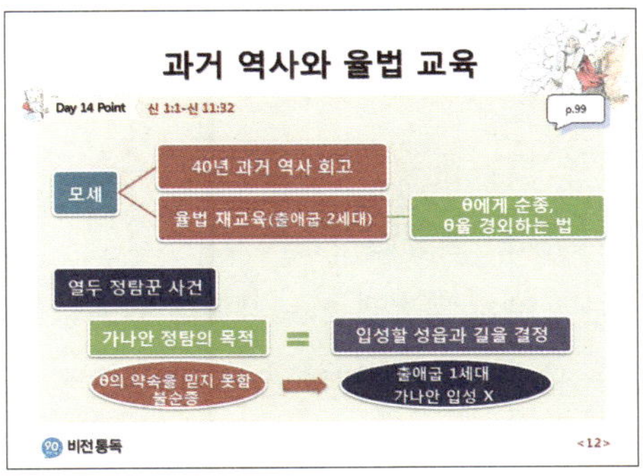

Q. 광야 40년 역사의 중요한 사건은 무엇인가?

바로 가데스 바네아에서의 열두 정탐꾼 사건입니다. 신명기 13-15장은 가데스 바네아의 이야기로 문화에 관한 것입니다. 하나님의 문화는 하나님의 말씀(계명, 약속)을 지켜야 하는데 지키지 못했습니다. 하나님의 말씀을 불신앙으로 고백했습니다. 하나님이 가나안 땅을 주겠다고 하셨는데 우리 힘으로는 그 땅을 얻을 수 없다고 생각한 것입니다. 그래서 신앙고백을 하지 못합니다. 단지 여호수아와 갈렙만이 그 고백을 했을 뿐, 나머지 열 명은 그 문화에 대해서 살아 내지 못한 사례를 설명합니다. 그것이 계기가 되어 40년이라는 기간을 광야에서 살게 됩니다. 문화는 그만큼 중요한 초점을 가집니다.

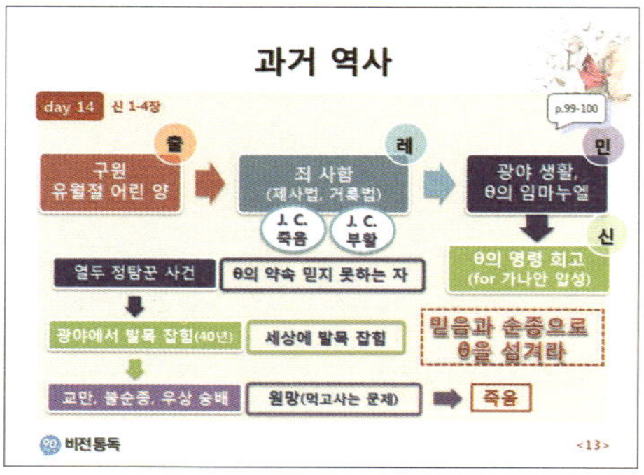

Q. 신명기의 서두는 어떤 내용인가?

모세는 신명기 서두에서 지난 광야 생활 40년을 회고합니다. 시내 산에서 가데스 바네아까지는 열 하루 만에 갈 수 있는 거리였습니다. 그래서 불순종으로 40년을 방황했던 광야 생활을 회고하며 출애굽 2세대들에게 경계를 주는 것입니다.

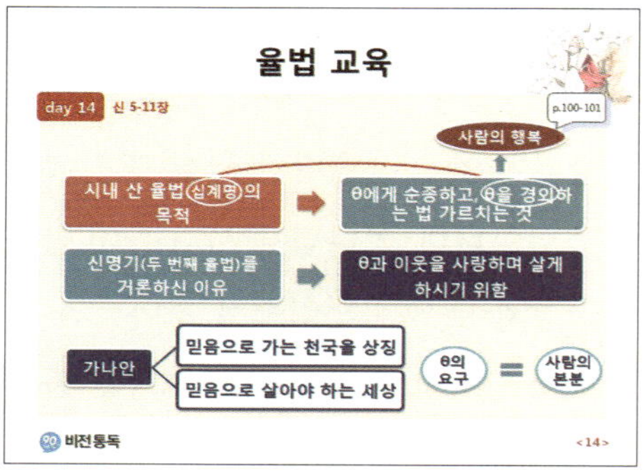

Q. 첫 번째 설교의 목적은 무엇인가?

첫 번째 설교는 과거 역사를 통해 불순종한 옛 사람의 자화상을 보는 눈을 열어 줍니다. 민수기의 광야 생활을 다 지나온 후 신명기 4장 10절에서 사람들이 세상에 사는 목적을 설명합니다. 그것은 하나님을 경외하게 만드는 것이고, 그분을 경외하는 것이 세상 사는 목적임을 알게 하려는 것입니다. 민수기는 과거의 사건이지만 사실은 현대 교회의 이야기입니다. 그러니까 지금 우리에게 해 주는 이야기요, 나의 옛 사람을 전체적으로 돌아보게 해 주는 책인 것입니다.

day 15. 현재의 율법과 율법의 핵심

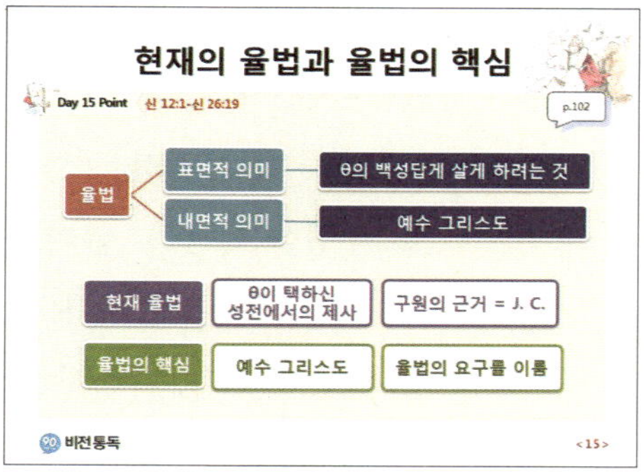

Q. 두 번째 설교의 목적은 무엇인가?

두 번째 설교에서는 모세의 율법과 아브라함과 세우신 언약이 다르다는 것을 설명합니다. 신명기 5장 1-3절을 읽어 보면 아브라함(열조)과 세운 언약과 시내 산에서 세운 언약을 구분해서 설명하는 것을 볼 수 있습니다. 두 번째 설교의 핵심 내용은 복음과 율법의 차이를 설명합니다. 즉, 은혜의 복음과 행위의 율법의 차이를 알게 하려는 것입니다.

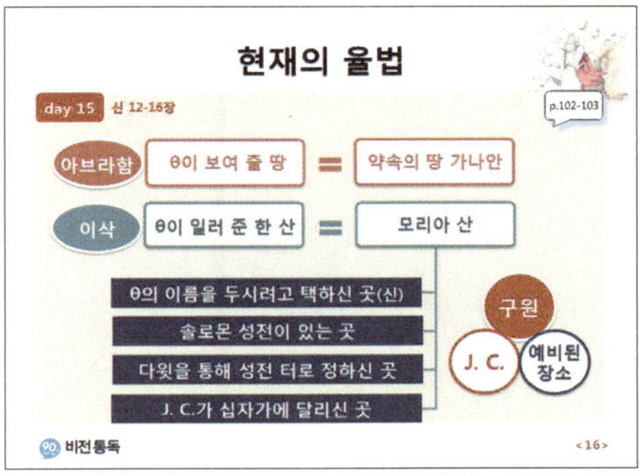

Q. 현재의 율법의 요구는 무엇인가?

백성들의 행복입니다(신 10:13). 사람이 예수를 믿어 의롭게 되는 것이고, 그렇게 살아 내는 것입니다. 주님의 은혜는 하나님의 요구대로, 하나님의 말씀대로 살고 싶은 마음이 불타오르는 것입니다. 신명기 12-16장은 택하신 곳에서 번제를 드리는 이야기입니다. 현재의 율법은 '구원은 예수 그리스도에게 있다'는 것을 설명하기 위해 동일한 장소에서만 번제를 드립니다. 이삭을 번제로 드린 장소, 후에 솔로몬 성전이 건축된 장소, 예수님이 십자가에 달려 죽으실 장소가 모두 동일합니다.

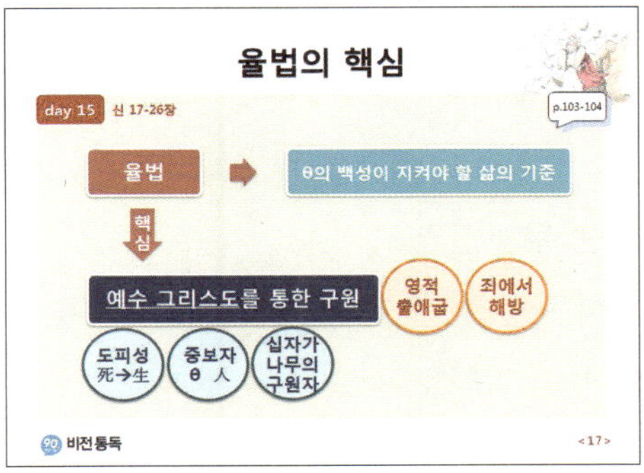

Q. 율법의 핵심은 무엇인가?

율법의 핵심은 그리스도를 통한 구원의 발생입니다. 성경에는 도피성, 중보자, 나무 십자가가 나옵니다. 사람이 죄를 짓고도 살 수 있는 방법은 도피성으로 가는 것입니다. 예수님에게 피하면 예수님의 십자가 죽으심으로 하나님과 사람 사이의 관계가 화목해집니다. 이는 예수님의 중보자 역할 때문입니다. 말씀으로 피하면, 예수님에게 피하면 살길이 있습니다. 우리는 말씀으로 예수님에게로 피해야 합니다. 순종하는 것이 살길입니다.

day 16. 새로운 언약

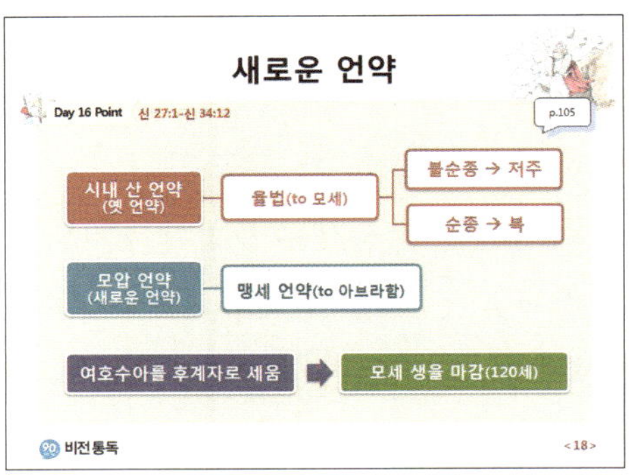

Q. 세 번째 설교의 목적은 무엇인가?

세 번째 설교에는 새 언약의 비밀이 담겨 있습니다. 얼마나 큰 비밀이 감추어져 있는지, 우리에게까지 임하는 구원의 비밀이 29장 이후에 심도 있게 다루어집니다. 예수님은 우리의 죄를 담당하시기 위해 죄인의 모습으로 오는 고통을 당하셨습니다. 엄청난 죽음의 수술을 감당하시고 우리를 살려 내신 것입니다. 그 맹세의 언약, 반드시 살려 내겠다는 하나님의 언약, 하나님의 사랑, 곧 하나님을 경외할 수밖에 없는 비밀이 숨겨져 있습니다.

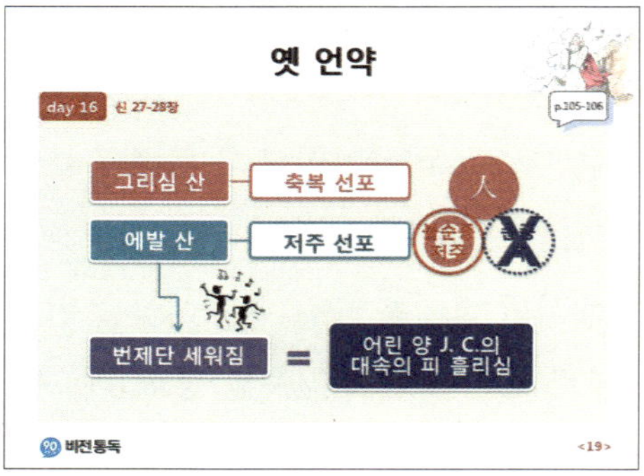

Q. 여기서 옛 언약이란 무엇을 의미하는가?

옛 언약은 율법이라 할 수 있습니다. 로마서 8장 3절은 율법(옛 언약)으로는 육신이 연약해서 절대로 구원을 발생시킬 수 없다고 말씀합니다. 하나님은 여호수아에게 가나안 땅을 정복하면 그리심 산에서는 축복을, 에발 산에서는 저주를 선포하라고 명령하셨습니다. 그런데 실제로 에발 산에서 저주를 선포하는데 사람들이 굉장히 기뻐합니다. 그 이유는 에발 산에 세워진 번제단 때문입니다. 저주가 선포된 곳이지만 번제단이 세워져서 회복할 기회를 주셨기에 기뻐하는 것입니다.

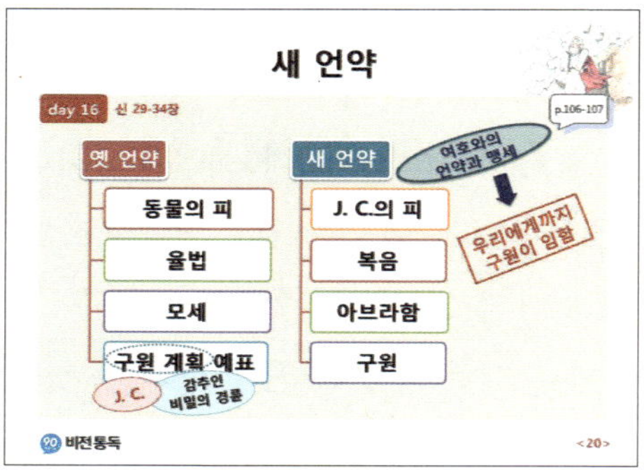

Q. 새 언약의 근거는 무엇인가?

새 언약이라는 단어는 옛 언약에 기준하는 것입니다. 상식적으로 생각하면 옛 언약보다 새 언약이 시간적으로 나중에 체결된 언약입니다. 그러나 신명기는 모세의 율법(주전 1500-1400년경)을 옛 언약으로, 그리고 이미 창세기에서 아브라함과 체결한 언약, 즉 율법보다 430년 전에 체결된 언약을 새 언약으로 이야기합니다. 새 언약의 근간이 되는 말씀은 갈라디아서 3장 17절로, 하나님이 이미 마음에 계획해 놓으셨다고 말씀합니다. 430년 전이 아니라 창세전에 계획하셨던 것을 율법을 기준으로 430년 전에 말씀하신 것뿐입니다. 연대로 계산하면 안 됩니다. 이것은 은혜로 구원하시겠다는 것입니다.

정리하면, 이미 하나님이 마음속에 갖고 계셨던 생각을 아브라함 때 이야기하신 후 중간에 율법이 추가되었습니다. 그리고 결론적으로 이 새 언약이 우리에게까지 은혜로 내려오게 되었습니다.

Tip 신명기의 설교의 핵심은 무엇인가?

신명기의 설교의 핵심적인 내용은 하나님 경외의 비밀을 알게 하는 것입니다. 하나님을 어떻게 경외할 수 있습니까? 신명기를 복음으로 설명한다면, 하나님은 여호와를 경외하고 그분을 사랑할 것(신 10:12)을 요구하십니다. 이는 그들, 곧 여호와를 경외하고 사랑하는 자들의 행복을 위해서 요구하시는 것(신 10:13)입니다. 이를 행하기 위해선 마음에 할례를 행해야(신 10:16) 합니다. 성경은 사람들이 세상을 살아가는 목적이 사는 날 동안 하나님을 경외하는 것이라고 설명합니다. 그런데 이것은 복음이 아니면 할 수 없습니다.

그러면 핵심은 무엇입니까? 바로 신명기 30장 6절 말씀에 있습니다. "네 하나님 여호와께서 네 마음과 네 자손의 마음에 할례를 베푸사 너로 마음을 다하며 뜻을 다하여 네 하나님 여호와를 사랑하게 하사 너로 생명을 얻게 하실 것이며"(신 30:6). 하나님이 주어입니다. 하나님이 우리를 구원하시겠다는 것입니다. 구원의 삶, 순종의 삶도 하나님이 하게 만드시겠다는 것입니다. 이것이 복음입니다.

로마서에서는 "무릇 표면적 유대인이 유대인이 아니요 표면적 육신의 할례가 할례가 아니니라 오직 이면적 유대인이 유대인이며 할례는 마음에 할지니 영에 있고 율법 조문에 있지 아니한 것이라 그 칭찬이 사람에게서가 아니요 다만 하나님에게서니라"(롬 2:28-29)고 말씀합니다. 하나님이 마음의 할례를 베푸사 우리를 사랑하게 만드시겠다는 것입니다. 계명을 지키게 만드시겠다는 것입니다. 이것이 새 언약의 비밀, 하나님을 경외하는 비밀이 숨겨져 있는 신명기의 매우 중요한 이야기입니다.

여호수아

여호수아 개관

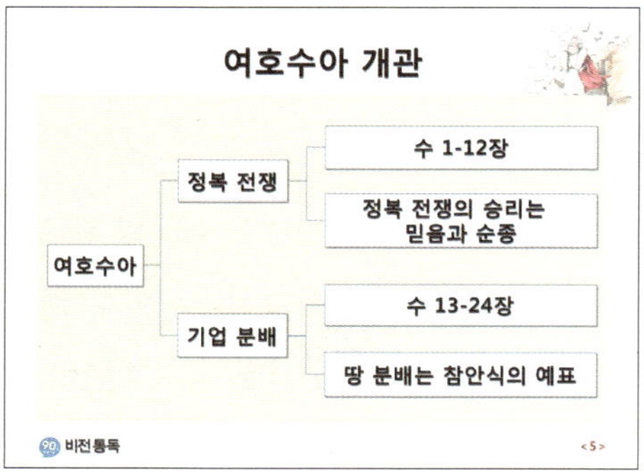

Q. 여호수아서의 핵심 구조는 무엇인가?

여호수아서는 정복 전쟁(수 1-12장)과 기업 분배(수 13-24장)로 나눌 수 있지만, 내용적으로는 서론(수 1-5장)과 본론(수 6-12장)과 결론(수 13-24장)으로 나눌 수 있습니다. 결국 정복 전쟁을 치르는 이유는 기업 분배이며, 기업 분배는 참안식을 예표합니다(히 4:3, 8-9).

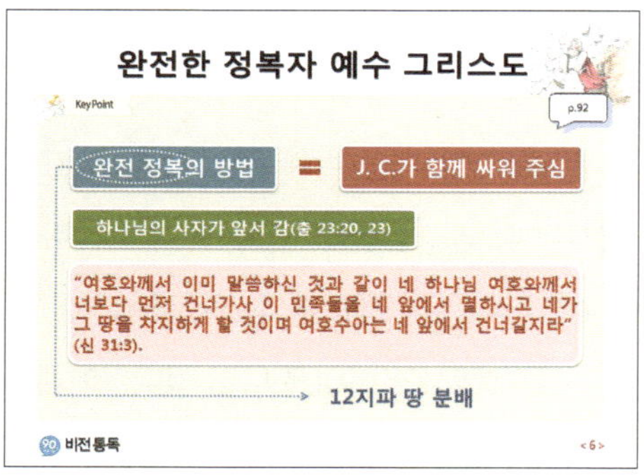

Q. 가나안 땅의 진정한 정복자는 누구인가?

이스라엘 백성이 여호수아를 앞세워 가나안 땅을 정복했지만, 여기서 중요한 것은 하나님이 직접 정복하시겠다고 말씀하셨다는 것입니다. 어떻게 정복하십니까? 하나님의 사자가 먼저 건너가서 정복하겠다고 하십니다. 이는 이미 40년 전 출애굽기에서 말씀하신 것입니다(출 23:20, 23). 신명기 31장 3절에서도 동일하게 "여호와께서 너보다 먼저 건너가사 이 민족들을 네 앞에서 멸하시고"라고 말씀합니다. 여기서 여호와의 사자는 예수 그리스도를 의미합니다.

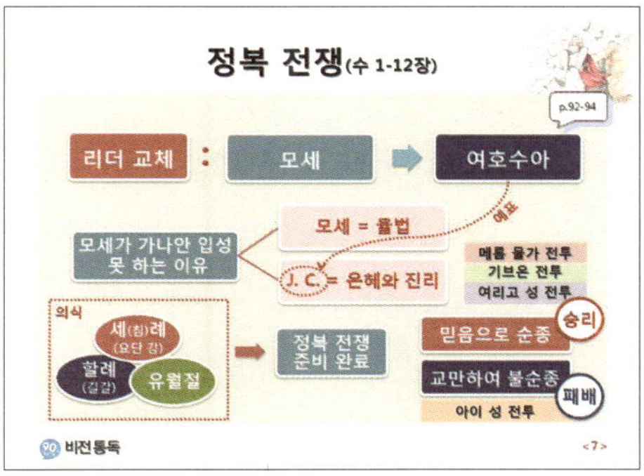

Q. 모세오경과 여호수아서의 연결점은 무엇인가?

창세기에서 아브라함에게 언약하신 약속을 근거로 출애굽 하고, 레위기의 율법으로 구원 받는 것이 아님을 민수기를 통해 증명한 후, 신명기에서 새 언약인 아브라함의 언약을 근거로 요단 강을 건너 여호수아서로 가게 됩니다.

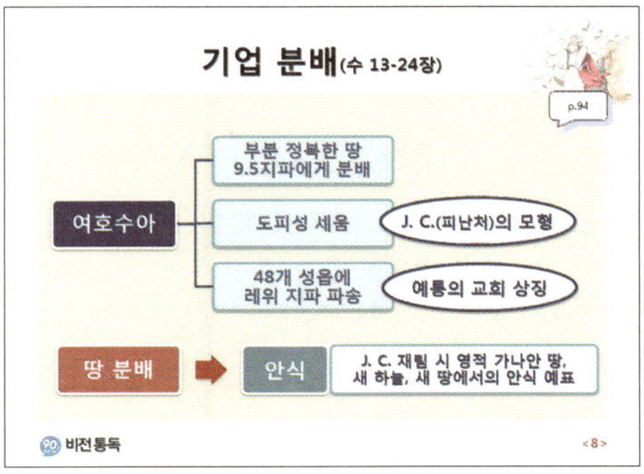

Q. 기업 분배 시 도피성을 만든 이유는 무엇인가?

열두 지파에게 분배된 가나안 땅은 42개 성읍과 6개의 도피성으로 구성되어 있습니다. 사람이 죄를 범하고도 살 수 있는 방법은 도피성으로 가는 것입니다. 구원은 예수 그리스도에게 있습니다. 예수님이 십자가에서 죽으심으로 하나님과 사람 사이의 관계를 화목하게 만드셨습니다. 바로 예수 그리스도가 중보자가 되어 주시는 것입니다.

day 17. 정복 전쟁

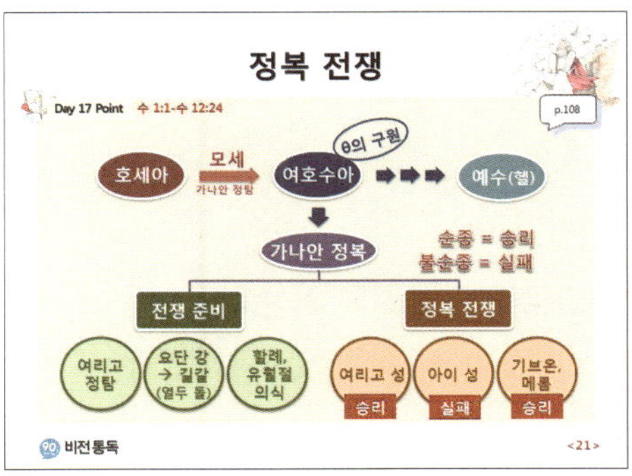

Q. 정복 전쟁을 통해 하나님이 원하시는 것은 무엇인가?

하나님은 순종의 삶을 원하십니다. 순종을 통해서 여리고 성이 무너진 것은 맞습니다. 하지만 순종 때문에 가나안 땅에 들어간 것은 아닙니다. 하나님은 이미 이스라엘 백성에게 땅을 허락하셨습니다. 그리고 믿음을 통해서 이스라엘에게 순종의 삶을 요구하십니다. 이것은 구원의 삶을 말합니다. 왜냐하면 여리고 성이 무너지든 안 무너지든 상관없이 하나님이 이미 쫓아내겠다고 말씀하셨기 때문입니다. 이것은 구원을 전제한 것입니다. 결국 영적인 싸움에서 순종만이 승리할 수 있음을 보여 주는 것입니다.

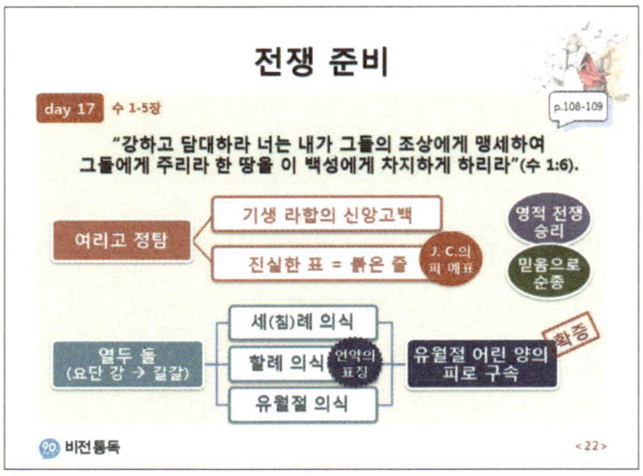

Q. 왜 전쟁을 치르기 전 할례를 행하는가?

전쟁을 치르기 전 할례를 행하고 유월절을 지키는 모든 과정은 믿음의 순종을 의미합니다. 왜입니까? 신명기 31장 3절에서 '여호와가 먼저 건너가서' 전쟁하시겠다고 선언하셨기 때문입니다.

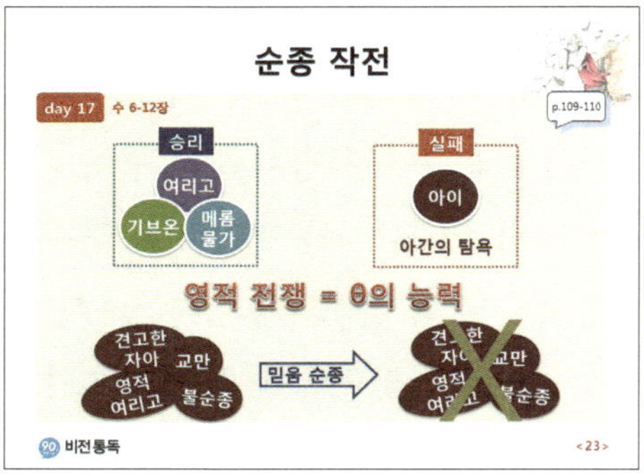

Q. 왜 하나님은 순종을 요구하시는가?

하나님을 경외하고 순종하는 것이 가장 행복한 삶이기 때문입니다. 그러면 여호수아서는 땅을 정복하는 이야기가 아니라 우리 옛 사람을 정복하는 이야기가 됩니다. 정복 전쟁의 궁극적인 목적은 가나안의 여리고 성 같은 견고한 나를 죽이고 점령하는 데 있습니다. 그래서 발의 신을 벗으라고 말씀하십니다. 즉, 권리를 포기하라는 것입니다. 나를 정복할 목적은 다스림과 예수 그리스도의 통치입니다. 즉, 하나님의 통치가 임하는 것입니다. 하나님이 우리를 구원하시고 순종을 요구하시는 것은 하나님의 통치가 임하는 나라로 세우시겠다는 것입니다. 그것을 가나안 정복으로 보여 주시는 것입니다.

day 18. 기업 분배

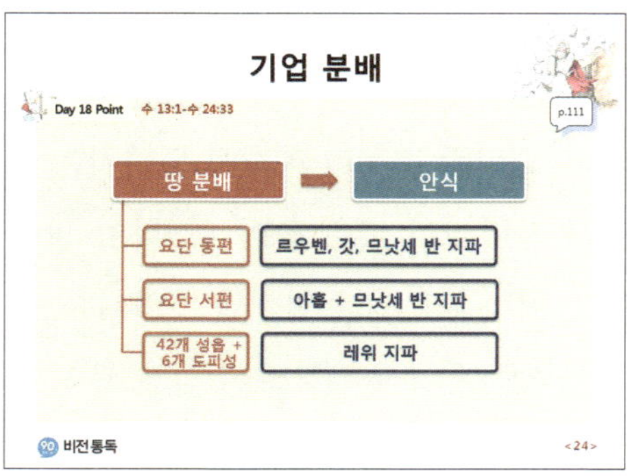

Q. 땅 분배는 영적으로 무엇을 의미하는가?

가나안 땅을 정복하고 하나님이 주시기로 작정하신 모든 땅의 분배가 이루어졌습니다. 즉, 전쟁도 하나님이 치르시고, 땅도 하나님이 주신 것입니다. 이것을 우리의 구원으로 본다면, 구원의 완성을 땅 분배로 볼 수 있습니다. 부활 후 승천하신 예수님은 우리보다 앞서 가서 처소를 예비하고 계십니다. 이는 가나안 땅이 아니라 진정한 안식을 준비하고 계심을 의미합니다. 영원한 안식이란 바로 그리스도이심을 보여 줍니다(계 21:4).

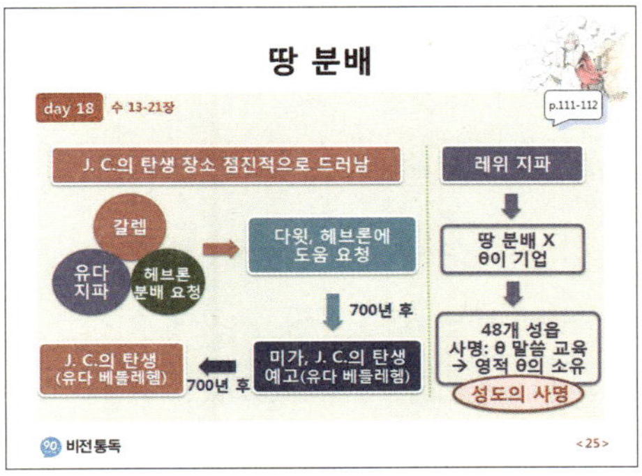

Q. 기업 분배에서 레위 자손을 흩으신 이유는 무엇인가?

여호수아는 가나안 땅을 완전히 정복하지는 못했지만 하나님이 허락하신 땅을 믿음으로 분배했습니다. 그러나 레위 자손에게는 땅을 분배해 주지 않고 열두 지파에게 분배한 42개 성읍과 6개의 도피성으로 그들을 파송했습니다. 이는 이스라엘 백성을 레위 자손을 통해 통치하시고자 하는 하나님의 택하심입니다.

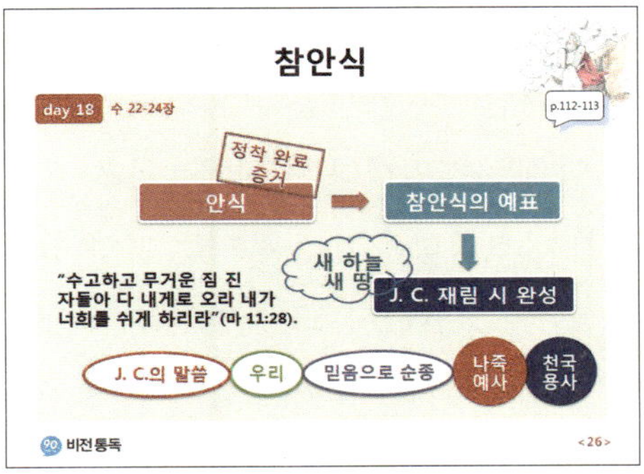

Q. 참안식은 어디에서 오는가?

아브라함에게 약속하신 땅이 여호수아를 통해 정복되었고, 열두 지파의 땅 분배가 끝났습니다. 그리고 안식이 선포됐습니다(수 21:44, 23:1). 그러나 사사기를 보면 진정한 안식을 누리지 못했음을 알 수 있습니다. 여호수아서에서 보여 주는 안식은 참안식을 예표하는 것이기 때문입니다. 참안식은 그리스도 안에서 성취됩니다(마 11:28).

사사기

사사기 개관

Q. 사사기는 어떤 책인가?

사사기는 하나님의 통치에 대한 이야기입니다. 사사기의 구조는 직분으로 보는 것이 좋습니다. 1-2장은 사사가 등장할 수밖에 없는 이유, 3-16장은 열두 명의 사사 이야기 그리고 17-21장은 타락한 레위인들의 구조로

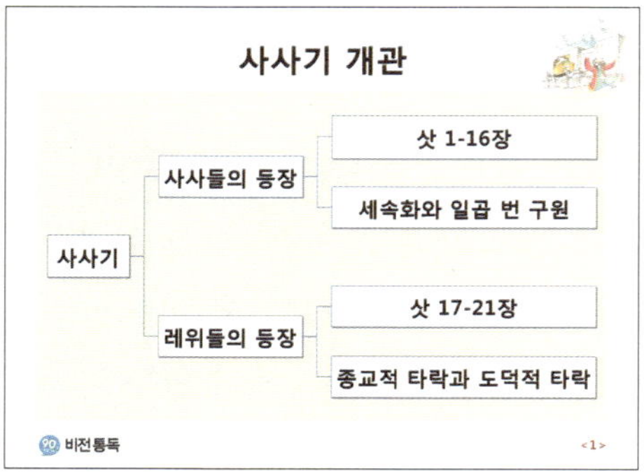

볼 수 있습니다.

여호수아서 끝에 보면 여호수아를 통해 전쟁이 그치고 사방에 안식을 주었다고 이야기합니다. 하지만 뒤이어 사사기가 등장하면서 사람들이 헷갈려 합니다. 여호수아서에서 끝나야 하는데 연장선상에서 사건이 진행되기 때문입니다. 창조 과정사는 룻기까지 해석해서 끝내야 합니다. 결국 사사기는 하나님의 통치에 이스라엘이 어떻게 반응했는가를 보여 주는 책입니다.

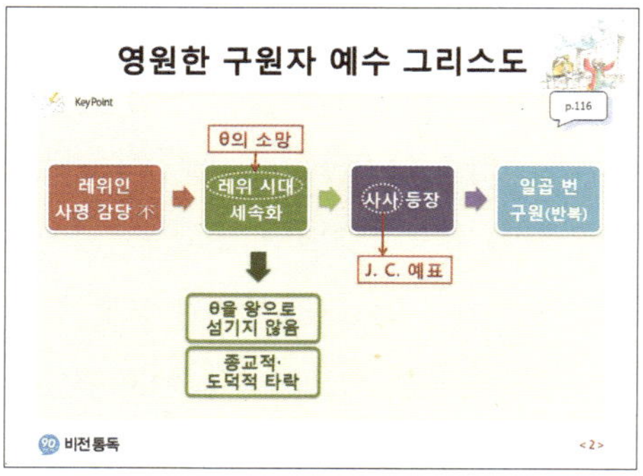

Q. 여호수아서의 끝이 사사기와 연결되는 이유는 무엇인가?

순종의 삶이 통치의 개념이기 때문입니다. 사사기의 핵심은 예수 통치가 임하는 것입니다. 레위인들과 사사들을 통해 그리스도가 다스리심을 보여 주려는 것입니다. 정복의 목적은 다스림에 있습니다. 그래서 정복 그 자체로 끝나는 것이 아니라 사사기까지 와야 합니다. 사사기로 넘어오면서부터는 순종의 안식을 누려야 합니다. 이는 우리가 구원 받았음에도 바로 천국으로 보내시지 않고 이 땅에 살게 하신 것과 동일한 이유입니다.

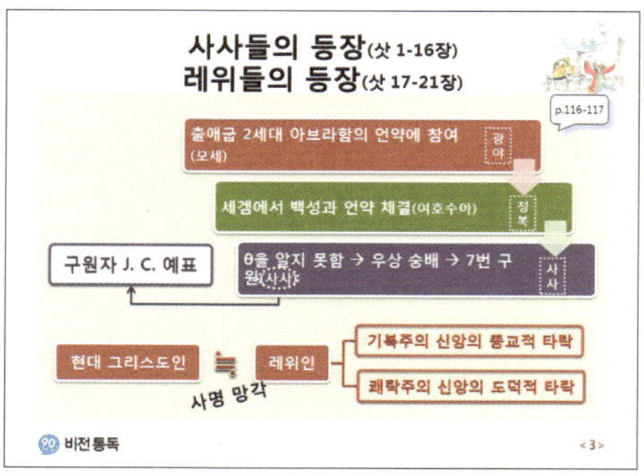

Q. 하나님은 왜 사사를 세우셨는가?

정복 시대를 마감하고 여호수아 세대의 사람들이 다 죽은 후에 일어난 세대는 하나님을 알지 못해(삿 2:10) 언약에서 떠나 우상을 숭배했습니다. 그 때문에 하나님은 고통당하는 이스라엘 백성을 일곱 번 반복적으로 구원해 주십니다. 하나님의 구원은 사사를 통해 이뤄집니다. 이것은 영원한 구원자이신 예수 그리스도를 예표합니다.

day 19. 세속화와 사사들

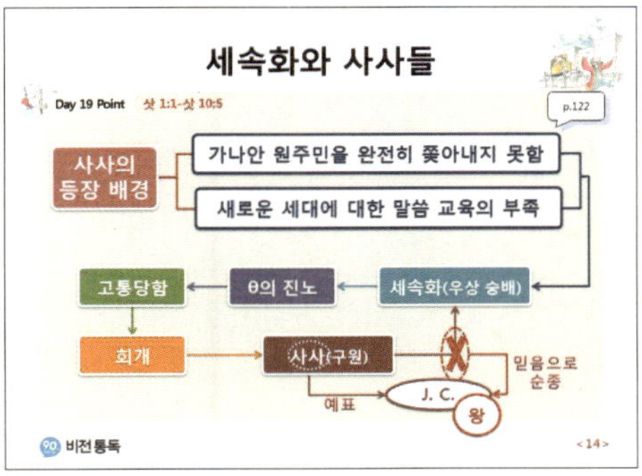

Q. 사사기에 나타나는 패턴은 무엇인가?

사사 시대가 약 350년간 지속되는데, 이스라엘의 범죄로 하나님의 진노가 오고, 이스라엘이 고통으로 회개하면 하나님이 구원하시는 패턴을 일곱 번이나 반복합니다. 이 패턴을 끊을 수 있는 사람은 오직 예수 그리스도밖에 없습니다. 예수 그리스도를 믿음으로 순종하는 길만이 살길입니다.

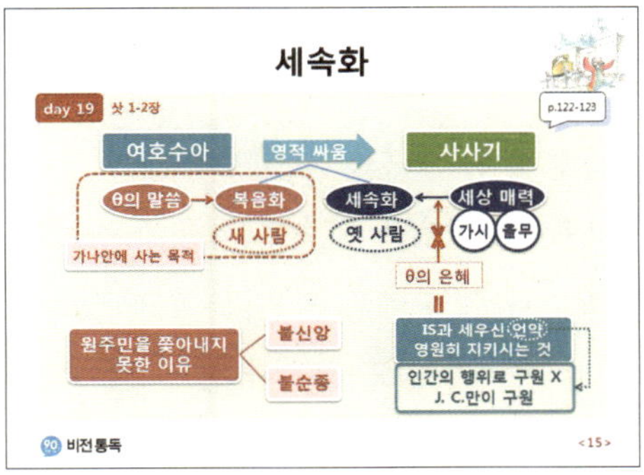

Q. 사사들의 세속화는 어떤 의미가 있는가?

가나안 원주민을 쫓아내지 못한 것은 그들의 철병거 때문이 아닙니다. 하나님에게 불순종하고 그분을 믿지 못했기 때문입니다. 에스라 9장 11절에서 "너희가 가서 얻으려 하는 땅은 더러운 땅"이라고 말씀합니다. 이미 더러워진 땅을 정복해서 하나님 나라로 정화시키는 것이 목적임에도 세상의 매력 때문에 그들은 불순종했습니다. 세속화는 결국 오늘날 우리의 문제입니다. 이는 곧 하나님의 말씀을 못 믿는 것입니다.

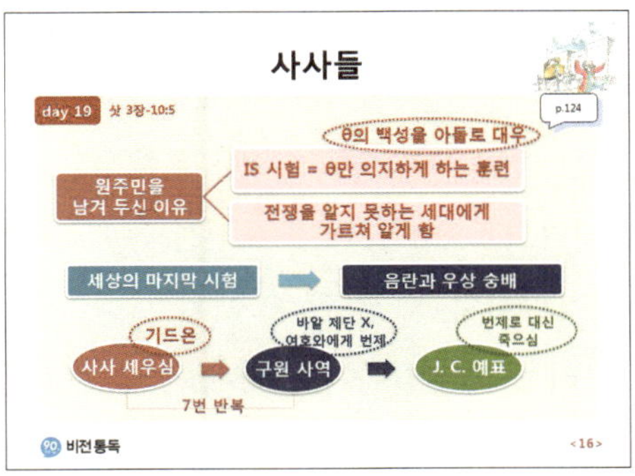

Q. 사사기의 구속사는 어떻게 흘러가는가?

사사기를 보면 이스라엘 백성이 죄를 짓고 하나님이 사사를 통해 구원하시는 사건이 일곱 번 반복해서 일어납니다. 이는 사사들의 구원을 통해 영원한 구원자 예수 그리스도를 예표하기 위함입니다. 사사기의 핵심은 예수 그리스도가 영원히 구원하시는 분이라는 것을 발견하는 것입니다. 왜냐하면 사사를 통해 구원하시지만 결국 사사들의 타락이 항상 뒤따라오기 때문입니다. 이러한 사건의 핵심과 줄기를 보면 사사기는 사사들의 구원을 설명하는 책이 아닙니다. 사사들이 무슨 일을 했는가는 중요하지 않습니다. 하나님은 사사기를 통해서 구원자 예수님을 드러내시려는 것이 더욱 중요합니다.

day 20. 사사의 타락과 레위의 타락

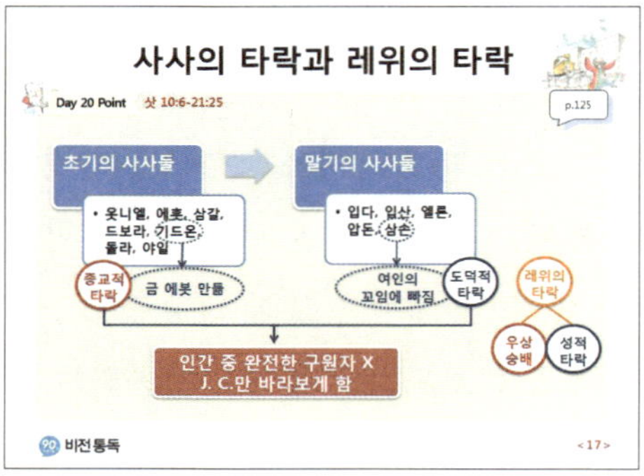

Q. 사사의 타락을 집중적으로 보여 주는 이유는 무엇인가?

처음에는 사사가 멋있는 모습으로 등장합니다. 기드온과 삼손의 이야기를 보면 이들 모두 처음에는 하나님의 구원하심을 잘 보여 주는 인물로 묘사됩니다. 하지만 여기에 속으면 안 됩니다. 그들은 결국 타락하는 모습을 보입니다.

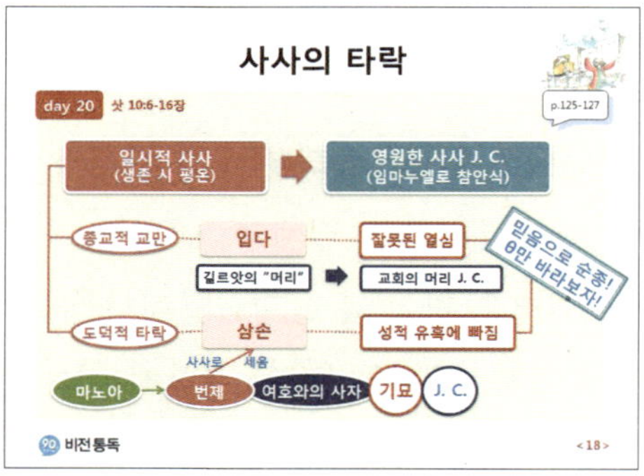

Q. 기드온과 삼손은 진정한 구원자인가?

기드온은 에봇을 만들어서 종교적인 교만을 발생시켰습니다. 사실 이것은 우상과 같은 것입니다. 또한 삼손의 경우에는 이방 여자로 인한 도덕적 타락을 보여 줍니다. 즉, 종교적인 죄는 우상 숭배로 가는 것이고, 도덕적인 죄는 음행으로 가는 것입니다. 삼손과 기드온은 결국 하나님에 대해 불경건하고 사람들에 대해 불의한 모습을 보입니다.

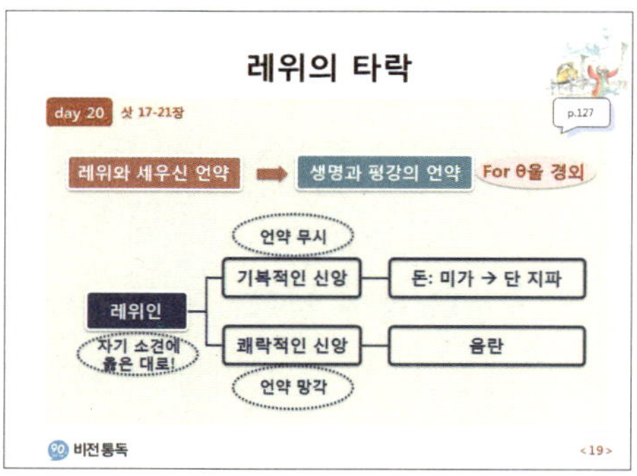

Q. 레위의 타락은 어떤 의미인가?

사사기는 '판관'이라는 뜻과 무언가를 재판한다는 의미를 담고 있습니다. 하나님은 사사 시대를 원하셨던 것이 아닙니다. 하나님은 레위 시대, 곧 레위를 통해서 통치하기를 원하셨습니다. 각 성에 흩어진 레위를 통해 말씀하시고자 하셨던 것입니다. 다시 말해, 레위 시대는 말씀 시대입니다. 그리고 하나님이 통치하시는 시대입니다. 말씀은 곧 예수 그리스도이므로 하나님은 항상 예수 시대를 원하셨던 것입니다. 이것을 임마누엘이라고 합니다. 그런데 레위의 타락으로 임마누엘을 거부하는 범죄를 저지른 것입니다.

룻기

룻기 개관

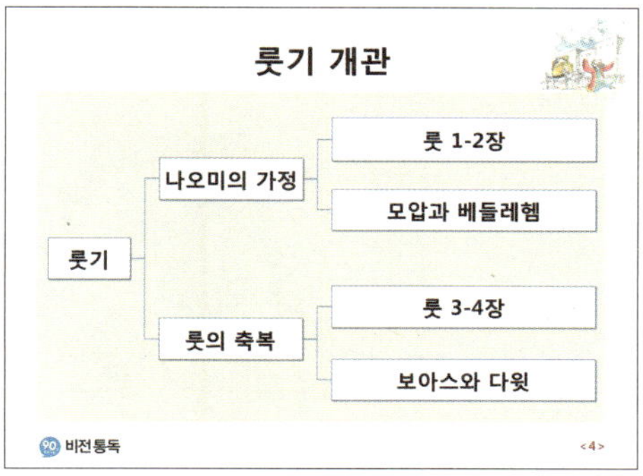

Q. 룻기를 이해하는 키워드는 무엇인가?

사사기에서는 직분이 중요한 것처럼 룻기에서는 지명과 인명이 중요합니다. 모압과 베들레헴은 지명이고, 룻과 보아스는 인명입니다. 위치가 중요합니다. 룻기는 나오미의 가정과 룻의 축복에 대한 이야기로 나누어 볼 수 있는데, 나오미와 룻이 어떻게 빈털터리가 되고 그 빈 곳을 하나님이 어떻게 채우시는가를 보게 됩니다. 마라와 같은 인생을 하나님이 회복시키시고 채우시는 이야기인 것입니다.

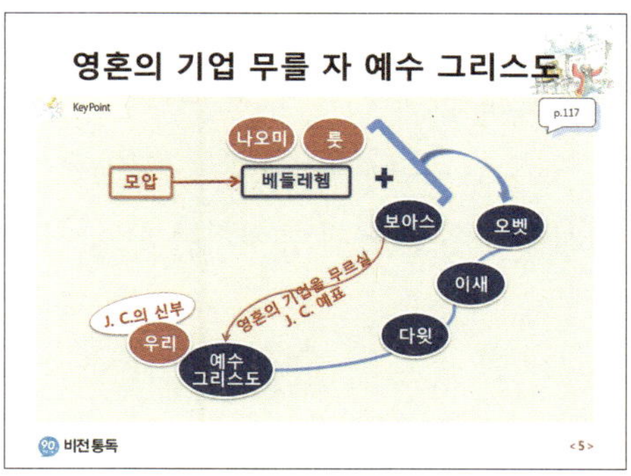

Q. 룻기가 가지는 의미는 무엇인가?

룻은 사사 시대 기드온이 살았을 때의 인물이라고 추정합니다. 룻기 1장 1절이 "사사들이 치리하던 때"라는 말씀으로 시작하는 것을 볼 때 룻기의 배경이 사사 시대임은 분명합니다. 사사 시대의 한 가정사가 성경에 들어왔습니다. 그것이 룻기입니다. 나오미와 룻의 가정사를 통해서 영혼의 기업을 어떻게 무를 것인지에 대한 예표를 보여 줍니다.

Q. 하나님은 이방인을 어떻게 구원하시는가?

완전히 빈털터리가 된 모압 여인인 룻의 가정이 실제로 육신적인 기업 무름을 당하게 됩니다. 원래대로 회복됩니다. 그 모양새를 통해서 룻이 보아스와 결혼한 것처럼 우리가 그리스도와 결혼할 때 영원한 영혼의 기업, 생명

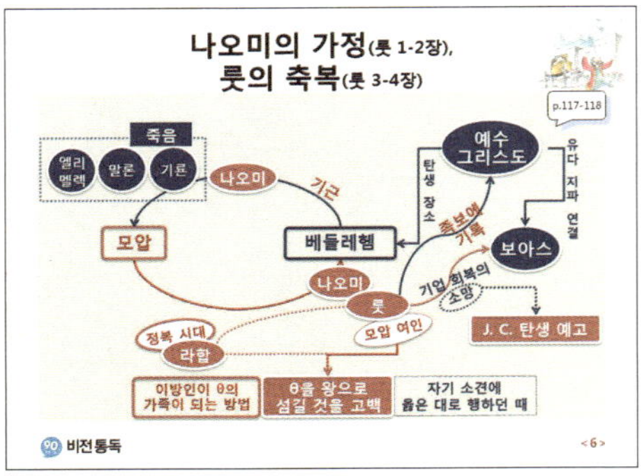

의 기업을 그리스도가 물어 주십니다. 회복시켜 주십니다. 그래서 옛 사람의 형상은 날아가고 새 사람, 곧 하나님의 형상으로 회복되는 것입니다. 원래 우리를 만드셨던 그때, 곧 창조의 목적으로 되돌리시는 것입니다. 이 내용을 룻기에서 발견해야 합니다.

사무엘상

사무엘상 개관

Q. 사무엘상의 초점은 무엇인가?

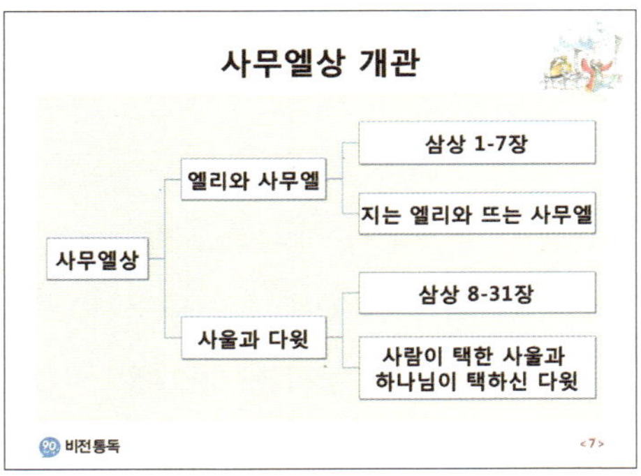

사무엘상의 초점은 크게 두 가정과 두 왕입니다. 사무엘상은 신정 시대에서 왕정 시대로 넘어가는 과도기를 설명하는 책이라 할 수 있습니다. 레위에게 준 말씀을 통해 통치하는 신정 시대가 왕을 통해 통치하는 왕정 시대로 전환됩니다.

Q. 사무엘상이 가지고 있는 핵심 고리는 무엇인가?

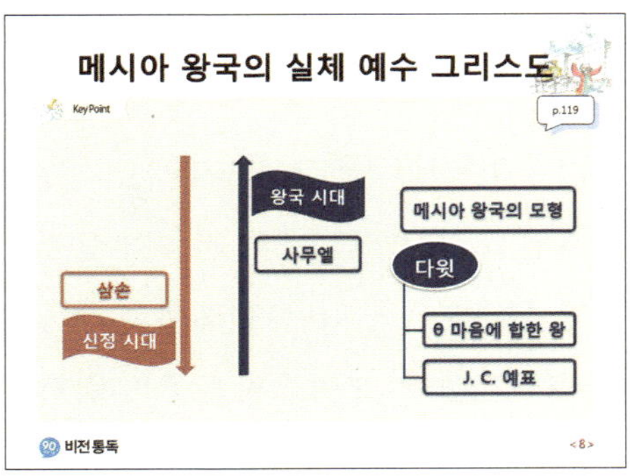

신정 시대의 막이 내려가고 왕국 시대의 막이 올라갈 것을 보여 줍니다. 희귀했던 말씀이 사무엘에게 임하고 그를 통해 왕국 시대를 열게 되는데, 이는 다윗을 통해 진정한 왕의 모형을 보여 주고자 한 것입니다.

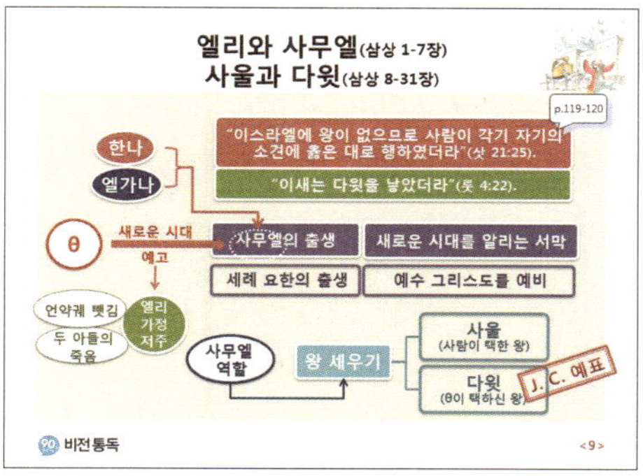

Q. 두 가정의 차이점은 무엇인가?

레위 지파의 두 가정은 암울한 사사 시대의 암흑과 빛을 대조적으로 보여줍니다. "이스라엘에 왕이 없으므로 사람이 각기 자기의 소견에 옳은 대로 행"(삿 21:25)하는 모습을 엘리 가정을 통해 보여 주고, 이러한 암흑의 시기였지만 하나님의 등불은 꺼지지 않았음을 엘가나 가정을 통해 보여 주는 것입니다.

day 21. 룻과 사무엘

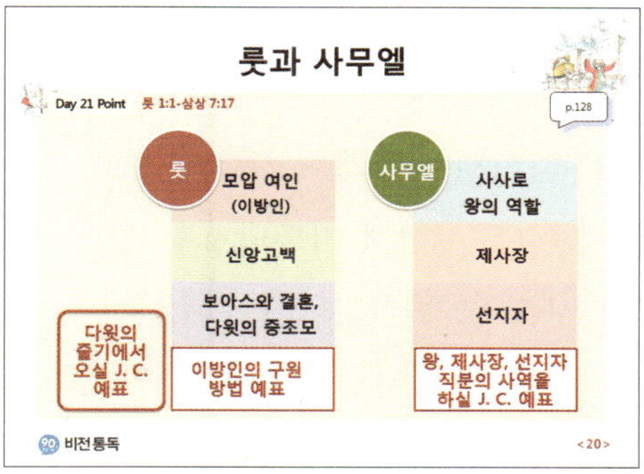

Q. 룻기와 사무엘상은 어떻게 연결되는가?

룻기에서 다윗의 족보를 보여 줌으로써 사무엘상과 자연스럽게 연결됩니다.

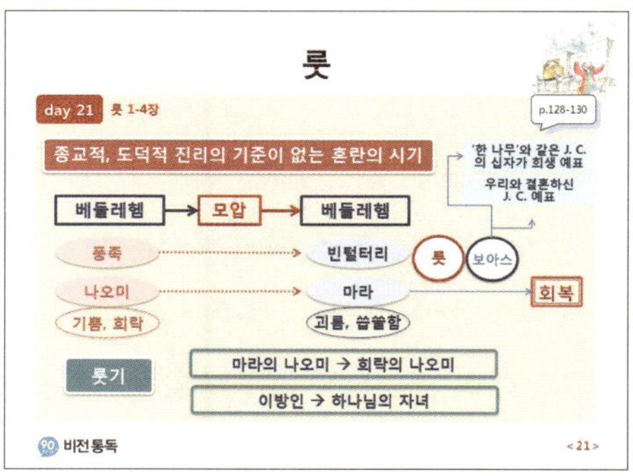

Q. 룻기에 흐르는 복음은 무엇인가?

룻기의 시대적 배경을 사사 시대 중기로 보려는 특별한 이유가 있다면 극심하게 돌아가는 사사 시대의 상태를 설명하려는 것입니다. 그리고 룻기를 통해 희망과 소망이 있음을 보여 주려는 것입니다. 한 구원자를 클로즈업하는데, 보아스를 등장시키면서 이방인이 어떻게 유대인의 족보 정중앙에 들어오게 되는지를 설명합니다. 이것은 죄인인 우리가 어떻게 예수님과 결혼해서 구원 받을 수 있는지에 대한 예표입니다.

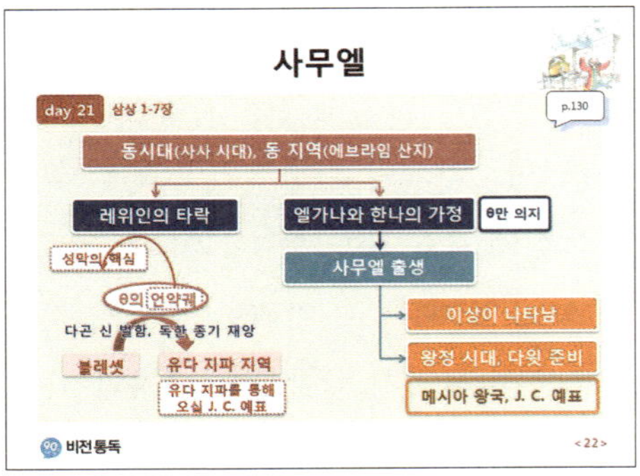

Q. 사무엘의 탄생이 주는 메시지는 무엇인가?

에브라임 산지(삿 17:1, 19:1)가 주는 메시지가 있습니다. 같은 시대, 같은 지역, 같은 직분의 두 가정을 대비시키며 하나님 말씀의 임함과 회복의 씨앗을 보여 줍니다. 한나의 기도로 태어난 사무엘을 통해 왕을 세우게 되는 것입니다.

day 22. 왕정 제도

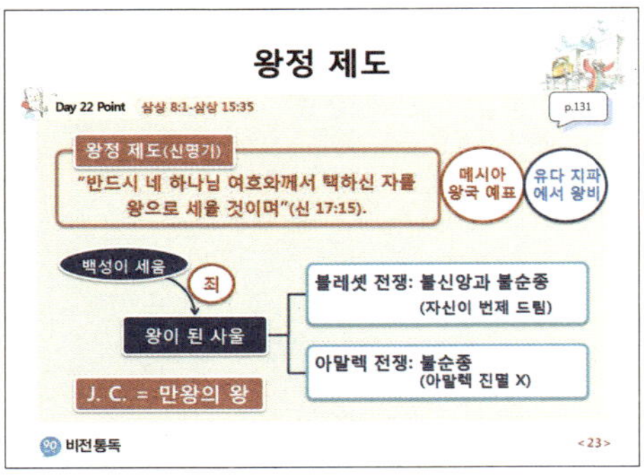

Q. 하나님이 왕정 시대를 허락하신 이유는 무엇인가?

왕정 시대는 이미 신명기의 광야 시대 때 말씀하셨습니다(신 17:15). 조건은 하나님이 택하신 자를 왕으로 세워야 한다는 것이었습니다. 성경에 기록되지는 않았지만 메시아 왕국을 세우시려는 목적입니다. 그런데 사울과 다윗, 곧 사람이 택한 왕과 하나님이 택하신 왕으로 나뉘게 됩니다. 선택의 기준이 누구인지에 초점을 맞춰 읽어야 합니다.

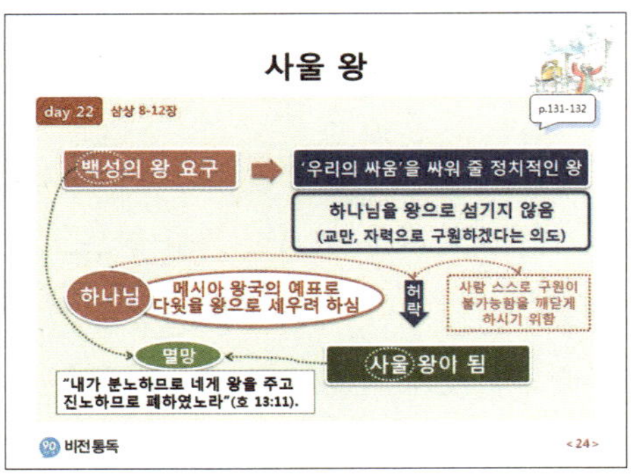

Q. 사람들이 요구하는 왕의 기준은 무엇인가?

사람이 생각한 왕정 제도는 힘 있는 자를 왕으로 세우는 것입니다. 잘 먹고 잘 살려면 그렇게 해 줄 수 있는 힘 있는 사람을 왕으로 세워야 합니다. 사람들은 사울이 그런 인물이라 여겼던 것입니다. 인간이 생각한 왕정 제도의 목적은 인간이 통치하는 나라를 세우는 것입니다. 이는 하나님을 배제시키는 것입니다.

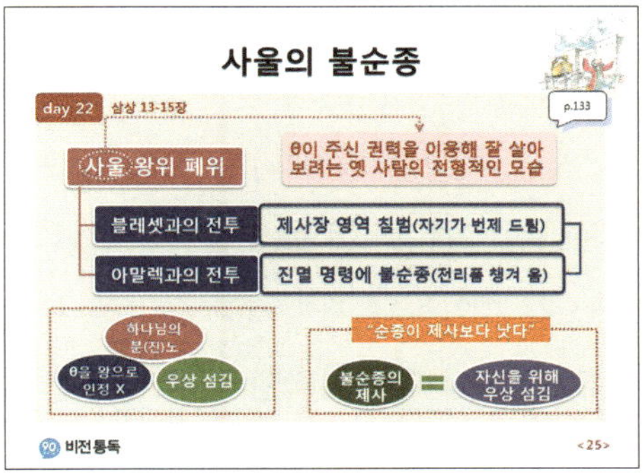

Q. 사울의 불순종의 내용은 무엇인가?

사무엘상 13-15장에는 두 개의 전투가 나옵니다. 사울은 이 전투에서 하나님을 왕으로 인정하지 않는 행동을 함으로써 하나님의 분노를 사게 됩니다. 결국 이스라엘 모두가 사울을 통해 하나님을 대적한 것입니다. 사울의 불순종은 제사장의 영역을 침범한 것과 선지자의 예언을 무시하여 아말렉을 진멸하지 않고 전리품을 챙긴 것입니다.

day 23. 사울과 다윗

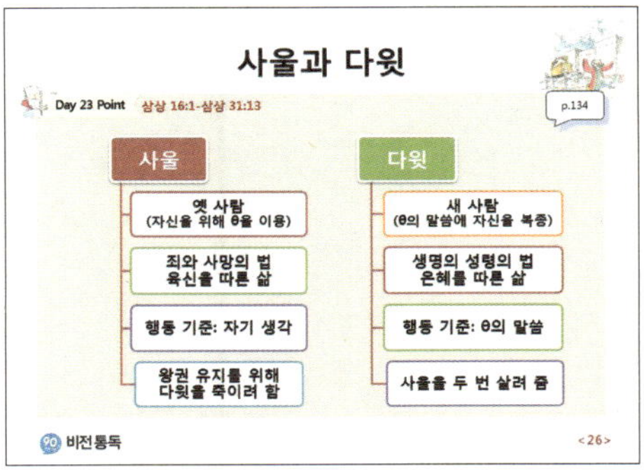

Q. 왕을 구한 것이 왜 악인가?

세상의 왕을 구했기 때문입니다. 잘 먹고 잘 살려고 왕을 구하는 것은 곧 그들 스스로 잘 살아 보겠다는 교만이요, 자기 스스로를 구원하겠다는 의도입니다. 자기 스스로 뭔가 해 보겠다는 것입니다. 그렇다면 하나님은 왜 왕을 허락하셨을까요? 스스로는 구원이 불가능하다는 것을 깨닫게 하시려는 것입니다. 왕정 시대는 호세아 때 멸망하게 됩니다. "내가 분노하므로 네게 왕을 주고 진노하므로 폐하였노라"(호 13:11).

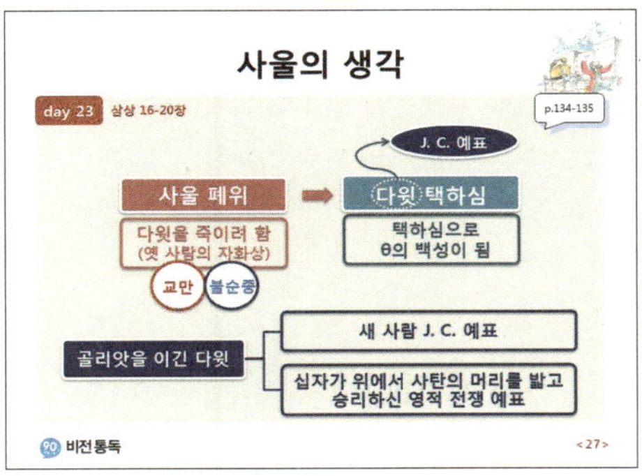

Q. 사울과 다윗의 차이는 무엇인가?

이스라엘의 왕은 하나님, 곧 말씀입니다. 그런데 사무엘상을 보면 다윗은 말씀을 기준으로, 사울은 자기 생각을 기준으로 말을 한다고 기록되어 있습니다. 그래서 사사기와 룻기를 지나 사무엘상이 등장하면 사사기와 룻기에 있는 이야기를 두 사람이 대변하는 모양새를 가집니다. 사울은(사사 시대와 같이) 자기의 생각을 말한다고 씌어 있고, 다윗은(룻과 같이) 하나님의 말씀을 기준으로 말한다고 씌어 있습니다.

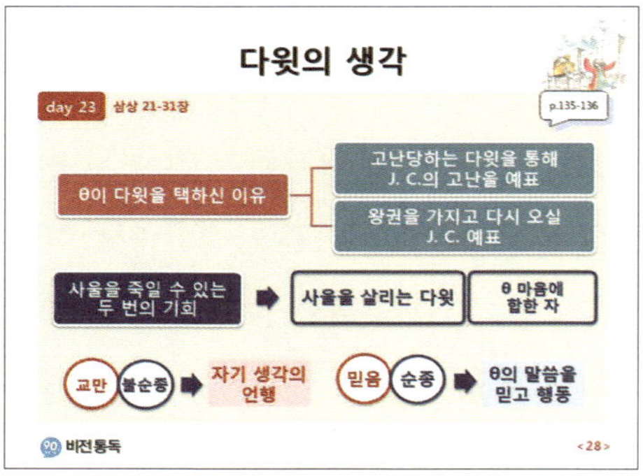

Q. 왕정 시대의 목적은 무엇인가?

사울 왕이 하나님의 인정을 받긴 했지만 사실은 사람들이 택한 왕입니다. 사울이 암몬 사람 나하스 왕을 죽이고 사사처럼 구원하자 힘 있는 왕이 필요했던 것입니다. 처음에는 별거 아닌 것 같았는데 전쟁에서 승리하니 백성들이 사울을 왕으로 인정하기 시작합니다. 사람들이 사울을 왕으로 세우려는 목적이 있었던 것입니다. 그러나 하나님이 생각하신 왕정 제도의 목적은 하나님의 방법으로 택하신 자를 왕으로 세워 하나님이 통치하시는 나라를 세우는 것입니다.

사무엘하

사무엘하 개관

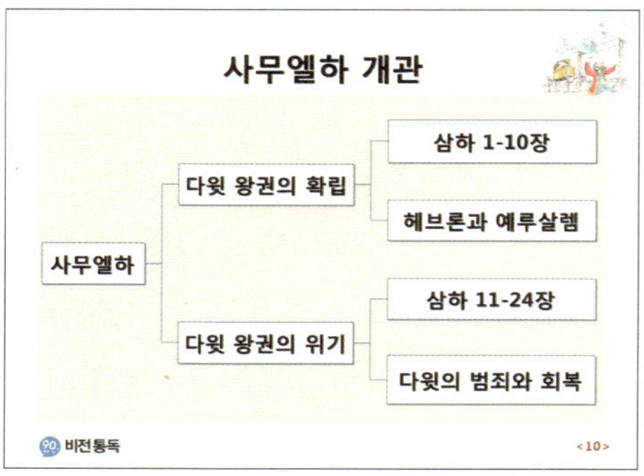

Q. 사무엘하의 중심 내용은 무엇인가?

11장을 기점으로 하는 다윗 왕권의 확립과 위기입니다. 다윗 왕국 확립은 헤브론과 예루살렘에서 세워지고 다윗 왕권 위기는 밧세바 사건(간음, 살인)으로 나타납니다.

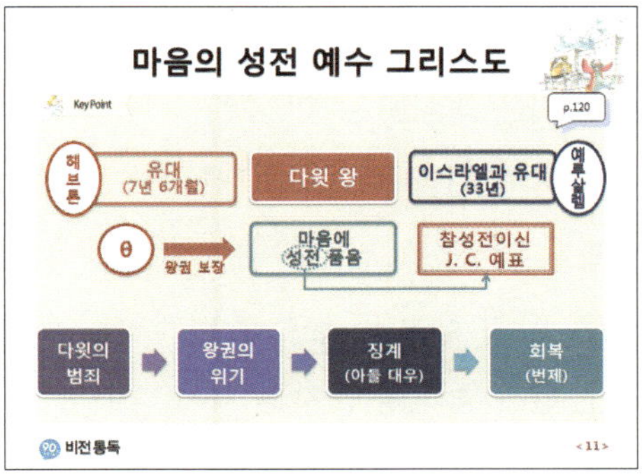

Q. 다윗이 품은 성전이 왜 예수 그리스도를 예표하는가?

요한복음 2장 21절, 요한일서 4장 13절, 고린도전서 3장 16절, 에베소서 2장 22절 등을 통해 예수 그리스도가 참 성전이시고 우리가 그의 성전임을 말씀합니다. 다윗이 품은 마음의 성전은 예수 그리스도의 구속으로 인해 완성될 참 성전의 예표입니다.

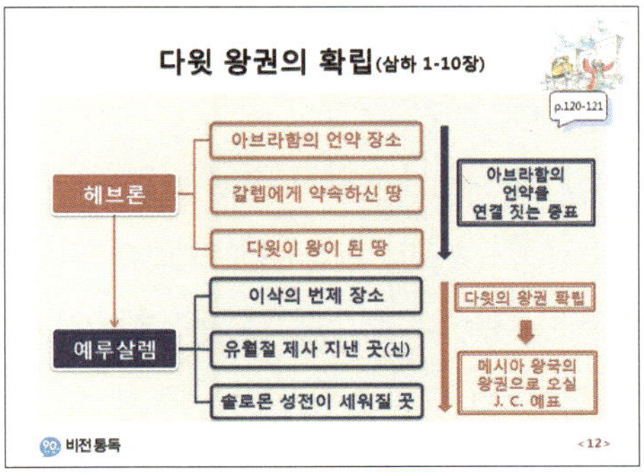

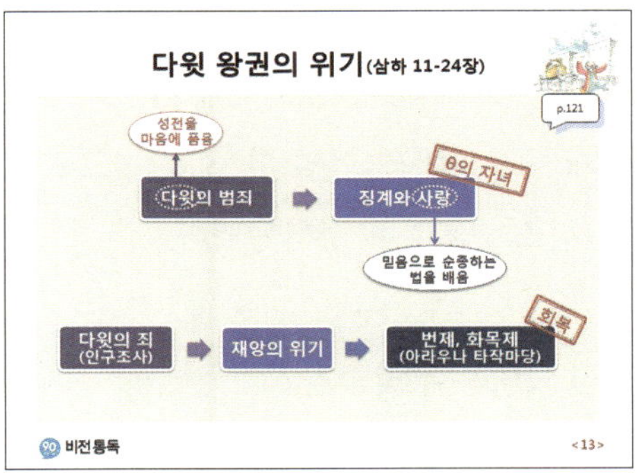

Q. 다윗의 왕권은 궁극적으로 어떻게 확립되는가?

전쟁을 통해서 확립된 것이 아닙니다. 표면적으로는 전쟁을 통한 것이 맞지만 하나님의 택하심으로 된 것입니다. 하나님은 이미 사무엘상 16장에서 다윗을 왕으로 삼으셨습니다. 다윗을 택하셨습니다. 하나님의 택하심으로, 하나님 마음에 합함, 즉 일치함으로 그리고 예수의 모형인 성전, 즉 마음에 품은 하나님의 성전으로서 확립된 것입니다. 이것은 말씀이 왕 노릇 하는 것이 왕권임을 설명하려는 것입니다. 왜냐하면 우리가 왕 같은 제사장이기 때문입니다.

day 24. 다윗의 왕권

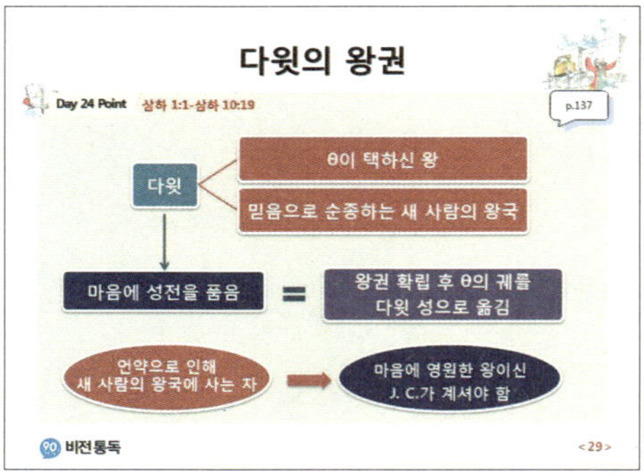

Q. 다윗 왕국을 설명하는 핵심은 무엇인가?

사울은 전쟁에 승리하기 위해 하나님의 궤를 마음대로 사용하다 블레셋에게 빼앗겼지만, 다윗은 왕권이 확립되자 하나님의 궤를 다윗 성으로 옮겨 옵니다. 이는 언약 중심, 말씀 중심, 성전 중심의 통치를 펼친 다윗을 보여 줍니다.

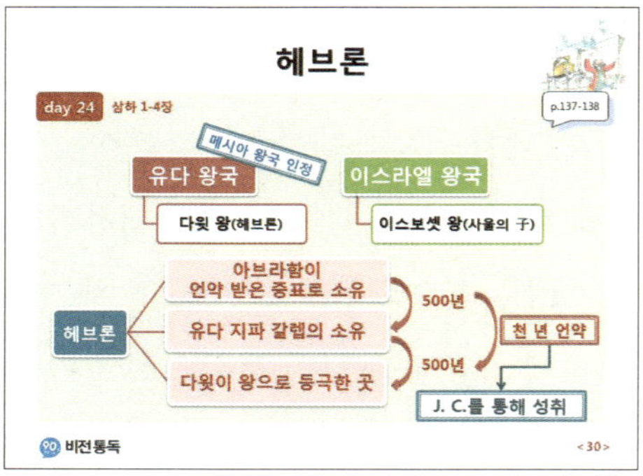

Q. 헤브론이 가진 의미는 무엇인가?

헤브론은 아브라함에게 땅을 주겠다고 하신 언약의 장소입니다(창 13:15-18). 그 후 갈렙이 소유한 곳이고(수 15:13), 다윗이 왕이 된 곳입니다(삼하 5:3). 헤브론은 연합, 친구라는 뜻입니다. 즉, 하나님과 연합해야만 왕 노릇 할 수 있다는 것입니다. 아브라함으로부터 갈렙까지 500년, 그로부터 500년 후 다윗이 헤브론에서 왕으로 등극함으로 아브라함의 언약을 이어받게 됩니다. 이렇게 아브라함에서 시작해 다윗에게 이른 '천 년 언약'의 예표는 그로부터 천 년 후 예수 그리스도를 통해 성취됩니다.

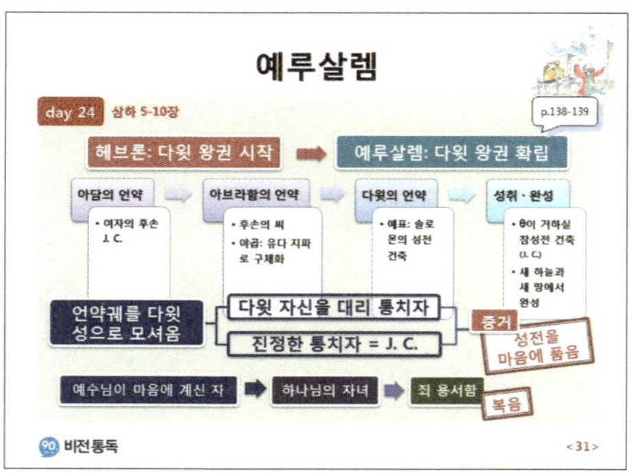

Q. 예루살렘이 가진 의미는 무엇인가?

예루살렘은 아담의 언약과 아브라함의 언약이 성취된 곳입니다. 왜냐하면 여자의 후손을 주시겠다는 복, 씨, 땅이 완전하게 이루어진 곳이며, 다윗의 왕권이 확립된 곳이기 때문입니다. 성도의 왕 노릇이 확립된 곳도 예루살렘입니다. 그 의미를 이해해야 합니다. 아브라함의 언약을 이어받은 약속의 자녀는 땅에 있는 예루살렘이 아니라 하늘에 있는 예루살렘 아래에 있다고 기록합니다(갈 4:25-26). 약속의 자녀는 다윗이 마음에 성전을 품듯이 말씀을 통해서 예수 그리스도를 마음에 품어야 합니다.

day 25. 다윗의 위기

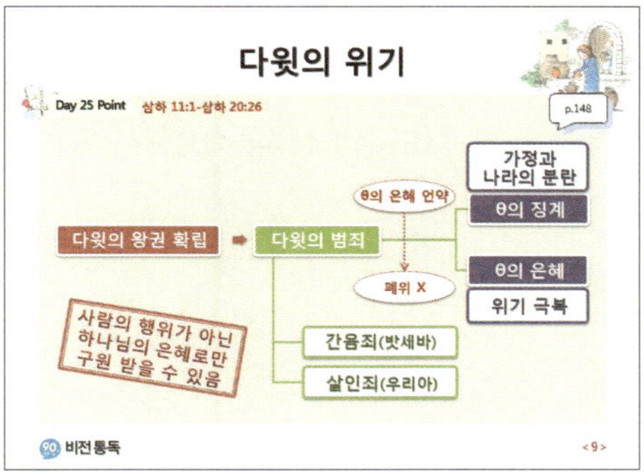

Q. 다윗의 위기가 보여 준 영적 의미는 무엇인가?

하나님의 은혜로 탄탄대로를 달리던 다윗에게 어두운 그림자가 비치기 시작합니다. 바로 밧세바를 범하고 그 남편을 죽이는 사건이 벌어진 것입니다. 그럼에도 불구하고 왜 다윗은 사울처럼 폐위되지 않았는가가 중요합니다. 이는 사람의 행위가 아닌 오직 하나님의 은혜로만 구원 받을 수 있음을 보여 주기 위함입니다.

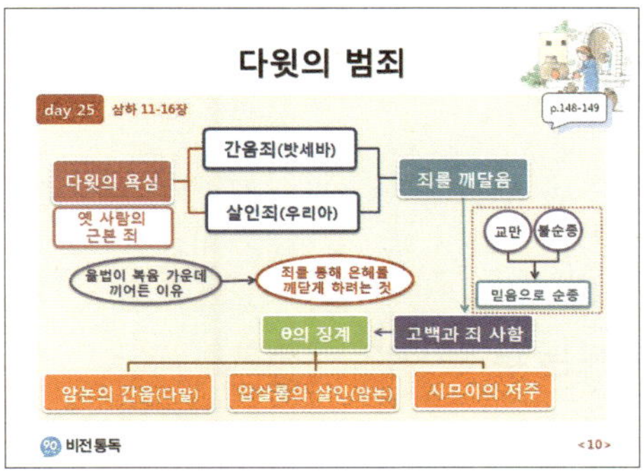

Q. 다윗의 범죄 사건이 보여 주는 의미는 무엇인가?

다윗은 어디를 가든지 여호와가 이기게 하심으로 부강한 왕국을 세우게 됩니다. 그런데 밧세바를 범한 간음죄와 그녀의 남편 우리아를 죽인 살인죄를 짓게 됩니다. 윤리적 기준으로 본다면 하나님에게 폐위당한 사울의 범죄가 오히려 가볍게 보임에도 불구하고 상대적으로 사울보다 더 무거운 죄를 진 다윗이 폐위를 당하지 않은 것은 그가 은혜 언약 아래 있었기 때문입니다. 지금까지 예수 그리스도를 예표하는 다윗 왕의 모습을 보았다면, 이제는 다윗의 범죄를 통해 사람의 행위로는 구원 받을 수 없고, 오직 하나님의 은혜로만 구원 받을 수 있음을 보여 주려는 것입니다.

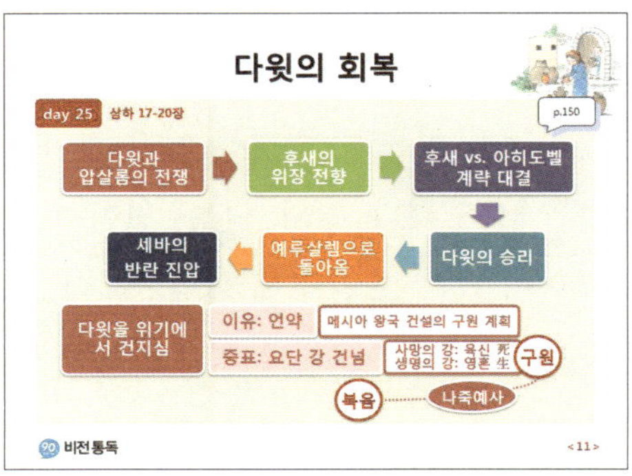

Q. 다윗이 회복한 기준은 무엇인가?

간음죄와 살인죄를 범한 다윗을 하나님이 다시 회복하게 하시는 이유는 바로 하나님의 언약 때문입니다. 그 언약은 메시아 왕국의 건설, 즉 구원 계획을 실현하시기 위함이었습니다. 하나님의 구원 계획은 오로지 하나님의 선택하심으로 이뤄지는 은혜입니다.

Tip 사사기부터 사무엘하까지의 핵심 내용은 무엇인가?

사사기는 기복적이고 쾌락적인 옛 사람을 죽이는 것이고, 룻기는 기업을 무르기 위해 인생을 비우는 것입니다. 사무엘상은 내 생각의 소견을 죽이고 하나님의 말씀을 살리는 것이고, 사무엘하는 내 마음을 비우고 예수의 말씀으로 채우는 것입니다. 그러므로 나의 옛 사람을 죽이고 나의 생각을 비워서 말씀을 채우는 삶을 살아야 합니다.

열왕기상

열왕기상 개관

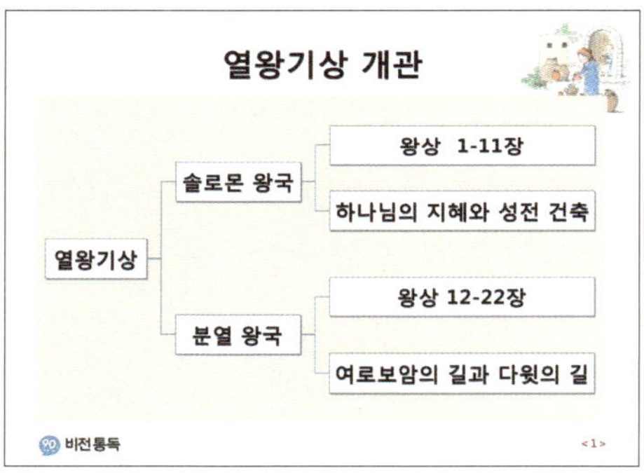

Q. 열왕기상의 구조는 무엇인가?

솔로몬 왕국과 분열 왕국으로 나누어집니다. 전반부는 솔로몬 왕국의 번영과 성전 건축이 중심이 되고, 후반부는 분열 왕국이 전개됩니다.

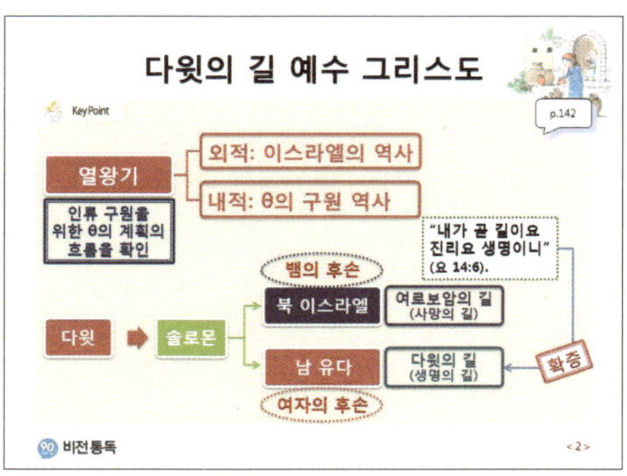

Q. 열왕기상에 흐르는 구속사는 무엇인가?

열왕기상의 구속사의 제목은 '다윗의 길 예수 그리스도'입니다. 그렇게 설정한 이유 중 하나는 어떤 길이냐가 굉장히 중요하기 때문입니다. 열왕기상은 진리와 생명으로 가는 길이 예수 그리스도임을 잘 설명합니다. 그래서 열왕기상의 구속사는 이스라엘의 역사를 통해 여자의 후손 예수 그리스도가 다윗의 길을 타고 흘러간다는 것입니다.

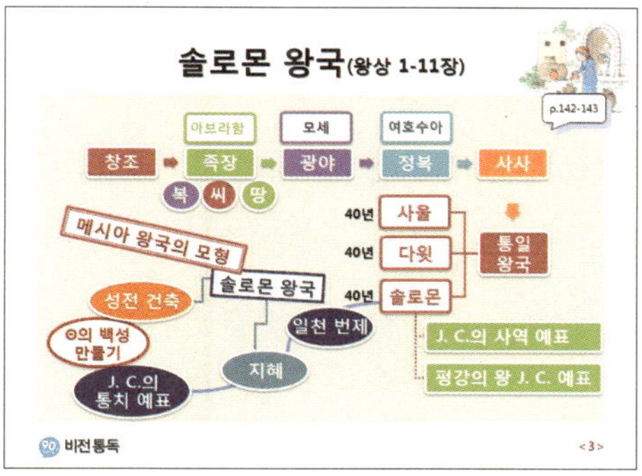

Q. 솔로몬 왕국의 초점은 무엇인가?

솔로몬 왕국의 주요 내용은 이스라엘 역사가 아닌 하나님의 구원 역사입니다. 그 이유는 이스라엘의 종말을 맞이하는 열왕기하에서 정확하게 이해할 수 있습니다. 다시 말하면, 하나님의 구원 역사를 하나님의 지혜로 완성되는 성전으로 설명합니다. 창조 과정사에서 놓치면 안 되는 것이 어린 양과 성막(성전)입니다. 이것이 신약까지 맞물려 갑니다. 이 어린 양과 성전을 극대화하면 바로 예수 그리스도가 되는 것입니다.

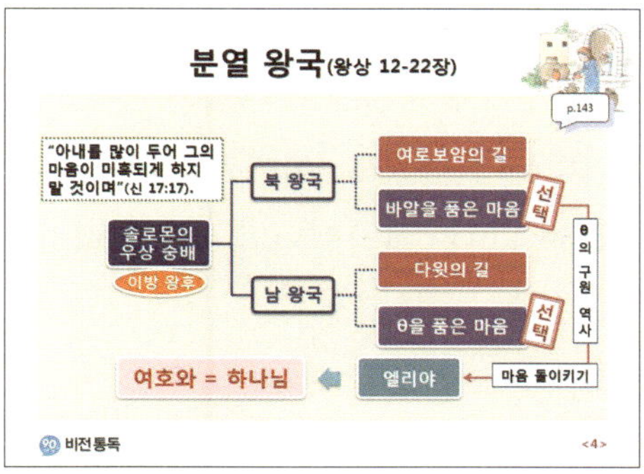

Q. 분열 왕국의 핵심 키워드는 무엇인가?

우상 숭배입니다. 열왕기서에는 많은 왕들의 이름이 나옵니다. 그러나 그 이름은 중요하지 않습니다. 중요한 것은 그 왕이 다윗의 길을 선택했느냐 아니면 여로보암의 길을 선택했느냐입니다. 우상 숭배는 하나님과 원수 되는(약 4:4) 것이고, 하나님과 분리되는 것입니다. 하나님과 분리되었기에 결국 나라가 분리되는 것입니다.

day 26. 다윗과 솔로몬

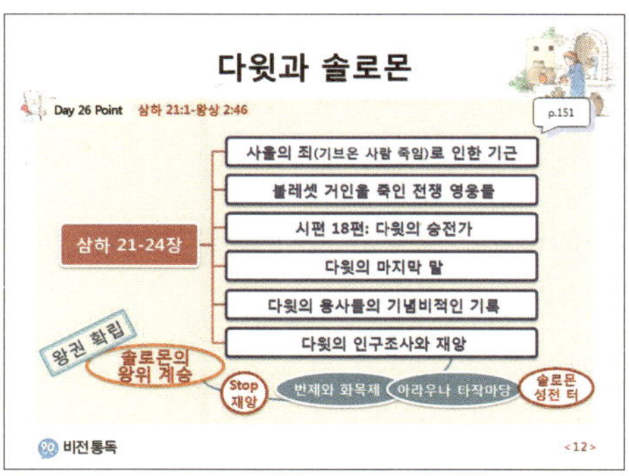

Q. 다윗에서 솔로몬으로 이어지는 왕위의 축복은 무엇인가?

바로 성전 건축입니다. 다윗의 인구조사는 이스라엘에 재앙을 불러왔지만, 하나님에게 번제와 화목제를 드림으로 재앙이 그치게 되었습니다. 이때 장소가 바로 성전의 터가 되는 아라우나 타작마당입니다. 다윗은 성전을 꿈꿨고 솔로몬은 성전을 건축했습니다.

Q. 다윗의 성전 터가 가진 영적 의미는 무엇인가?

아라우나 타작마당은 다윗이 번제와 화목제를 드렸고, 솔로몬이 성전을 건축한 곳이기에 매우 중요합니다. 이곳은

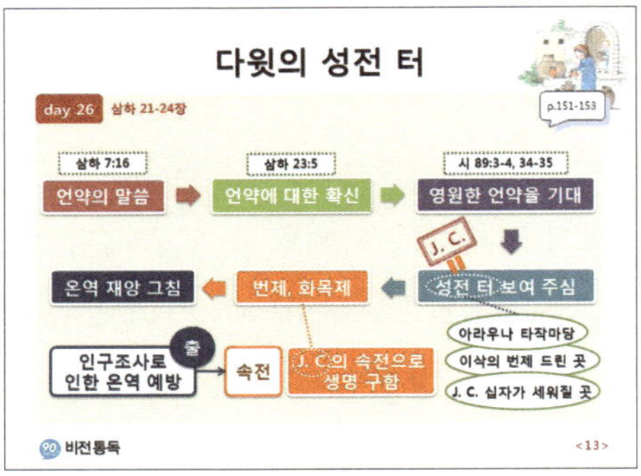

천 년 전 아브라함이 이삭을 번제로 드린 곳이며(창 22:2), 천 년 후 예수 그리스도가 십자가 위에서 죽으신 곳입니다. 하나님이 준비하시고 다윗이 값 주고 산 '성전 터'는 예수 그리스도입니다. 그러므로 우리는 마음의 성전이신 예수 그리스도를 품고 있는 참성전 터입니다.

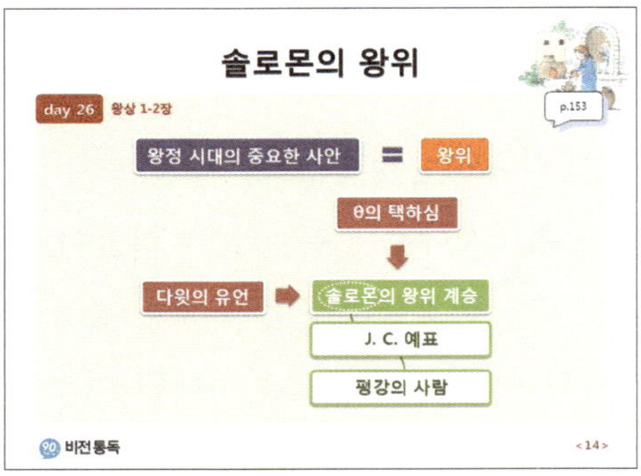

Q. 왕위 계승이 중요한 이유는 무엇인가?

왕위 계승이 중요한 이유는 하나님의 택하심이기 때문입니다. 다윗에게는 솔로몬 외에도 굉장히 많은 자녀들이 있었습니다. 그럼에도 불구하고 하나님은 솔로몬을 왕으로 택하셨습니다(대상 22:9-10). 이처럼 하나님의 자녀도 장자, 실력, 재물이 아닌 하나님의 은혜로 됩니다.

day 27. 솔로몬 왕국

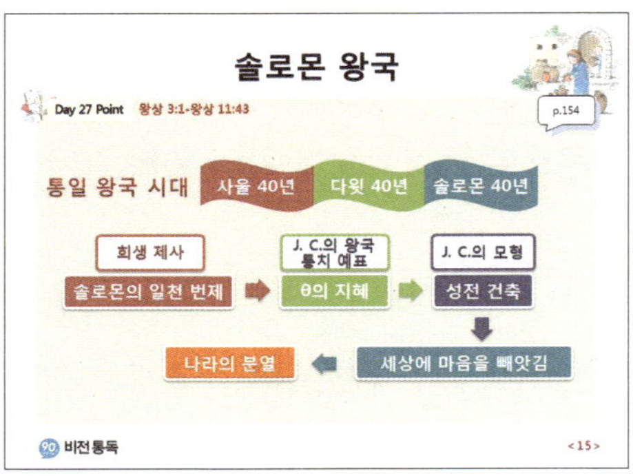

Q. 솔로몬 왕국의 전체 이야기는 무엇인가?

솔로몬은 일천 번제를 통해 하나님의 지혜를 얻고 성전을 건축하지만, 결국 옛 사람의 전형적인 모습으로 세상에 마음을 빼앗기고(골 3:5), 이로 인해 나라가 둘로 분열되는 모습을 보여 줍니다. "두 마음을 품어 모든 일에 정함이 없는 자"(약 1:8), 솔로몬에게서 내 모습을 발견해야 합니다.

Q. 솔로몬이 구한 지혜는 무엇인가?

표면적으로는 백성의 재판을 위해 지혜를 구했지만, 그것은 하나님의 지혜입니다. 임마누엘 그리스도가 통치하시는 왕국, 곧 솔로몬을 통해서 완성된 성전은 내가 죽고 예수가 사시는 모형입니다. 예수가 통치하시는 메시

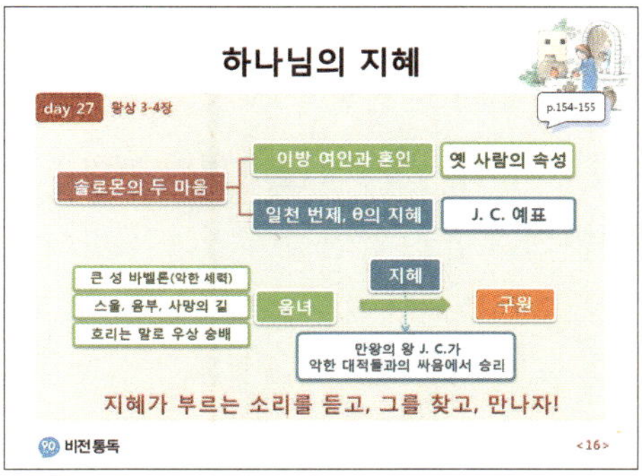

아 왕국은 하나님의 지혜로 세워집니다. 지혜와 성전 건축이 따로 노는 것이 아니라 하나님의 지혜가 성전 건축으로 연결되는 것입니다. 하나님의 지혜가 곧 그리스도기 때문입니다.

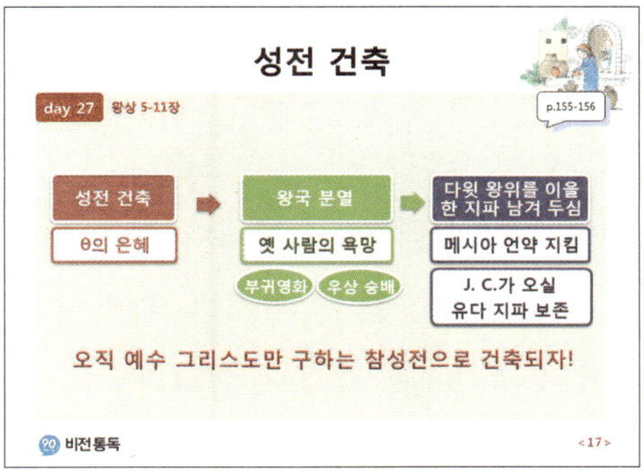

Q. 솔로몬의 성전 건축이 보여 주는 의미는 무엇인가?

하나님의 지혜로 성전이 건축됩니다. 그러나 은혜로 성전을 건축했던 솔로몬이 왜 변심하게 되었을까요? 많은 이방 여인과 결혼했기 때문입니다. 이방 여인들은 마음을 세상으로 돌리게 만듭니다. 솔로몬이 변심한 이유는 세상의 유혹에 빠졌기 때문입니다. 지혜는 신령한 은사입니다. 그러나 은사를 가졌어도 세상에 빠지면 돈벌이로 전락하게 됩니다.

건축된 성전의 의미는 무엇입니까? 열왕기상 9장 3절은 "이 성전에 내 이름과 내 눈길과 내 마음을 두겠다"라고 말씀합니다. 즉, 하나님의 이름과 눈과 마음이 있기에 세상에 마음을 빼앗기면 안 된다는 것입니다. 그렇기 때문에 말씀에 마음을 빼앗기고 말씀에 눈을 돌려야만 예수의 이름을 높일 수 있습니다.

day 28. 분열 왕국

Q. 분열 왕국의 핵심 쟁점은 무엇인가?

솔로몬의 범죄 이후 이스라엘은 둘로 분열되는데, 이런 상황에서 분열 왕국의 핵심 쟁점은 '여로보암의 길'(왕상 15:34)과 '다윗의 길'(왕상 3:14)의 선택입니다. 분열 왕국의 차이점은 무엇입니까? 북 왕국은 세상 왕국의 줄기고, 남 왕국은 메시아 왕국의 줄기입니다. 이것은 그 기

준이 우상이냐 성전이냐 하는 차이점을 갖기 때문입니다. 그리고 북 왕국의 멸망은 심판을 상징하는 사망이요, 남 왕국의 멸망은 회복을 상징하는 생명의 부활입니다. 왜냐하면 십자가의 복음은 양면성이 있는 심판이기 때문입니다.

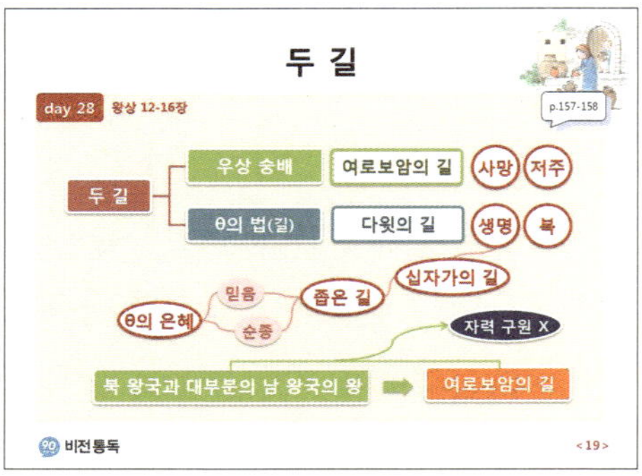

Q. 많은 왕들 중에 누가 중요한가?

왕정 시대에는 많은 왕이 등장하고 그들의 통치 순서대로 기록되어 있어 왕이 중요해 보입니다. 그러나 그렇지 않습니다. 왕이 아니라 하나님이 중요합니다. 왕정 시대이기에 왕에게 초점을 맞춰야 할 것 같지만, 사람이 아닌 하나님이 왕이신 것에 초점을 맞춰야 합니다. 사람으로 말하자면 왕이 아니라 선지자가 중요합니다. 하나님과 왕의 연결 고리가 바로 선지자이기 때문입니다. 선지자의 말을 듣고 '다윗의 길'로 행하는 왕이 되어야 한다는 것입니다.

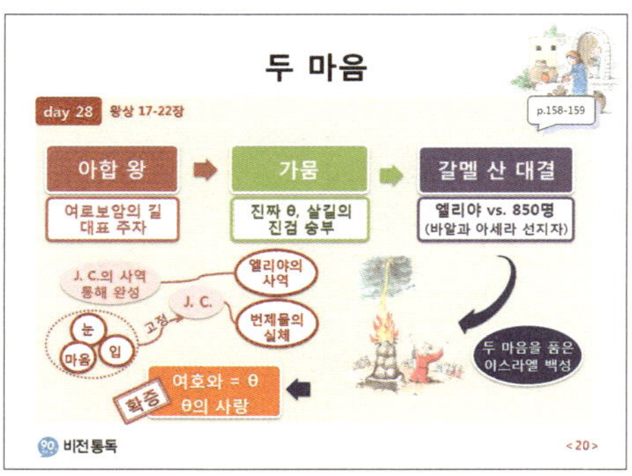

Q. 갈멜 산 사건의 의미는 무엇인가?

우상에게 빼앗겼던 마음을 하나님에게로 다시 되돌리시려는 것입니다. 이스라엘 땅에 3년간 비가 내리지 않았던 것은 전적으로 하나님 마음이었습니다. 사람들의 빼앗긴 마음을 되찾으시려는 것입니다. 그래서 갈멜 산 대결을 벌이게 됩니다. 대결을 벌이기 전에 엘리야가 질문을 던졌을 때 성경은 그들이 머뭇머뭇했다고 기록합니다. 둘 사이에 양다리를 걸치고 있었다는 것입니다. 세상을 살아가는 성도의 목적은 하나님을 섬기는 것입니다. 세상에 빼앗긴 마음을 되찾는 길은 말씀밖에 없습니다. 우리는 말씀에 빠져 살아야 합니다. 우리의 마음과 눈을 말씀에 고정하고 민감하게 반응할 필요가 있습니다.

열왕기하

열왕기하 개관

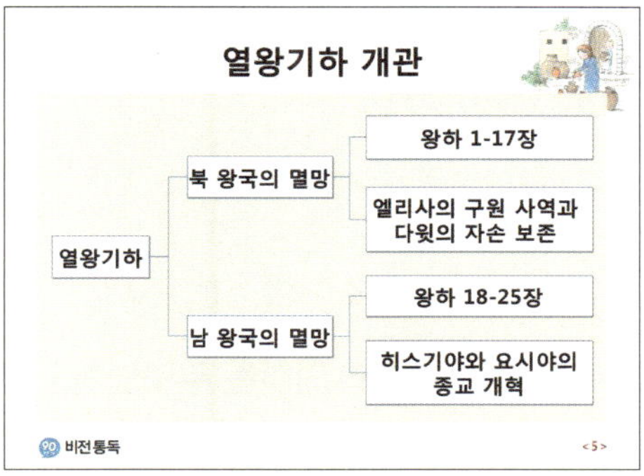

Q. 열왕기하의 구조는 무엇인가?

1-17장은 북 왕국의 멸망이고, 18-25장은 남 왕국의 멸망입니다. 내용 가운데 집중해야 될 것은 멸망 가운데 흐르는 구원 역사의 전개입니다. '씨'가 어떻게 보전되는지를 살펴봐야 합니다.

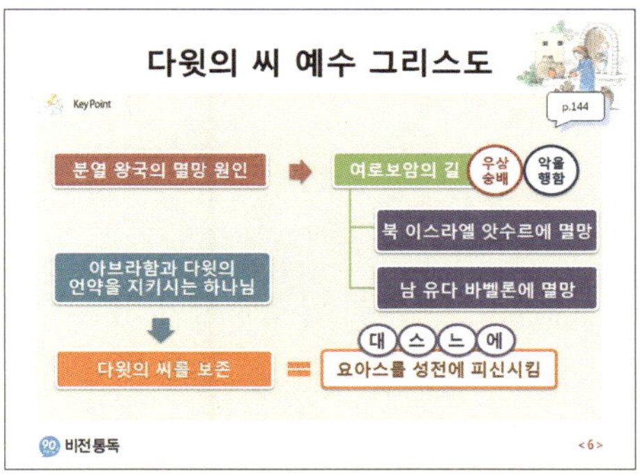

Q. 열왕기하에 흐르는 구속사는 무엇인가?

북 왕국은 아합 왕의 죄 때문에 결국 망하고, 남 왕국은 아합 왕과 이세벨의 딸인 아달랴가 시집와서 왕의 자손을 모두 죽이려 합니다. 이때 하나님은 요아스를 숨겨 주셔서 아달랴가 죽고 난 뒤 왕권을 회복시키시며 다윗의 씨를 보전하십니다. 이를 통해 멸망 중에서도 다윗과의 언약을 지키시는 하나님의 사랑을 발견할 수 있습니다.

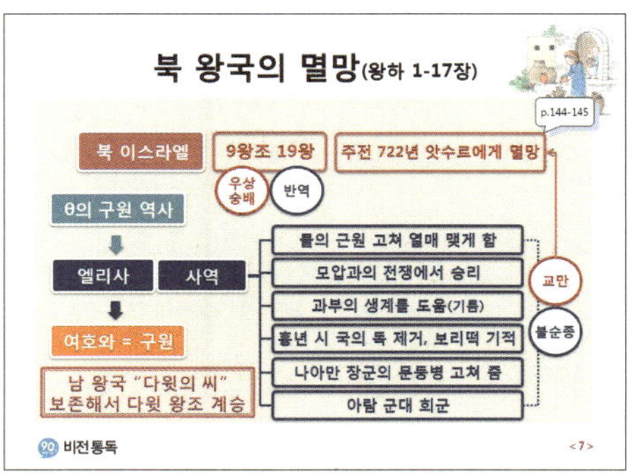

Q. 북 왕국에도 구원 역사가 있는가?

북 왕국의 모든 왕이 우상 숭배로 여로보암의 길로 가서 결국 주전 722년 앗수르에게 멸망당하지만, 그 가운데서도 구원 역사는 흐릅니다. 열왕기상에서는 엘리야를 통해, 열왕기하에서는 엘리사를 통해 여호와는 구원이심을 계속해서 드러내십니다.

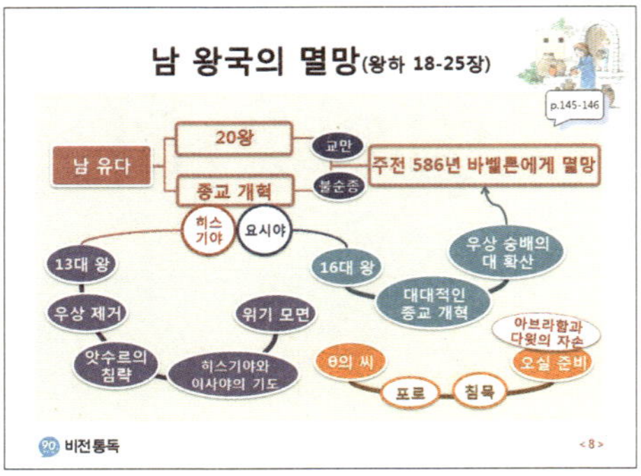

Q. 위대한 업적을 세운 왕을 어떻게 봐야 하는가?

열왕기서는 왕의 업적이 아닌 그들의 삶, 곧 그들이 여호와 보시기에 합당한 삶을 살았는지를 설명하기 위해 기록되었습니다. 부패한 세상에서 성도는 어떻게 살아야 할까요? 순종하며 하나님 말씀대로 살아야 합니다. 불순종은 자기 마음대로 사는 것입니다. 그런데 하나님 말씀대로 살기 위해서 충성할수록 자기 의가 돋보인다면, 이는 새로운 불순종이 됩니다. 순종은 하나님의 의가 나타나는 것이기 때문입니다.

day 29. 북 왕국의 엘리야와 엘리사

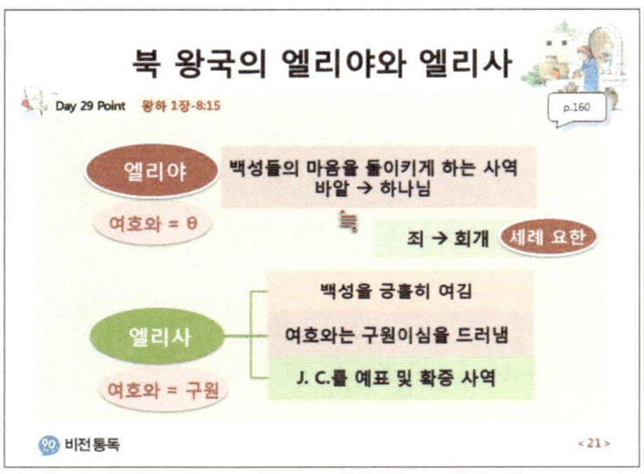

Q. 엘리야와 엘리사가 행한 사역의 의미는 무엇인가?

엘리야와 엘리사의 사역이 중요한 것이 아니라 하나님이 무엇을 말씀하시려는지가 중요합니다. 하나님은 누군가를 통해서 세상에 빼앗긴 내 마음을 돌이키게 하는 분이십니다. 기적을 일으켜 나를 구원하시는 분이라는 것입니다. 엘리야는 '여호와는 하나님이시다'라는 뜻이고, 엘리사는 '여호와는 구원이시다'라는 뜻입니다. 이름에 하나님의 사역이 담겨 있습니다. 그분이 창조주시며 구원자라는 것입니다. 하나님은 상식으로 살기를 원치 않으십니다. 하나님의 기적, 구원의 기적으로 살기를 원하십니다.

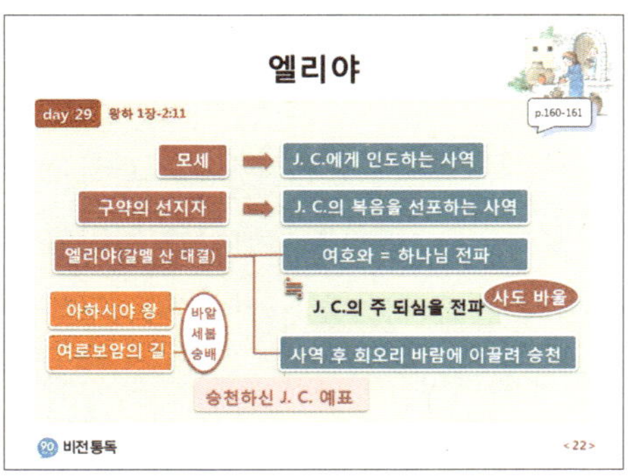

Q. 엘리야의 갈멜 산에서의 대결은 무엇을 의미하는가?

갈멜 산의 대결은 복음 선포와 동일합니다. 하나님은 세상에 빼앗긴 마음을 돌이키게 하시는데, 그것을 다른 말로 구원이라고 합니다. 그 마음을 돌이키시기 위해서 하나님을 온전히 섬길 수 있는 마음을 주시기 때문입니다. 이것이 복음입니다. 바울은 똑같은 이야기를 고린도후서 4장 5절에 기록합니다. 바울이 말하는 내용의 의미가 갈멜 산 전투의 내용과 같습니다. 복음이 선포되면 회개가 일어납니다. 부분적인 회개가 아니라 완전한 회개가 이루어지는 것입니다. 갈멜 산에서의 대결은 복음이요, 그 반응은 회개입니다.

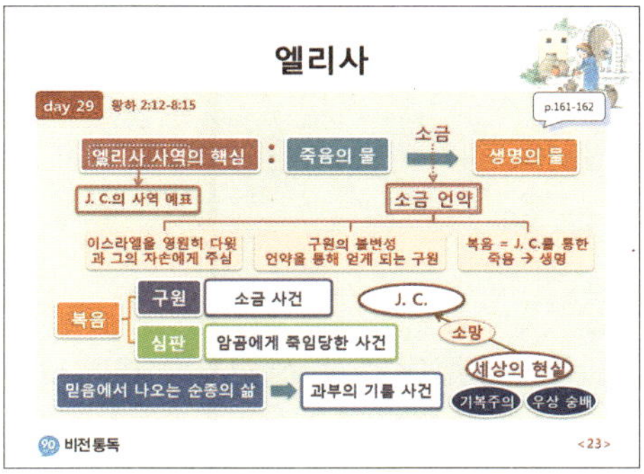

Q. 엘리사의 사역이 보여 주는 의미는 무엇인가?

열왕기하 13장까지가 엘리사의 사역입니다. 사람의 마음이 죄에 빼앗겨 분리되었을 때 하나님이 그 마음을 되찾으시는 것처럼, 그의 사역은 화목하게 하는 사역이고, 다른 사람들의 마음을 돌이키게 하는 사역입니다. 엘리야 다음에 엘리사가 나타난 것처럼, 세례 요한 다음에 예수님이 나타나셔서 실제로 구원의 일을 행하셨습니다. 엘리사와 같은 사역을 예수님이 하시는데, 이는 엘리사의 사역을 통해 그리스도를 예표하는 것입니다.

day 30. 남 왕국의 보존과 북 왕국의 멸망

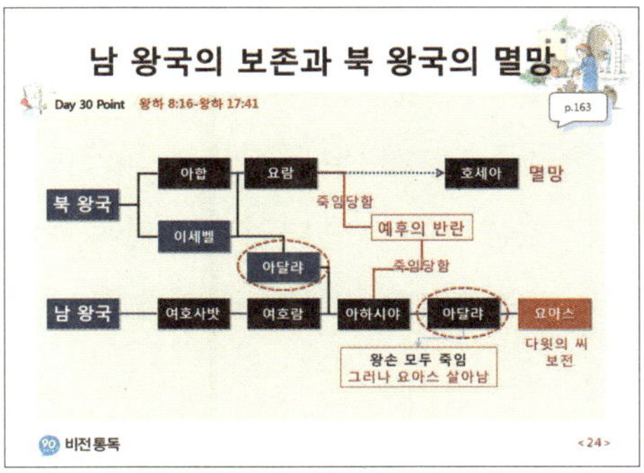

Q. 아합에서 아달랴로 이어지는 전쟁의 영적 의미는 무엇인가?

하나님이 엘리야에게 내리신 아합을 멸절하라는 명령은 예후를 통해 이뤄졌습니다(왕하 10:17). 그러나 이세벨의 딸 아달랴가 남 왕국으로 시집오면서 다윗의 씨를 다 죽이려 합니다. 이는 결국 창세기 3장 15절의 여자의 후손과 뱀의 후손의 싸움입니다. 씨의 전쟁입니다. 초점은 내 육신의 자아, 옛 사람은 내 안에 있는 아합의 씨와 같습니다. 세상은 내 안에 있는 예수 그리스도로 살지 못하게 하려고 유혹합니다. 씨의 전쟁이 내 안에서도 벌어지고 있는 것입니다. 그러나 다윗의 씨를 보전하신 것처럼 하나님은 우리를 이 세상에서 보호해 주실 것입니다.

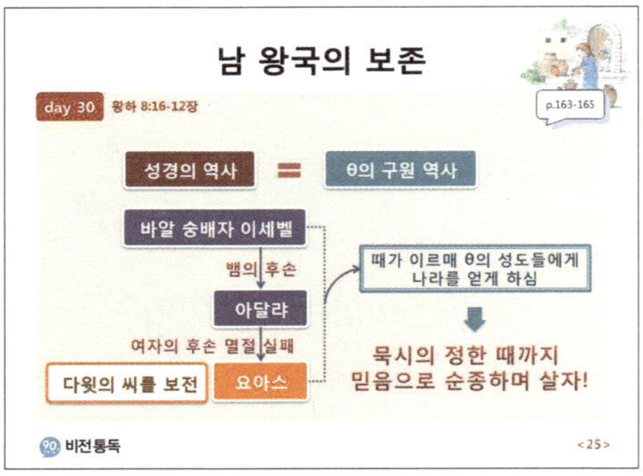

Q. 이세벨은 누구인가?

열왕기상에 등장하는 이세벨이 계시록에도 등장합니다. 요한계시록 2장 20절은 이세벨을 자칭 선지자요, 우상의 제물을 먹게 하는 자로 표현합니다. 이세벨은 예후에게 죽지만, 그녀의 딸인 아달랴가 남 왕국으로 와서 결국 다윗의 자손을 멸하려는 계획을 실천하는 것을 보게 됩니다. 이 씨의 전쟁을 일으키는 사탄의 세력이 내 안에 있는 임마누엘 말씀의 씨를 진멸하려고 합니다.

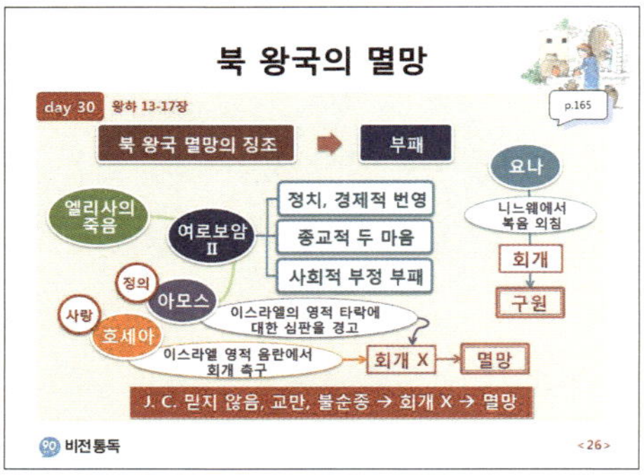

Q. 북 왕국의 멸망 속에서 보여 주는 선지자들의 메시지는 무엇인가?

아모스, 호세아, 요나는 여로보암 2세 때 활동한 선지자입니다. 다윗이나 그 어느 왕 때보다도 정치·경제적으로 강력하고 부강한 시대였습니다. 그런데 그렇게 부강해도 종교적으로 타락하면 멸망하게 된다는 것을 보여줍니다. 아모스나 호세아가 영적인 타락에 대해 외쳐도 듣지 않았습니다. 이때 요나가 니느웨에서 복음을 선포하는데, 마태복음 12장 41절은 요나의 전도에 대해, 이방 니느웨는 복음을 들은 후 하나님 말씀대로 회개해서 구원 받는 삶을 살고 있는데 너희 유대인들은 왜 회개하지 않느냐는 의미로 말씀합니다. 오늘날 우리를 향해 말씀하시는 것입니다.

day 31. 남 유다의 잔존 왕국

Q. 남 유다의 잔존의 핵심은 무엇인가?

북 이스라엘이 멸망할 때 남 유다의 왕은 히스기야였습니다. 히스기야 왕은 종교 개혁을 이루었고 '다윗의 길'로 행했습니다. 이때 핵심은 선지자의 말을 귀히 여겼다는 것입니다(렘 26:18-19). 왕국을 통치하는 것은 왕이지만, 진정한 통치는 선지자를 통해 하나님이 하신다는 것

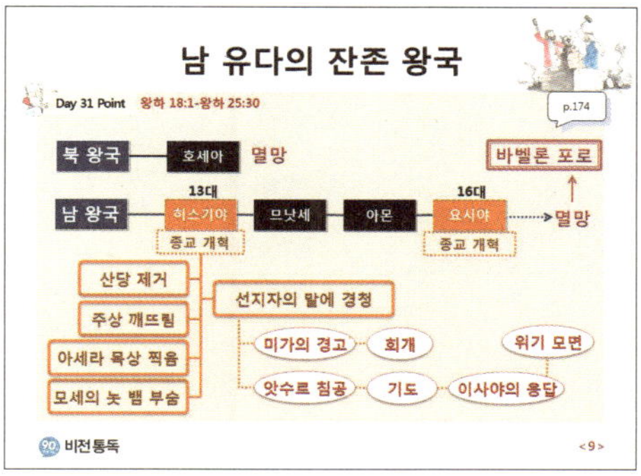

을 보여 줍니다. 선지자의 말에 귀 기울이고 하나님 뜻대로 행하면 하나님이 보호하신다는 것을 보여 주는 것입니다.

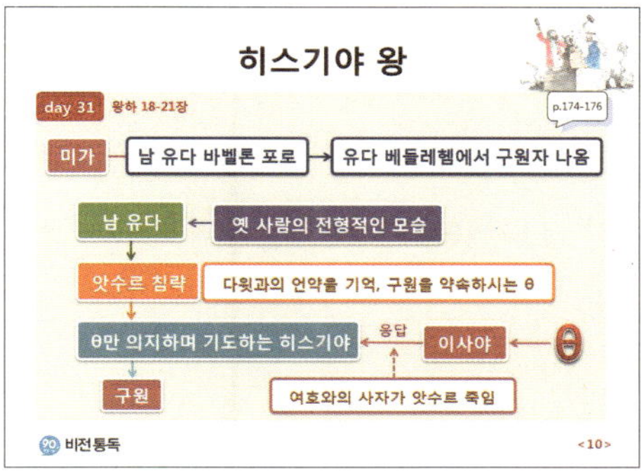

Q. 히스기야 왕 때의 선지자를 통한 메시지는 무엇인가?

히스기야 왕은 모든 우상을 부수고, 산당을 허물었습니다. 그럼에도 불구하고 결국 남 유다도 멸망하게 됩니다. 그러나 그 가운데 미가 선지자를 통해 하나님은 구원의 씨앗을 보여 주십니다. 포로 된 백성을 구원할 자가 유다 베들레헴에서 나올 것(미 4:10, 5:2)이라는 구원의 말씀을 선포하십니다. 왜 그럴까요? 그것은 다윗과의 언약 때문입니다.

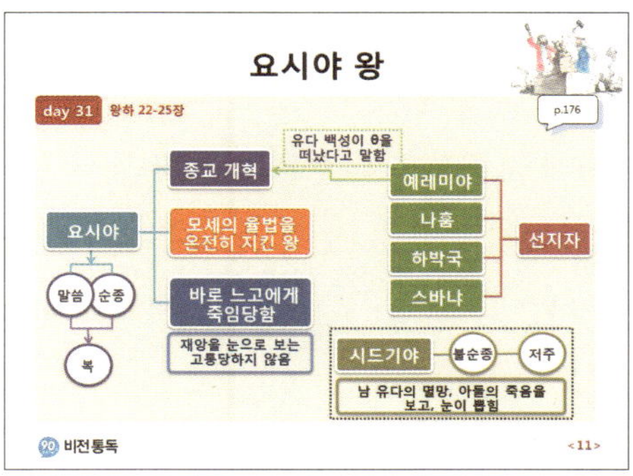

Q. 요시야 왕과 시드기야 왕의 차이점은 무엇인가?

순종과 불순종의 샘플을 보여 줍니다. 불순종의 모습은 자신의 죽음은 물론 나라의 멸망과 아들들의 죽음까지 눈으로 보고 죽게 되는 비극을 맞이하게 됩니다. 시드기야 왕을 통해 순종과 불순종의 경계를 주시는 것입니다.

역대상

역대상 개관

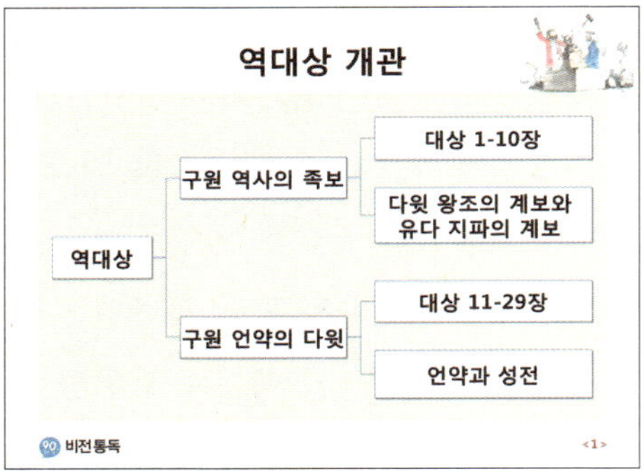

Q. 역대기는 어떤 책인가?

역대기는 역사에 대한 책으로 구원 역사에 초점을 맞춥니다. 구조 자체는 구원의 역사이고, 언약으로 시작해서 성전으로 끝납니다. 1-10장에는 다윗 왕조와 유다 지파의 계보가 나옵니다. 11-29장까지는 언약과 성전으로 살펴볼 수 있습니다.

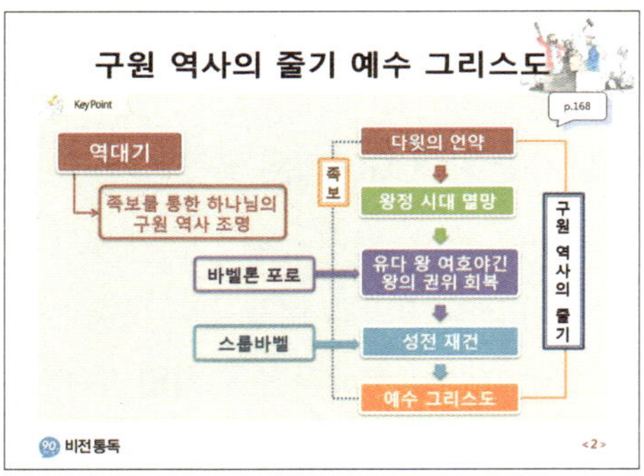

Q. 멸망으로 끝나는 이야기 속에서 구속사는 어떻게 흐르는가?

열왕기와 마찬가지로 역대기는 왕정 시대의 이야기입니다. 왕정 시대의 결론은 멸망입니다. 그러나 역대기는 메시아 왕국이라는 매우 중요한 의도를 가집니다. 족보를 통한 구원 줄기의 핵심이 예수 그리스도라는 이야기로 전개되는 것입니다.

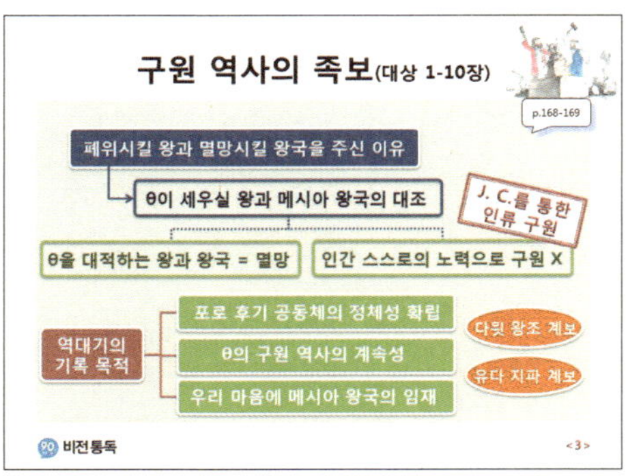

Q. 구원 역사의 족보를 기록한 목적은 무엇인가?

역대기의 기록 목적은 포로기 공동체의 정체성을 확립하는 것입니다. 그리고 우리 마음에 메시아 왕국이 임한다는 것을 보여 주려는 것입니다. 지나온 과거의 역사인 성경이 현재 우리에게 전달된 것은 역사책을 공부하기 위함이 아니라, 지금 이 땅에서 그리스도인으로 사는 성도의 목적과 정체성을 확립하기 위함입니다. 그리고 메시아 왕국의 임재를 설명한 것처럼 내 안에 임마누엘 되신 예수 그리스도가 어떻게 살아 주시는가를 이야기합니다. 이것이 역대상 구원 역사의 족보 내용입니다.

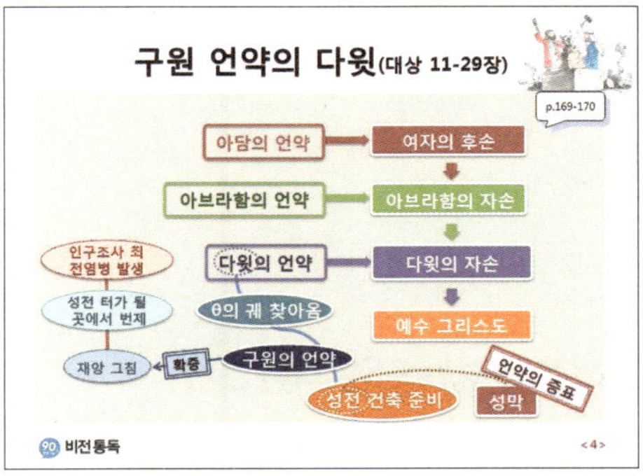

Q. 역대상에서 언약은 어떻게 성전으로 연결되는가?

역대상의 뒷 부분은 언약(아담의 언약, 아브라함의 언약, 다윗의 언약)이 성전으로 연결되는 것을 보여줍니다. 아담의 언약은 여자의 후손에 대한 언약으로, 이것은 그림자와 같습니다. 아브라함의 언약은 자손에 대한 언약으로, 구원의 모형도를 보여 줍니다. 그 후 다윗에 와서는 다윗의 자손 예수 그리스도에게 초점을 맞추어 성전을 통해 설명합니다. 그래서 성전의 설계도를 보여 주는데 그것이 구원의 설계도가 됩니다. 그림자 같은 언약들이 점진적으로 성취되고, 성전 건축과 재건축 등을 통해 구원이 언약으로부터 출발해서 성전으로 완성된다는 것을 보여 주려는 것입니다.

day 32. 구원 역사의 족보

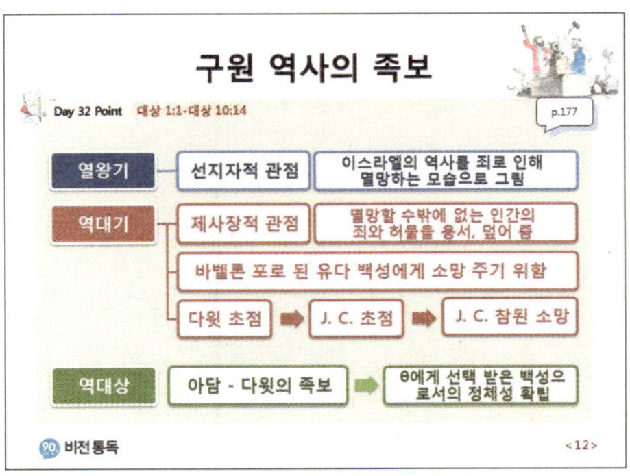

Q. 열왕기와 역대기의 차이점은 무엇인가?

열왕기는 선지자적인 관점에서 쓰인 책으로, 죄의 삯은 사망임을 이야기합니다. 역대기는 제사장적인 관점에서 쓰인 책으로, 하나님의 은사는 영생(롬 6:23)임을 설명합니다. 열왕기는 멸망에 대한 내용이고, 역대기는 회복에 대한 내용, 곧 바벨론의 포로 된 백성에게 소망을 주는 이야기입니다.

Q. 족보가 보여 주는 의미는 무엇인가?

역대기는 하나님의 구원 역사를 연대기로 정리합니다. 성경은 구원에 이르는 지혜를 설명합니다(딤후 3:15). 아담에게 약속하신 여자의 후손이 아브라함의 언약으로 이어졌고, 아브라함에게 약속하셨던 것이 천 년이 지나

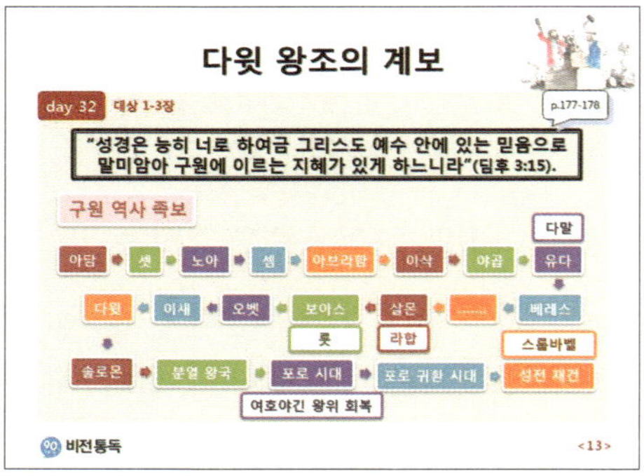

서 다윗에게 그리고 다윗에게 언약하셨던 그 약속이 천 년이 지나서 예수 그리스도에게로 연결됩니다. 구원의 역사는 이렇게 족보를 타고 흐릅니다.

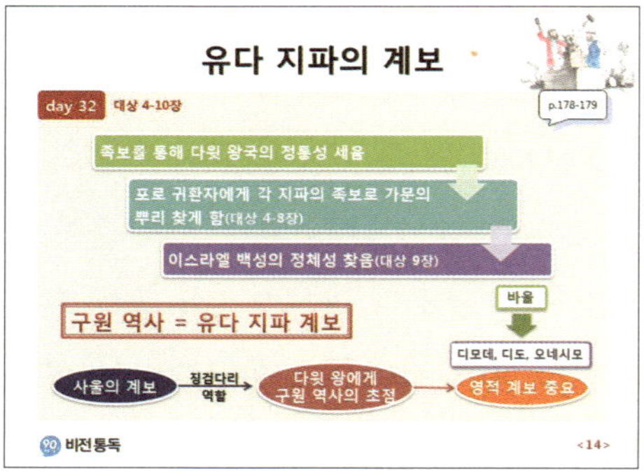

Q. 포로 귀환자들에게 족보는 어떤 의미인가?

포로 귀환자들에게 족보는 큰 의미가 있습니다. 다윗 왕국의 정통성을 세우고 가문의 뿌리를 찾게 해 줍니다. 내가 어떤 지파에 속해 있느냐에 따라서 정통성이 부여되기 때문입니다. 아담에게서 가인이 아닌 셋으로, 이삭에게서 야곱과 유다로 연결되는 족보는 그리스도가 다윗의 후손으로 오실 것에 대한 성취입니다.

day 33. 구원 언약의 다윗

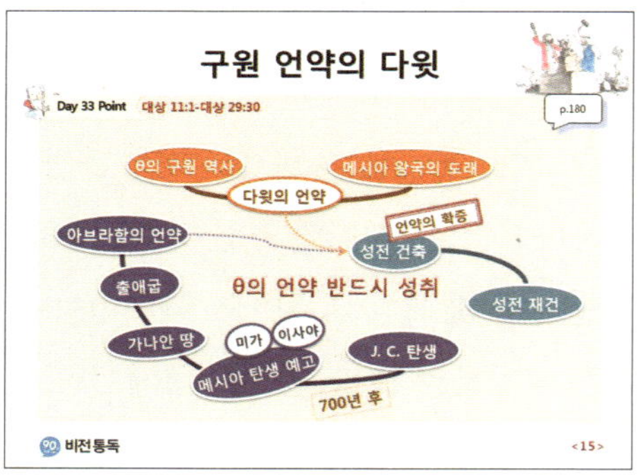

Q. 언약의 확증은 무엇으로 증명되는가?

하나님의 구원 역사는 족보를 통해 성취되어 간다는 것을 보여 줍니다. 그 성취가 현실에서는 성전으로 증명됩니다. 아브라함의 언약과 다윗의 언약이 성취되면서 성전이 건축되었습니다. 그 후 포로 귀환자들의 성전 재건 과정을 통해 구원 받은 자들이 어떤 존재인지를 설명합니다. 그들이 바로 성전입니다.

Q. 언약궤의 비밀은 무엇인가?

언약궤는 복음 상자, 곧 하나님의 말씀 상자와 같습니다. 그 안에는 언약의 돌판, 아론의 싹 난 지팡이, 하늘의 만나가 들어 있는데, 그것은 우리의 죄 된 옛 모습을 상징합니다(《비전 통독》 p. 181참조). 하나님의 말씀은 복음덩어

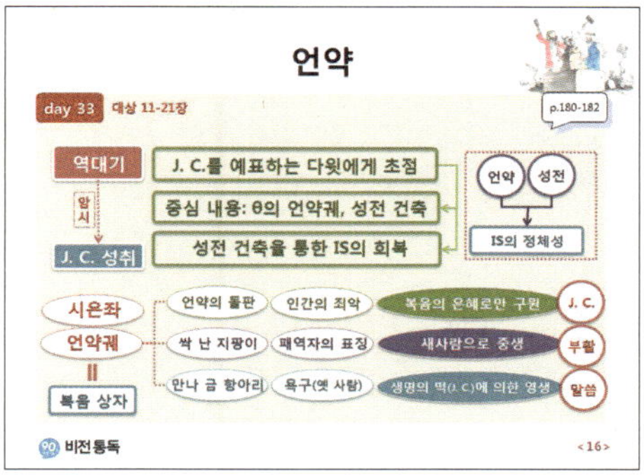

리입니다. 율법이 어떤 이들에게는 저주이지만 믿는 이들에게는 복음인 것처럼, 이 복음덩어리가 어떤 사람에게는 피곤한 일이지만 어떤 사람에게는 행복한 일입니다.

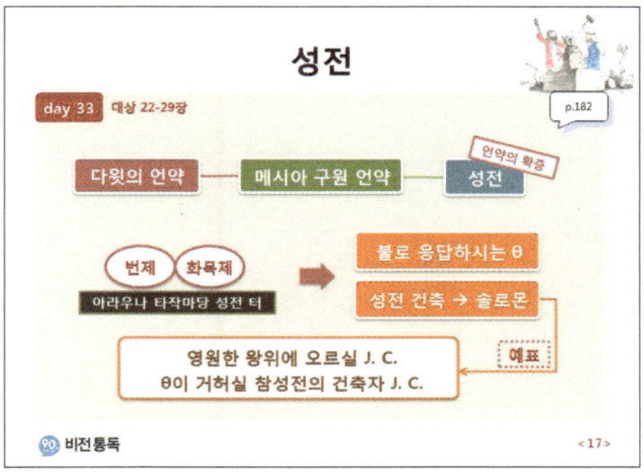

Q. 성전 건축이 의미하는 것은 무엇인가?

바로 참성전이신 예수 그리스도입니다. 성전 건축 준비는 다윗이 하지만 성전 건축은 솔로몬이 합니다. 성전 설계도는 이미 출애굽 당시 성막으로 보여 주셨습니다. 성전을 통해 보여 주시고자 하는 것은 하나님의 통치입니다. 이것은 예수 그리스도를 통해 완전한 성전을 이루실 것을 의미합니다.

역대하

역대하 개관

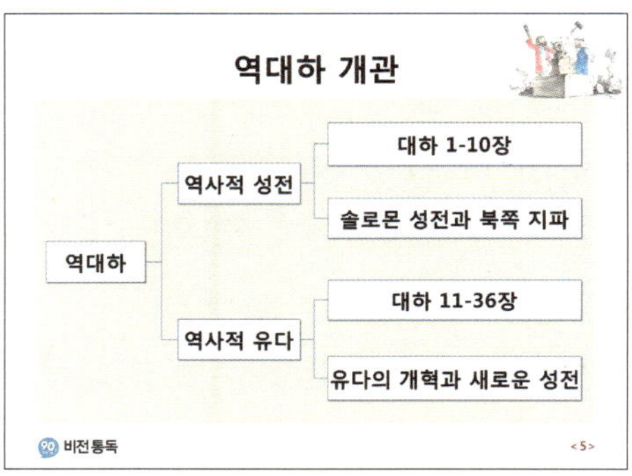

Q. 역대하는 어떤 구조인가?

역대하는 구원 역사의 구조를 가집니다. 그 구원 역사의 완성이 바로 성전입니다. 1-10장의 솔로몬 이야기는 모두 성전에 대한 것입니다. 그 후 11장에서 나라가 둘로 나누어지고, 북쪽 지파(북 이스라엘)는 제 갈 길로 가게 됩니다. 그래서 12장부터는 남쪽 지파(남 유다)만 기록되어 있습니다. 내용은 열왕기서와 같지만, 역사를 바라보는 관점은 다릅니다. 역대하는 포로 귀환자들이 바라보는 위치에서의 열왕기인 것입니다. 즉 하나님의 구원 역사를 초점으로 기술하는 책입니다.

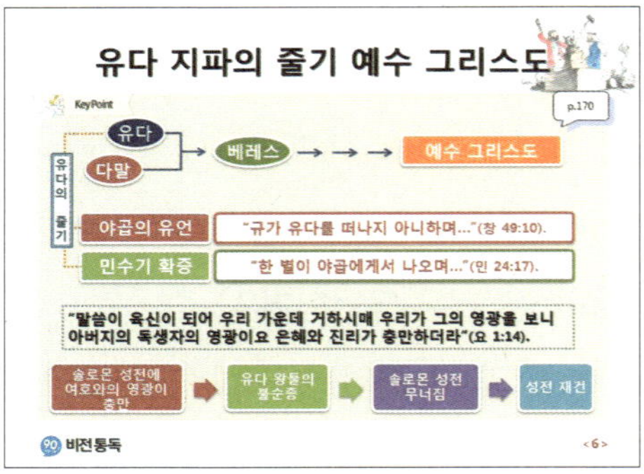

Q. 역대하에 흐르는 구속사는 무엇인가?

역대하의 구속사는 예수 그리스도가 유다 지파의 줄기로 오신다는 것입니다. 예수님은 요한복음 4장의 수가 성 여인과의 대화를 통해 예배의 관점을 새롭게 정의해 주셨습니다. 장소가 아닌 예수 그리스도를 통한 예배를 말씀하시며 구원이 유대인에게서 난다(요 4:22)고 말씀하십니다. 다시 말하면, 구원은 유다 지파에서 난다는 것입니다. 내가 유다 지파 사람이고, 메시아가 오면 그때는 특정한 장소가 아니라 구원의 근거를 가지고 예배하게 하겠다는 이야기입니다. 형식적인 예배, 동물 제사의 예배가 아니라 예수로 드려지는 예배를 말씀하신 것입니다.

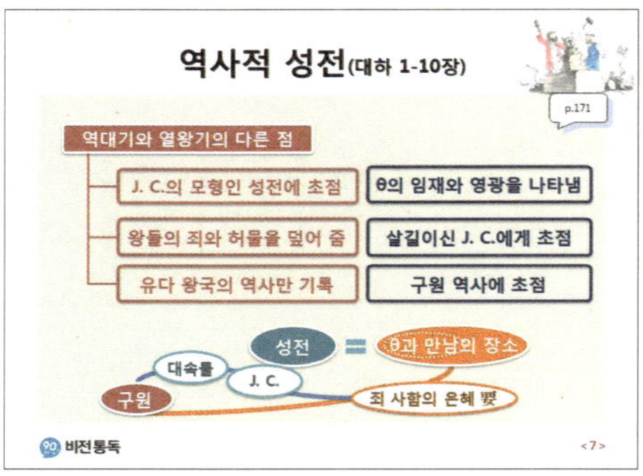

Q. 왜 역사적 성전인가?

열왕기서 기록 당시에는 이미 지어진 성전입니다. 그러나 역대기에서는 무너진 성전입니다. 과거의 성전이기에 역사적 성전인 것입니다. 새로운 성전이 지어질 준비가 끝난 상태에서 역대하가 끝납니다. 이는 "여호와의 영광"(대하 7:1)이 충만하게 되는 구원을 소망한 것입니다.

Q. 이스라엘의 개혁을 바라시는 하나님의 마음을 어떻게 알 수 있는가?

역사적 유다의 죄는 바벨론에 포로로 잡히는 것으로 결론이 났습니다. 열왕기하 24장 1절과 3절은 므낫세의 죄 때문에 바벨론의 포로가 될 것이라고 말씀합니다. 그런데 역대기에 나오는 므낫세의 이야기는 조금 다릅니다. 역대기에서의 개혁은 므낫세를 회개시키신 것처럼

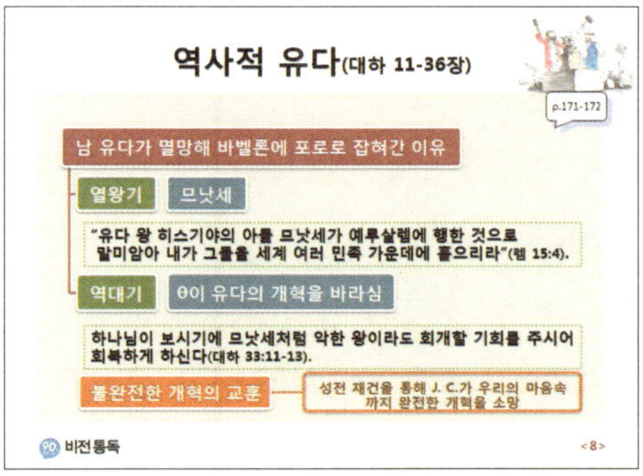

회복시키시겠다는 하나님의 의지입니다. 여기서 볼 수 있는 구원 역사는, 하나님에게는 죄를 지을 수밖에 없는 므낫세 같은 존재를 회개하게 하실 수 있는 능력이 있다는 것입니다. 세상의 소굴 같은 곳에서 살 수밖에 없는 존재를 그곳에서 다시 드라마틱한 방법으로 끌어내시겠다는 하나님의 의지를 보여 주는 것입니다.

day 34. 역사적 성전

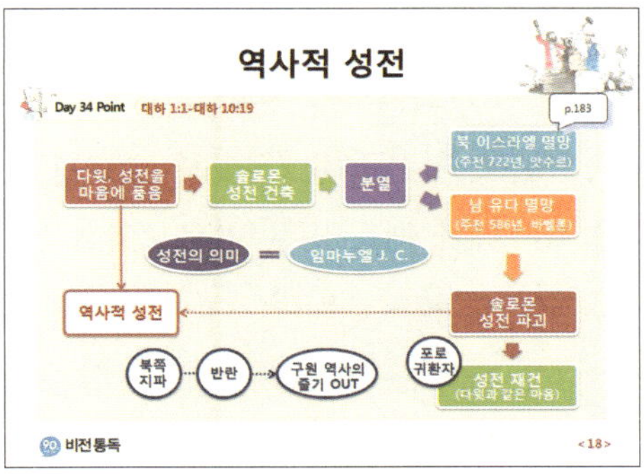

Q. 포로 귀환자들에게 역사적 성전이 된 솔로몬 성전의 의미는 무엇인가?

성전은 존재의 목적이고 사는 방법입니다. 포로 생활 70년이면 이미 바벨론에서 안락한 생활을 하고 있었을 것입니다. 그런 안락한 생활을 포기할 만한 그리고 생명을 걸 만한 가치를 발견하지 못하면 귀환할 수 없습니다. 안락함을 버리고 황폐한 땅으로 되돌아오는 것은 성전이 가진 의미 때문입니다. 우리의 삶의 목적은 무엇입니까? 예수 그리스도가 우리 존재의 목적이고 사는 방법이라면, 그들에게는 성전이 그러합니다. 우리의 기준보다 더 큰 가치를 발견한다면 나를 포기할 수 있는 힘이 생길 것입니다.

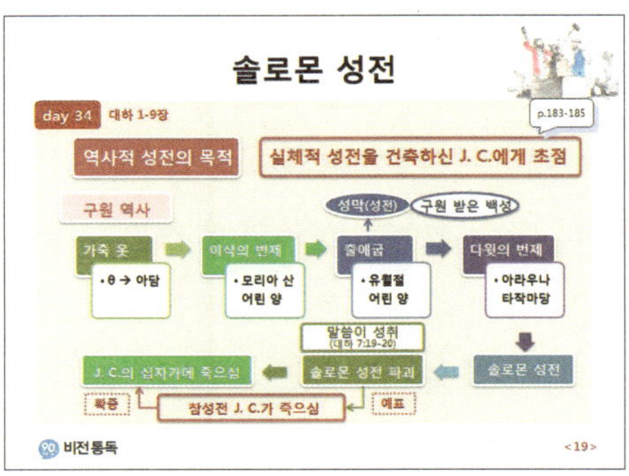

Q. 구원 역사는 어떻게 성전으로 연결되는가?

하나님의 구원 역사는 아담의 가죽옷에서부터 출발해서 아벨의 제사, 이삭의 번제 사건, 출애굽 어린 양 그리고 성막으로 연결됩니다. 역사 속에서 무너진 성전은 무엇을 의미할까요? 성전은 하나님의 몸입니다(요 2:19, 21). 에베소서 5장에서는 순종과 복종을 통해 교회가 하나님의 몸임을 설명합니다. 역사적 성전의 원형이신 예수 그리스도로 새롭고 거룩하게 지어져 가야 한다는 것입니다.

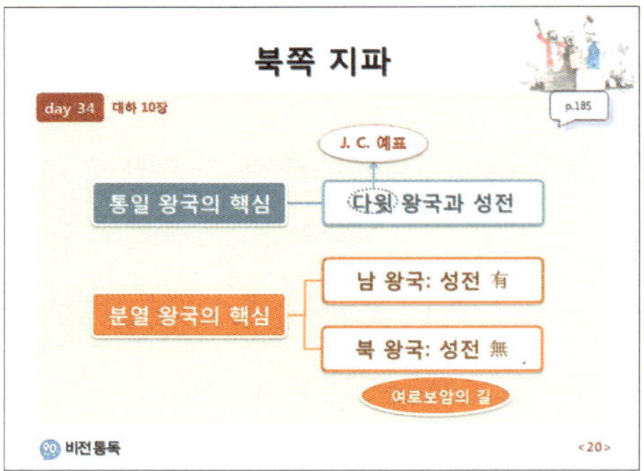

Q. 북쪽 지파에 대한 간단한 언급의 의미는 무엇인가?

북쪽 지파에 대해서는 한 장을 할애합니다. 왕국 시대는 궁극적으로 메시아 왕국을 상징하는데, 분열 왕국의 궁극적인 의미는 메시아 왕국과 다른 왕국이 있다는 것을 설명하기 위함입니다. 두 왕국의 차이점은 성전에서 하나님을 섬기는 다윗의 길과 금송아지 우상을 섬기는 여로보암의 길입니다. 하나님의 언약을 배반한 북쪽 지파는 구원의 줄기에서 벗어났음을 말해 줍니다.

day 35. 유다의 개혁 1

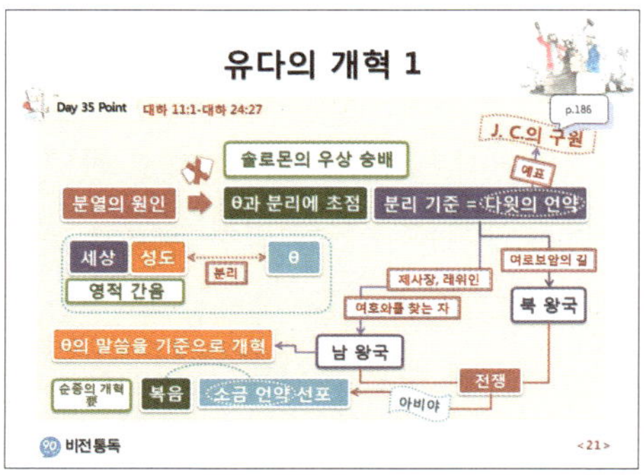

Q. 북 왕국의 제사장과 레위인이 주는 교훈은 무엇인가?

북 왕국은 모두 하나님을 버리고 다른 길로 갔습니다. 그러나 북 왕국의 제사장과 레위인은 '여로보암의 길'에서 돌이켜 예루살렘으로 돌아옵니다(대하 11:16). 이들은 어떻게 은혜 안으로 들어올 수 있었을까요? 말씀을 따라가는 자는 언약 안으로 들어오는 은혜를 누리게 됩니다. 그 당시 48개 성읍에 흩어져 있던 제사장과 레위인들은 진리를 찾는 자들이었습니다. 언약을 맡은 레위 사람들을 따라 예루살렘으로 돌아왔던 것입니다. 언약은 예수 그리스도를 통한 구원을 예표합니다.

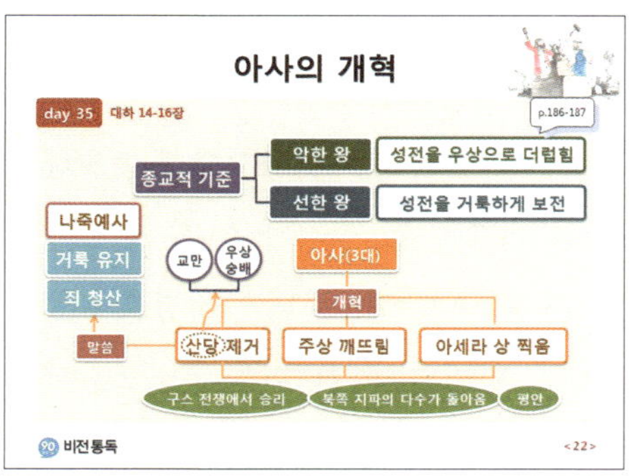

Q. 아사의 개혁은 무엇을 가져왔는가?

아사의 개혁의 외적인 성과는 전쟁에서의 승리이고, 내적인 성과는 마음의 평화입니다. 왕 같은 제사장인 성도의 기준은 말씀입니다. 말씀이 개혁의 기준인 것입니다. 성경 읽기는 개혁의 시작입니다. 개혁의 내용은 우상을 깨뜨리는 것입니다. 내 마음속의 우상을 말씀으로 깨는 것이 종교 개혁이며, 종교 개혁의 출발은 믿음, 곧 구원입니다.

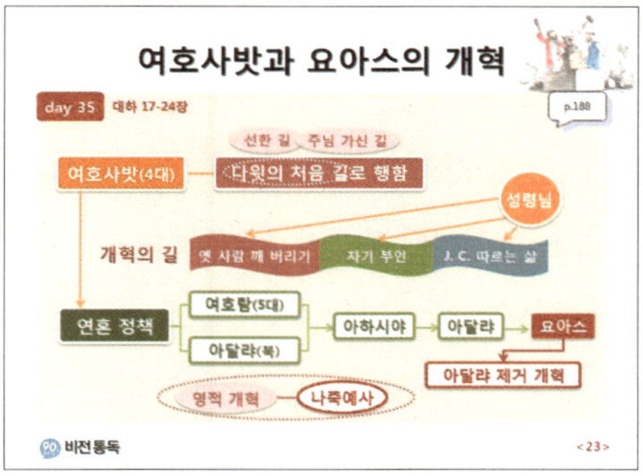

Q. 개혁의 종착역은 어디인가?

개혁의 주된 내용은 우상 숭배를 버리고 하나님을 섬기는 것, 즉 내 생각을 버리고 하나님 생각으로 바꾸는 것입니다. 악의 씨를 제거하고 내 안에서 왕 노릇 하는 옛 사람을 죽이는 것을 말합니다. 우리의 신앙 개혁은 곧 '나는 죽고 예수로 사는 삶'입니다.

day 36. 유다의 개혁 2

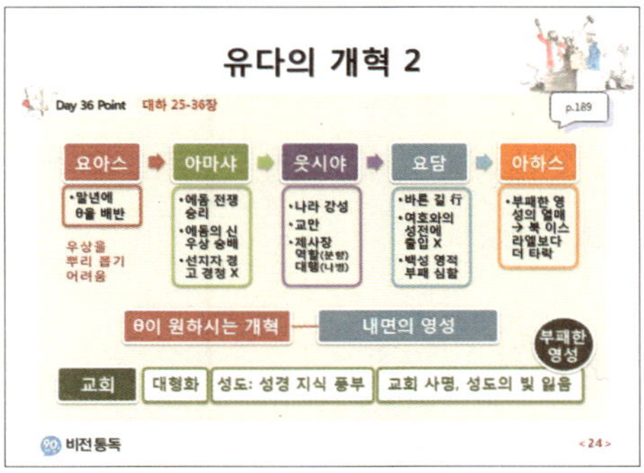

Q. 하나님이 원하시는 개혁은 무엇인가?

하나님이 원하시는 개혁은 외적인 부흥이 아닌 내적인 거룩입니다. 부패한 영성의 열매는 불신자보다 더 타락한 열매를 맺기 때문입니다. 부패한 영성의 형태를 요아스부터 계속 기록해 놓았습니다. 오늘날 현대 교회에게 원하시는 것도 이와 동일한 내적 거룩입니다.

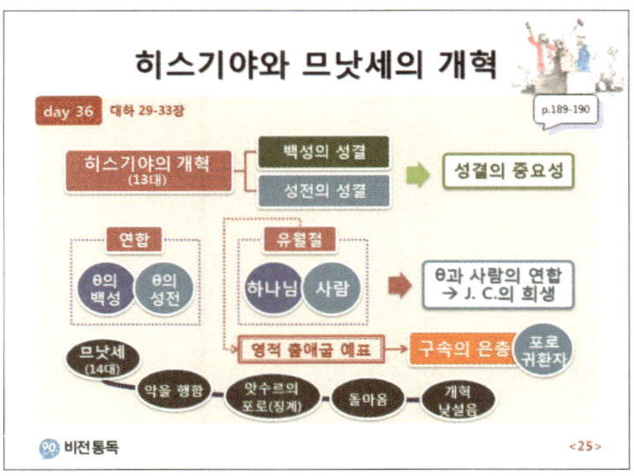

Q. 히스기야의 개혁의 핵심은 무엇인가?

히스기야의 개혁의 핵심은 두 가지, 곧 '백성의 성결'과 '성전의 성결'입니다. 성결하게 하는 방법은 거룩하신 하나님과의 연합입니다. 연합하는 방법은 유월절이고, 유월절은 인간의 노력이 아닌 예수의 희생을 말하는 것이기에 구원은 인간의 노력으로 될 수 없다는 것을 단적으로 보여 줍니다. 그러면 성도가 성결하게 사는 방법은 무엇일까요? 그것은 구원의 은혜를 깊이 아는 것입니다.

Q. 요시야의 전무후무한 개혁에도 불구하고 왜 나라가 멸망했는가?

외형적인 개혁과 마음까지의 완전한 개혁은 죽음에서 시작되기 때문입니다. 요시야는 이미 300년 전에 개혁

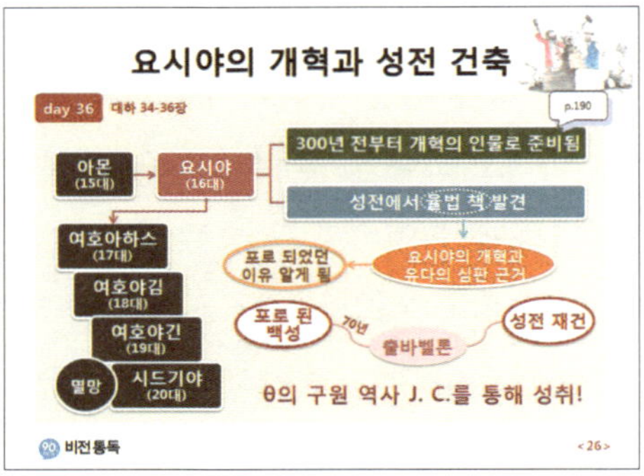

을 위해 준비된 인물입니다. 그럼에도 불구하고 유다는 멸망했습니다. 예수 그리스도는 영원 전부터 준비되셨습니다. 예수 그리스도를 통한 완전한 개혁은 무엇입니까? 그것은 출애굽, 출세상입니다. 세상의 포로 된 삶에서 빠져나오게 만드는 것이 곧 구원입니다. 그리고 참성전을 건축해 예수 통치, 곧 구원의 삶을 살게 하시겠다는 것이 하나님의 완전한 계획입니다. 이는 예수로 리폼되는 것(갈 4:19)입니다.

Tip 역대기의 핵심 내용은 무엇인가?

역대상의 구원 역사는 언약을 통해 족보로 연결됩니다. 그리고 역대하는 구원 역사의 완성인 참성전으로 세워집니다. 이것은 언약을 통해 이 땅에 오신 예수 그리스도가 내 안에 임마누엘로 들어오신다는 이야기입니다.

에스라

에스라 개관

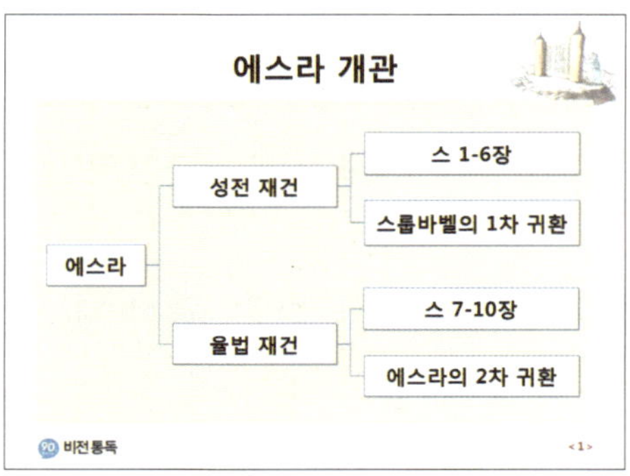

Q. 에스라서의 구조는 무엇인가?

에스라서의 구조는 성전 재건(1-6장)과 율법 재건(7-10장)입니다. 스룹바벨의 1차 귀환과 에스라의 2차 귀환의 내용이 분포되어 있습니다. 에스라가 말하고 싶은 것은 재건입니다. 우리 안에 재건되어야 할 것이 있다는 말입니다. 그것이 무엇인지 의미를 파악하며 읽는 것이 중요합니다.

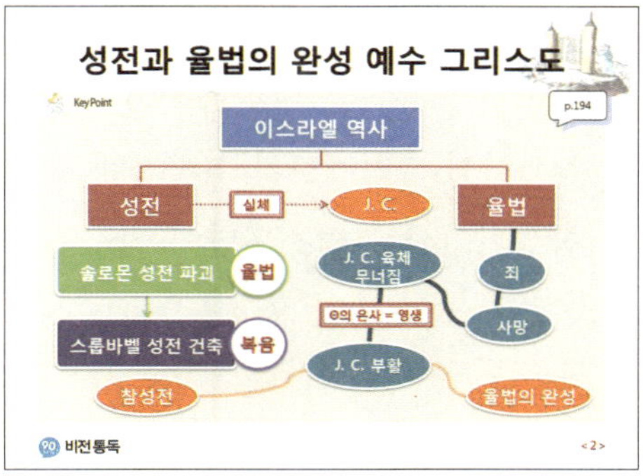

Q. 에스라서의 구속사는 어떻게 그려지는가?

이스라엘 백성의 삶에서 중요한 두 가지 기준은 성전과 율법입니다. 그런데 그 성전과 율법이 무너지게 됩니다. 무너진 성전과 율법을 에스라서, 느헤미야서, 에스더서, 이 세 권의 책에서 다시 회복시키십니다. 회복을 통해 예수의 구원 역사의 성취를 보여 주려는 것이 에스라서의 핵심입니다.

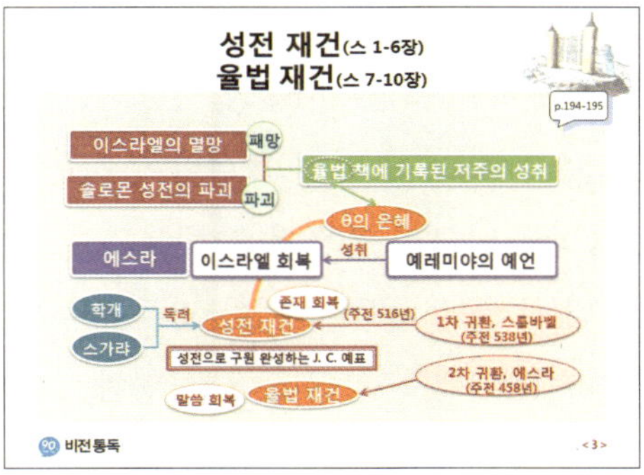

Q. 성전 재건과 율법 재건이 갖는 영적 의미는 무엇인가?

에스라서가 갖고 있는 영적 의미는 죄에서 회복시키는 구속사입니다. 주요 내용은 성전과 율법을 재건하는 것이지만, 성전 재건을 통해서는 하나님 백성의 존재 가치를 발견하게 되고, 율법 재건을 통해서는 구원의 가치를 발견하게 됩니다. 즉, 구원과 밀접한 관계가 있다는 것입니다. 성전 재건은 구원 받은 하나님의 자녀의 가치를 설명하고, 율법 재건은 하나님의 말씀이 내 안에서 이루어지는 임마누엘의 비밀을 설명합니다.

day 37. 성전 재건과 율법 재건

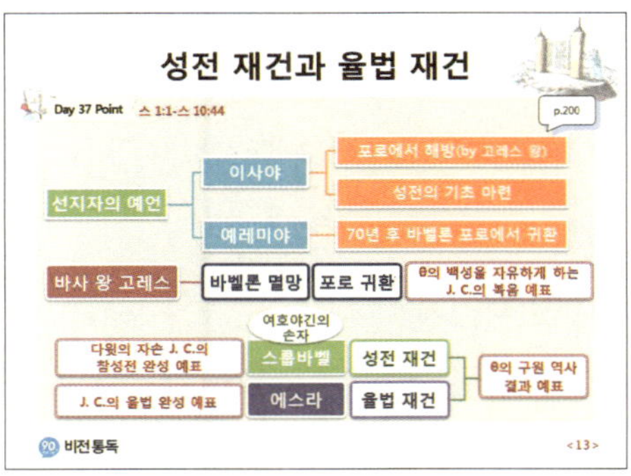

Q. 에스라서에 흐르는 복음은 무엇인가?

구원을 성취하시겠다는 하나님의 의지입니다. 고레스라는 인물이 등장하는데, 그는 약 150년 전에 이사야가 예언했던 사람입니다(사 44:28). 그런데 진짜 고레스를 통해 예언이 성취됩니다. 이는 그리스도의 복음을 예표합니다. 그리스도를 통한 구원을 반드시 이루시겠다는 하나님의 의지입니다.

Q. 성전이 세워지는 '그 터'의 의미는 무엇인가?

스룹바벨이 성전을 세우기 전에 '그 터'(스 3:3)에 제단을 세우고 번제를 드립니다. 그곳은 이삭을 번제로 드렸던 곳(창 22:2)이고, 다윗의 오르난 타작마당(대상 21:18, 26)이며, 솔로몬 성전(대하 3:1)이 건축된 장소입니다. 뿐만 아니라 구원의 완성이신 그리스도가 십자가에 달리시는 장소입니다. 참성전이신 그리스도만이 참구원입니다.

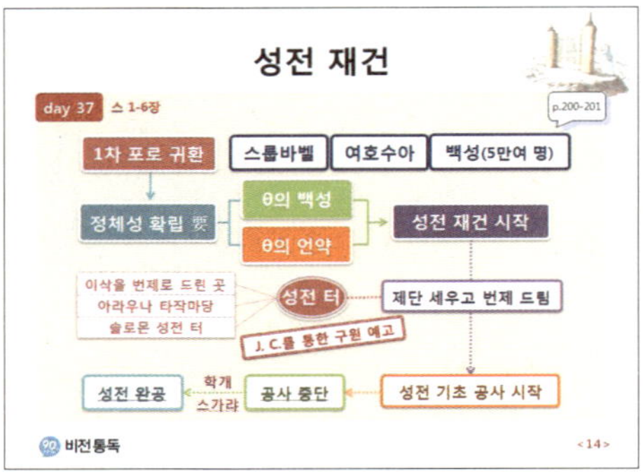

Q. 율법 재건의 의미는 무엇인가?

성전 재건을 통해 구원자가 누구인지를 설명한다면, 율법 재건은 구원 받은 사람들이 어떻게 살아야 하는지를 말해 줍니다. 율법을 통해서, 말씀을 통해서 통치 받아야 된다는 것입니다. 결국 성경 전체가 말하고자 하는 것과 동일합니다. 구원과 구원의 삶을 설명하는 것입니다.

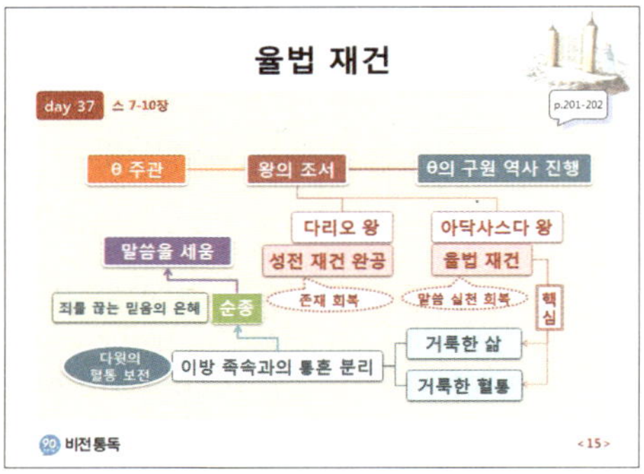

느헤미야

느헤미야 개관

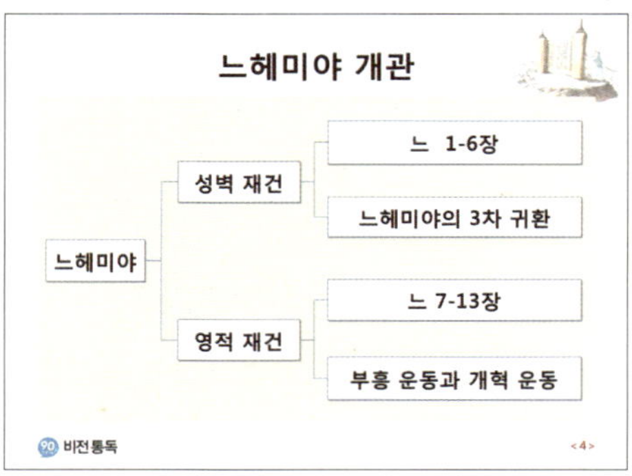

Q. 느헤미야서는 어떤 책인가?

느헤미야서도 재건에 대한 책입니다. 느헤미야서의 구속사는 매우 간단합니다. 느헤미야를 통해서 성벽이 재건되고, 느헤미야와 함께 에스라가 영적 재건을 일으킵니다. 이것을 우리는 개혁이라고 설명할 수 있습니다. 성벽 재건은 구별된 마음을, 영적 재건은 구원의 삶을 서술합니다.

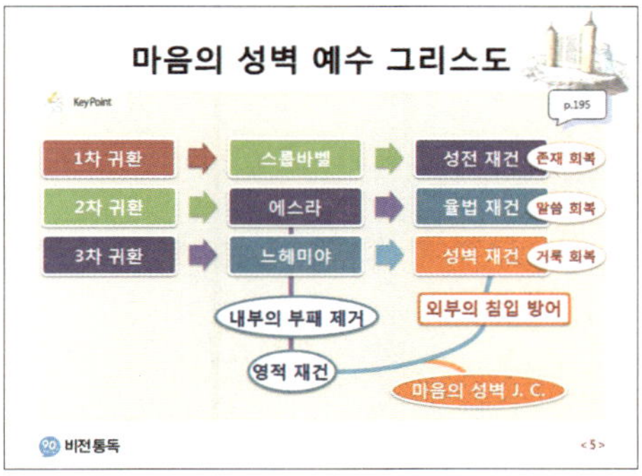

Q. 에스라, 느헤미야의 재건의 영적 의미는 무엇인가?

에스라서와 느헤미야서의 내용은 성전 재건과 율법 재건 그리고 성벽 재건입니다. 각각의 영적 의미는 존재의 회복과 말씀 회복 그리고 거룩의 회복이라 할 수 있습니다. 그것이 참성전이시고 말씀이신 예수 그리스도를 통해 이뤄지는 것을 예표합니다.

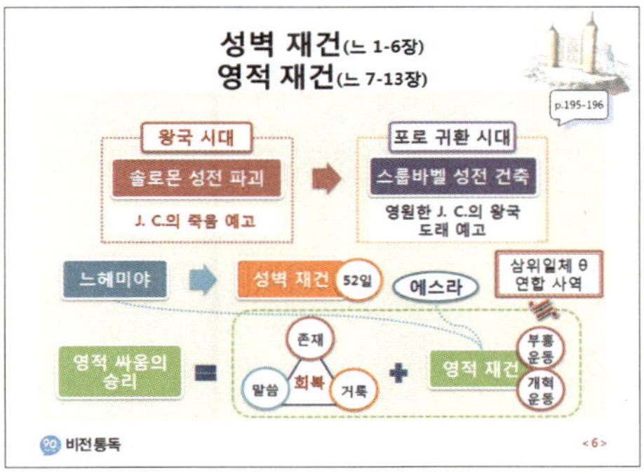

Q. 성벽 재건이 52일 만에 끝났음을 기록한 목적은 무엇인가?

느헤미야 6장 15절은 52일 동안 성벽을 재건했다고 기록합니다. 이 52일은 굉장히 중요한 의미를 담고 있습니다. 역사 속에서 성전이 재건될 때 약 100년이라는 엄청나게 긴 싸움이 있었음을 이해해야 합니다. 그런데 성벽 재건은 그보다 더 지루한 싸움 속에서 52일 만에 완성됐기 때문입니다. 이것은 기적입니다.

day 38. 성벽 재건과 영적 재건

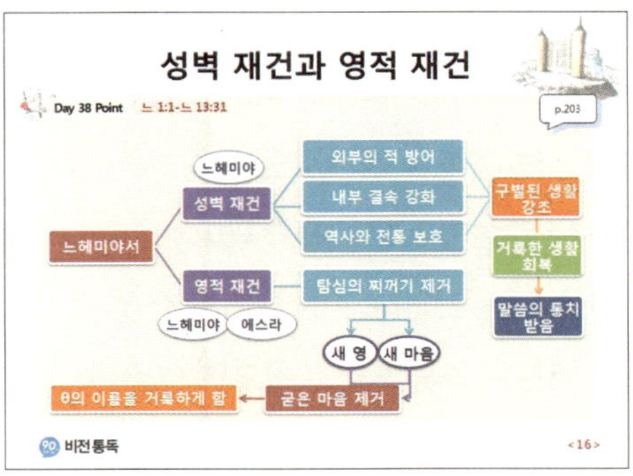

Q. 성벽 재건과 영적 재건의 의미는 무엇인가?

성벽 재건의 목적은 외부의 적을 막기 위함입니다. 벽을 세운 다음 내부의 적이 발생하면 그들을 제거하는 것 또한 목적입니다. 결국 성벽 재건은 외부의 적의 침입을 막는 것이고, 영적 재건은 내부의 적을 제거하는 것입니다.

Q. 3차에 걸친 포로 귀환의 의미는 무엇인가?

1차 귀환은 성전 재건을 통해 구원의 확증을 받는 것이고, 2차 귀환은 율법 재건을 통해 구원의 삶을 살도록 인도하는 기준이며, 마지막 3차 귀환은 성벽 재건을 통

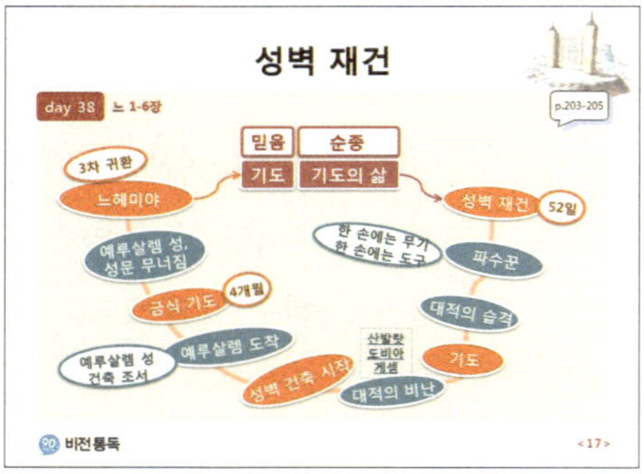

해 구원의 삶을 살도록 성도의 구별된 마음을 설명하는 것입니다. 즉 임마누엘 되신 예수 그리스도의 구원 성취 모습을 보여 줍니다.

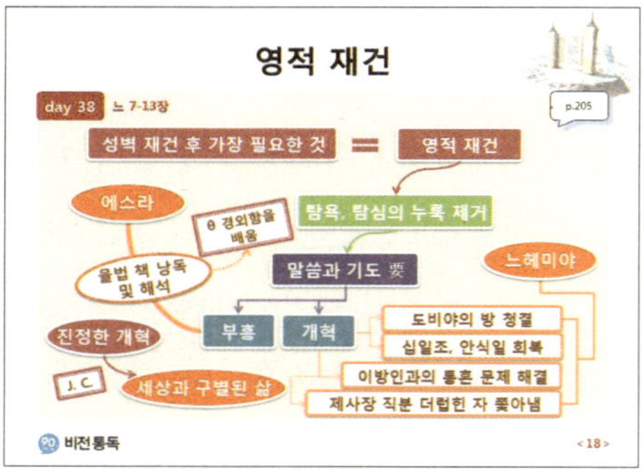

Q. 성벽 재건과 영적 재건의 목적은 무엇인가?

느헤미야서의 주요 내용은 성벽 재건과 영적 재건입니다. 성벽 재건의 목적은 말씀의 통치 안으로 들어오게 만드는 것이고, 영적 재건의 목적은 말씀의 통치 안에 있는 결과물을 설명하는 것입니다. 하나님의 통치 안에 있는 사람들은 탐심의 찌꺼기를 제거하는 삶, 곧 나는 죽고 예수로 살아야 한다는 것입니다. 절대로 용서할 수 없고 절대로 순종할 수 없는 굳은 마음을 제거하는 은혜가 바로 하나님의 말씀에 있습니다.

Tip 〈 성벽 재건과 영적 재건이 어떻게 52일 만에 일어날 수 있는가?

성벽 재건과 영적 재건은 느헤미야의 기도와 기도의 삶으로 완성되었습니다. 느헤미야는 기도를 통해서 왕의 조서를 받아 냈습니다(느 1장). 그러나 사람들이 느헤미야를 죽이려 합니다. 느헤미야는 목숨을 걸고 있는 것입니다. 살해의 위협을 당하는 위기 속에서의 성벽 재건은 목숨을 걸지 않으면 해낼 수 없는 일입니다. '죽으면 죽으리라'의 삶을 살고 있는 것입니다. 결국 에스라서, 느헤미야서 그리고 에스더서 전체가 '죽으면 죽으리라'를 설명하는 것입니다.

에스더

에스더 개관

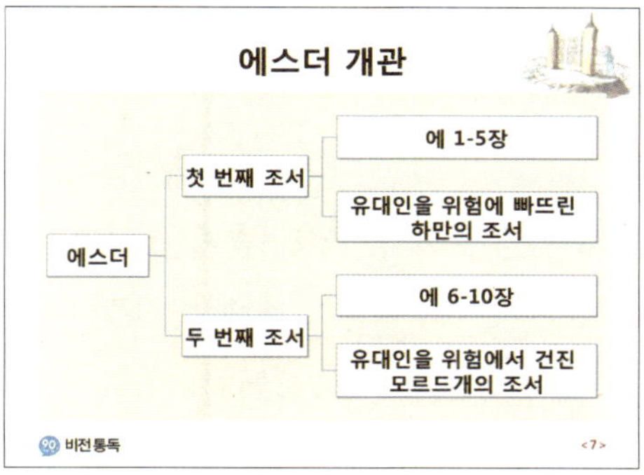

Q. 에스더서의 구조는 무엇인가?

에스더서는 첫 번째 조서(1-5장)와 두 번째 조서(6-10장)로 이루어집니다. 그런데 그 조서에 따라 민족 전체의 분위기가 축제가 되기도 하고 초상집 분위기가 되기도 합니다.

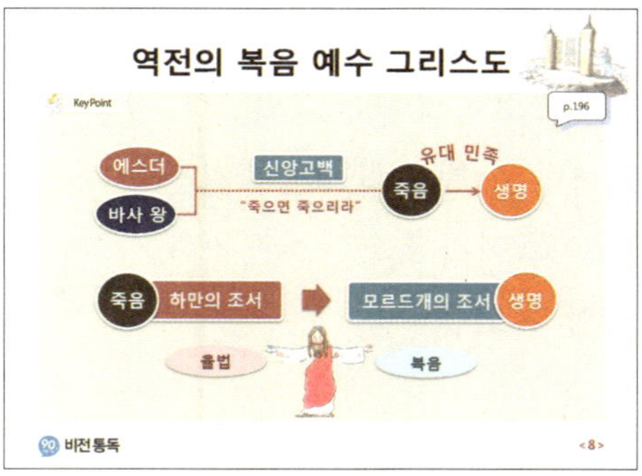

Q. 에스더서는 어떤 책인가?

에스더서는 구원 역사의 마지막 책으로, 포로 귀환 시대 구속사의 결론을 내는 책입니다. 아담의 언약과 아브라함의 언약과 다윗의 언약을 확증해 주는 책인 것입니다. 갈대아 우르, 세상의 정중앙에서 하나님의 백성을 구원하는 구속사의 진수를 보여 주는 책이 바로 에스더서입니다.

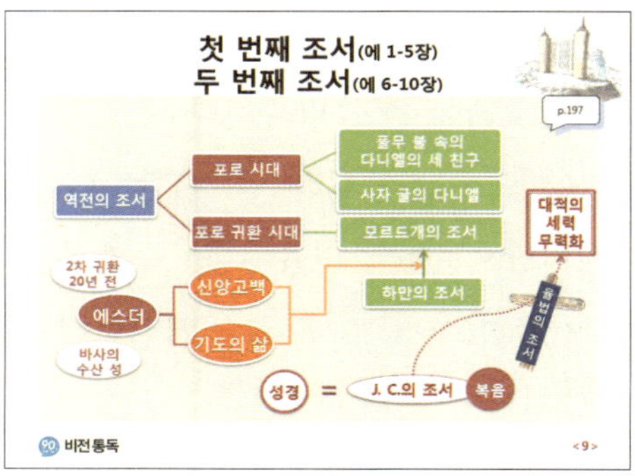

Q. 조서의 영적 의미는 무엇인가?

조서는 무서운 위력을 가집니다. 조서 하나로 삶과 죽음이 나뉘기 때문입니다. 하만의 조서는 율법을 예표하고, 모르드개의 조서는 복음을 예표합니다. 모르드개의 조서는 영적으로 이스라엘을 구원할 신은 하나님밖에 없다는 것을 말해 줍니다.

day 39. 에스더와 욥

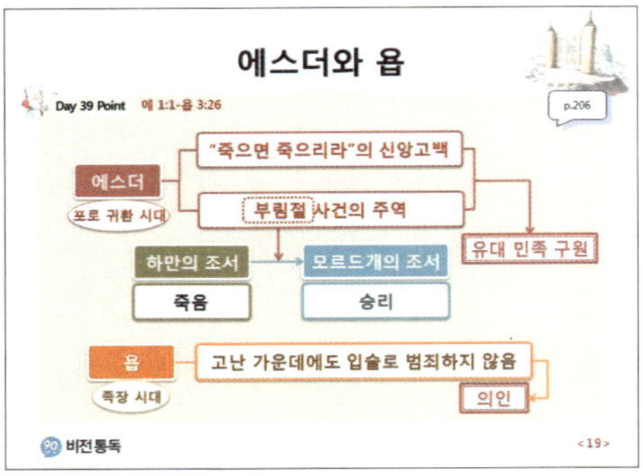

Q. 에스더의 삶이 의미하는 것은 무엇인가?

에스더는 거룩한 삶을 사는 방법의 좋은 본보기입니다. 어떻게 거룩하게 살 수 있습니까? 그 방법은 '죽으면 죽으리라'입니다. 너무 간단합니다. 예수님은 우리를 살리시기 위해 '죽으면 죽으리라' 하고 십자가에서 죽으셨습니다. 자기 민족을 살리기 위한 에스더의 결단과 동일합니다. 우리 또한 '죽으면 죽으리라'는 태도로 살아야 합니다.

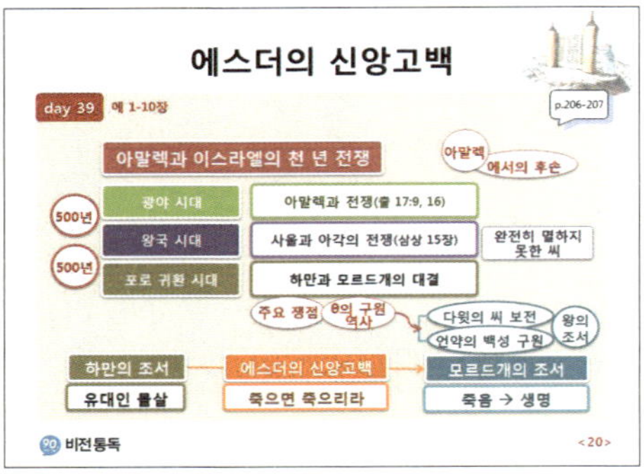

Q. 에스더서의 조서 전쟁은 어디서부터 출발한 것인가?

에스더서의 이야기는 아말렉과의 전쟁에 뿌리를 두고 있습니다. 출애굽 이후 첫 전투가 아말렉과의 전투입니다(출 17장). 500년이 지난 후 왕국 시대에 이르러서는 사울 왕이 아말렉과의 전투에서 아각 왕을 살려 줍니다. 이로 인해 또다시 500년 후에 에스더서에 아말렉 아각의 후손인 하만이 등장하게 되는 것입니다. 이것은 천 년에 걸친 전쟁입니다. 사울 왕의 불순종이 에스더에게까지 온 것입니다. 에스더의 죽으면 죽으리라는 결단으로 나아갈 때 승리할 수 있습니다.

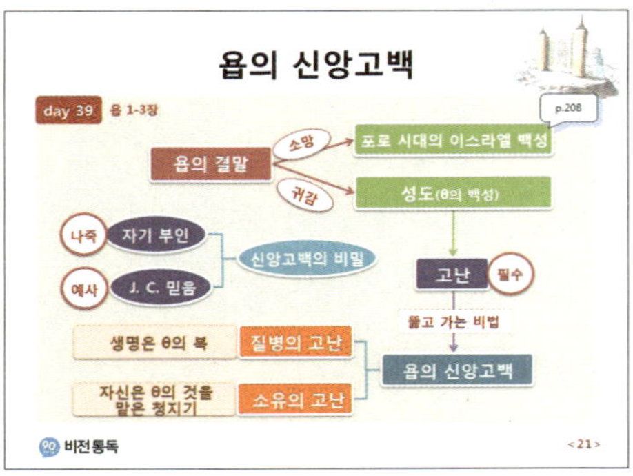

Q. 욥의 신앙고백은 어떤 의미를 가지는가?

욥기는 이해할 수 없는 고난을 뚫고 통과하는 비결을 설명합니다. 욥의 고난은 소유의 고난, 질병의 고난입니다. 그런데 욥의 신앙고백이 참 놀랍습니다. 주신 이도 여호와시요, 거두신 이도 여호와시라고 고백합니다. 이런 고백은 주를 신뢰함으로부터 나옵니다. "주께서 심지가 견고한 자를 평강하고 평강하도록 지키시리니 이는 그가 주를 신뢰함이니이다"(사 26:3).

욥기

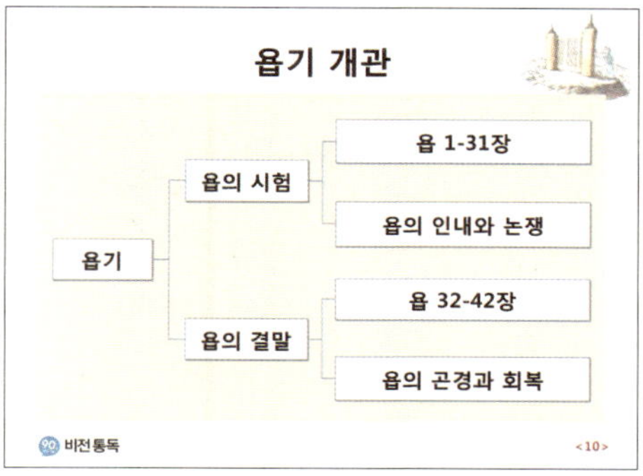

욥기 개관

Q. 욥기의 구조는 어떻게 되는가?

욥의 시험(1-31장)과 욥의 결말(32-42장)이며, 내용은 욥의 고난에 대한 논쟁과 하나님의 회복입니다.

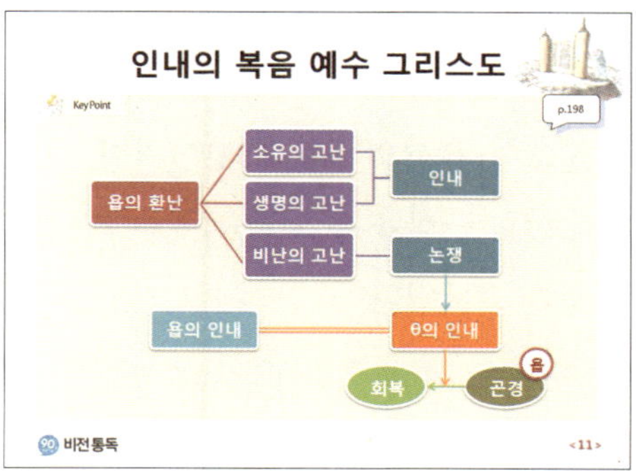

Q. 욥기는 고난의 책인가?

일반적으로 욥기를 의인의 고난에 대한 책이라 말합니다. 하지만 욥의 결말을 자세히 살펴보면 고난보다는 인내라고 보는 것이 옳습니다. 왜냐하면 야고보서는 욥의 고난을 "욥의 인내"(약 5:11)로 설명하기 때문입니다. 욥기의 목적은 고난에 대한 인내를 통해서 하나님이 누구신지를 설명하는 것입니다.

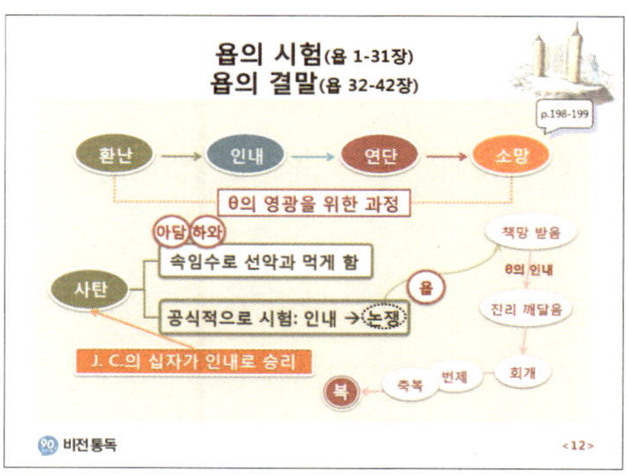

Q. 욥의 인내가 왜 그리스도의 인내와 연결되는가?

욥이 당한 시험은 크게 세 가지, 곧 소유, 생명, 비난의 시험입니다. 소유나 생명의 문제는 신앙으로 극복했습니다. 그런데 비난에 대한 시험으로 인해 넘어지고 말았습니다. 인간이 가진 인내의 한계인 것입니다. 사실은 욥이 인내한 것이 아니라, 욥의 모습을 보고 참으시는 하나님의 인내였던 것입니다. 하나님의 인내가 아니면 우리는 이미 죽었습니다. 진정한 인내는 죽기까지 복종하신 그리스도의 인내(빌 2:8)입니다. 그리스도의 인내는 '죽으면 죽으리라'는 인내입니다.

day 40. 욥의 논쟁

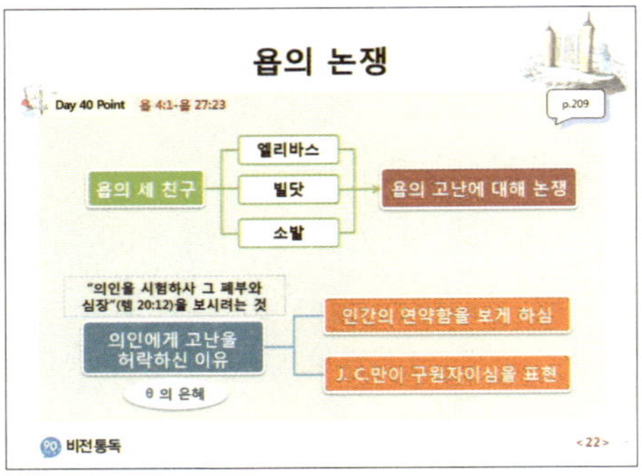

Q. 욥기는 누구의 이야기인가?

욥기의 문학 장르는 희곡으로, 모든 인물의 대사가 현재형입니다. 그것은 곧 현재를 사는 나의 이야기를 대변하는 것과 같습니다. 욥과 동일한 고난 속에서 성도는 어떻게 살아야 하는지에 대한 이야기입니다.

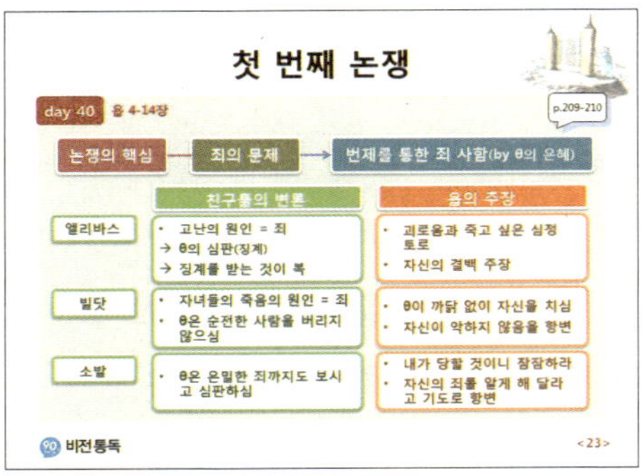

Q. 첫 번째 논쟁의 결론은 무엇인가?

첫 번째 논쟁은 바로 '죄의 문제'입니다. 의롭게 사는 사람일수록 하나님을 믿기가 어렵습니다. 자신도 모르는 은밀한 죄는 옛 사람의 본성으로 스스로 의로울수록 그 죄성은 잘 보이지 않습니다. 죄의 삯은 사망이지만, 그리스도의 대속으로 죄 사함을 받을 수 있음(롬 6:23, 히 9:27)이 죄 문제를 해결하는 결론입니다.

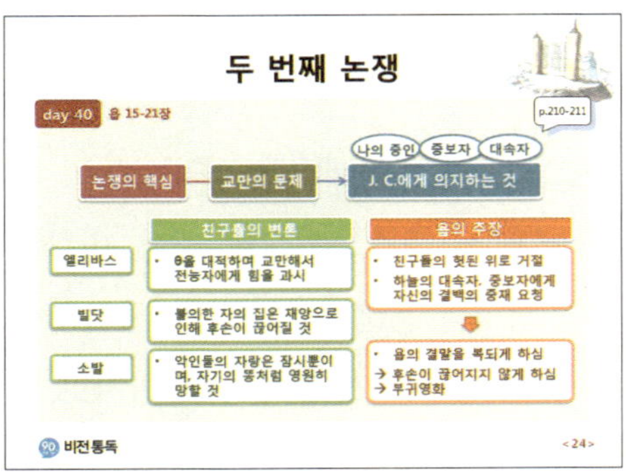

Q. 두 번째 논쟁의 핵심은 무엇인가?

두 번째 논쟁은 '교만의 문제'를 다룹니다. 근본적으로 죄의 문제를 가진 사람은 스스로 의롭게 살려는 교만의 문제도 가집니다. 교만은 하나님을 대적하는 죄입니다. 이것을 어떻게 해결할 수 있습니까? 욥기 16장 19절과 19장 25절을 보면 "나의 증인이 하늘에 계시고 나의 중보자가 높은 데 계시니라 … 나의 대속자가 살아 계시니"라고 고백합니다. 대속자를 의지해야 죄에서 해방될 수 있다는 의미입니다. 나의 악과 교만을 스스로 해결할 수 없음을 인정할 때에야 비로소 문제를 해결할 수 있습니다. 어떤 업적을 세우는 것이 아니라 죽어야 사는 진리를 설명하려는 게 두 번째 논쟁의 핵심입니다.

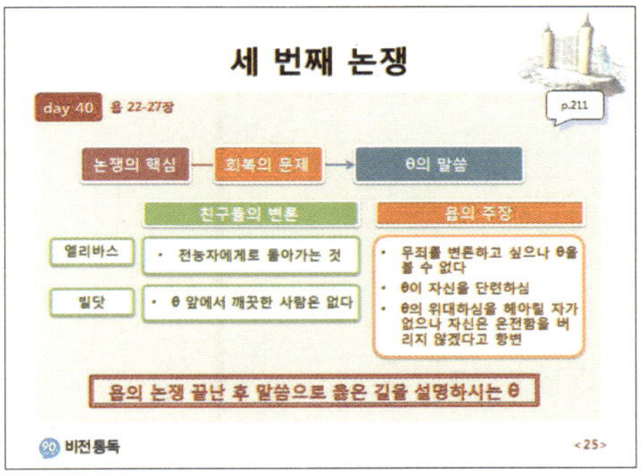

Q. 세 번째 논쟁의 열쇠는 무엇인가?

세 번째 논쟁은 '회복의 문제', 즉 어떻게 하면 전능자에게 돌아갈 수 있는가입니다. 해답은 말씀입니다. "주의 말씀은 내 발에 등이요 내 길에 빛이니이다"(시 119:105). 죄의 문제와 교만의 문제를 동시에 해결할 수 있는 구속자, 예수 그리스도를 만날 수 있는 방법은 말씀으로 돌아가는 것뿐입니다.

day 41. 욥의 결말

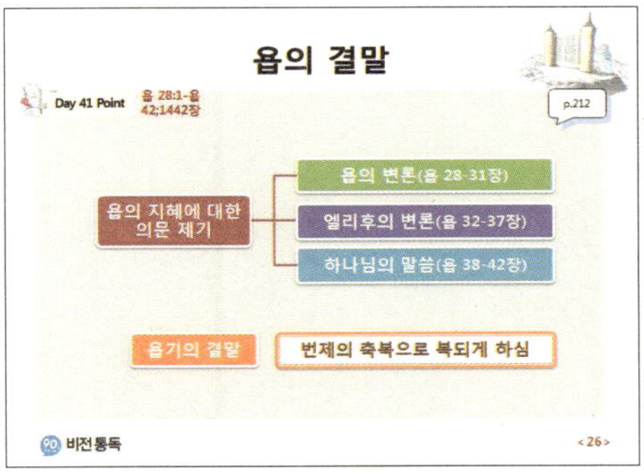

Q. 욥기 후반부에 욥이 갖는 의문은 무엇인가?

욥은 세 번의 논쟁 이후에 '구원의 지혜'와 '의인의 고난'에 대해 의문을 갖게 됩니다. 구원의 지혜에 대한 해답은 엘리후가 제시하고, 의인의 고난에 대한 해답은 하나님이 말씀으로 들려주십니다. 결국 욥기는 번제의 축복으로 마무리 됩니다.

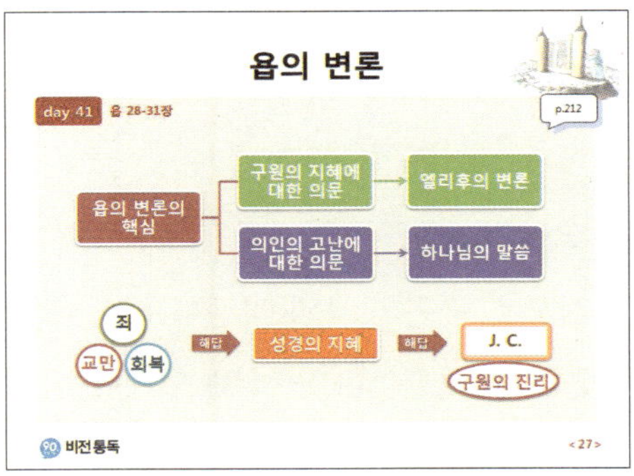

Q. 구원의 지혜는 어디에서 오는가?

욥이 구원의 지혜에 대해 의문을 가질 때 "주를 경외함이 지혜"(욥 28:28)임을 말씀해 주십니다. 그 지혜는 바로 예수 그리스도이십니다(요 14:6).

Q. 욥의 세 친구와 엘리후의 차이점은 무엇인가?

욥의 세 친구는 인과응보의 신학으로 욥의 고난을 해석

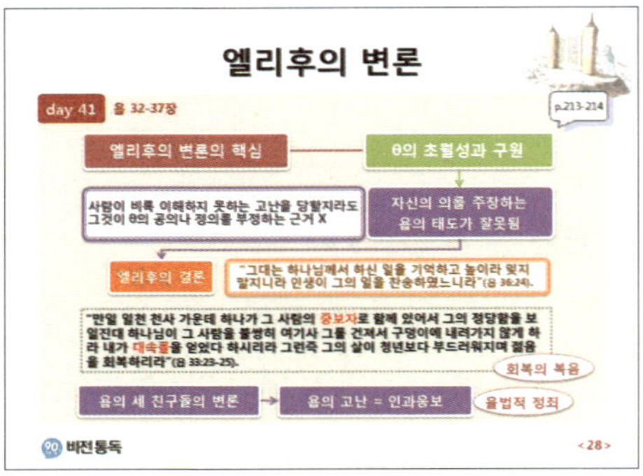

했습니다. 즉 율법을 설명한 것입니다. 그러나 엘리후는 하나님의 구원에 초점을 맞춥니다. 그는 욥기 33장에서 구덩이에서 건지시는 대속자를 설명합니다. 엘리후는 복음, 곧 그리스도의 대속에 대한 복음을 이야기하며 구원의 근원이신 그리스도를 드러냅니다.

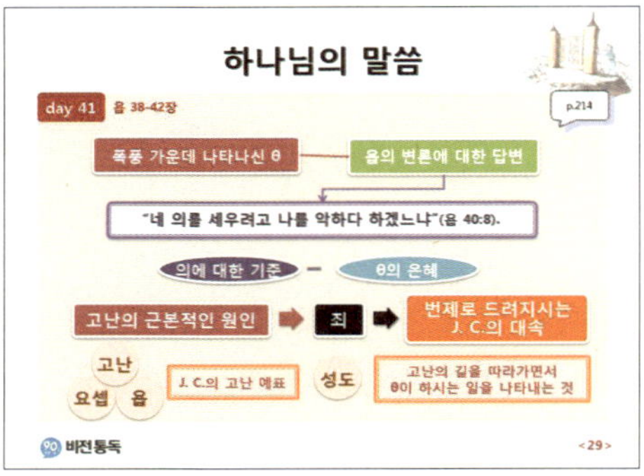

Q. 왜 우리 삶에 고난이 있는가?

고난을 통해 하나님을 더 찾게 만들고 단련하시기 위함입니다. 연필깎이로 연필을 깎으면 연필심이 나오듯이, 말씀 안으로 들어가면 말씀이 고난을 통해 우리 육체를 깍고 인생을 다듬으십니다. 고난은 육체의 욕망을 벗겨내는 복입니다. 말씀이 우리를 그렇게 단련합니다. 단련한 후엔 순금같이 나오게 됩니다.

시편

시편 개관

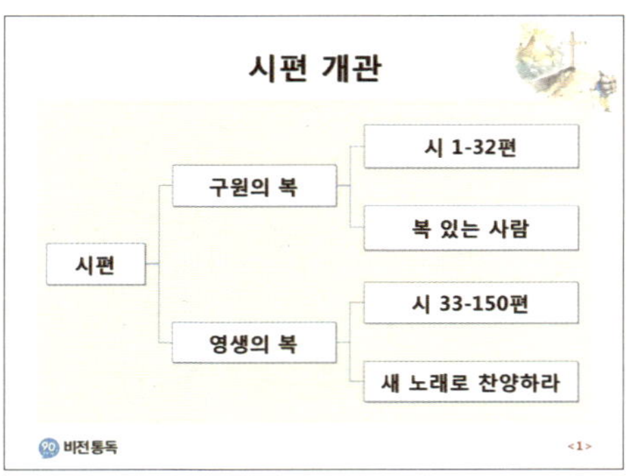

Q. 시편의 구조는 무엇인가?

시편은 32편을 기점으로 구원의 복과 영생의 복으로 나누어집니다. 시편은 복에 대한 책이면서 새 노래에 대한 책입니다. 시편 1편은 시편의 서론이며 성경 전체의 총론을 설명합니다. 진정한 지식은 성경을 많이 아는 것에 있지 않습니다. 성경대로 사는 생활이 바로 진정한 지식입니다. 말씀이신 예수의 통치를 받는 것이 진정한 진리의 지식입니다.

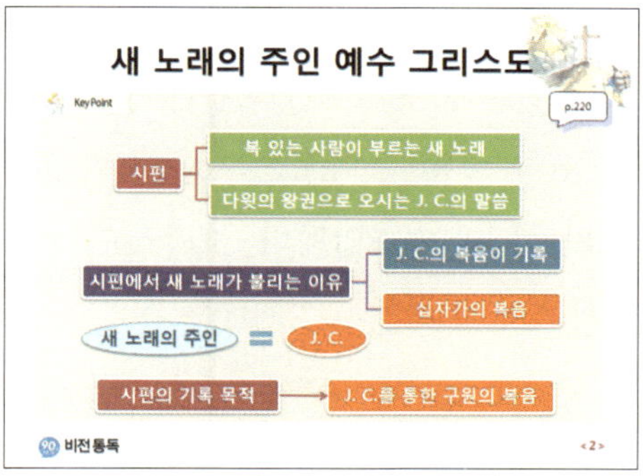

Q. 시편의 복은 구체적으로 어떤 복인가?

복 있는 사람은 사는 길과 방법이 다릅니다. 복 있는 사람은 말씀으로 고난을 뚫고 가는 형통의 삶을 삽니다. 여호와가 나의 목자가 되시면 부족함이 없다는 고백이 저절로 나오게 됩니다. 시편 1권은 예수 그리스도, 곧 그리스도의 탄생과 부활과 십자가의 고난과 희생 제물에 대한 내용을 설명합니다. 다시 말해, 예수를 통해 구원받은 사람이 복 있는 사람이라는 것입니다.

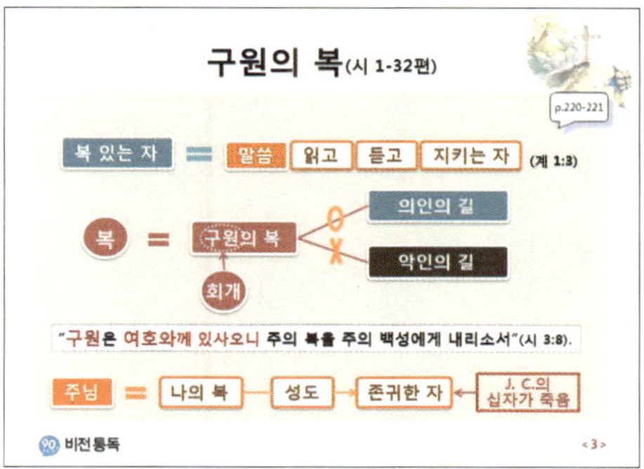

Q. 구원의 복은 어디에서 오는가?

시편 1편은 구원의 복이 있는 사람과 없는 사람의 두 가지 삶을 설명합니다. 의인의 길과 악인의 길입니다. 의인의 길로 갈 수 있는 구원은 어디서 옵니까? 다윗은 여호와에게 있다(시 3:8)고 노래합니다.

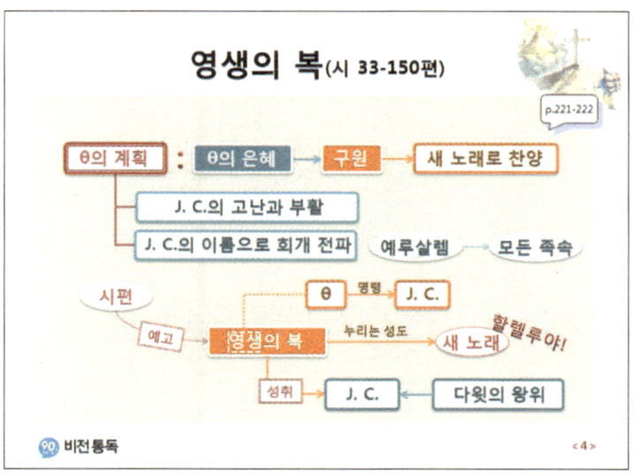

Q. 새 노래로 찬양해야 하는 이유는 무엇인가?

시편 1편은 "복 있는 사람은"으로 시작합니다. 그리고 복 있는 사람이 하는 노래가 새 노래라는 것입니다. 시편 33편은 '새 노래'에 대한 이야기로 시작합니다. 그러면서 시편 98편에 '새 노래'에 대한 정의를 정리해 놓았는데, '새 노래'는 하나님의 구원이라는 것입니다(시 98:1-2). 새 노래로 찬양해야 하는 이유는, 그것이 구원 받은 자의 본분이기 때문입니다(사 43:21).

day 42. 시편의 창세기(제1권)

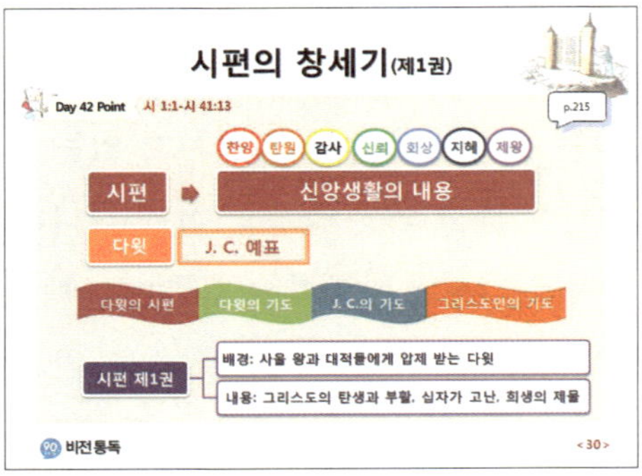

Q. 시편은 어떤 책인가?

시편은 우리의 신앙생활을 묘사한 책입니다. 시편은 다섯 권으로 구성되어 있는데 모세오경과 같은 구조입니다. 다윗은 그리스도의 예표로, 다윗의 시편은 다윗의 기도인 동시에 그리스도의 기도입니다. 그리스도의 전 생애를 다루고 있기 때문입니다.

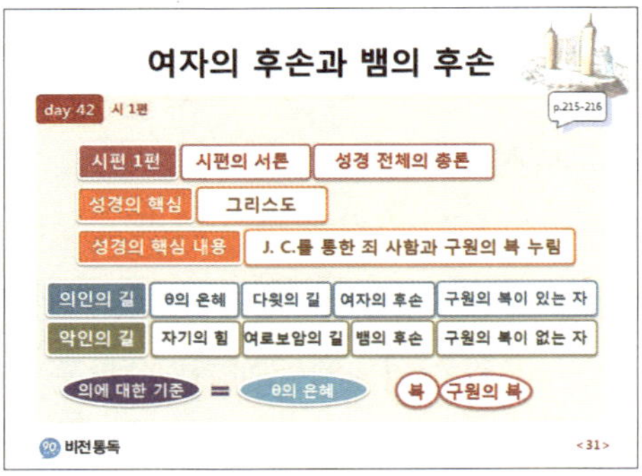

Q. 시편 1편의 '의인의 길'과 '악인의 길'은 어떤 의미인가?

창세기에서부터 출발한 '여자의 후손'과 '뱀의 후손'이 왕국 시대에는 '다윗의 길'과 '여로보암의 길'로 이어집니다. 이것이 시편에서 '의인의 길'과 '악인의 길'로 표현되는 것입니다. 이는 결국 구원 받은 자와 그렇지 못한 자의 삶을 의미합니다.

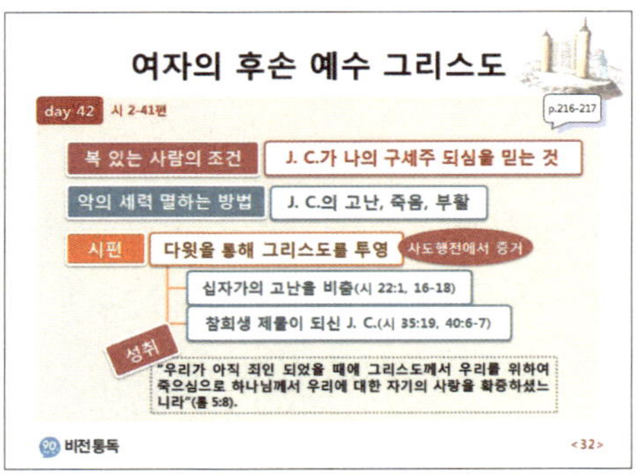

Q. 시편에서 다윗을 통한 그리스도의 예표는 어떻게 나타나는가?

사도행전 2장에서는 다윗을 선지자라고 표현합니다. 사도행전은 다윗이 자신의 후손 중 한 사람이 죽음에서 부활할 것에 대해 말하고 있다고 기록합니다(행 2:30-31). 선지자인 다윗은 시편을 통해 예수 그리스도를 투영합니다. 특히 그리스도의 고난과 십자가에 대한 묘사가 두드러집니다.

day 43. 시편의 출애굽기(제2권)

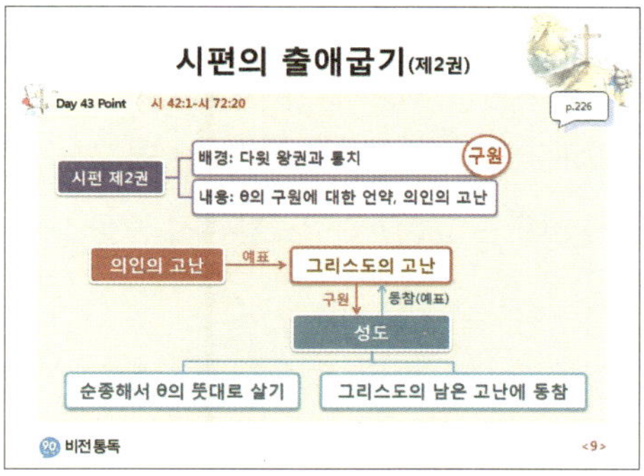

Q. 시편 제2권의 핵심은 무엇인가?

시편 제2권(42-72편)의 주요 내용은 모세오경의 출애굽기와 유사합니다. 하나님의 구원과 하나님의 백성들의 고난에 대한 내용을 다룹니다. 그러나 그것은 단순한 고난이 아닌 그리스도의 고난에 동참하는 고난입니다(골 1:24).

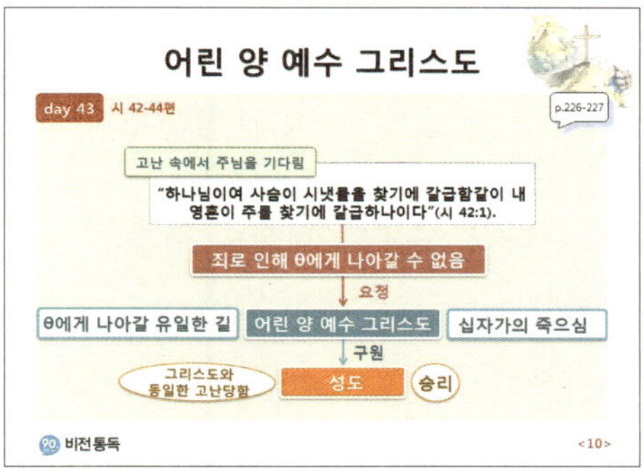

Q. 시편과 어린 양 예수는 어떻게 연결되는가?

시편 42편은 "내 영혼이 주를 찾기에 갈급하니이다"라고 말하면서 43편의 주의 빛과 진리를 구합니다. 이 빛과 진리가 바로 예수 그리스도입니다. 요한복음은 "은혜와 진리는 예수 그리스도로 말미암아 온 것"이라고 설명합니다(요 1:17). 그가 바로 어린 양 예수입니다(시 44:22).

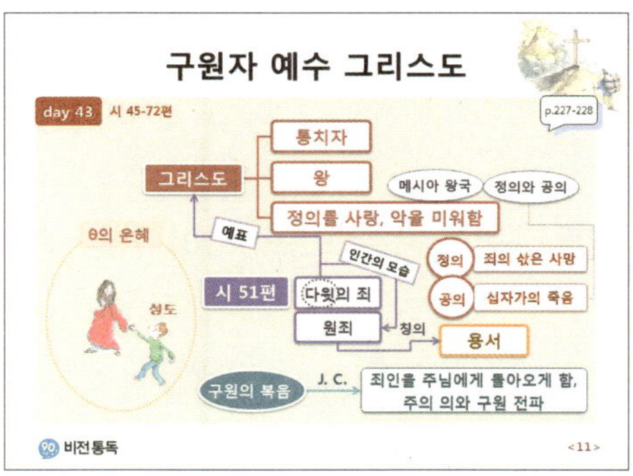

Q. 시편에서 구원의 복음을 설명하는 이유는 무엇인가?

시편 51편을 통해 다윗의 원죄가 가리워졌음을 말합니다. 이것이 복음인데, 다윗의 원형이신 그리스도를 통해 보여 주는 것은 첫째, 죄인들을 주님에게로 돌아오게 하는 것이고(시 51:12-15, 소명), 둘째, 측량할 수 없는 주의 의와 구원을 전하려는 것입니다(시 71:15, 사명). 새 노래를 부르면서 이와 같이 행하게 한다는 것입니다. 시편 제2권에서는 우리의 소명과 사명을 말해 줍니다.

day 44. 시편의 레위기(제3권)

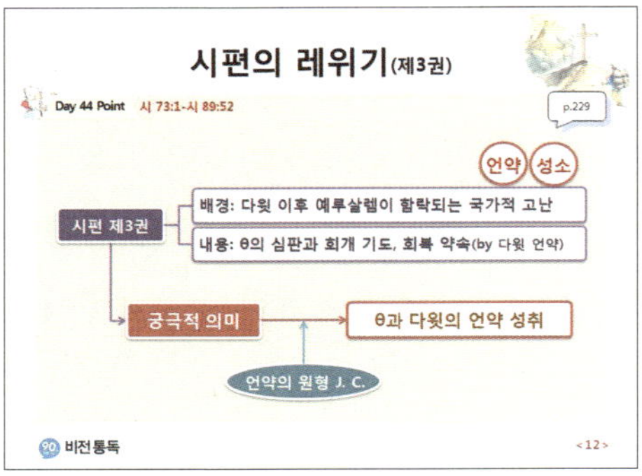

Q. 시편 제3권의 궁극적인 의미는 무엇인가?

시편 제3권은 모세오경의 레위기와 유사합니다. 레위기의 핵심이 언약과 성소임을 볼 때 시편 제3권 역시도 다윗과 맺으신 언약을 예수 그리스도가 성취하심을 보여 줍니다.

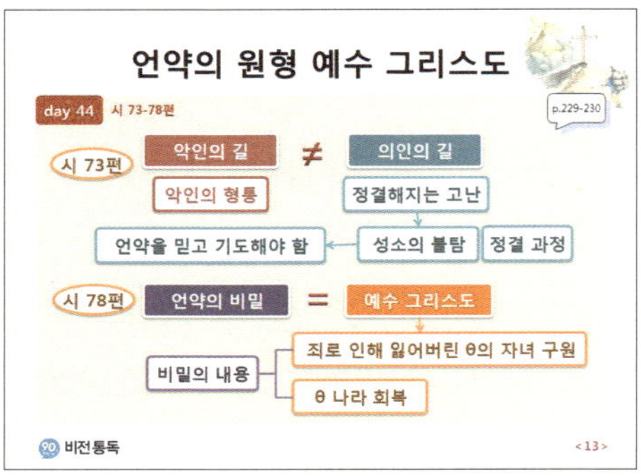

Q. 시편 제3권은 왜 의인의 고난과 악인의 형통을 말하는가?

의인의 고난은 이해하기 어렵습니다. 그런데 악인의 형통은 더 이해가 안 됩니다. 하지만 세상의 구조가 원래 이렇다는 것을 이해해야 합니다. 이것은 말라기서나 욥기, 하박국서에도 나옵니다. 그러나 하나님은 악인의 형통과 의인의 고난은 정한 때(합 2:3)가 있다고 말씀하십니다. 그래서 성도는 하나님의 언약을 기억하며 기도해야 합니다(시 74:20). 시편 78편은 그 언약의 비밀이 그리스도임을 드러냅니다.

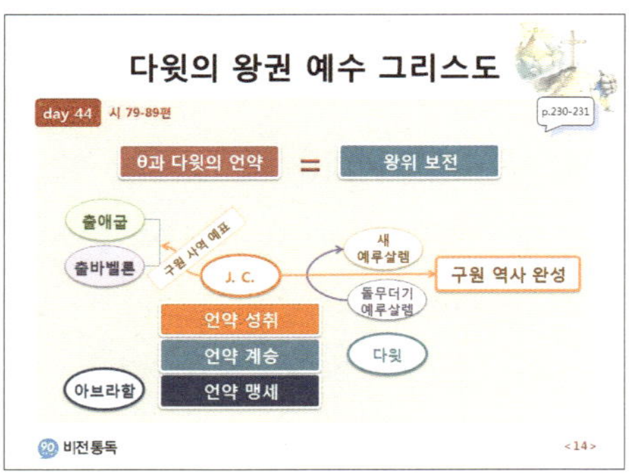

Q. 하나님은 어떻게 다윗의 왕위를 보전하며 구원 역사를 이루시는가?

시편 제3권의 마지막 89편에서 하나님은 다윗과 맺은 언약을 지키겠다고 하십니다(시 89:3, 34-35). 이스라엘의 북쪽 지파는 그리스도를 상징적으로 보여 주는 만나를 맛보고도 언약을 무시하다가 결국 멸망하고 맙니다. 그런데 다윗과 맺은 하나님의 약속에도 불구하고 남쪽 유다 지파도 성전이 무너져 나라가 멸망하게 됩니다. 이는 말씀의 부재 현상에서 온 것입니다. 그럼에도 하나님은 다윗과 맺은 언약을 깨뜨리지 않겠다고 약속하십니다(시 89:3, 34-35). 어린 양과 참성전 되시는 예수님의 구원 역사를 나타내는 것입니다.

day 45. 시편의 민수기(제4권)

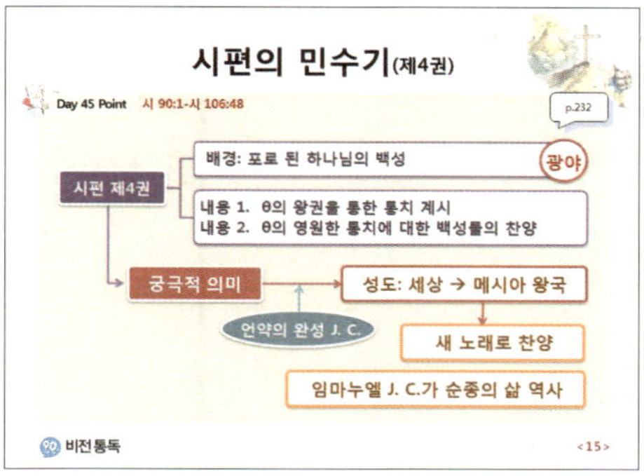

Q. 시편 제4권의 궁극적인 의미는 무엇인가?

시편 제4권은 모세오경의 민수기와 유사하며, 영원한 메시아 왕국으로 인도하시는 그리스도를 찬양하는 새 노래를 담고 있습니다. 세상에 포로 되었던 백성을, 돈과 내 생각에 사로잡혔던 하나님의 백성을 메시아 왕국으로 인도하겠다는 의미입니다.

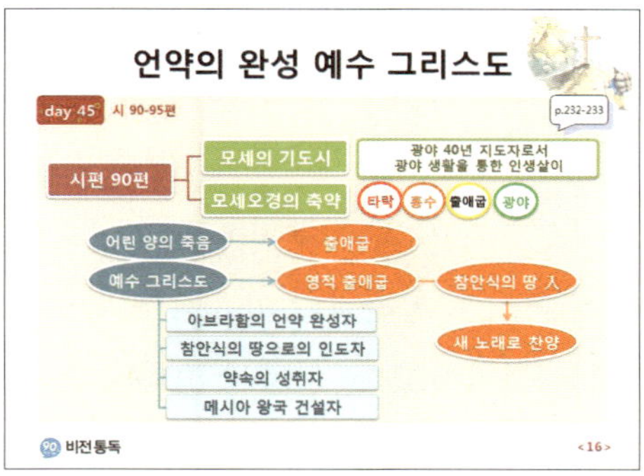

Q. 시편 90편이 들려주는 노래는 무엇인가?

시편 90편의 저자는 모세이며, 모세오경을 함축적으로 설명합니다. 타락, 홍수, 출애굽 이후 이스라엘 백성이 광야에서 주의 진노로 소멸하는 내용을 담고 있습니다. 광야 같은 세상에서 어떻게 살아야 할까요? 시편 90편은 우리에게 세월이 신속히 간다고 경고합니다. 시한부 인생이고 허무한 인생이라는 것입니다. 시편 95편의 진정한 안식은 어디서 옵니까? 바로 믿음입니다. 내가 죽고 예수로 사는 믿음을 말하는 것입니다.

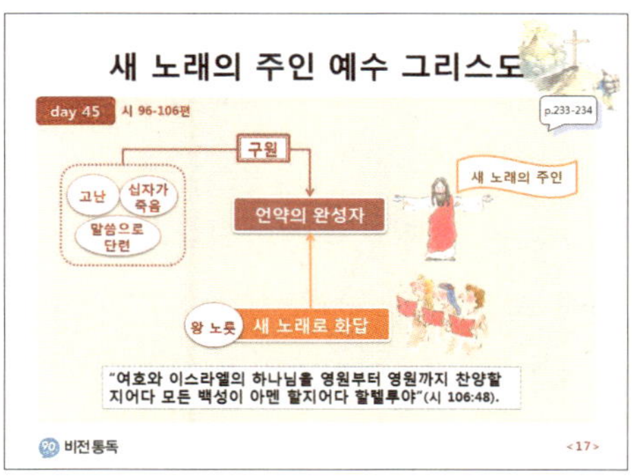

Q. 우리가 새 노래를 불러야 하는 이유는 무엇인가?

시편 96편과 98편은 구원의 새 노래를 부릅니다. 땅들이, 모든 악기들이 그리고 바다의 파도들이 박수를 치고, 산악이 노래합니다. 왜 이렇게 모든 만물이 노래할까요? 하나님이 세상을 창조하셨기 때문입니다. 이 신비는 로마서 8장 19절과 이사야 44-45장의 말씀을 연결해 주는데, 그것이 바로 창조의 비밀입니다. 또한 새 노래를 부를 수 있는 근원이 시편 105편과 106편에 기록되어 있습니다.

시편 105편은 하나님의 구원 역사에 초점이 있고, 시편 106편은 죄인의 행위를 광야에서 불순종한 백성들을 구원하시는 하나님의 은혜에 초점이 있습니다.

day 46. 시편의 신명기(제5권)

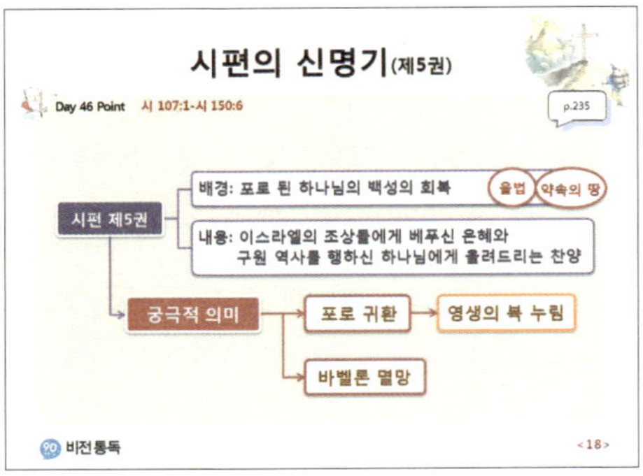

Q. 시편 제5권의 궁극적인 의미는 무엇인가?

시편 제5권은 모세오경의 신명기와 유사하며, 백성의 회복을 노래합니다. 시편 제4권이 출애굽 역사를 회고한다면 시편 제5권은 출바벨론, 즉 출세상으로, 이 세상에서의 탈출과 구원을 선포합니다. 그래서 시편 제5권의 마지막은 실제 포로 귀환이 아닌 영적인 포로 귀환을 설명합니다. 세상에서 천국으로의 귀환을 설명하는 것입니다.

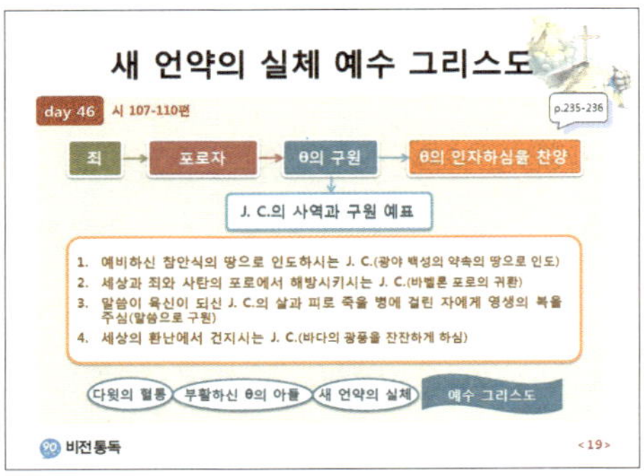

Q. 제5권에서 예수 그리스도의 구속사는 어떻게 묘사되는가?

시편 107편은 그리스도의 사역과 구원을 예표합니다. 《비전 통독》에도 네 가지로 정리되어 있습니다. 참안식을 주시고, 사망에서 건지시고, 질병에서 고치시고, 환란에서 건지시는 이런 놀라운 기적의 주인공이 누구인지를 시편 110편을 통해 설명합니다. 그분은 왕이시며, 제사장, 선지자로 묘사됩니다. 멜기세덱의 서열을 따른 영원한 제사장이신 분은 바로 예수 그리스도이십니다.

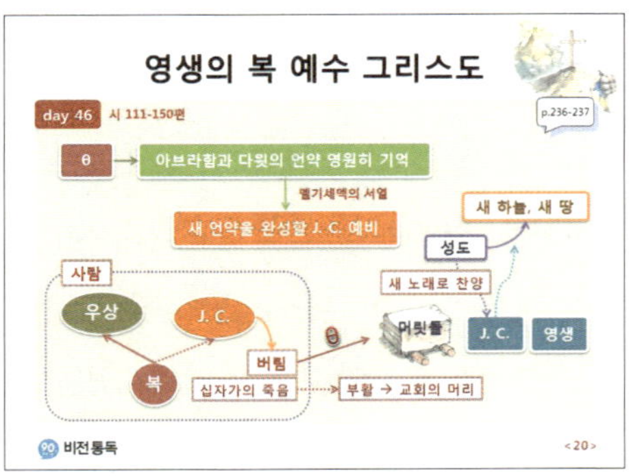

Q. 멜기세덱의 서열로 오신 예수 그리스도가 어떻게 구원하시는가?

시편 133편에 “여호와께서 복을 명령하셨나니 곧 영생이로다”라는 구절이 있습니다. 그런데 누가 이 명령을 받았습니까? 요한복음 12장 50절에서 예수님은 “나는 아버지의 명령이 영생인 줄 안다”라고 말씀하셨습니다. 이는 시편에서 말했던 복의 명령, 곧 영생인 명령의 성취를 위해 하나님이 예수님을 보내셔서 그가 이 땅에 오셨고, 그는 그 영생의 복을 성취하시기 위해 십자가에서 죽으신 것을 매우 명확하게 설명합니다.

Tip 시편의 결론은 무엇인가?

시편 149편과 150편은, 복이 있는 자는 호흡이 있는 동안 새 노래로 찬양한다고 말합니다. 결국 구원의 삶을 사는 우리는 하나님의 구원을 노래하면서 살기 위해 창조된 것입니다. 이사야 43장 21절은 이를 더 정확하게 설명합니다. 인간을 창조하신 목적이 "나를 찬송하게 하려 함이니라"라고 기록되어 있기 때문입니다.

시편의 결론은, 허무한 인생은 자기가 숨 쉴 때까지만 살지만, 복된 인생은 그리스도가 숨 쉴 때까지, 곧 영원히 산다는 것입니다. 이는 예수로 호흡하는 것, 말씀으로 호흡하는 것 그리고 예수로 사는 것입니다. 성경에 나타난 구속사를 통해서 하나님을 영원히 찬양할 복된 존재임을 발견하고 그렇게 살아야 합니다. '구원의 복', '영생의 복'을 노래하며 살아야 합니다.

Tip 시편의 편집 의도는 무엇인가?

시편은 총 150편으로 구성된 시 문학으로 약 천 년에 걸쳐서 쓰였습니다. 이는 시편 90편을 쓴 모세로부터 시작해서 다윗, 솔로몬에 이르기까지 그리고 시편 130편 이후 포로 후기에 대해 기록된 내용을 통해 알 수 있습니다. 그런데 편집은 연대기 순으로 되어 있지 않습니다. 이는 단순히 연대 순으로 읽기 위함이 아닌 어떤 목적을 가지고 편집했다는 것입니다.

그 내용의 핵심은 무엇입니까? 예수님의 말씀에서 찾을 수 있습니다. "또 이르시되 내가 너희와 함께 있을 때에 너희에게 말한 바 곧 모세의 율법과 선지자의 글과 시편에 나를 가리켜 기록된 모든 것이 이루어져야 하리라 한 말이 이것이라 하시고"(눅 24:44). 즉, 시편은 예수님을 설명하기 위해서 편집했다는 것입니다. 성경은 하나님의 감동으로 쓰였기 때문에 하나님의 분명한 의도가 있음을 알 수 있습니다.

잠언

잠언 개관

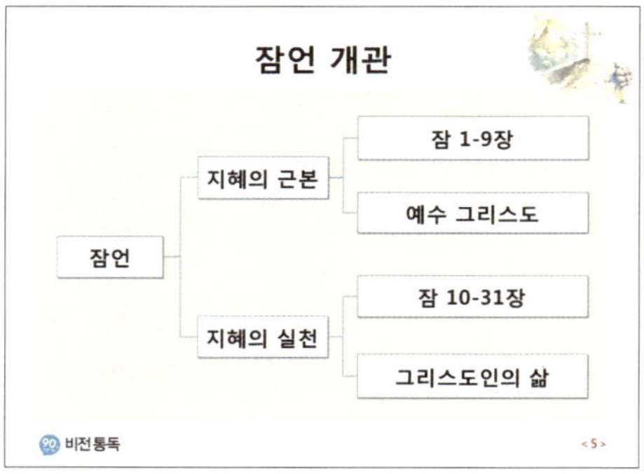

Q. 잠언의 구조는 무엇인가?

잠언은 지혜서, 곧 지혜에 대한 솔로몬의 글입니다. 그 내용은 지혜의 근본(잠 1-9장)과 지혜의 실천(잠 10-31장)으로 되어 있습니다. 지혜의 근본은 예수 그리스도요, 지혜의 실천은 그리스도인의 삶을 말합니다.

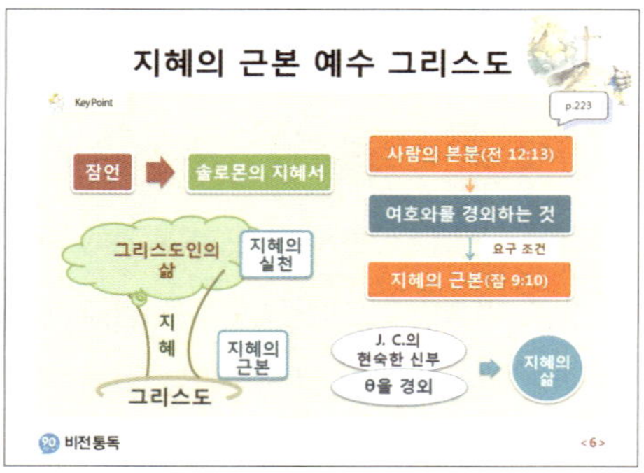

Q. 지혜의 근본은 누구신가?

잠언 1장에는 '지식의 근본', 잠언 9장에는 '지혜의 근본'이라는 표현이 나옵니다. 이 둘은 같은 내용으로, '여호와를 경외하는 것'을 의미합니다. 지혜의 근본은 곧 예수 그리스도입니다.

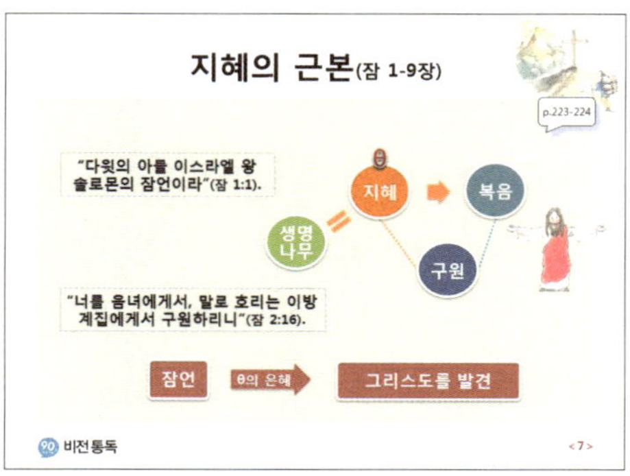

Q. 잠언에서 말하는 지혜는 어떤 지혜인가?

잠언 3장 18절이 핵심입니다. 여기에 보면 '생명나무'라는 단어가 나옵니다. 창세기에서 선악과와 같이 나왔던 나무가 바로 생명나무입니다. 창세기에서는 생명나무를 영생과 결부시켰습니다. 이 생명나무는 곧 예수 그리스도요, 예수 그리스도는 구원을 말합니다. 잠언에서 말하는 지혜는 구원을 얻게 하는 지혜입니다.

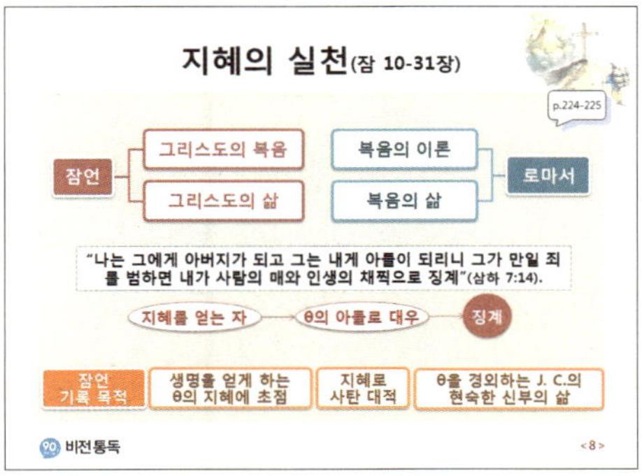

Q. 잠언의 기록 목적은 무엇인가?

잠언의 구조는 로마서와 동일합니다. 결국 잠언이 말하는 지혜는 세상의 지혜가 아닌 것입니다. 생명을 얻게 하는 지혜, 구원 받은 성도들이 어떻게 살아야 하는가에 대한 지혜에 초점이 있습니다. 잠언은 하나님을 경외하는 지혜를 가르쳐 줍니다.

day 47. 잠언의 지혜 복음

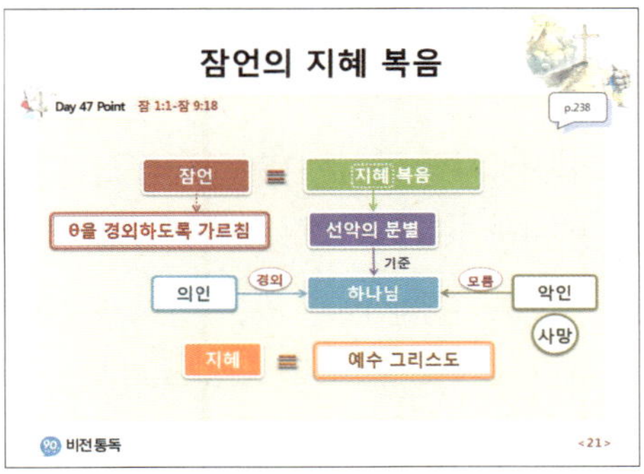

Q. 성경이 말하는 선악의 기준은 무엇인가?

성경에서 말하는 선악의 기준은 하나님입니다(왕상 3:9, 눅 18:18-19). 선악을 분별하는 것이 지혜이고, 이 지혜를 솔로몬이 구했습니다. 하나님의 지혜는 곧 예수 그리스도입니다.

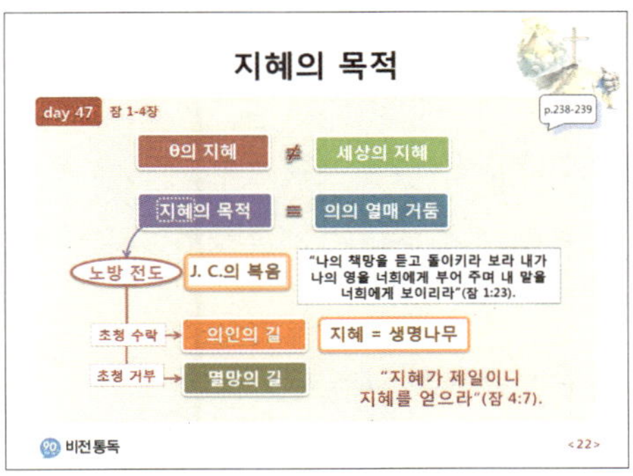

Q. 의인화된 지혜가 전하는 전도의 내용은 무엇인가?

잠언에서는 의인화된 지혜가 노방 전도를 합니다(잠 1:20). 그 내용은 "나의 책망을 듣고 돌이키라"는 것입니다. 이것은 그리스도의 복음입니다. 복음은 로마서 1장에 나오듯 예수를 믿어서 하나님에게 순종하는 것입니다. 잠언 2장에서는 지혜가 마음에 들어옵니다. 이것이 임마누엘입니다.

Q. 음녀와 지혜는 무엇을 의미하는가?

잠언 5-7장은 음녀에 대한 이야기입니다. 그리고 8-9장은 지혜의 근본이 무엇인지를 설명합니다. 음녀의 입술은 음부와 연결되어 있습니다(잠 5:3-5). 음부는 지옥이고, 음녀는 곧 사탄을 의미합니다. 5장은 계속해서 그

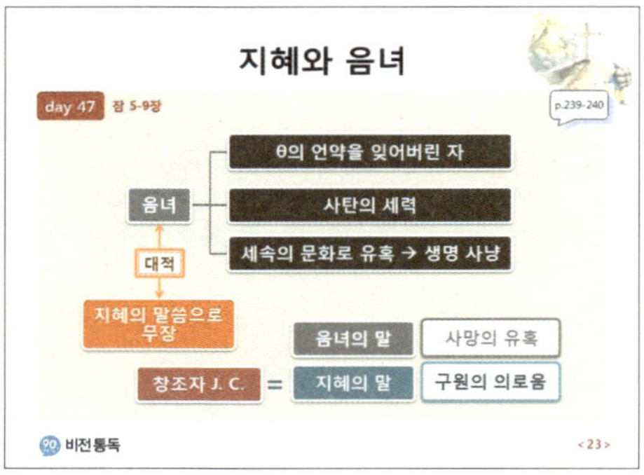

리스도를 신랑으로, 성도를 신부로 묘사합니다. 19절의 "사랑스러운 암사슴 같고 아름다운 암노루 같으니"라는 표현은 아가서 2장 9절, 8장 14절과 동일합니다. 이는 곧 예수님을 설명하는 것입니다. 의인화된 지혜와 음녀가 서로 노방 전도합니다. 잠언 6장은 일반적인 지혜가 아닙니다. 일반적인 세상 지혜를 통해 그리스도를 설명하려는 것입니다. 결론은 잠언 8장에서 말하는 태초의 말씀입니다. 그 말씀이 예수님이라는 것을 요한복음 1장에서 정확하게 설명합니다.

day 48. 그리스도인의 삶

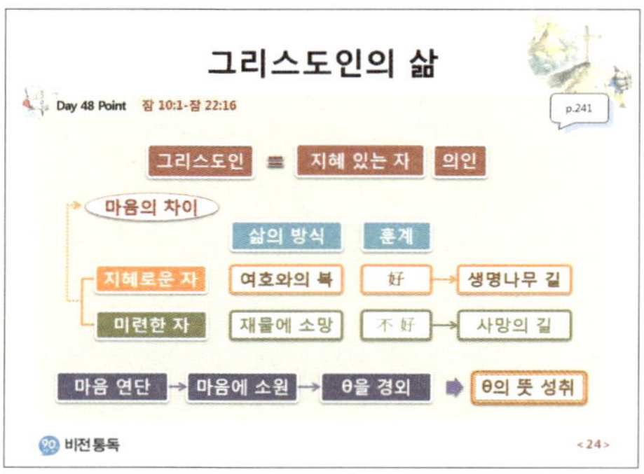

Q. 지혜로운 자와 미련한 자의 차이는 어디에서 오는가?

잠언 10장부터는 미련한 자와 지혜로운 자의 삶이 다르다는 것을 보여 주면서 구원 받은 자는 어떻게 살아야 하는지를 설명합니다. 잠언은 전체가 복음덩어리입니다. 그리고 후반부 전체가 복음의 삶을 이야기합니다. 그런데 지혜자와 미련한 자의 차이는 마음에서 출발합니다(빌 2:13).

미련한 자의 마음은 세상을 향하고, 지혜로운 자의 마음은 말씀을 향하기 때문입니다. 그러므로 세상에 중독되면 독이 나오고, 말씀에 중독되면 해독제가 나옵니다.

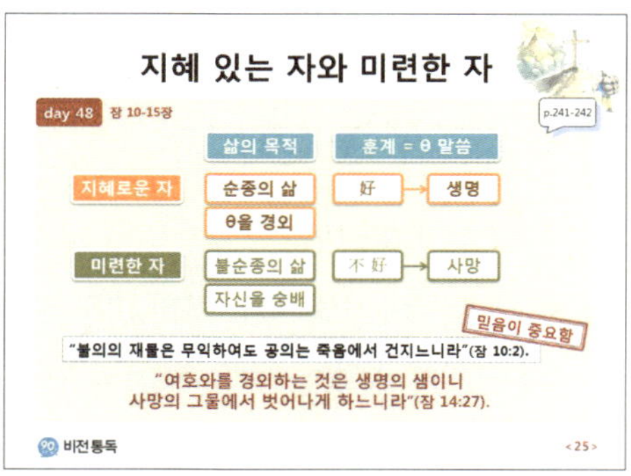

Q. 우리는 어떤 길을 선택해야 하는가?

잠언은 지혜 있는 자와 미련한 자의 삶을 생명의 길과 사망의 길로 표현합니다(잠 14:12). 이는 여호와를 경외하는 것이 지혜의 근본이고 생명의 길임을 설명하는 것입니다.

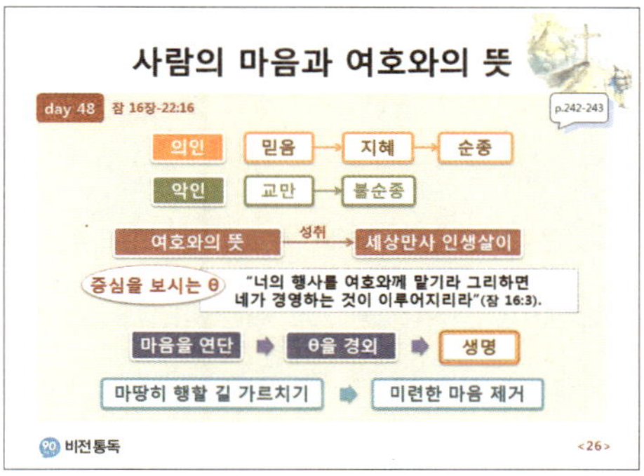

Q. 하나님은 무엇을 보시는가?

지혜는 머리의 좋고 나쁨에 있지 않습니다. 잠언을 읽으면 머리가 좋아지는 게 아니라 예수를 발견하게 됩니다. 예수가 곧 지혜이고 구원임을 알게 됩니다. 하나님은 우리의 중심을 보십니다. 이는 여호와를 경외하는 마음입니다. 여호와를 경외한다는 것은 곧 여호와를 사랑한다는 것이고, 사랑한다는 것은 순종한다는 것입니다.

day 49. 그리스도의 신부

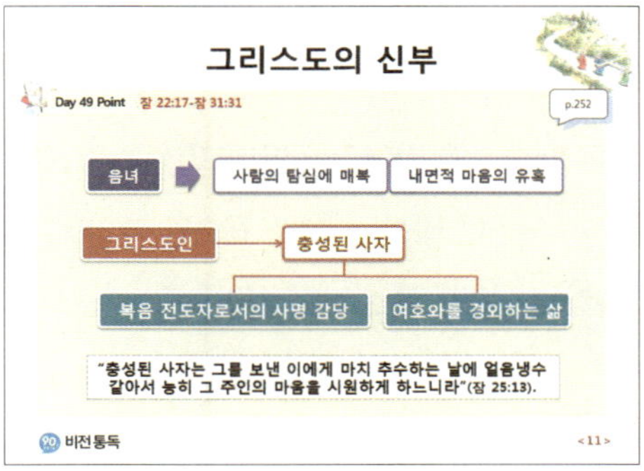

Q. 그리스도의 신부는 어떻게 살아야 되는가?

그리스도의 신부가 살아야 하는 분명한 내용은 첫째, 마음의 탐심을 이겨 내야 하고, 둘째, 하나님을 경외해야 합니다. 성도가 그리스도의 신부로 사는 것을 방해하는 세력들이 있습니다. 그 세력들을 이기는 방법은 충성(잠 25:13)입니다.

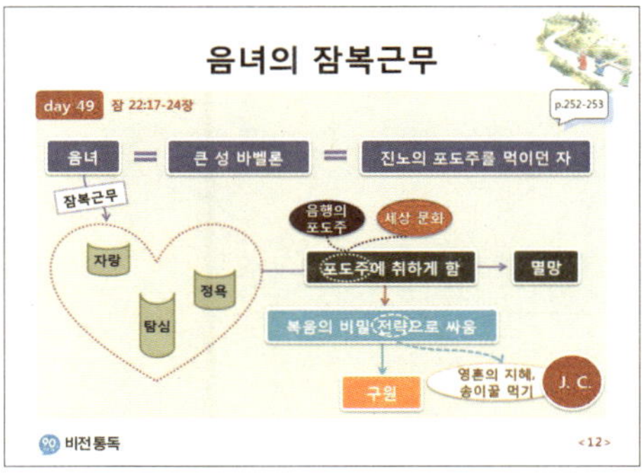

Q. 음녀의 정체는 무엇인가?

음녀의 정체를 알려면 요한계시록을 봐야 합니다. 음녀는 큰 바벨론(계 17:5)이며, 진노의 포도주(계 14:8)를 마시게 하는 자입니다. 결국 음녀는 세상 문화에 취하게 하고 하나님으로부터 멀어지게 하려는 사탄을 의미합니다. 그러면 어떻게 음녀로부터 벗어날 수 있을까요? 영혼의 지혜, 송이꿀을 먹는 것입니다(잠 24:13-14). 하나님의 말씀이신 그리스도만이 사탄을 이길 수 있습니다.

Q. 잠언의 궁극적인 목적은 무엇인가?

하나님을 경외하는 것입니다. 하나님을 경외한다는 것을 번제 사건을 통해서 설명하고자 합니다. '경외'는 영어 성경에 'fear'로 표현되어 있습니다. 해석하면 '두렵

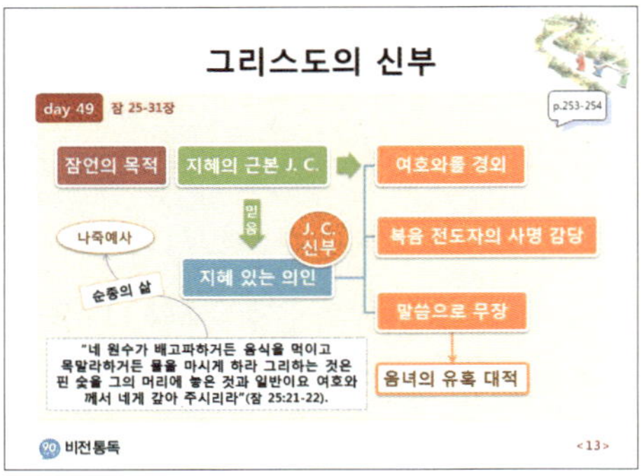

다'라는 뜻이지만, 문맥을 보면 하나님을 두렵고 떨림으로 '사랑'하라, 하나님에게 '순종'하라는 뜻입니다. 창세기에 아브라함이 이삭을 번제로 드리는 사건이 나옵니다. 창세기 22장 12절에서 하나님은 "내가 이제야 네가 하나님을 경외하는 줄을 아노라"고 말씀하십니다. 여기서 경외는 '순종'을 의미합니다. 추가로 신명기 10장 12절에서는 경외를 '사랑'이라는 단어로 해석합니다. 즉, 하나님을 경외한다는 것은 하나님에게 순종하고, 그분을 사랑하는 것입니다. 이것이 그리스도의 신부인 성도가 마땅히 해야 할 본분인 것입니다(전 12:13).

Tip 시편과 잠언의 연관성은 무엇인가?

시편을 압축하면 복에 대한 이야기이고, 잠언을 압축하면 지혜에 대한 이야기입니다. 시편이 말하는 복은 구원의 복인데, 그 복을 얻는 것이 지혜임을 잠언에서 설명합니다. 이것을 구속사로 설명하면, 시편은 그리스도의 복음을, 잠언은 그리스도의 복음을 얻는 지혜를 설명합니다.

전도서

전도서 개관

Q. 전도서의 구조는 무엇인가?

전도서의 구조는 인생에 초점을 맞춥니다. "헛되고 헛되며 헛되고 헛되니 모든 것이 헛되도다"라는 말씀으로 시작되기에 일반적으로는 전도서의 초점을 허무한 인생으로 잡습니다. 그러나 그렇지 않습니다. 끝까지 읽어

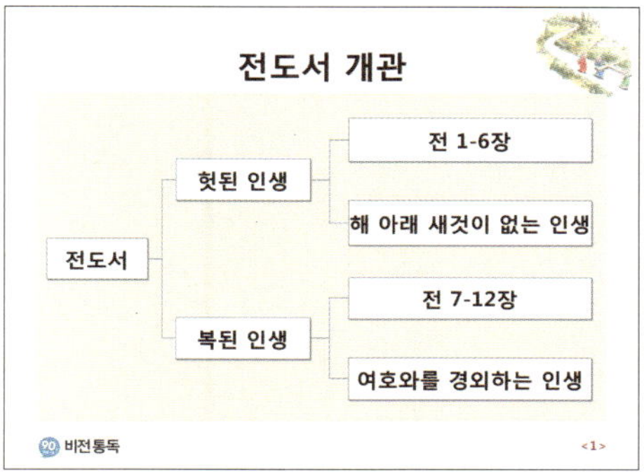

보면 헛되지 않음을 이야기합니다. 헛되지 않으려면 어떻게 해야 하는지를 설명하려는 것이 목적입니다.

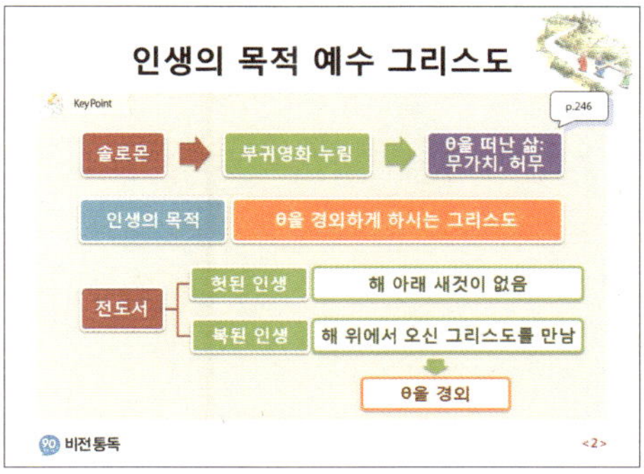

Q. 전도서가 말하는 구속사는 무엇인가?

저자인 솔로몬은 지혜와 부귀영화를 모두 누렸습니다. 그러나 하나님을 떠난 삶은 무가치하고 허무하다는 것을 깊이 깨달아 전도서에 기록합니다. 전도서를 보면 인생의 목적이 예수 그리스도임을 알 수 있습니다. 예수 그리스도를 통해서 하나님을 경외하게 하는 것이 전도서의 구속사라고 할 수 있습니다.

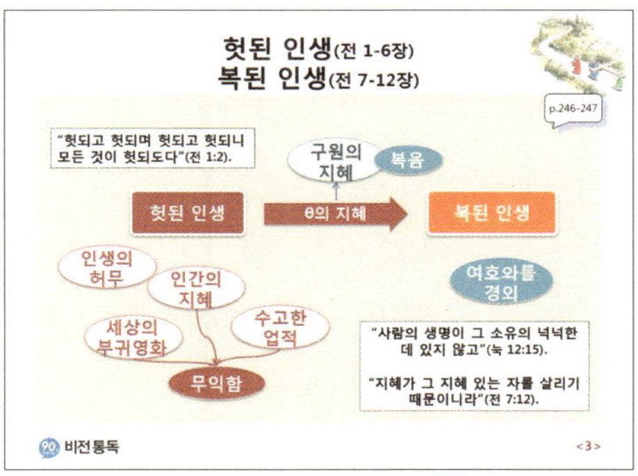

Q. 헛된 인생과 복된 인생을 구별하는 지혜는 어디서 오는가?

솔로몬이 쓴 잠언과 전도서가 연관성을 가지고 있음을 기억해야 합니다. 잠언의 구조는 지혜입니다. 그런데 전도서도 지혜에 대해 다루고 있습니다. 여기는 세상의 지혜와 하나님의 지혜가 섞여서 나오는데, 그것을 분별할 수 있는 기준이 바로 잠언에 나옵니다. 이는 여호와를 경외하는 지혜인 것입니다.

아가

아가 개관

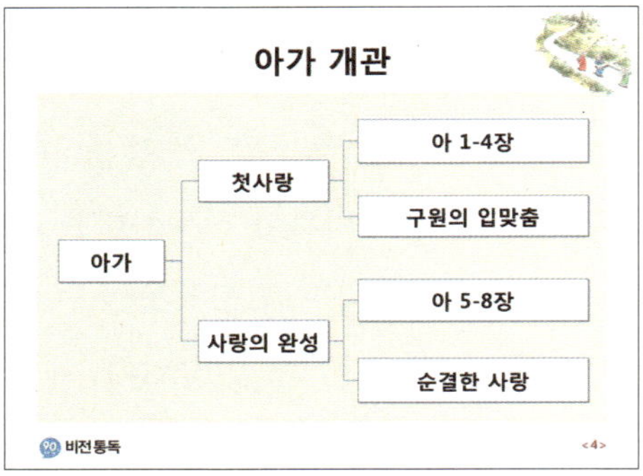

Q. 아가서의 구조는 무엇인가?

아가서의 구조는 사랑입니다. 아가서는 솔로몬의 '노래 중의 노래'(song of songs), 곧 솔로몬의 사랑의 노래입니다. 이는 하나님의 비밀스러운 사랑이며, 사람의 신비한 사랑입니다.

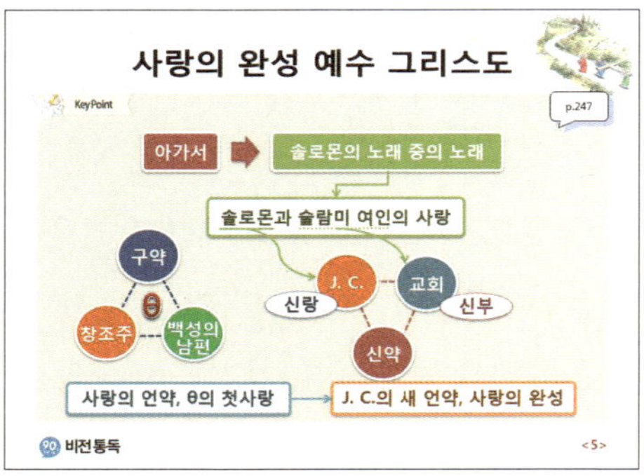

Q. 아가서의 핵심은 무엇인가?

아가서의 핵심은 사랑을 완성해 내신 하나님의 사랑입니다. 구약의 언약은 사랑으로 출발합니다. 율법도 사랑으로 출발해서 신약에서 그리스도의 사랑으로 완성되는 모습을 보여 줍니다. 그래서 아가서는 신랑 되신 예수 그리스도(솔로몬)와 신부 되는 교회(술람미)의 모습을 그립니다. 사실 이것은 성전을 의미합니다.

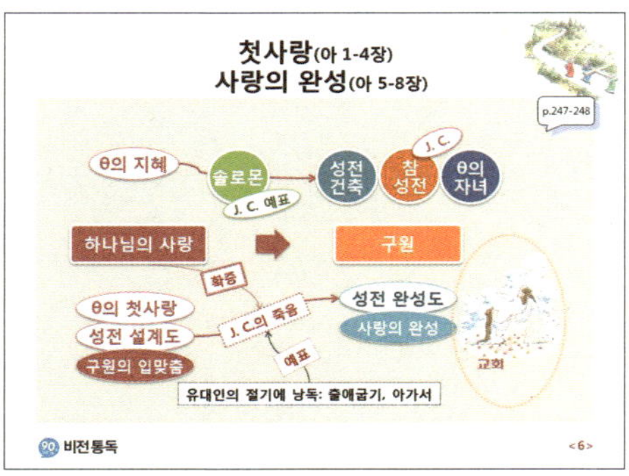

Q. 아가서가 말하는 사랑의 완성은 무엇인가?

아가서가 말하는 사랑의 완성은 바로 그리스도의 대속의 사랑입니다. 아가서는 유월절에 읽히는 책입니다. 이로 보건대 아가서가 말하는 사랑은 죽음으로 우리를 살리신 어린 양 되시는 그리스도를 예표합니다. 이 사랑이 죽음으로 우릴 살리시고 임마누엘로 함께하시는 성전으로 완성되는 것입니다.

day 50. 인생과 사랑

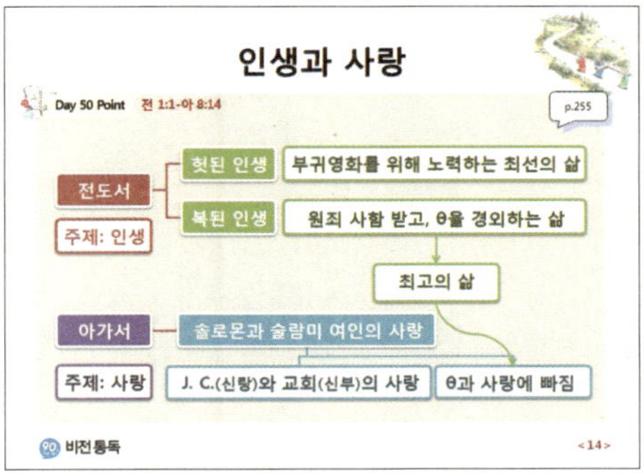

Q. 전도서와 아가서의 주제는 무엇인가?

솔로몬이 쓴 전도서와 아가서의 주제는 각각 '인생'과 '사랑'입니다. 아가서는 신랑과 신부 이야기로 어떤 신부가 매력 있을까를 생각하게 합니다. 성도는 하나님의 신부로 어떤 매력을 가져야 할까요? 바로 십자가입니다. 십자가는 고난입니다.

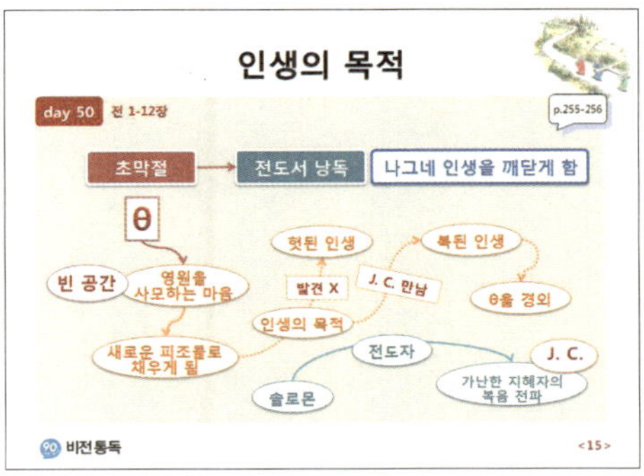

Q. 전도서가 말하는 인생은 어떤 인생인가?

전도서는 인생의 헛됨을 이야기하며 출발합니다. 헛되고 헛되며 헛되고 헛된 인생에 초점을 맞추는 것 같습니다. 그러나 전도서는 인생이 헛되지 않으려면 어떻게 해야 되는지를 설명하는 책입니다. 헛된 인생과 복된 인생의 기준은 예수 그리스도, 곧 하나님을 모르면 헛된 인생이고, 그 헛된 인생 속에서 하나님을 발견하면 복된 인생으로 바뀌게 된다는 것입니다.

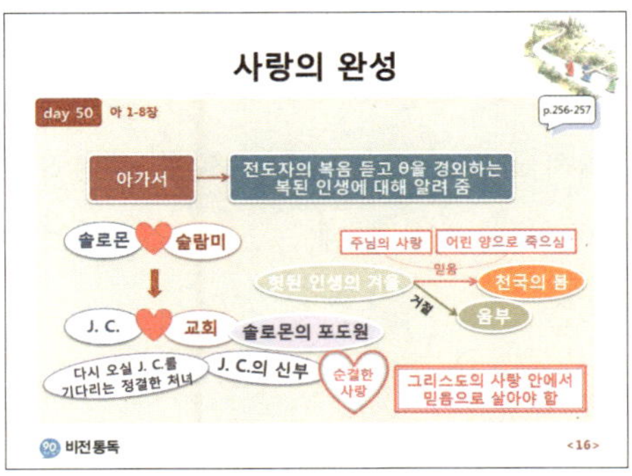

Q. 하나님과 사람이 어떻게 사랑할 수 있는가?

그 해답을 아가서가 보여 줍니다. 인간의 사랑과는 비교할 수 없는 것이 하나님의 사랑입니다. 하나님이 인간을 사랑하시는 것은 신비한 일입니다. 비밀스럽다는 것입니다. 예수 그리스도가 인간을 사랑하셔서 십자가에 죽는 것이 비밀입니다. 그렇다면 인간은 어떻게 하나님을 사랑할 수 있을까요? 그것은 성도의 순종을 통한 구원의 삶입니다. 원수를 사랑하라는 말씀에 순종하는 것이 바로 신비한 사랑인 것입니다.

이사야

이사야 개관

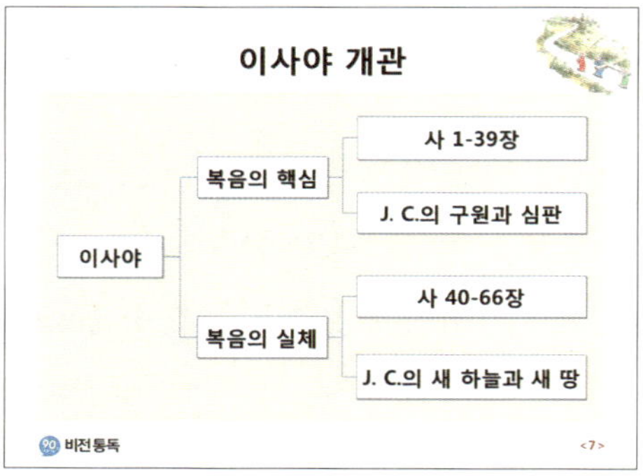

Q. 이사야서의 구조는 무엇인가?

이사야서는 복음에 대해 예언한 책으로, 1-39장은 '복음의 핵심'이고, 40-66장은 '복음의 실체'를 드러냅니다. 이사야서에서의 복음은 바로 예수 그리스도입니다.

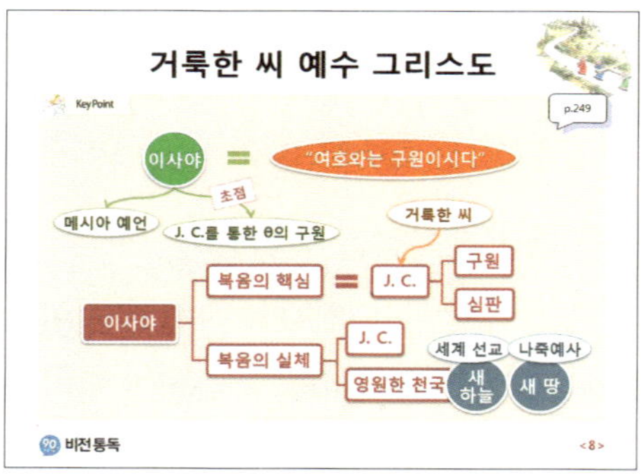

Q. 이사야서는 어떤 책인가?

이사야서를 이해하기에 앞서 선지서 17권의 핵심 구조를 이해해야 합니다. 선지서의 주요 내용은 두 가지인데, 하나는 '죄에 대한 심판'이고, 다른 하나는 '하나님의 구원 약속'입니다. 즉, 복음의 핵심은 예수 그리스도이고, 복음을 통해서 구원과 심판이 발생함을 설명합니다. 이사야서는 '거룩한 씨', 곧 예수 그리스도를 보여주는 책입니다.

Q. 왜 사람들이 복음을 들어도 깨닫지 못하는가?

이사야는 사람들이 복음을 들어도 깨닫지 못하고, 그리스도를 봐도 알아보지 못할 것이라고 지적합니다(사 6:5, 9-10). 이것을 더 잘 이해하려면, 신약에서 예수님이 이사야서의 내용을 인용하신 말씀을 살펴봐야 합니다. 복음의 비밀이 세상에 전파되어도 믿지 못하는 자들이 있는데(마 13:10-11, 14-16), 그 이유는 빛보다 어두움을 더 사랑하기 때문(요 3:19, 12:43)이라고 말씀하십니다.

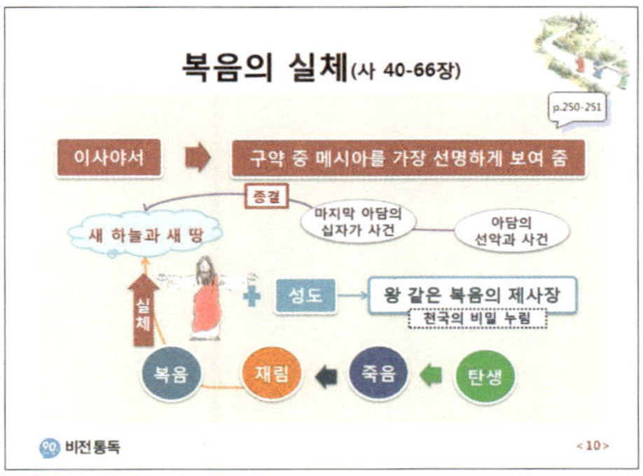

Q. 복음의 핵심인 그리스도와 복음의 실체인 그리스도의 차이는 무엇인가?

복음의 핵심이 이론적인 그리스도를 설명한다면, 복음의 실체는 실제적으로 내 안에 들어와서 역사하시고 역동하시는 그리스도의 실체를 설명합니다. 다시 말해, 예수 그리스도와 성도와의 연합된 존재를 설명하는 것입니다. 그래서 이사야 40장 이후에는 연합을 설명합니다. 또한 그리스도와 연합된 성도가 어떻게 살아야 되는지에 대한 삶의 지침들을 설명해 줍니다.

day 51. 하나님의 구원

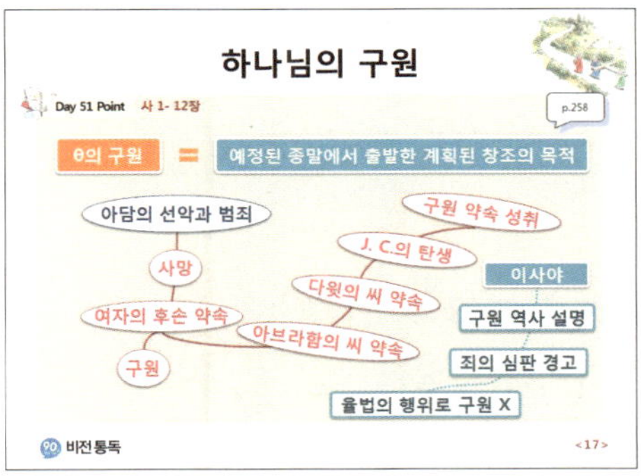

Q. 하나님의 구원 계획은 언제 시작된 것인가?

하나님의 구원은 이미 창세전에 계획되었습니다. 새 하늘과 새 땅이 준비된 예정된 종말에서 창조가 시작된 것입니다. 창세기의 아담의 죄를 해결하기 위해 고린도전서에 마지막 아담이 등장합니다. 그가 십자가의 은혜로 성취하는 과정이 구속사의 완결판입니다. 구속사에서 가장 중요한 것은 인간은 스스로를 구원할 수 없다는 사실입니다. 그리고 아담은 사람의 총칭어입니다. 마지막 아담이신 예수님이 모든 사람을 살게 하시는 것이 구속사입니다.

Q. 이사야서에서 보여 주는 죄 사함의 방법은 무엇인가?

이사야는 분열 왕국 시대에 약 60년간 사역하며 이스라엘 백성들의 형식적인 종교 행위와 우상 숭배에 대한 죄를 지적했습니다. 하나님은 이사야 6장에서 이스라엘이 포로에서 돌아올 때까지 고침 받지 못하게(사 6:11) 하겠다 하시며, 그러나 "거룩한 씨"의 그루터기(사 6:13)는

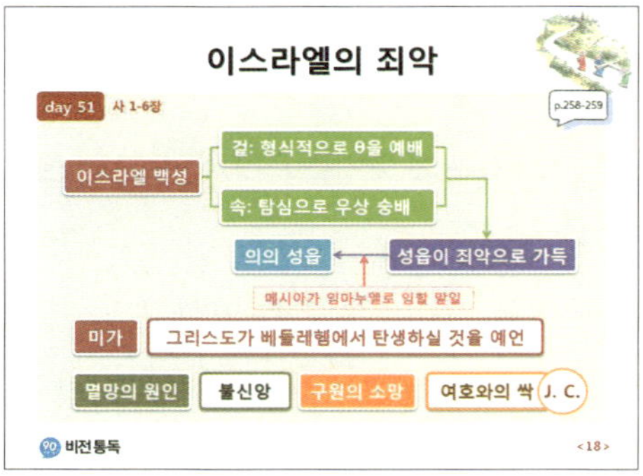

남겨 두실 것에 대해 말씀하십니다. 예수님은 이것을 요한복음과 마태복음에서 인용하시며 씨 뿌리는 비유와 연결하십니다(마 13:14, 요 3:19, 12:43). 곧 거룩한 씨이신 예수 그리스도가 우리 마음 밭을 뚫고 들어오시겠다는 것입니다. 이것이 곧 임마누엘의 복음입니다.

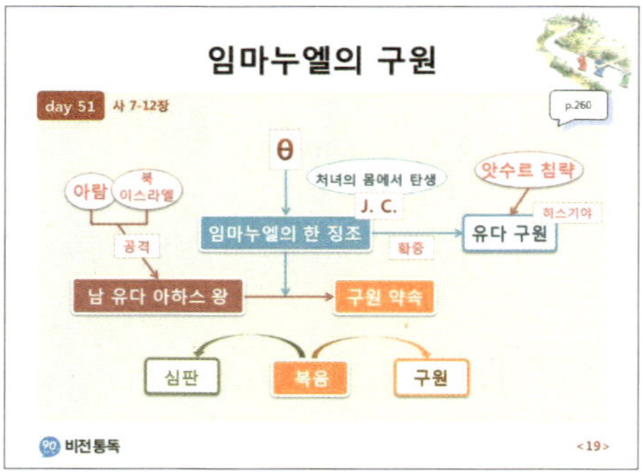

Q. 이사야서에서 구원이 어떻게 나타났는가?

아람과 북 이스라엘이 동맹을 맺고 남 유다를 공격했을 때 하나님은 임마누엘의 한 징조를 통해 구원을 약속하십니다(사 7:14). 또한 앗수르의 공격에서도 동일하게 임마누엘의 구원을 선포하십니다(사 8:8). 이 임마누엘의 구원은 바로 다윗과 맺은 언약 때문입니다.

day 52. 하나님의 심판

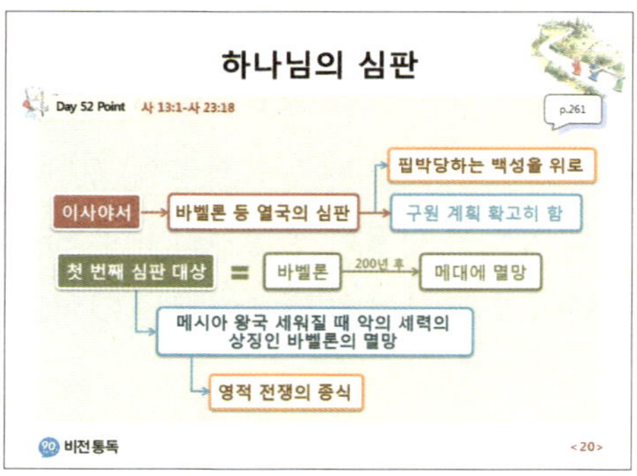

Q. 하나님은 왜 열국을 심판하시는가?

이사야서에는 하나님이 바벨론, 앗수르, 블레셋, 모압, 다메섹(아람), 구스, 애굽, 두마, 아라비아, 두로 등 열국을 심판하시는 내용이 나옵니다. 이는 열국의 심판을 통해 핍박당하는 하나님의 백성을 위로하고 하나님의 구원 계획(사 14:24-27)을 드러내시기 위함입니다.

Q. 바벨론의 멸망을 말씀하시는 이유는 무엇인가?

이사야 13장은 바벨론의 멸망을 예언합니다. 그런데 이사야의 시대에는 바벨론이 존재하지 않습니다. 이사야 예언 이후 역사적 바벨론의 멸망은 약 150년 후에 현실로 나타납니다. 그런데 왜 이사야는 바벨론의 멸망을 거

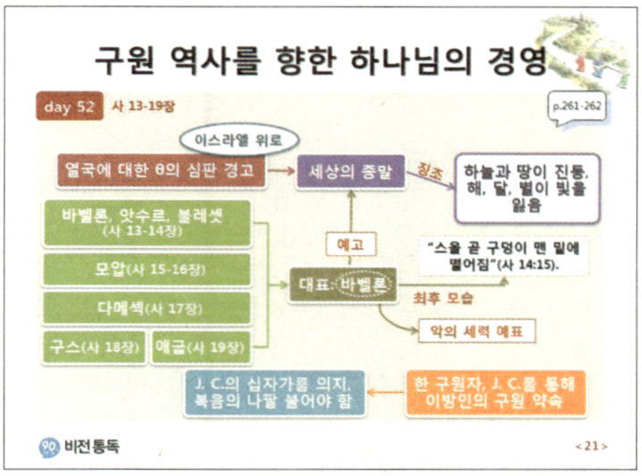

론한 것일까요? 이는 계시록에 기록된 바벨론, 즉 세상의 바벨론을 뜻합니다. 역사적으로 무너진 바벨론이 계시록에 다시 등장하는 이유는 세상 악의 세력의 대표성을 가지기 때문입니다. 따라서 이사야서는 계시록과의 연관성에 집중해서 읽어야 합니다.

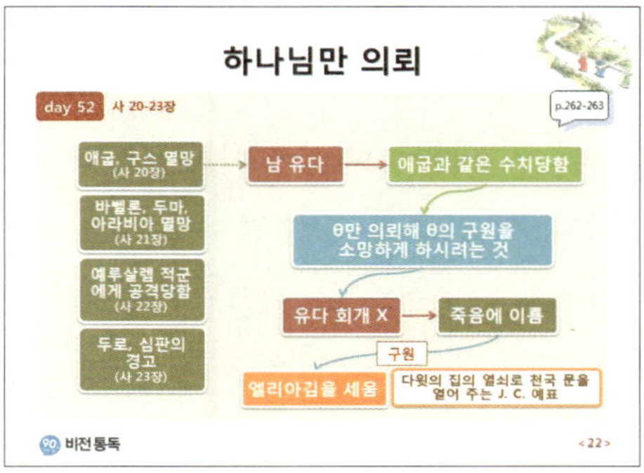

Q. 이사야가 3년 동안 벗은 몸과 벗은 발로 다닌 이유는 무엇인가?

애굽을 의지하지 말라는 의미입니다. 애굽을 의지하면 앗수르처럼 멸망당하고 애굽처럼 수치를 당하게 될 것이라는 이야기입니다. 애굽은 세상을 상징하기에, 세상을 의지하지 말고 하나님을 의지하라는 결론입니다. 우리는 왜 성경을 읽어야 할까요? 우리의 미래를 알려 주기 때문입니다. 세상 종말의 때일수록 더욱 하나님을 의지해야 합니다.

day 53. 종말적 심판과 구원

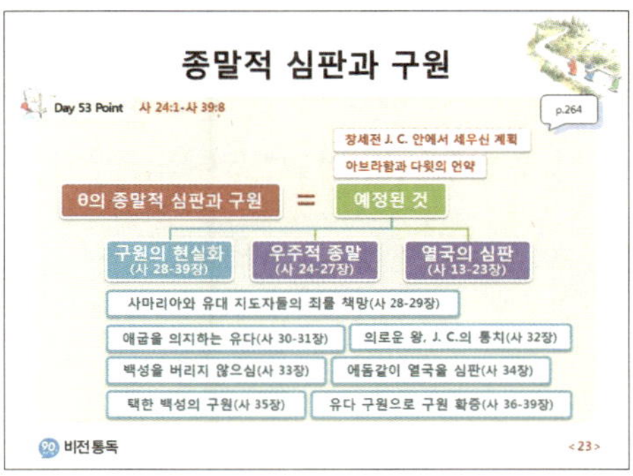

Q. 우주적인 종말은 왜 일어나는가?

우주적인 종말이 일어나는 이유는 언약을 어겼기 때문입니다. 그래서 심판이 일어납니다. 하나님의 종말적 심판과 구원은 이미 "옛적에 정하신 뜻대로"(사 25:1) 예정된 것입니다. 언약을 기준으로 심판과 구원이 발생합니다.

Q. 이사야 26장 1절의 '그날'은 어느 날을 의미하는가?

이사야 26장의 '그날'은 '종말의 날'을 뜻합니다. 택하심을 받은 백성은 천국에서 새 노래를 부르는데, 이는 유

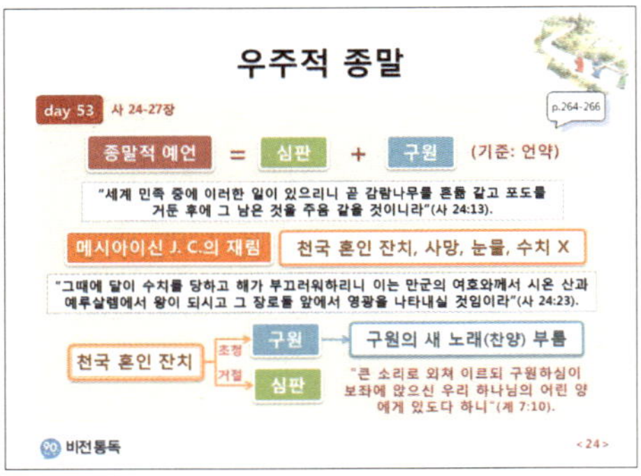

다가 바벨론 포로에서 해방될 때 부를 노래(사 26:1)입니다. 이처럼 새 노래를 부르고 구원이 발생한다는 것으로 24장, 25장, 26장이 서로 연결됩니다. 그러면 우리는 어떻게 살아야 할까요? 종말에 일어날 사건을 현재에서 살아 내야 합니다. 그렇게 일어날 것을 이미 알고 있기에 현재의 삶으로 살아 내는 것입니다. 이는 곧 용서하지 못할 사람을 용서하고, 나는 죽고 예수로 사는 삶입니다.

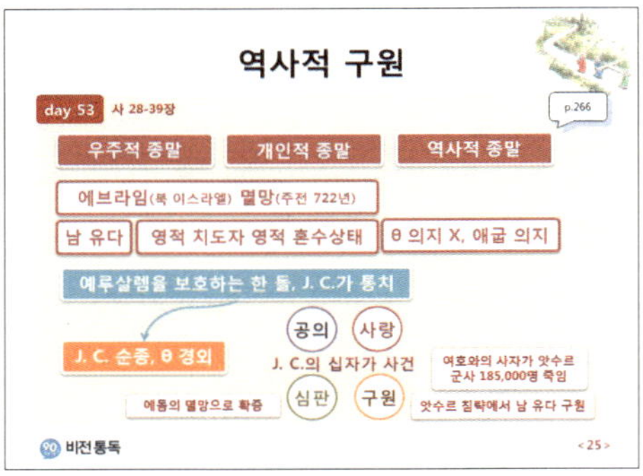

Q. 역사적 구원(사 28-39장)이 보여 주는 의미는 무엇인가?

역사적으로 일어난 실제 사건을 통해 하나님의 구원을 설명하려는 것입니다. 이 내용은 이미 이사야 8장 7-8절에서 약속하셨습니다. 이 말씀이 어떤 결과로 성취되었는가가 바로 이사야 36-39장의 이야기입니다. 앗수르의 공격으로부터 구원하시는 것을 바로 '임마누엘'(사 8:8)로 나타내고 있습니다.

day 54. 아름다운 소식

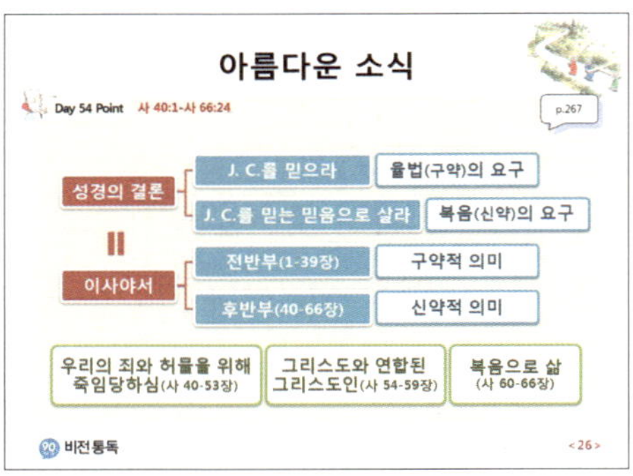

Q. 성경의 결론은 무엇인가?

성경의 결론은 '구원'과 '구원의 삶'입니다. 이 성경의 결론이 이사야서의 결론과 같습니다. 전반부(사 1-39장)는 구약적 의미와 같고, 후반부(사 40-66장)는 신약적 의미와 같습니다. 특히 후반부는 그리스도의 복음에 대한 내용입니다.

Q. 그리스도의 복음은 얼마나 중요한가?

그리스도의 복음은 세상에 갇혀 있는 자들을 자유하게 합니다. 사람을 하나님의 자녀가 되게 해서 이방의 빛, 세상의 빛이 되어 곤고한 자들을 돕게 만듭니다. 《비전통독》에 있는 이사야 40-66장의 요약을 읽으면 스토리

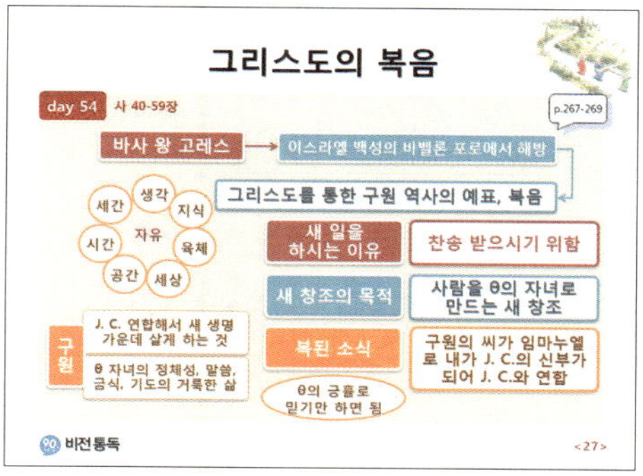

를 이해할 수 있습니다. 핵심은 바른 구원관을 가질 때 사람을 살릴 수 있다는 것입니다. 개인 구원만을 추구하는 것은 왜곡된 구원입니다. 내가 구원 받고 다른 사람도 구원 받게 하는 것이 진정한 복음입니다.

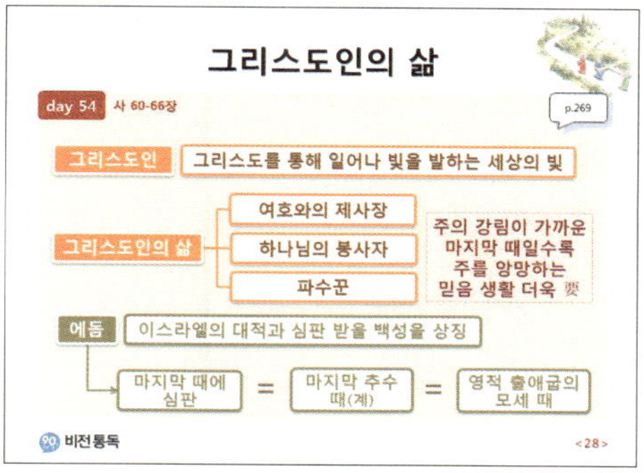

Q. 그리스도인의 삶은 어떤 삶인가?

복음은 예수 그리스도가 우리를 사랑한다는 것입니다. 이것은 죄인 된 우리를 구원하는 복음, 사망에 갇혀 있는 자들을 구원하는 복음입니다. 복음을 가진 사람은 세상 사람과 전혀 다른 삶으로 나타나야 합니다. 바로 내가 죽고 예수로 사는 삶입니다. 세상의 빛으로 살기 위해서는 인생을 하나님과 말씀에 올인해야 합니다.

예레미야

예레미야 개관

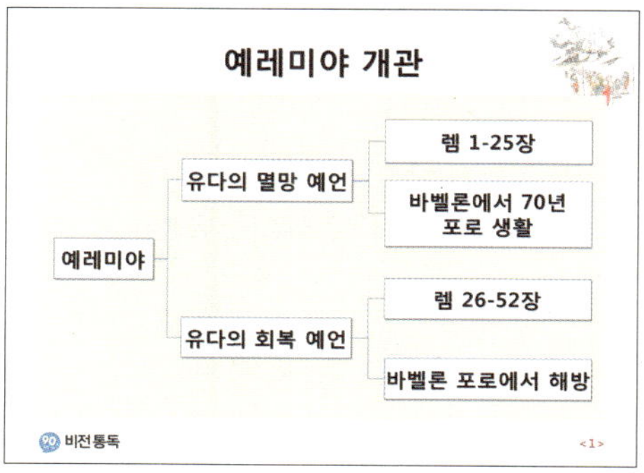

Q. 예레미야서의 구조는 무엇인가?

예레미야서의 큰 구조는 회복입니다. 대부분의 선지서가 멸망, 심판, 재앙 등으로 출발해서 회복으로 끝납니다. 이러한 구조를 이해한 후, 멸망의 원인을 찾고 회복으로 넘어가야 합니다.

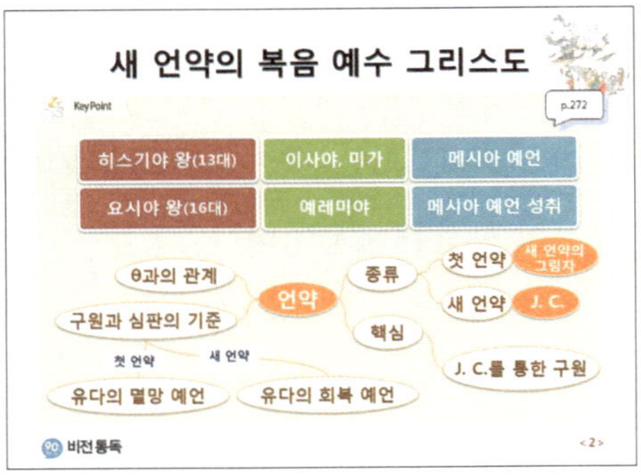

Q. 새 언약의 핵심은 무엇인가?

성경의 언약은 크게 첫 언약(렘 11:4)과 새 언약(렘 31:31)으로 구분됩니다. 첫 언약을 기준으로 유다가 멸망하고, 새 언약을 기준으로 유다가 회복됩니다. 누가복음 22장 20절은 "피로 세우는 새 언약"이라고 말씀합니다. 피로 세운 새 언약의 핵심이 바로 예수 그리스도임을 이야기합니다.

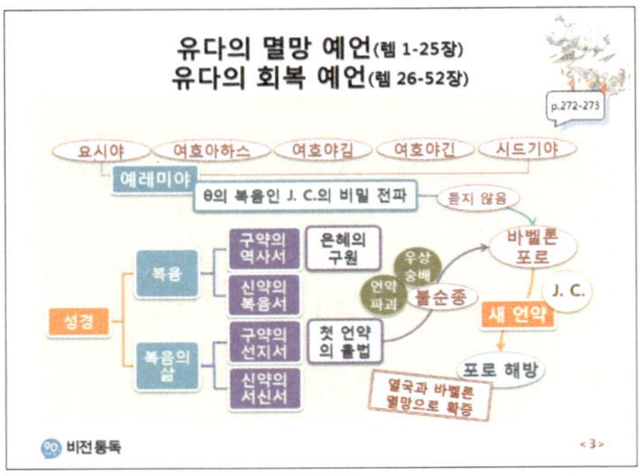

Q. 멸망과 회복의 원인은 무엇인가?

멸망은 모두 사람 때문입니다. 인간의 죄 때문에 멸망과 재앙이 오고 심판을 받게 되는 것입니다. 그렇다면 무엇 때문에 회복됩니까? 사람이 잘해서 회복된 적은 한 번도 없습니다. 회복은 하나님 때문입니다. 하나님의 전적인 언약을 통한 은혜인 것입니다.

예레미야애가

예레미야애가 개관

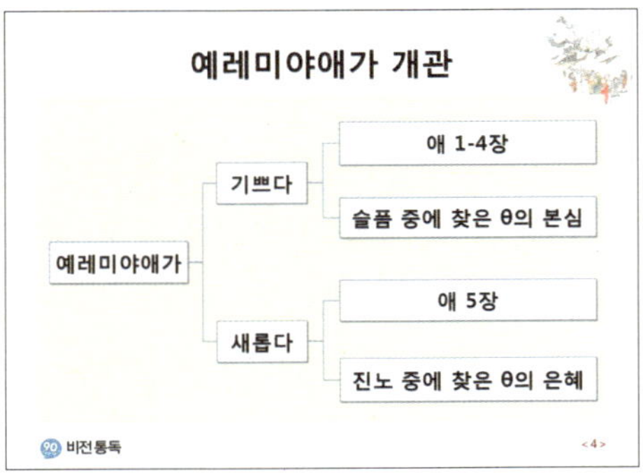

Q. 예레미야애가의 구조는 무엇인가?

총 다섯 장으로 되어 있는 예레미야애가는 1-4장이 슬픔 중에 찾은 하나님의 본심이고, 5장이 진노 중에 찾은 하나님의 은혜입니다. 멸망 중에 구원의 은혜가 임하는 것과 동일한 구조입니다.

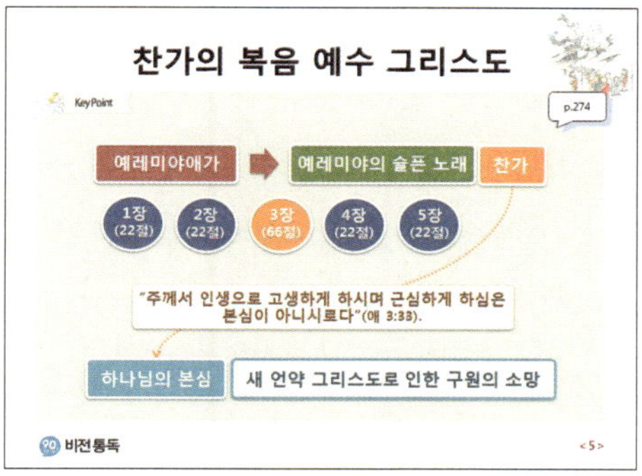

Q. 예레미야애가에 흐르는 구속사는 무엇인가?

애가의 구속사는 예수 그리스도를 통한 구원입니다. 이는 곧 인생의 애가를 예수 그리스도의 찬가로 바꾸는 복음입니다. 우리에게는 많은 고난이 있습니다. 그런데 하나님이 그것을 부림절과 부활절처럼 회복시키십니다. 이 땅에 사는 것은 고통스럽지만 천국을 붙잡고 있기에 하늘을 쳐다보는 것입니다. 십자가 은혜를 붙잡은 사람들은 천국을 소망합니다. 그래서 가난하지만, 부족하고 어렵지만 살 만한 것입니다. 하나님의 본심을 눈치챈다면 슬픔이 변해 기쁨이 되는 소망의 찬가를 부를 수 있습니다. 하나님의 본심을 찾아야 합니다.

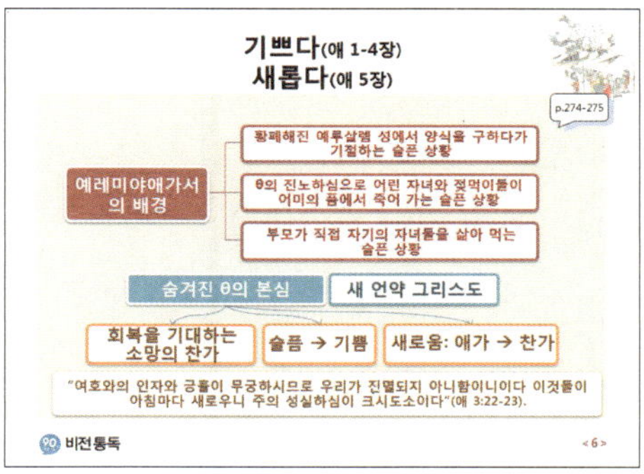

Q. 예레미야애가가 어떻게 찬가로 바뀔 수 있는가?

애가는 슬픈 노래라는 뜻입니다. 그런데 제목을 찬가의 복음이라 지었습니다. 예레미야애가는 히브리어 알파벳 22개의 시적 운율로 기록된 책입니다. 그중 3장만 특별히 66절로 되어 있는데, 그 정중앙인 33절에 하나님의 본심이 들어 있습니다. 그 본심을 알면 애가가 찬가로 바뀔 수 있습니다. 하나님의 본심은 멸망이 아니라 구원이기 때문입니다.

day 55. 유다의 죄악

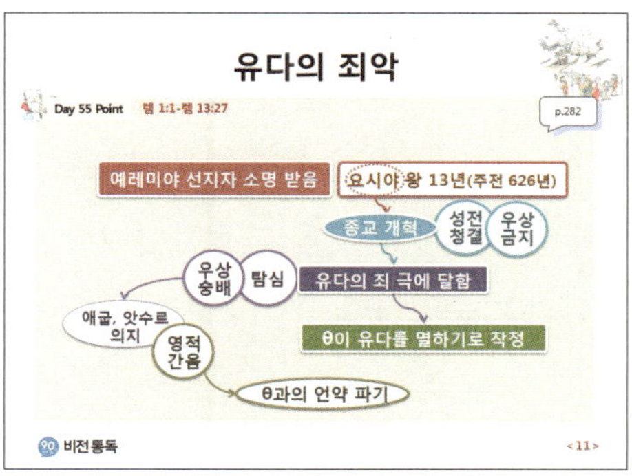

Q. 유다의 죄악은 무엇인가?

유다의 요시야 왕은 대대적인 종교 개혁을 일으켰지만 결국 유다의 죄악으로 인해 멸망하게 됩니다. 유다의 죄악 중 하나는 우상 숭배고, 또 하나는 영적인 간음입니다. 우상 숭배는 마음에 탐심이 가득한 것을 말하고, 영적인 간음은 하나님의 언약을 파기하는 것을 말합니다.

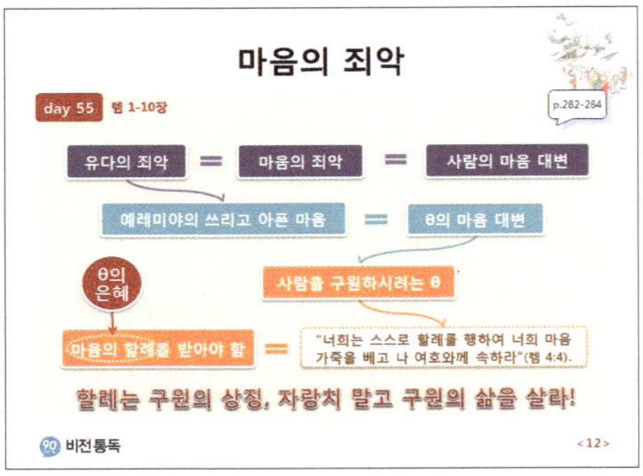

Q. 마음의 죄악은 구체적으로 무엇을 말하는가?

마음의 죄악은 결국 탐심을 말하는데, 영광스러운 주님을 무익한 것으로 바꾼 것(렘 2:11)입니다. 이것을 로마서에서는 "하나님을 영화롭게도 아니하며 하나님의 영광을 썩어질 우상으로 바꾸었다"(롬 1:21, 23)고 설명합니다. 또한 히브리서에서는 썩어질 팥죽을 위해 장자의 명분을 버렸다고 설명합니다. 결국 마음의 죄악은 육신의 배를 채우기 위해 하나님을 버리는 것입니다.

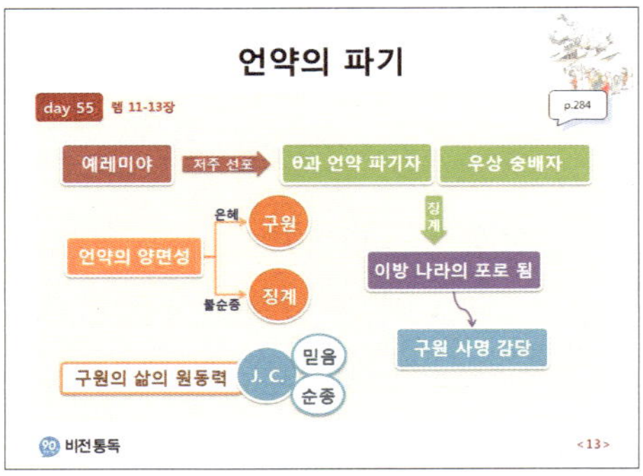

Q. 영적 간음은 구체적으로 무엇을 말하는가?

영적 간음은 하나님의 언약을 파기한 것입니다. 언약을 파기하는 것도 결국 자신이 잘 먹고 잘 살기 위한 것이었기에 우상 숭배로 연결될 수밖에 없습니다. 그런데 여기서 중요한 것은 언약의 양면성입니다. 언약을 파기하면 징계가 오고, 징계를 받고 회개하면 구원을 약속하기 때문에 이것이 하나님의 은혜인 것입니다.

day 56. 유다의 심판

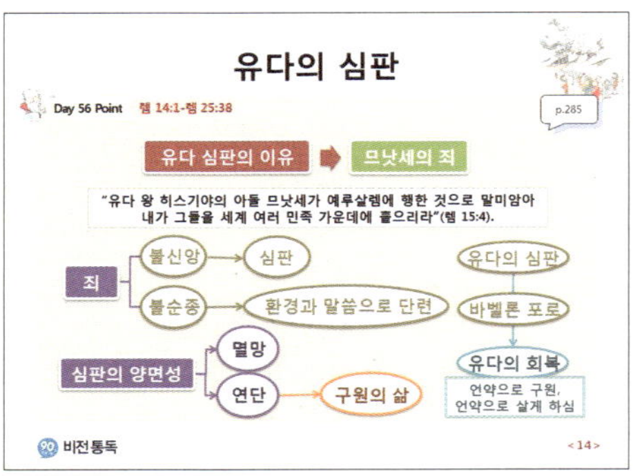

Q. 심판의 기준은 무엇인가?

심판의 기준은 두 개, 곧 불신앙과 불순종입니다. 불신앙은 이방인들에 해당되는 것으로, 하나님을 믿지 않는 것입니다. 그러나 불순종은 하나님을 믿으면서도 하나님의 말씀대로 살지 않는 것입니다. 북 이스라엘은 여로보암 때문에, 남 유다는 므낫세 때문에(렘 15:4) 심판을 받습니다. 그러나 하나님은 유다의 심판을 통해 포로 생활 70년이 차면 회복하게 하실 것을 약속하십니다. 이것이 하나님의 심판의 기준입니다.

Q. 심판의 당위성은 있는가?

심판의 당위성은 당연히 인간의 죄입니다. 그렇다면 그

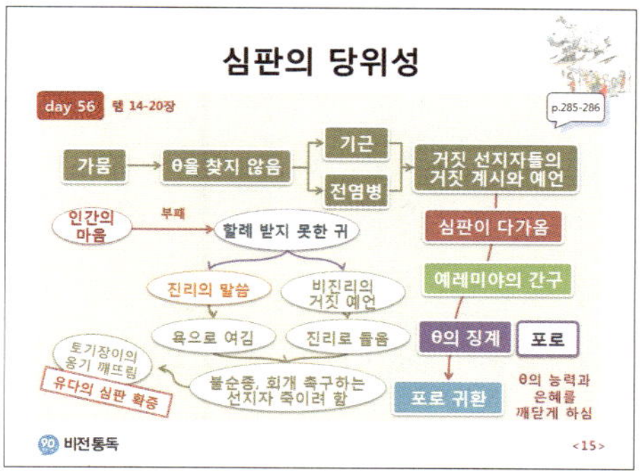

당연함은 무엇에 근거할까요? 창세기에서는 하나님의 창조주이심을, 출애굽기에서는 구원자이심을 근거로 합니다. 진흙이 토기장이의 손에 있듯이 이스라엘 족속이 하나님의 손안에 있기 때문입니다. 그런데 회복의 당위성은 있습니까? 없습니다. 이것은 전적인 하나님의 은혜입니다.

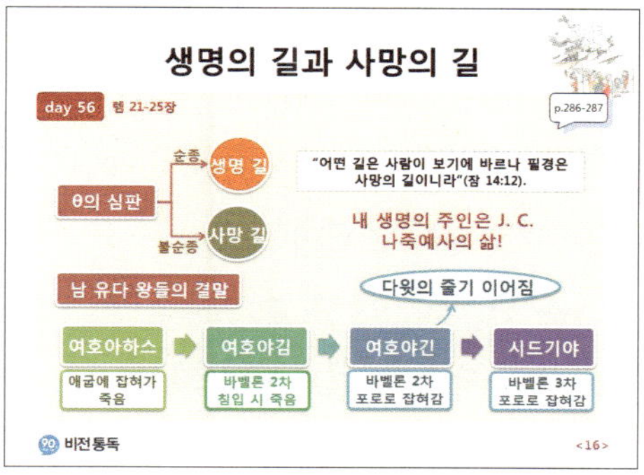

Q. 어떤 길이 생명의 길인가?

이스라엘 앞에 두 개의 길, 곧 생명의 길과 사망의 길이 있습니다. 생명의 길은 무엇일까요? 바로 갈대아인에게 항복하는 것입니다. 하나님의 말씀을 받은 예레미야는 갈대아인에게 항복하고 섬기면 살 수 있다고 선포합니다. 그러나 이스라엘 백성들은 예레미야의 말을 이해하지 못했습니다. 진정한 살길은 내가 죽고 예수로 사는 길입니다.

Day 57. 영원한 새 언약

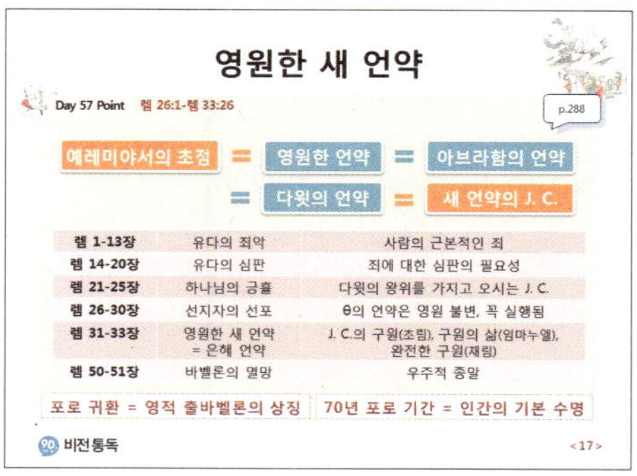

Q. 예레미야서의 구속사의 초점은 무엇인가?

예레미야서의 초점은 육적인 다윗의 위는 폐하고(렘 22:30), 영적인 다윗의 위(렘 23:5)인 예수 그리스도가 다윗의 줄기에서 오신다는 것입니다. 이것은 영원한 언약의 체결로서, 다윗의 언약을 설명합니다(렘 30:22, 32:40, 33:20-21 참조).

Q. 누구의 말을 들을 것인가?

하나님은 이스라엘에 수많은 선지자를 보내셨습니다. 그러나 그들은 듣거나 순종하지 않았습니다(렘 25:4, 26:5, 29:19, 35:15, 44:4-5). 오히려 그들은 거짓 선지자의 말을

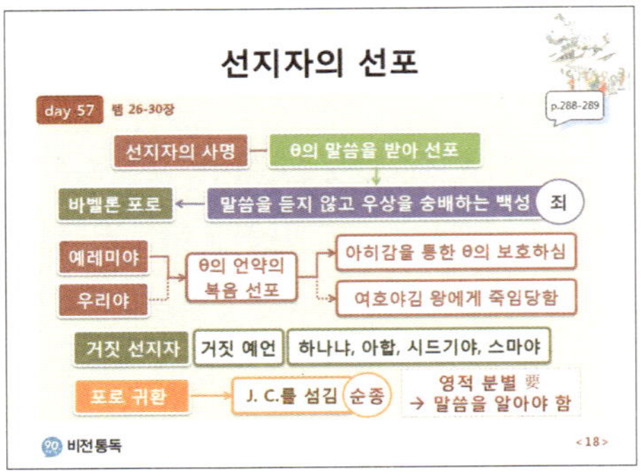

들고 믿었습니다. 누구의 말을 들을 것인가는 영적 분별의 문제입니다. 말씀이 기준이 될 때에야 비로소 들어야 할 말을 들을 수 있습니다.

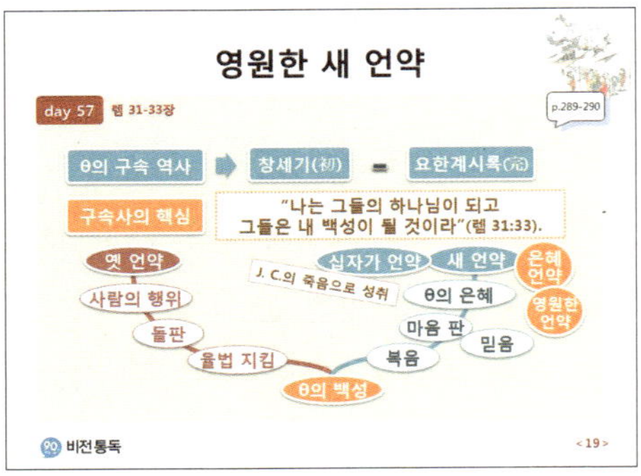

Q. 다윗 언약의 가치는 어느 정도인가?

선지자의 선포, 영원한 새 언약의 목적은 하나님의 백성이 되게 하는 것입니다. 하나님은 다윗 언약을 결코 어기지 않으십니다. 다윗 언약은 불변하는 우주와 같이 변하지 않는다는 것입니다. 인간은 쉽게 약속을 깨지만, 하나님은 어떤 언약도 깨지 않고 반드시 지키십니다.

Day 58. 불순종한 유다의 멸망

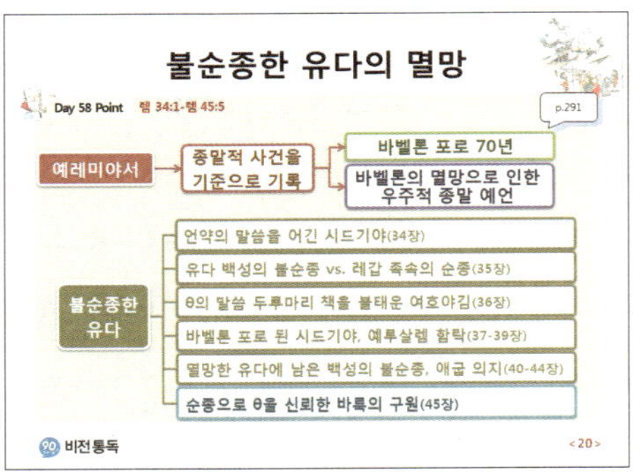

Q. 예레미야서에서의 유다의 불순종은 어떻게 묘사되는가?

예레미야서는 연대기적 서술이 아니라 종말적 사건을 기준으로 기록되었습니다. 미래에 일어날 일의 결론을 1장에서 먼저 기술하고 주제별 상황에 맞게 과거와 현재의 사건을 혼합해 전개해 나가는 방식으로 기술됩니다. 그렇기 때문에 하나님이 말씀하시고자 하는 방향성이 무엇인지를 확인하며 읽어야 합니다.

Q. 불순종한 유다의 죄악은 무엇인가?

유다의 불순종 사례를 세 실존 인물을 통해 보여 주는데, 첫째, 시드기야는 안식년을 어깁니다. 갇힌 자를 자유하게 하는 것이 그리스도의 대표적 사역임에도 불구

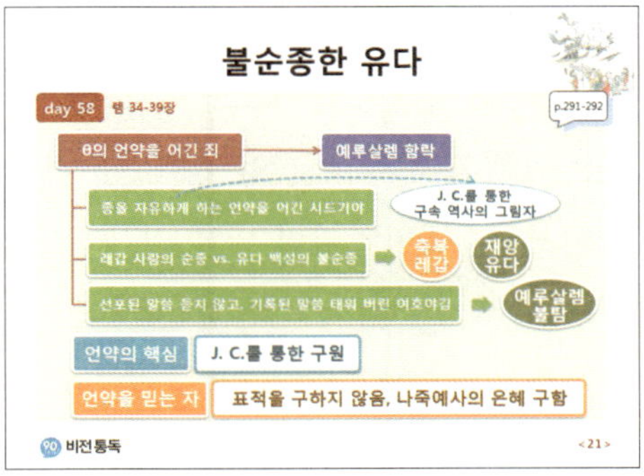

하고 시드기야는 그것을 어긴 것입니다. 둘째, 유다 백성의 불순종을 레갑 사람의 순종과 대비해서 그 죄를 설명합니다. 셋째, 여호야김은 불순종은 물론 기록된 말씀까지 불에 태워 버리는 죄를 범합니다. 이 사건을 통해 결국 예루살렘이 불타게 되는 것입니다(렘 37-39장).

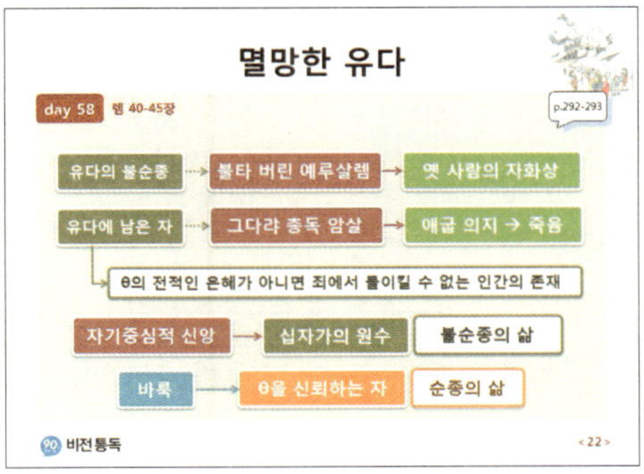

Q. 열왕기하와 예레미야서가 다른 점은 무엇인가?

두 책 모두 유다의 불순종으로 인한 예루살렘의 멸망을 이야기합니다. 그러나 예루살렘의 함락으로 끝나는 열왕기하와는 다르게 예레미야서는 멸망한 유다에 남아 있는 백성의 불순종을 통해 하나님의 전적인 은혜가 아니면 돌이킬 수 없는 인간의 존재를 알려 주며, 대조적으로 바룩처럼 하나님을 신뢰하는 자의 순종도 보여 줍니다.

day 59. 유다의 회복과 하나님의 본심

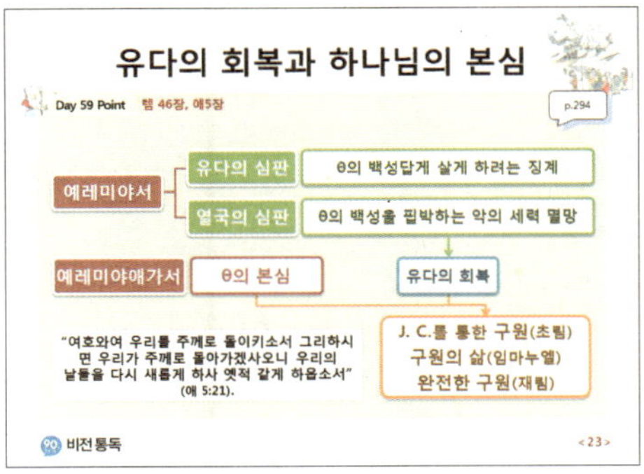

Q. 예레미야서와 예레미야애가를 연결하는 것은 무엇인가?

예레미야서를 종말적 기준으로 보면 유다의 심판과 열국의 심판으로 나눌 수 있는데, 그 심판을 슬퍼하는 노래가 예레미야애가입니다. 하지만 슬픔 가운데 유다의 회복이라는 하나님의 본심이 드러납니다. 결국 두 책의 결론은 회복자 예수 그리스도인 것입니다.

Q. 유다의 회복 조건은 무엇인가?

유다는 죄로 인해 심판을 받지만, 은혜로 구원을 얻습니다. 유다는 스스로 회복할 수 없음을 이미 세 건의 사례를 통해 말씀하셨습니다. 그렇기 때문에 유다의 회복 조건은 전적으로 하나님의 은혜입니다. 사탄을 상징하는

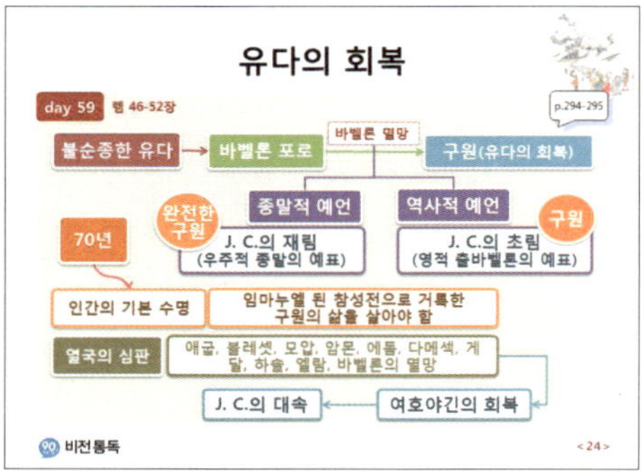

바벨론 포로 생활 70년을 마감하고 출바벨론을 이루실 분은 재림자로 오시는 예수 그리스도이십니다. 그리고 그때에는 이스라엘의 죄악을 찾을 수 없게 된다는 것(렘 50:20)이 하나님의 계획입니다.

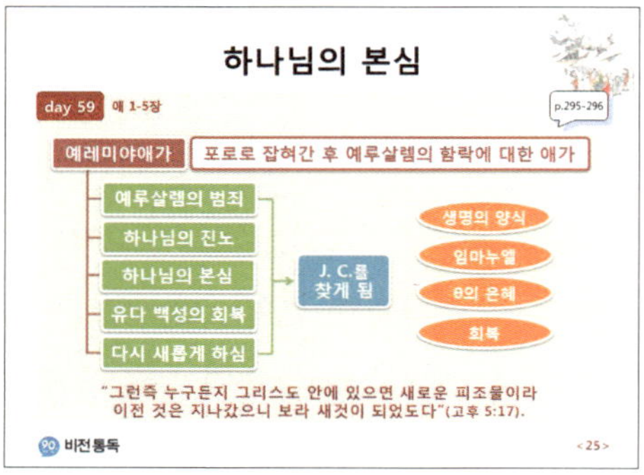

Q. 어떻게 하면 애가가 찬가로 바뀔 수 있는가?

예레미야애가는 슬픔의 노래입니다. 그러나 하나님의 본심을 알면 찬가로 바뀔 수 있습니다. 하나님의 본심은 예레미야애가 3장 33절에 나오며, 그 평안과 안식은 예레미야 31장 31절의 '새 언약'으로 얻을 수 있습니다. 하나님의 새 언약은 예수 그리스도이십니다. 즉, 하나님의 본심은 그리스도인 것입니다.

에스겔

에스겔 개관

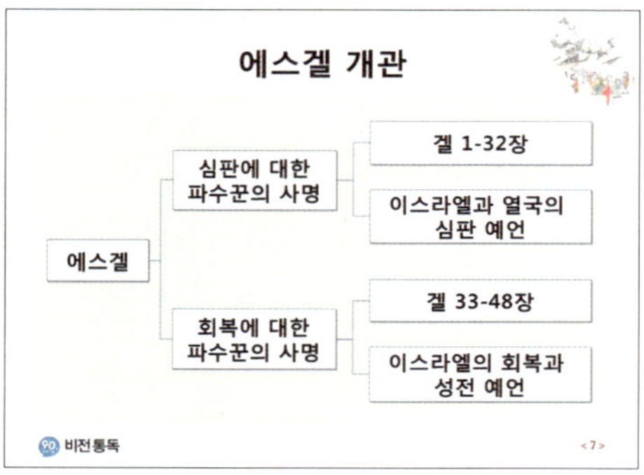

Q. 에스겔서의 구조는 무엇인가?

에스겔서는 심판(1-32장)과 회복(33-48장)으로 나눌 수 있지만 중심 메시지는 회복입니다. 3장과 33장에 반복해서 나오는 파수꾼에 대한 이야기를 기점으로 1-32장은 심판을, 33-48장은 회복을 이야기하는데, 심판은 이스라엘 족속의 심판(1-24장)과 열방의 심판(25-32장)으로 나뉘지만, 하나님은 이스라엘 족속만을 회복시키십니다. 이를 통해 구원의 양면성을 보여 주는 것입니다.

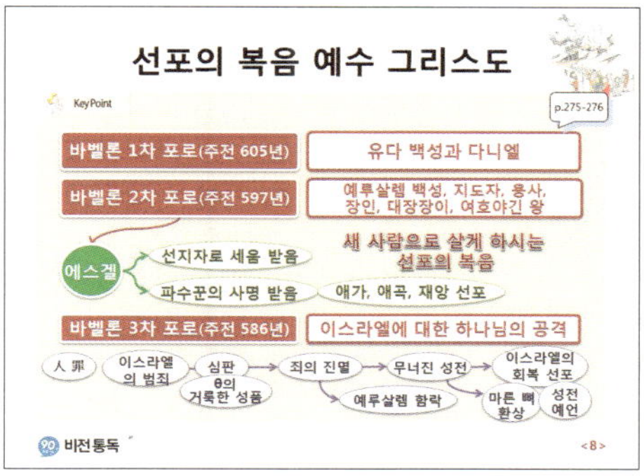

Q. 에스겔서의 구속사는 무엇인가?

에스겔서는 죄에 대한 하나님의 공격을 선포하고, 죄의 진멸 이후 마른 뼈 환상과 성전 예언을 통해 회복을 선포합니다. 즉, 죄 된 옛 사람을 십자가에서 죽게 하시고 새사람으로 살게 하시는 복음의 구속사를 보여 주는 것입니다.

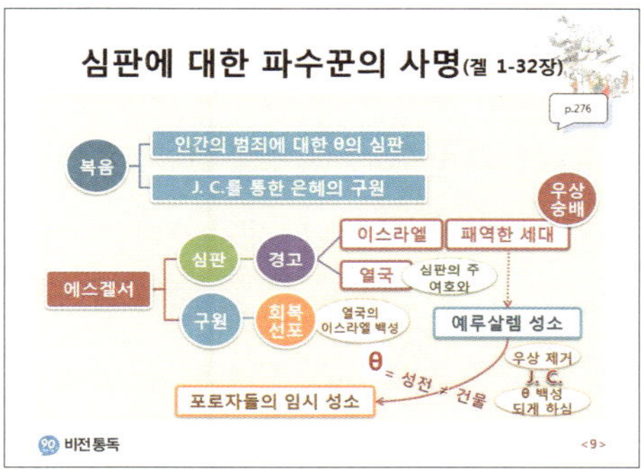

Q. 심판 속에 들어 있는 하나님의 마음은 무엇인가?

하나님이 직접 유다를 대적하시고 열국을 심판하시는 이유는 회복 때문임을 알 수 있습니다. 하나님은 바벨론에 포로로 잡혀간 자들을 위해 임시 성소가 되어 주셨습니다(겔 8:6, 11:16). 또한 열방을 심판하심으로 진정한 구원자가 하나님이심을 말씀하십니다. 이처럼 하나님의 마음은 회복에 있습니다.

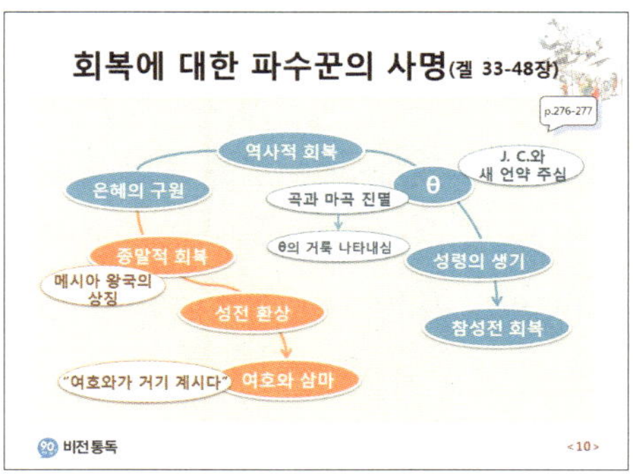

Q. 복음의 양면성은 무엇인가?

에스겔서에서 보여 주는 복음의 양면성은, 어떤 사람에게는 심판이지만, 그것이 다른 사람에게는 구원이 된다는 것입니다. 열방을 심판하시면서 하나님의 백성을 구원하시기 때문입니다. 이것은 '역사적 회복'(겔 33-39장)과 '종말적 회복'(겔 40-48장)으로 나타납니다.

day 60. 성전 재건축 이주 대책

Q. 이스라엘 족속을 포로로 보내신 이유는 무엇인가?

우상으로 더럽혀진 성전을 재건축하기 위해서는 사람들을 이주시켜야만 했습니다. 그래서 하나님은 예루살

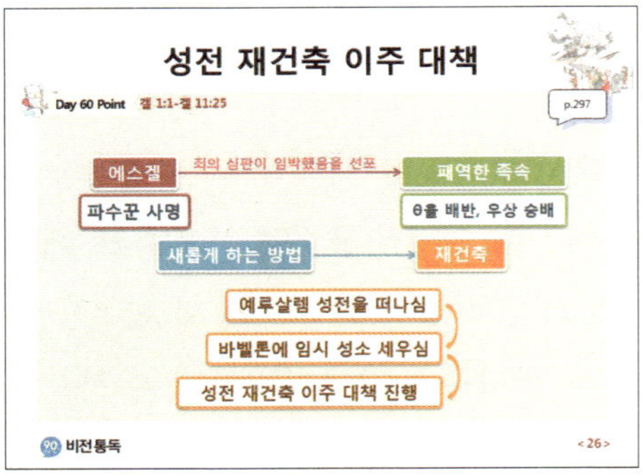

렘 성전을 떠나서 바벨론에 임시 성소를 세우시고 성전 재건축 이주 대책을 진행하십니다. 그러나 이스라엘 족속은 이것이 성전 재건축을 위한 것임을 깨닫지 못했습니다.

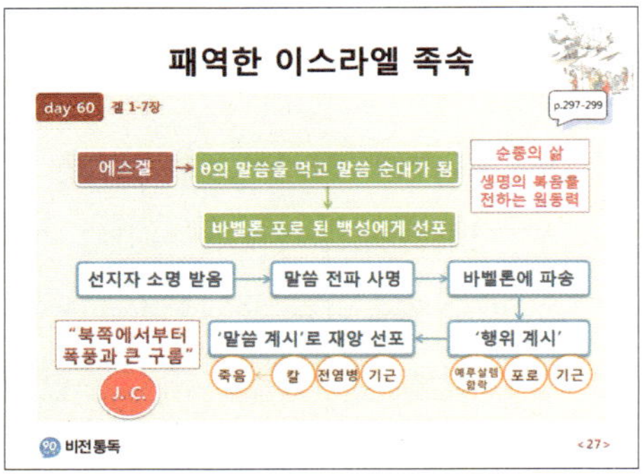

Q. 패역한 이스라엘 족속을 향한 선포는 어떻게 시작되는가?

선지자는 하나님의 말씀을 선포하는 자입니다. 그렇기 때문에 선포 이전에 말씀을 먹어야 합니다(겔 2:8-10). 말씀을 먹으면 말씀이 나의 불순종, 내 안에 있는 육신의 찌꺼기를 밀어냅니다. 말씀이 창자까지 채워지면 욕심, 탐심, 자존심 같은 것들이 밀려 나가게 되어 있습니다. 그럴 때 하나님의 말씀을 선포하게 되는 것입니다.

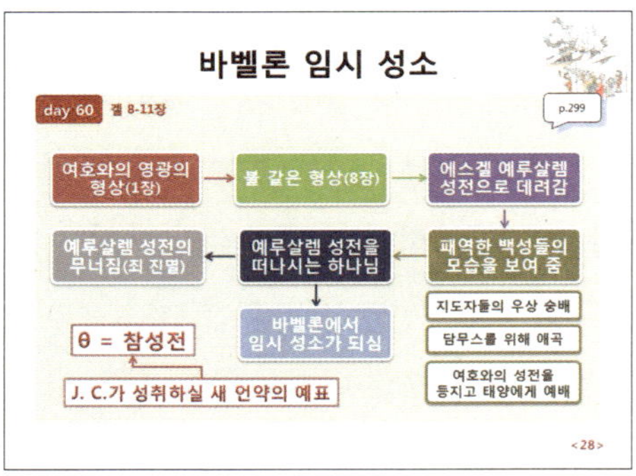

Q. 바벨론의 임시 성소는 무엇을 말하는가?

이스라엘 족속은 예루살렘 성전에서 담무스와 태양신을 섬겼습니다. 그래서 하나님은 에스겔을 통해 바벨론에 포로로 잡혀갈 것과 거기서 하나님 자신이 잠시 성전이 되어 주실 것을 말씀하십니다(겔 11:16). 이 임시 성소는 건물이 아닙니다. 성전은 건물이 아닌 하나님 자신이며, 하나님이 임재하시는 곳을 말합니다. 하나님은 당신의 백성을 바벨론에 포로로 보내 놓고 거기에 임재해 계셨던 것입니다.

day 61. 재건축을 위한 성전 파괴

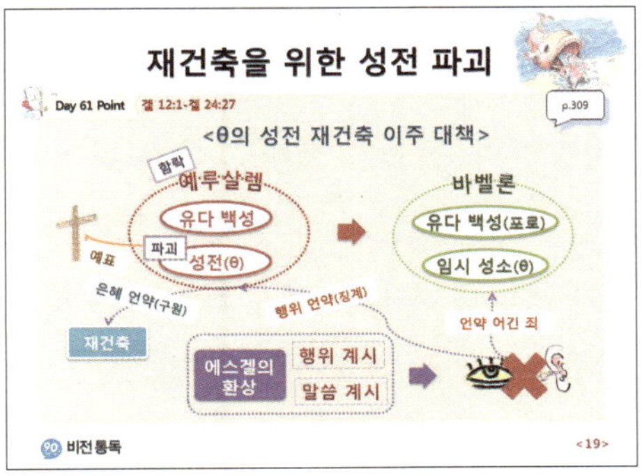

Q. 하나님은 왜 예루살렘 성전을 파괴하시는가?

성전 파괴는 행위 언약을 지키지 못한 이스라엘 족속에 대한 징계로 이뤄집니다. 하지만 결국에는 재건축을 통한 은혜 언약으로 구원을 설명하십니다. 이는 인간의 힘으로는 구원 받을 길이 없고, 오직 예수 그리스도로만 구원 받을 수 있음을 뜻하는 것입니다.

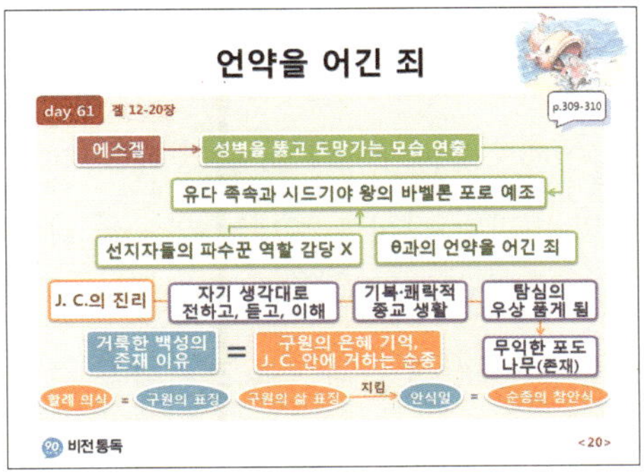

Q. 예루살렘이 함락된 결정적 이유는 무엇인가?

이스라엘 족속이 징계를 받아 성전이 파괴되고 바벨론에 포로로 잡혀간 것은 하나님과의 언약을 지키지 않았기 때문입니다. 그러나 더 결정적인 이유는 하나님의 말씀을 선포하는 선지자들이 파수꾼의 역할을 제대로 감당하지 못했기 때문입니다. 말씀을 마음대로 해석하고 듣기 좋은 말만 전한다면 하나님이 그 책임을 분명히 물으실 것입니다.

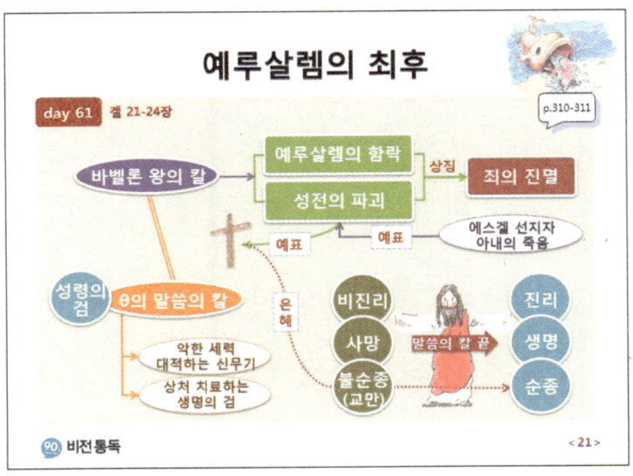

Q. 에스겔서에서 보여 주는 구속사는 무엇인가?

하나님은 죄에 대한 심판의 도구로 "바벨론 왕의 칼"(겔 21:19)을 사용하십니다. 그러나 예루살렘 공격의 선봉장은 하나님이십니다. 내가 십자가에서 죽었다는 것은 자살이나 사탄에 의해 죽임을 당했다는 뜻이 아닙니다. 하나님이 나를 죽이신 것과 같습니다. 에스겔 선지자의 아내의 죽음은 하나님이 가장 사랑하시는 성전의 무너짐을 예표합니다.

day 62. 열국의 심판과 이스라엘의 회복

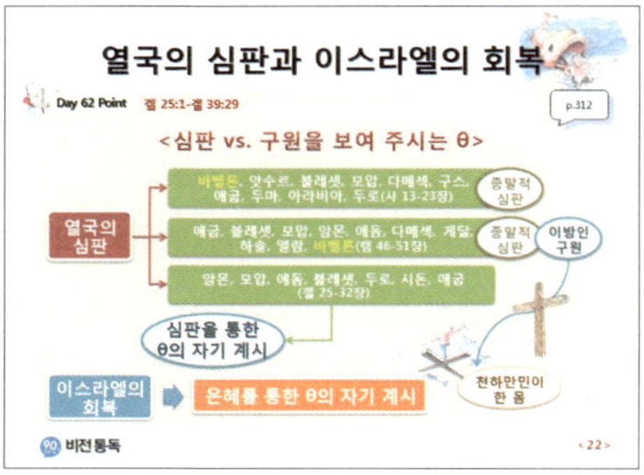

Q. 열국의 심판은 무엇을 의미하는가?

이사야서의 열국 심판은 종말적 심판이고, 예레미야서의 열국 심판은 이방인의 구원을 전제로 한 심판이며, 에스겔서의 열국 심판은 하나님의 자기 계시입니다. 모든 민족이 여호와가 하나님 되심을 알게 하시려는 것입니다.

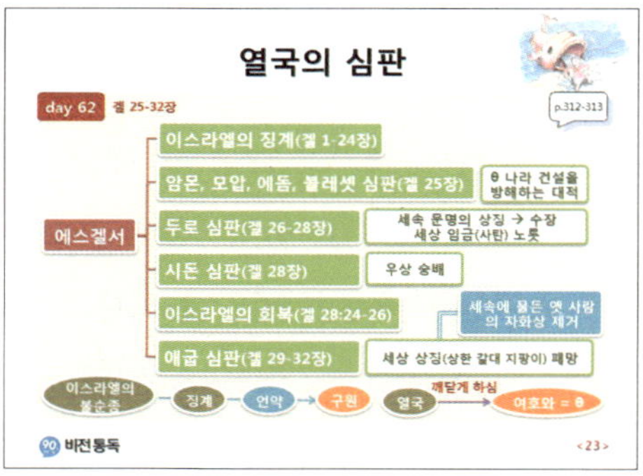

Q. 에스겔서의 열국의 심판은 무엇을 의미하는가?

암몬, 모압, 에돔, 블레셋, 두로, 시돈, 애굽이 하나님의 심판을 받습니다. 이것은 각 나라의 우상 숭배에 대한 심판입니다. 열국의 주관자 되시는 하나님이 모든 나라들의 우상을 심판하시는 것입니다. 이것은 우리 안에 있는 세상을 사랑하는 옛 사람의 자화상을 제거하는 것과 같습니다.

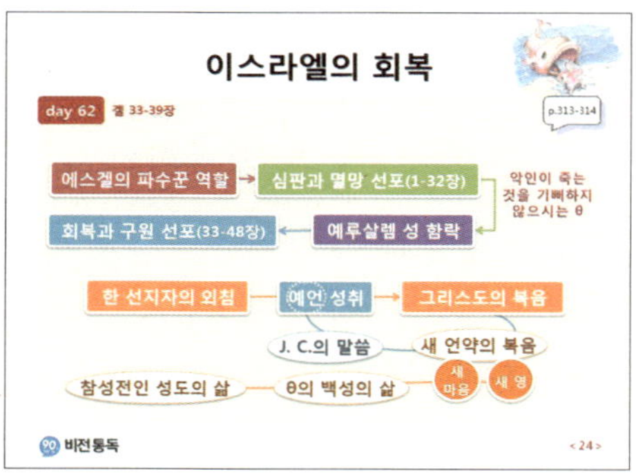

Q. 하나님의 본심은 무엇인가?

하나님의 본심은 심판과 파멸이 아닌 회복과 구원이며, 악인을 구원하시는 사랑입니다(겔 33:11). 심판과 멸망(겔 1-32장)을 선포한 파수꾼이 이제는 회복과 구원(겔 33-48장)을 선포합니다. 그런데 하나님은 이스라엘 족속만 회복시키십니다. 이는 하나님의 공의가 누군가에겐 구원으로, 누군가에겐 심판으로 나타남을 보여 주기 위함입니다.

day 63. 이스라엘의 종말적 회복

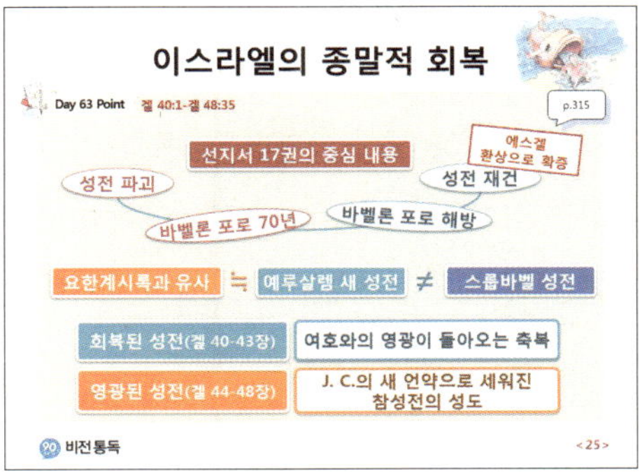

Q. 에스겔 40-48장의 핵심 키워드는 무엇인가?

선지서 17권의 중심 내용은 예루살렘의 멸망과 회복입니다. 그 내용의 중심에는 성전이 있고, 성전의 파괴는 포로 됨을, 성전의 재건은 해방을 의미합니다. 그렇기 때문에 핵심 키워드는 성전이라 할 수 있습니다. 중요한 것은 이 성전이 요한계시록 21-22장의 내용과 매우 유사하다는 것입니다. 이 성전은 건물이 아니라 참성전 되시는 그리스도를 상징합니다.

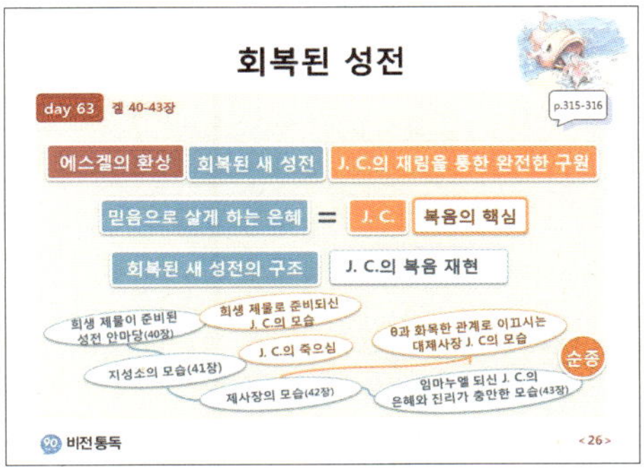

Q. 회복된 성전이 의미하는 것은 무엇인가?

에스겔 40-43장의 내용을 정리하면, 40장의 희생 제물, 41장의 지성소, 42장의 제사장은 모두 예수 그리스도를 상징합니다. 43장에 가면 회복된 성전 안에 여호와의 영광이 가득한데, 이것은 요한복음 1장 14절과 동일시됩니다. 은혜와 진리가 충만한 상태를 말하는 것입니다. 그리스도가 오시면 시간의 개념은 영원으로 갑니다. 해와 달이 빛을 잃는 것은 해보다 더 밝은 예수 그리스도가 계시기 때문입니다. 그곳이 참성전이며 하늘나라입니다.

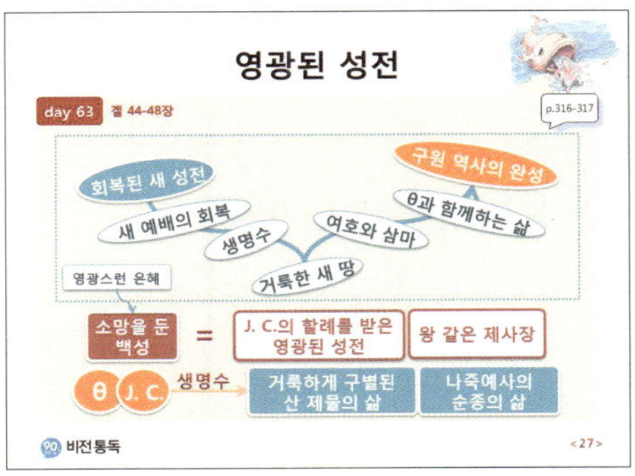

Q. 영광된 성전에서 나타나는 것은 무엇인가?

회복된 성전은 영광된 성전으로, 그 영광된 성전은 새 예배를 드리는 모습으로 나타납니다. 에스겔 44장은 그리스도의 할례를 설명하고, 45장은 거룩히 구별된 구역을 말하며, 46장은 산 제물로 드려지는 순종의 삶으로 매일 상번제(아침의 번제)를 드리는 예배가 등장합니다(민 28:23, 겔 46:13-15). 이렇게 살 수 있는 이유는 47장의 생명수가 흘러넘치기 때문입니다. 48장은 여호와 삼마로 끝나는데, 이는 여호와가 함께 사시는 임마누엘의 은혜를 설명합니다.

Tip 성경을 다독하면 얻어지는 장점은 무엇인가?

성경 전체가 무슨 말을 하는지, 그것이 어디를 기점으로 전환되고 설명되는지가 깨달아집니다. 말씀 전체의 경점이 보이는 것입니다. 이것은 공부해서 되는 것도, 머리가 똑똑해야 가능한 것도 아닙니다. 성경 읽기를 통해 하늘의 지혜가 들어오면 세상의 이치를 깨닫게 됩니다.

다니엘

다니엘 개관

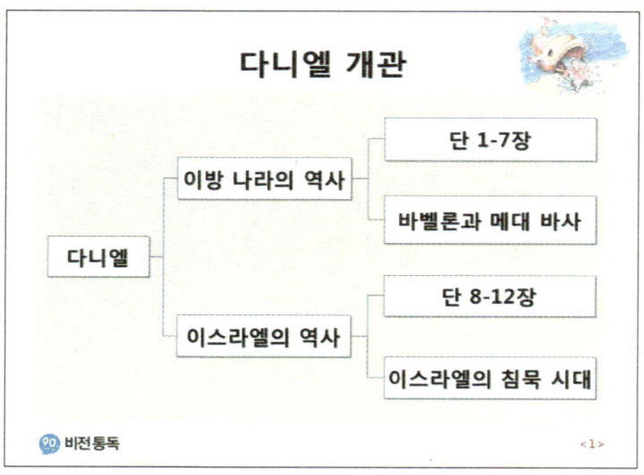

Q. 다니엘서의 구조적 초점은 무엇인가?

다니엘서의 구조적인 초점은 역사입니다. 1-7장은 이방 나라의 역사이고, 8-12장은 이스라엘의 역사를 나타냅니다. 그런데 8-12장도 사실은 다 이방 나라의 역사입니다. 하지만 뜨인 돌이 날라와 금 신상을 부수고 하나님의 '한 나라'를 세우는데, 침묵 시대가 금 신상의 시대이고 그리스도의 탄생으로 한 나라가 세워지기 때문에 8-12장은 이스라엘의 구원 역사로 볼 수 있습니다.

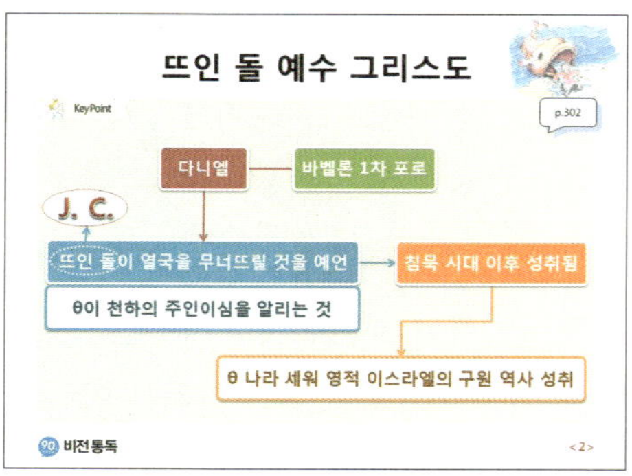

Q. 다니엘서의 핵심 메시지는 무엇인가?

1-7장까지 이방 나라의 역사를 통해 많은 왕들이 세계를 다스리지만 결국 뜨인 돌이 열국을 상징하는 신상을 무너뜨리는 것이 핵심이라 할 수 있습니다. 그 뜨인 돌이 바로 모든 열국의 왕 되시는 예수 그리스도입니다.

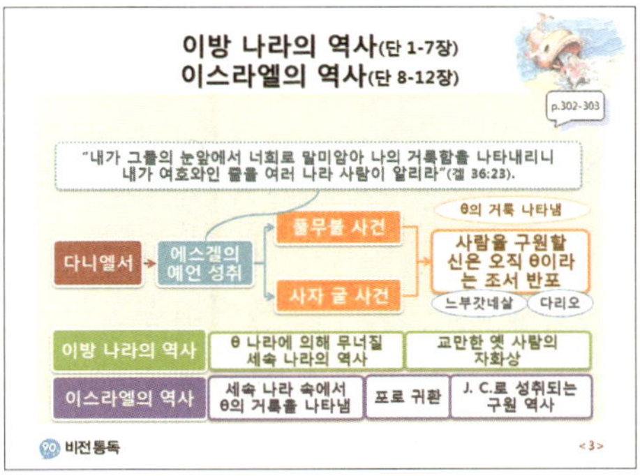

Q. 다니엘서의 두 사건이 가져온 결과는 무엇인가?

다니엘과 세 친구는 하나님만 섬기다 풀무불과 사자 굴에 들어가는 사건을 당합니다. 이 사건을 통해 조서가 꾸며지는데, 조서는 "이같이 사람을 구원할 신은 오직 하나님밖에 없다"는 내용입니다. 사건을 통해 하나님의 하나님 되심을 나타내고, 모든 우상을 파하시고 새 나라를 건설하시는 것이 다니엘서에서 보여 주는 구원 역사입니다.

호세아

호세아 개관

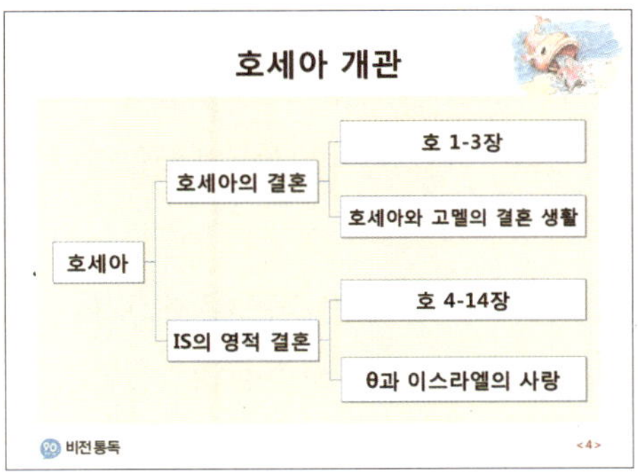

Q. 호세아서의 구조는 무엇인가?

1-3장은 호세아의 결혼을, 4-14장은 이스라엘의 영적 결혼을 이야기합니다. 호세아의 결혼을 통해 하나님이 고멜과 같은 이스라엘을 사랑하고 구원하신다는 의미를 말해 줍니다.

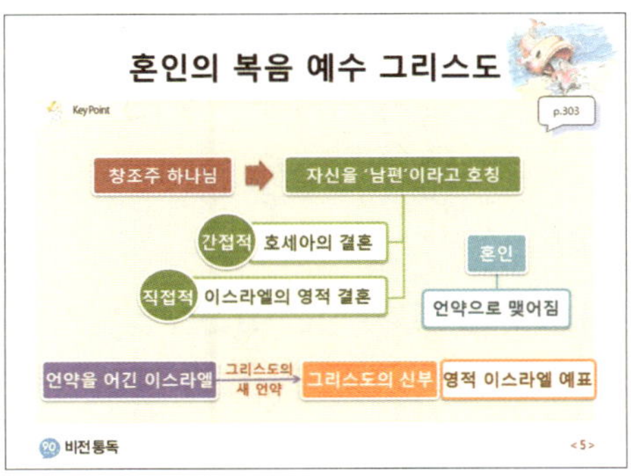

Q. 호세아서의 주제는 무엇인가?

호세아서의 주제는 사랑입니다. 호세아가 고멜을 사랑한 것처럼 하나님이 자기 백성 이스라엘을 사랑하신다는 것을 이야기합니다. 이는 하나님이 사람을 사랑하신 것이기에 영적인 개념으로 이해해야 합니다. 호세아가 혼인이라는 언약을 깬 고멜을 사랑하는 것처럼, 아담처럼 언약을 어긴 이스라엘을 새 언약 되시는 그리스도를 통해 구원하시는 하나님의 사랑을 이야기합니다.

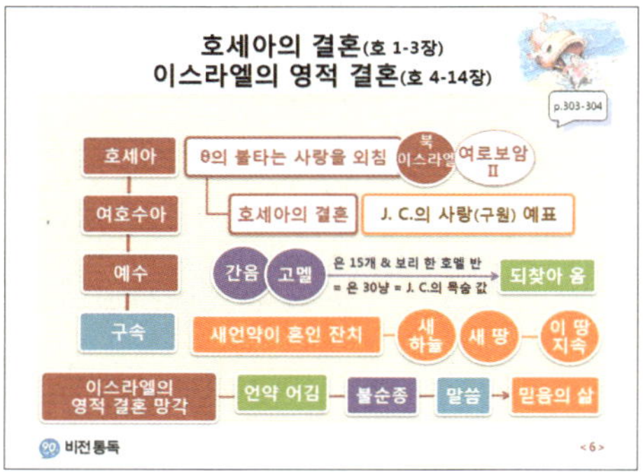

Q. 호세아라는 이름을 통해 알 수 있는 것은 무엇인가?

'호세아'라는 이름은 '여호수아' 그리고 '예수'와 같은 '구속'이라는 뜻을 가집니다. 구속은 잃어버렸던 것을 대가를 지불하고 다시 찾아오는 것을 의미합니다. 호세아가 간음한 고멜을 은 열다섯 개와 보리 한 호멜 반을 지불하고 데려온 것처럼, 하나님은 그리스도의 목숨 값을 지불하고 성도를 구원하십니다.

day 64. 영원한 나라

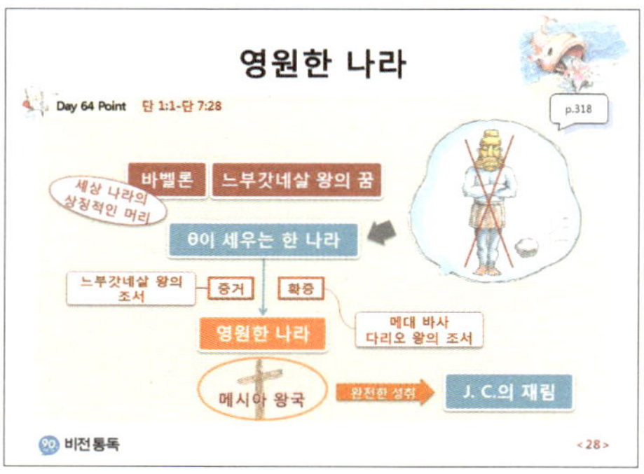

Q. 영원한 나라는 어디에 있는가?

바벨론의 느부갓네살 왕이 꿈꾼 금 신상은 결국 뜨인 돌에 의해 무너집니다. 열국이 아무리 강하고 큰 나라를 이루어도 결국 뜨인 돌 되시는 예수 그리스도로 인해 무너지고 진정한 영원한 나라가 도래하게 되는 것입니다. 이 영원한 나라는 예수 그리스도(단 9:25)가 십자가에서 죽으시고 부활하심으로 세워지는 메시아 왕국입니다.

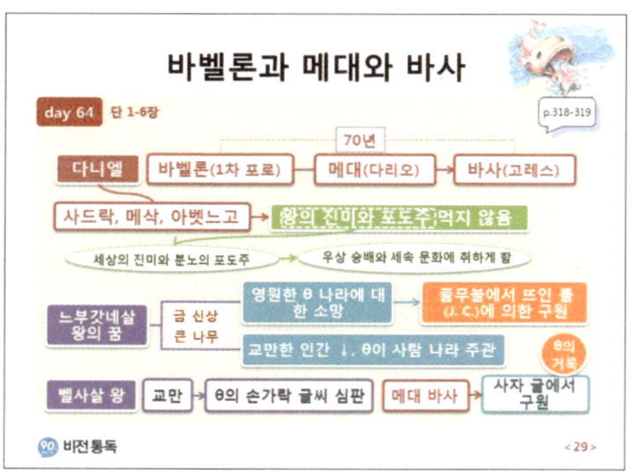

Q. 다니엘의 일생을 통해 알 수 있는 것은 무엇인가?

다니엘은 바벨론에 1차 포로로 잡혀갔습니다. 포로 생활 70년 동안 세상 유혹에 넘어지지 않고 경건을 지키며 살았습니다. 세상 풍속으로 대비되는 왕의 진미와 포도주를 거절하고 오직 하나님만 섬기는 삶을 통해 마지막 시대에 성도의 삶이 어떠해야 하는가를 보여 줍니다.

Q. 다니엘서 7장이 이야기하고자 하는 것은 무엇인가?

다니엘서 7장을 통해서 영원한 하나님 나라를 설명합니다. 여기 나오는 네 짐승은 네 왕을 말하는데, 이와

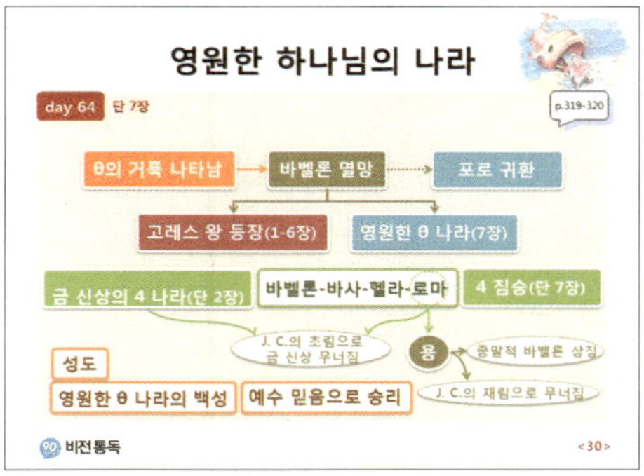

같은 표현이 요한계시록 13장에도 나옵니다. 계시록과 다니엘서를 연결해서 생각해 보면 세상 나라의 임금들을 다 짐승으로 표현합니다. 그렇다면 하나님 나라는 어떻게 세워질까요? 예수 그리스도의 재림으로 세상 모든 권세가 무너지고 하나님 나라가 세워지는 것입니다.

day 65. 침묵 시대와 영적 이스라엘

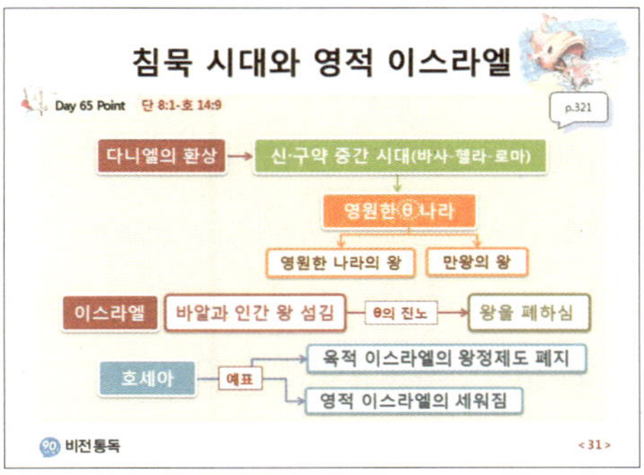

Q. 다니엘서와 호세아서를 연결할 수 있는 근거는 무엇인가?

다니엘서의 주제는 '구원의 역사'입니다. 그 구원의 역사를 소선지서가 계속 설명하는 구조로 되어 있습니다. 다니엘서가 구원의 역사를 말한다면, 그 구원의 근거가 무엇인지를 호세아서가 설명하는 것입니다. 그 근거는 바로 '사랑'입니다. 그리고 사랑이 구원의 근거가 됨을 강조하는 책이 호세아서입니다.

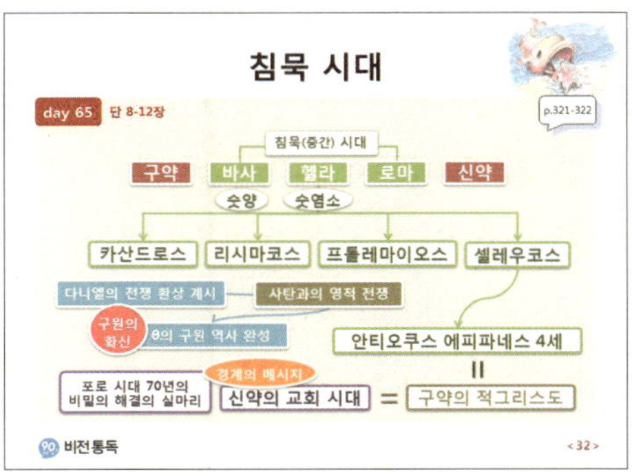

Q. 다니엘이 깨달은 바벨론 포로 70년의 비밀은 무엇인가?

다니엘은 바벨론 포로 70년의 비밀(단 9:2)을 깨달았는데, 그것은 곧 70이레 후에 하나님 나라가 임한다는 것입니다. 다니엘서 후반부는 구약의 침묵 시대를 말합니다. 지금은 신약의 교회 시대인데, 그 분위기가 신약의 침묵 시대라 말해도 될 듯합니다. 구약의 침묵 시대와 신약의 침묵 시대의 유사성은 그리스도의 초림과 재림으로 결정됩니다. 69이레가 지나고 남은 1이레가 바로 지금 이 시대인 것입니다.

Q. 호세아서에서 강조하는 사랑의 방법은 무엇인가?

호세아서는 행위가 아닌 언약을 통해 구원 받음을 설명

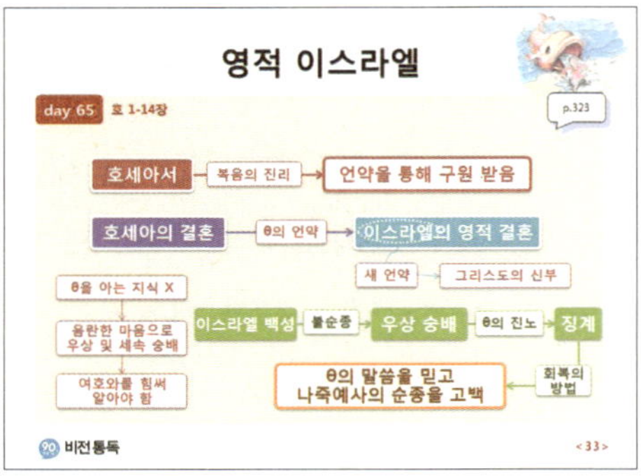

합니다. 이것은 언약을 기초로 하며 사랑을 근거로 합니다. 호세아서에서 중요한 것은 하나님을 아는 지식입니다(호 4:1, 6:3). 하나님을 아는 지식이 없으면 망하게 됩니다. 그렇다면 어떤 지식일까요? 언약을 근거로 하는 구원의 하나님을 알아야 한다는 것입니다.

Tip 어떻게 하면 성경을 재미있게 읽을 수 있는가?

성경은 늘 같은 스토리지만 이것을 연결할 수만 있다면 정말 재미있게 읽을 수 있습니다. 또한 성경이 말하고자 하는 줄기를 벗어나지 않으면서 성경을 해석할 수 있는 힘을 기르게 됩니다. 성경을 정확하게 이해하기 위해서는 먼저 결론을 알고 읽어야 합니다. 결론을 알고 읽어야 하나님이 말씀하시는 것과 동일한 관점으로 읽을 수 있습니다. 성경은 위로부터 오는 지혜라고 말씀합니다. 하늘의 지혜가 다운로드되는 성경 읽기가 되어야합니다.

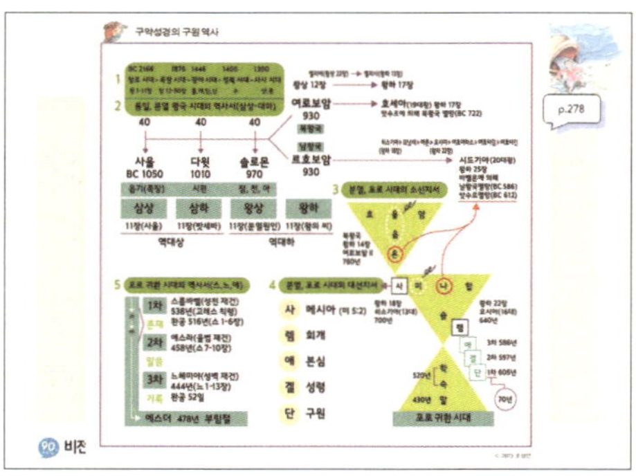

Tip 구약 성경의 구원 역사

열왕기상은 총 22장으로 구성되어 있으며, 중요 인물은 엘리야입니다. 엘리야의 사역은 열왕기하 1장에서 끝나며, 그 뒤를 이어 엘리사의 시대가 열립니다. 엘리사는 열왕기하 13장까지 생존하는데, 생존하는 동안 '여호와는 구원'이심을 선포하다 죽을 때가 되어 하나님 품으로 가게 됩니다.

이때까지는 역사 속에 다른 선지자가 끼어드는 일이 없었습니다. 열왕기하 13장까지는 시간 속에 흘러간다는 말입니다. 그런데 14–25장 사이, 약 열 장 정도 되는 분량 안에 북쪽과 남쪽에 해당되는 선지자들이 복잡하게 등장합니다.

왕에게는 항상 선지자가 있어야 합니다. 그런데 13장에서 선지자가 죽었습니다. 14장부터는 소선지서에 해당되는 선지자들이 등장하며, 17장에서 북 이스라엘이 멸망합니다. 먼저 열왕기하 14장 25절에 요나라는 인물이 등장합니다. 그 시대는 여로보암 2세 때로 주전 760년경입니다. 두 명의 선지자가 더 있는데 그들은 호세아와 아모스입니다. 이 세 선지자는 북 이스라엘에 해당하는 선지자로서, 17장에서 북 이스라엘이 멸망하면서 선지자의 대도 끊어집니다. 여기까지가 **첫 번째 삼각형**에 해당하는 내용입니다.

두 번째 삼각형을 살펴봅시다. 여기서부터는 남 유다에 해당하는 내용입니다. 17장에서 북 이스라엘이 멸망하면서 18장부터는 남 유다의 이야기가 전개됩니다. 그 시대는 13대 왕인 히스기야 때이며, 당시 활동한 선지자는 이사야와 미가입니다(주전 700년). 이들 외에 세 명의 선지자가 더 있습니다. 그들은 22장에 나오는 나훔, 하박국, 스바냐로서 요시야 왕 때 활동한 선지자입니다. 요시야와 아주 밀접한 관계가 있는 대선지자로는 예레미야가 있습니다.

요시야와 그 이후에 등장하는 네 명의 왕을 먼저 살펴봅시다. 요시야는 주전 640년경에 왕이 됩니다. 그 후 주전 622년에 종교 개혁을 일으키며 어린 나이에 왕의 면모를 갖추게 됩니다. 왕위에 있는 동안 하나님은 그에게 종교 개혁에 대한 열망과 믿음을 주셨습니다. 그래서 성전을 청결하게 하다가 율법책을 찾아서 그것으로 종교 개혁을 일으킵니다. 그러던 중 앗수르와 전쟁하기 위해 북쪽으로 올라가는 애굽의 바로느고 왕을 막으려다 요시야는 그 자리에서 전사하게 됩니다. 그때가 갈그미스의 1차 전투에 해당하는 주전 609년입니다.

요시야가 죽은 후에는 백성들에 의해 아들인 여호아하스가 왕위를 이어받습니다. 그러나 3개월 후 전쟁을 마치고 내려온 바로느고에 의해 폐위당해 애굽으로 끌려갑니다. 그러면서 바로느고는 엘리야김의 이름을 여호야김으로 고쳐 그를 왕으로 세웁니다. 그렇게 왕이 된 상태에서 여호야김 4년, 주전 605년에 또 한 번의 갈그미스 전투가 벌어집니다. 이젠 속국이 되었기에 방비할 필요 없이 올라가서 전쟁을 벌이는데, 2차 갈그미스 전투에서는 바벨론이 승리합니다. 이때 남 유다까지 밀고 내려온 느부갓네살 왕이 1차 포로로 여호야김과 다니엘을 잡아갑니다. 이때를 1차 포로기라고 합니다.

예레미야서를 잘 살펴보면 여호야김은 다시 돌아와서 11년까지 통치합니다. 통치하는 과정에서 3년 동안은 바벨론을 섬기다가 배반합니다. 배반 때문에 벌어진 전쟁에서 여호야김이 죽게 되는데, 그때가 주전 597년, 곧 2차 포로기입니다.

여호야김이 죽자 여호야긴이 왕으로 세워집니다. 그러나 느부갓네살 왕이 3개월 만에 다시 내려와서 여호야긴을 잡아가고 시드기야를 새로운 왕으로 세웁니다. 그리고 11년 후인 주전 586년에 시드기야 왕이 3차 포로로 잡혀가게 되면서 남 유다의 역사는 열왕기하 25장에서 끝나게 됩니다.

이것을 다섯 손가락으로 정리해 봅시다. 요시야는 가장 중요한 인물, 엄지손가락입니다. 나머지 네 왕, 곧 여호아하스, 여호야김, 여호야긴, 시드기야는 격으로 외우면 됩니다. 격으로 지나가는 왕은 3개월, 11년으로 기간이 같습니다. 이번에는 순서대로 앞의 두 왕은 애굽이 폐위시킨 후 등극시키고, 뒤의 두 왕은 바벨론이 폐위시킨 후 등극시키면서 시간이 흘러갑니다.

이제 다시 앞으로 돌아가 봅시다. 열왕기하 18장 히스기야 때에 하나님은 이사야와 미가를 통해서 700년 후에 있을(히스기야 때는 주전 700년경입니다) 예수님의 탄생을 예고합니다. 이것을 예고하는 이유는 무엇일까요? 미가 4장 10절을 보면, 그때가 포로로 잡혀가기 100년쯤 전이므로 귀환하기까지 약 150년은 지나야 합니다. 그런데 아직 잡히지도 않은 100년 전에 이미 미가 선지자는 이렇게 말합니다. "바벨론까지 이르러 거기서 구원을 얻으리니 여호와께서 거기서 너를 너의 원수들의 손에서 속량하여 내시리라"(미 4:10).

아직 포로로 잡히지 않았고, 포로 귀환, 즉 완전한 귀환을 이루실 예수님은 700년 후에나 나타나실 것입니다. 그러나 미가 5장 2절은 그전에 미리 구원자로 오실 예수님을 이야기합니다. 이것은 옛 사람의 욕심으로 세상에서 포로 된 자들을 구원할 자는 예수님밖에 없음을 그림자처럼 서서히 설명해 주는 것입니다.

요엘

요엘 개관

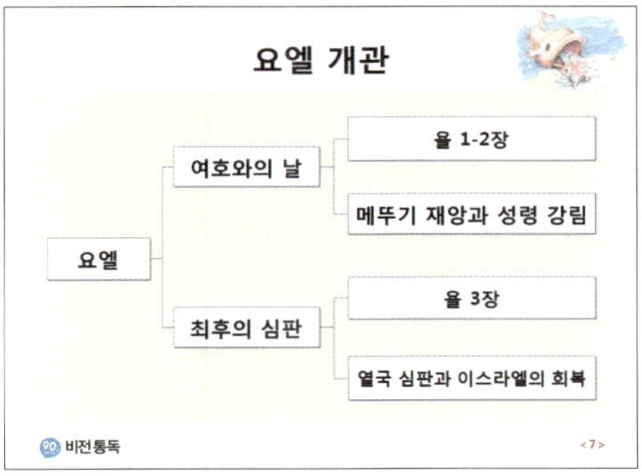

Q. 요엘서의 구조는 무엇인가?

1-2장은 여호와의 날이고, 3장은 최후의 심판입니다. 요엘서의 핵심 주제는 구원의 방법이라 할 수 있는데, 그 방법은 성령을 통한 회개입니다.

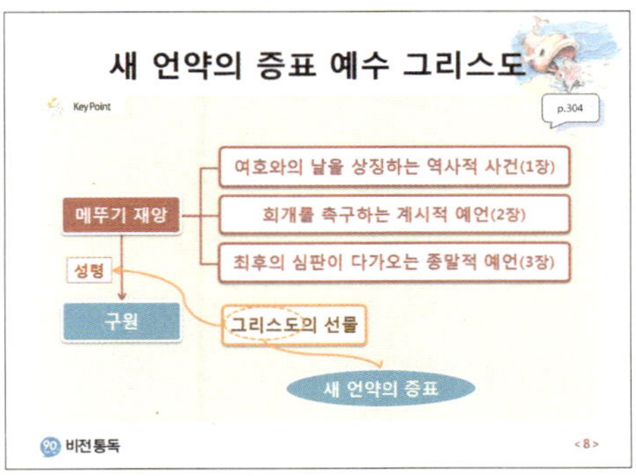

Q. 요엘서의 구속사는 무엇인가?

요엘서의 구속사는 성령을 통한 하나님의 구원입니다. 재앙의 날에 구원 받으려면 회개해야 하는데, 이는 성령을 통한 회개를 말합니다. 옷을 찢지 말고 마음을 찢으라는 것입니다(욜 2:12-13). 성령은 그리스도의 영으로, 새 언약의 증표이신 그리스도가 성령을 선물로 보내 주십니다(요 16:7).

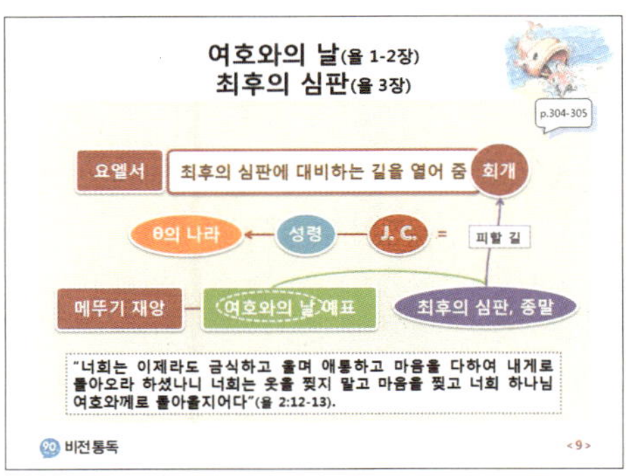

Q. 요엘서에서의 '여호와의 날'은 어떤 의미인가?

여호와의 날은 선지자가 살았던 당시의 메뚜기 재앙이라는 역사적 사건입니다. 그러면서도 초림과 재림을 동시에 의미하는 삼중적인 예표를 나타냅니다. 이것은 그리스도를 통해서 나타나는 심판과 구원을 설명하기 위함입니다.

아모스

아모스 개관

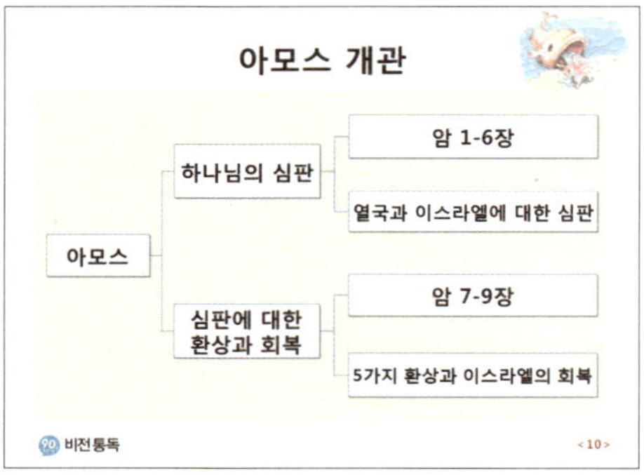

Q. 아모스서의 구조는 무엇인가?

1-6장은 하나님의 심판이고, 7-9장은 심판에 대한 환상과 회복입니다. 아모스서의 핵심은 '정의'입니다. 하나님의 정의를 통해 구원의 방법을 좀 더 세밀하게 구분해서 설명합니다.

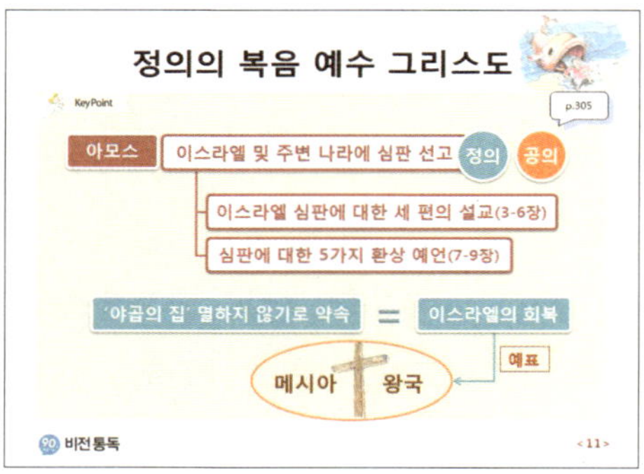

Q. 아모스서의 구속사는 무엇인가?

아모스서는 타락한 이스라엘과 주변 국가들의 심판을 예고합니다. 그러나 야곱의 집을 온전히 멸하지 않기로 하심은 다윗의 줄기에서 오시는 그리스도를 통해 구원을 이루실 것이기 때문입니다. 하나님의 정의는 그리스도를 통한 십자가의 대속입니다.

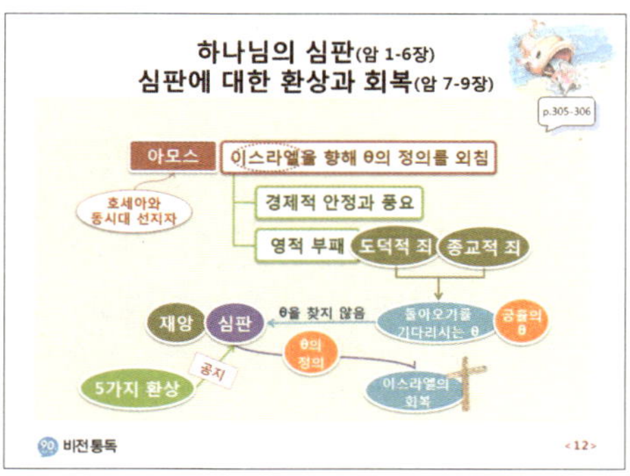

Q. 아모스서의 중심 구절은 무엇인가?

타락한 이스라엘 족속과 그 주변 국가를 심판하시는 상황에도 구원의 길이 있음을 알려 주는 책이 아모스서입니다. 그렇기에 하나님의 마음이 담긴 핵심 구절은 4장 12절입니다. 심판의 재앙이 임하는 상황에서도 "네 하나님 만나기를 준비하라"는 것입니다. 4장 전체가 아모스서의 결론인 것입니다.

오바댜

오바댜 개관

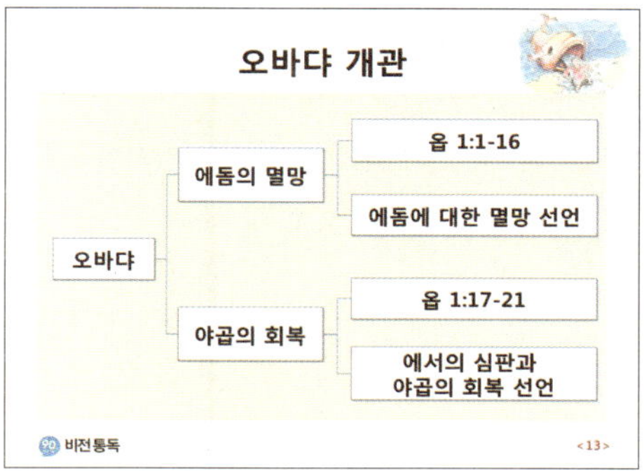

Q. 오바댜서의 구조는 무엇인가?

1-16절은 에돔의 멸망이고, 17-21절은 야곱의 회복입니다. 오바댜서의 핵심은 '하나님의 공의'입니다. 하나님의 공의는 구원의 방법이지만 십자가의 양면성을 강조합니다.

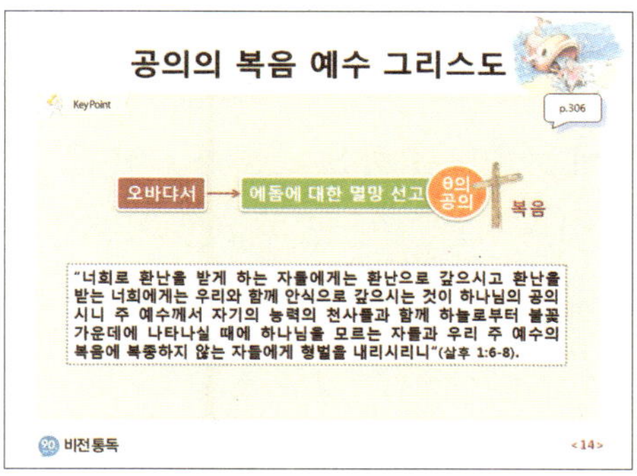

Q. 오바댜서의 구속사는 무엇인가?

오바댜서의 구속사의 핵심은 선과 악에 대한 공평한 의입니다. 거기에 죽을 수밖에 없는 존재를 살려 내신 정의 때문에 우리는 하나님의 공의 속에서 안식을 경험할 수 있습니다. 하나님의 공의는 누군가에겐 멸망이고, 누군가에겐 구원이 됩니다. 이것이 진정한 공의입니다.

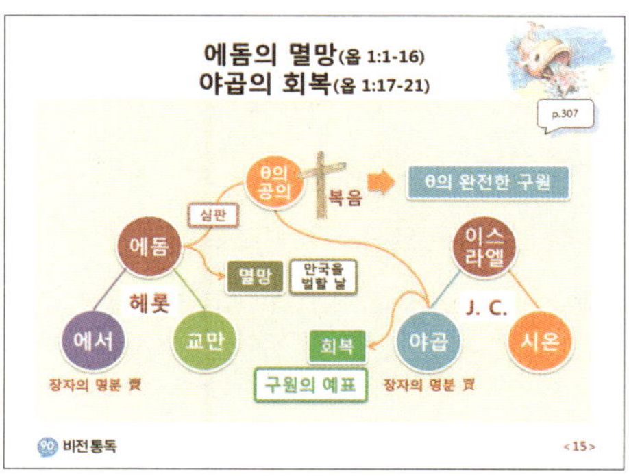

Q. 왜 에돔과 야곱을 대비시키는가?

오바댜서에서 에돔의 멸망을 선포하는 이유는 장자의 명분과 연관이 있습니다. 에돔은 에서의 후손이므로 야곱과 대비하며 이야기를 전개해 나갑니다. 이것을 로마서 9장에서는 누구의 잘못 때문이 아닌 하나님의 선택하심이라고 말합니다. 나아가 에서의 후손에서 헤롯, 야곱의 후손에서 그리스도가 나옵니다. 뱀의 후손은 멸하시고 여자의 후손은 구원하시는 하나님의 선택하심입니다.

요나

요나 개관

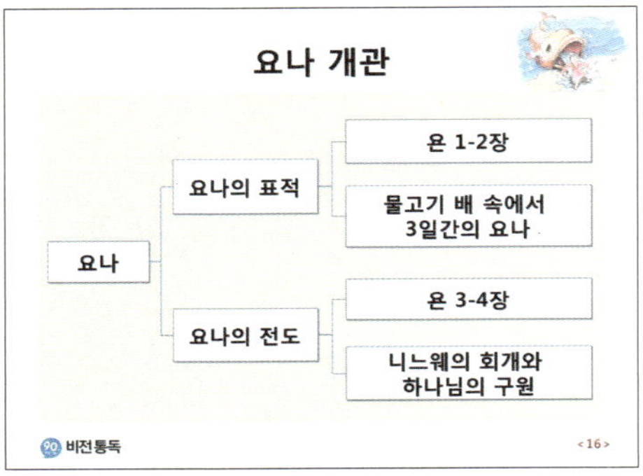

Q. 요나서의 구조는 무엇인가?

1-2장은 요나의 표적이고, 3-4장은 요나의 전도입니다. 요나서의 핵심은 회개를 통한 하나님의 구원을 경험했던 실제 사례를 보여 주는 것입니다.

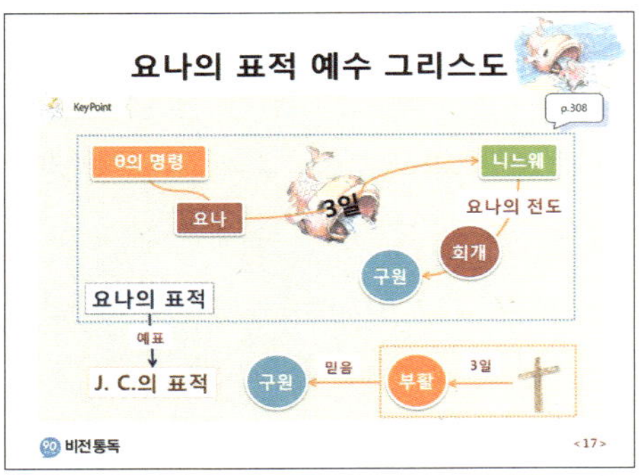

Q. 요나서의 구속사는 무엇인가?

요나서의 구조의 초점은 표적입니다. '표적'이라는 단어는 신약성경에서 예수님이 하신 말씀(마 12:39)을 근거로 합니다. 요나의 표적은 그리스도가 죽은 자 가운데서 3일 후에 부활하심을 겨냥하고 있습니다.

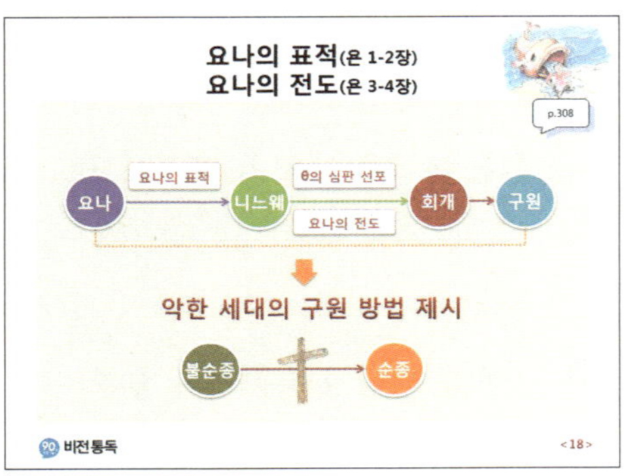

Q. 니느웨를 향한 요나의 선포는 무슨 의미를 가지는가?

요나는 니느웨를 향해 하나님의 심판을 선포했습니다. 그런데 이 상황을 예수님은 '요나의 전도'(마 12:41)라는 표현을 써서 말씀하십니다. 요나가 니느웨로 가서 전도한 것입니다. 예수님도 이 땅에 전도하러 오신 것입니다.

day 66. 소선지서의 표적

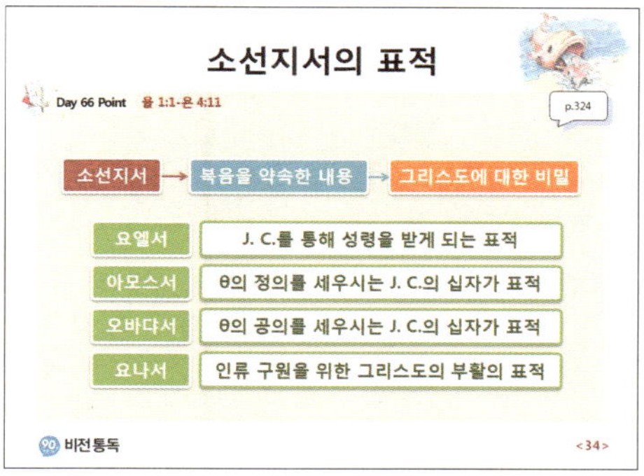

Q. 다니엘서부터 요나서까지 어떻게 연결되는가?

다니엘서부터 요나서까지는 '구원'이라는 주제로 연결할 수 있습니다. 우선 다니엘서의 핵심은 '구원 역사'라 할 수 있고, 호세아서는 그 구원의 근거에 대해 설명하는 책으로 핵심은 '하나님의 사랑'(엡 1:4)이라 할 수 있습니다. 그리고 요엘서는 '구원의 방법'(성령을 통한 회개), 아모스서는 구원의 방법 중 '하나님의 정의'(십자가 대속)를 설명하며, 오바댜서는 구원의 또 다른 방법으로 '하나님의 공의'(공정한 심판)를 설명한다고 정리할 수 있습니다.

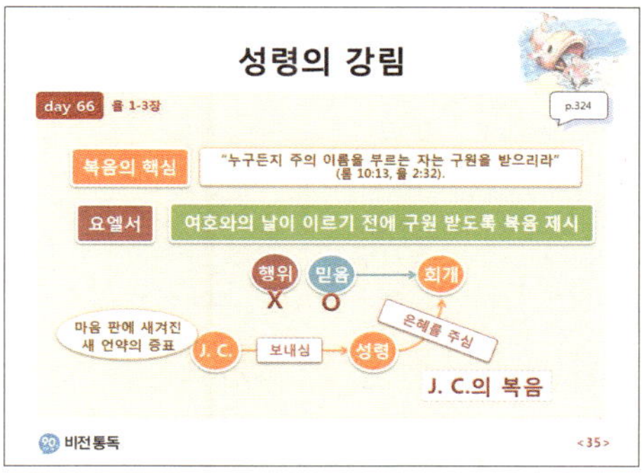

Q. 여호와의 날에 어떻게 구원 받을 수 있는가?

로마서의 "누구든지 주의 이름을 부르는 자는 구원을 받으리라"는 말씀은 요엘서를 인용(욜 2:32)한 것입니다. 그냥 이름만 부르는 것이 아니라 마음을 찢는 회개의 자세로 주의 이름을 불러야 합니다. 이것이 가능한 이유는 바로 성령을 부어 주시기 때문입니다. 회개는 성령의 인도하심입니다.

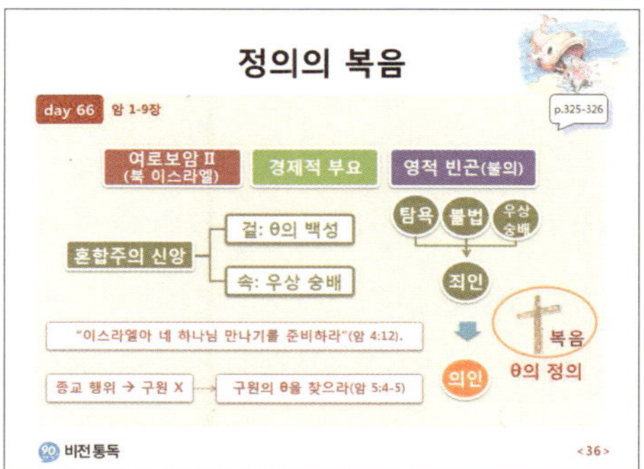

Q. 아모스서에서 말하는 정의란 무엇인가?

일반적인 의미의 정의가 아니라, 예수 그리스도의 희생으로만 세워지는 하나님의 법입니다. 누군가의 희생으로 세워진 의를 말하는 것입니다. 하나님의 정의는 어린 양이신 예수 그리스도가 십자가에서 죽으시고 죄인을 하나님의 자녀, 다시 말하면 의인으로 만드는 것입니다. 이것이 복음입니다. 하나님의 정의는 십자가 복음으로 죄인을 의인으로 만드는 것입니다.

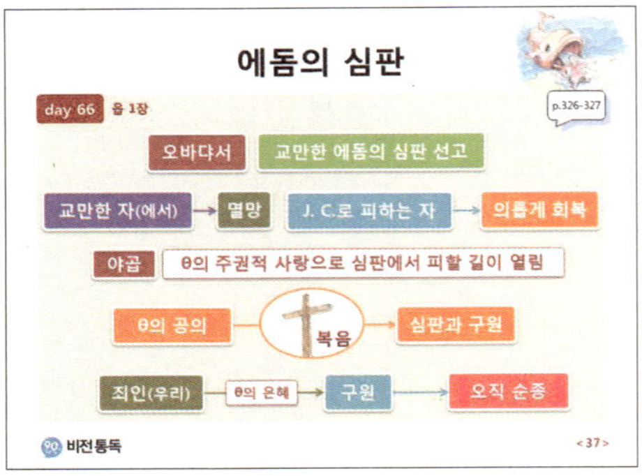

Q. 구원의 은혜는 어떻게 임하는가?

애굽의 멸망과 회복은 장자의 명분과 연관성이 있습니다. 장자는 원래 에서였지만, 팥죽 한 그릇으로 야곱이 차지하게 됩니다. 그렇게 구원이 발생한다는 것입니다. 하나님의 공의는 공평한 판결임과 동시에 주권적인 선택입니다. 공의는 죄인들은 벌하시고 의인에게는 상을 주시겠다는 것입니다(살후 1:6-8). 이것은 십자가의 양면성을 나타냅니다.

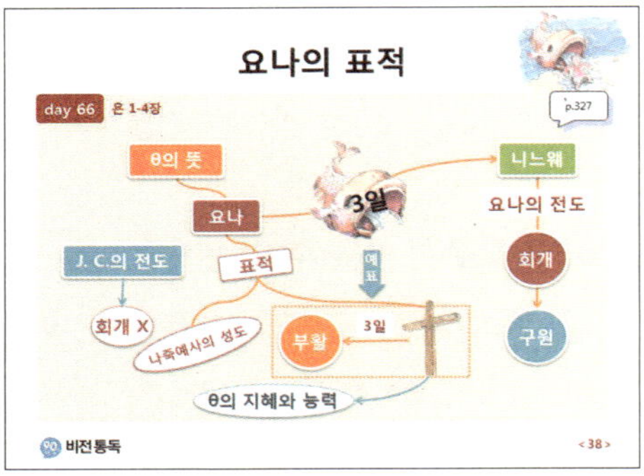

Q. 세상을 정죄하는 방법은 무엇인가?

세상을 정죄하는 방법은 말에 있지 않습니다. 죄인이 세상을 정죄하는 방법은 회개입니다. 예수님은 마태복음 12장 41절에서 "심판 때에 니느웨 사람들이 일어나 이 세대 사람을 정죄하리니 이는 그들이 요나의 전도를 듣고 회개하였음이거니와"라고 말씀합니다. 요나의 전도를 듣고 회개한 니느웨 사람들이 그 회개한 삶으로 이 세대 사람들을 정죄한다는 것입니다. 성도는 세상을 정죄할 힘이 있습니다. 하나님의 백성은 세상을 판단할 힘이 있는 것입니다. 그것은 말이 아닌 하나님 자녀로서의 삶으로 정죄하는 것입니다.

Tip 요나서의 반전은 무엇인가?

호세아, 아모스, 요나 선지자는 북 이스라엘에서 같은 시기에 활동한 선지자들입니다. 이 시기는 대략 주전 760년경(여로보암 2세)으로, 멸망까지 40년이라는 긴 기간을 남겨 놓고도 이스라엘은 회개하지 않았습니다. 그런데 아주 악독하고 악한 백성이 사는 니느웨는 40일 후에 멸망한다는 요나의 전도를 듣고 회개했습니다. 40년과 40일은 굉장한 의미가 있습니다. 40년은 40일에 비해 엄청 긴 시간임에도 불구하고 이스라엘은 회개하지 않았음을 보여 줍니다.

요나서는 구원의 표적이 되는 책입니다. 3일 동안 물고기 배

속에 있다가 나온 요나의 복음 전도를 통해 회개한 니느웨는 죽음에서 부활하신 예수 그리스도를 통해 사람들을 구원하시는 표적이고, 성도에게는 내가 죽고 그리스도가 사는 표적이 됩니다.

미가

미가 개관

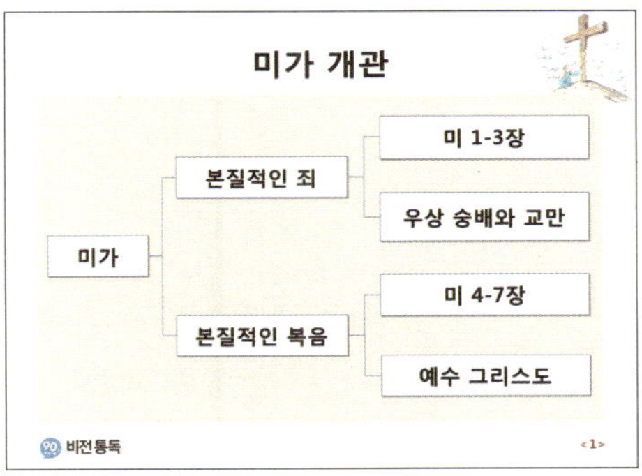

Q. 미가서의 구조는 무엇인가?

1-3장은 본질적인 죄이고, 4-7장은 본질적인 복음입니다. 미가서의 핵심은 하나님의 정의(복음)라고 정리할 수 있습니다.

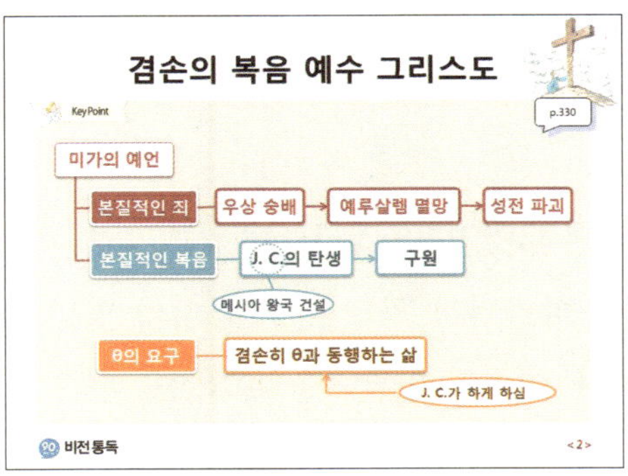

Q. 미가서에서 말하는 겸손이란 무엇인가?

미가서의 구속사적 핵심은 겸손의 복음입니다. 이 겸손은 일반적인 사전적 의미와는 다른 겸손입니다. 미가서가 말하는 겸손은 내가 죽고 예수가 사시는 임마누엘의 은혜를 말합니다. 하나님과의 동행은 내가 죽어야 할 수 있기 때문입니다. 사람이 되신 하나님 자체 그리고 사람을 살리시기 위해 십자가에서 죽으신 것이 겸손입니다.

Q. 인간의 본질적 죄는 무엇인가?

인간의 본질적인 죄와 허물은 곧 우상 숭배(미 1:5)를 말

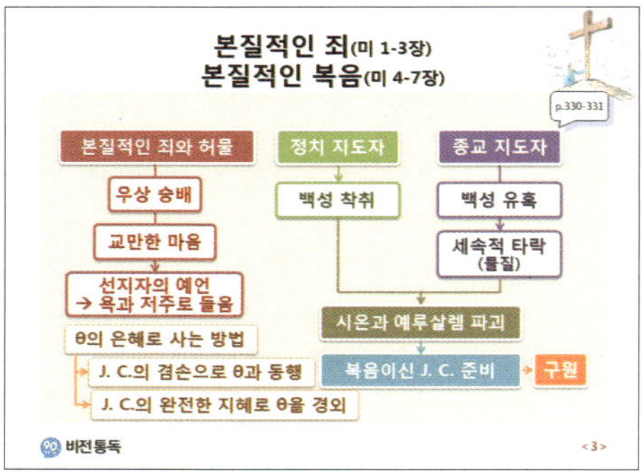

합니다. 이 우상 숭배를 신약성경은 탐심(골 3:5)이라고 이야기합니다. 1장은 본질적인 죄, 2장은 죄에 대한 현상, 3장은 그로 인한 멸망을 다룹니다. 미가서는 죄의 근본을 보여 주는데, 이는 로마서가 말하는 것과 같습니다. 4장은 죄의 결과를 말하고, 5장에서는 복음이 선포되는데, 그 복음은 예수 그리스도의 탄생 예고입니다.

나훔

나훔 개관

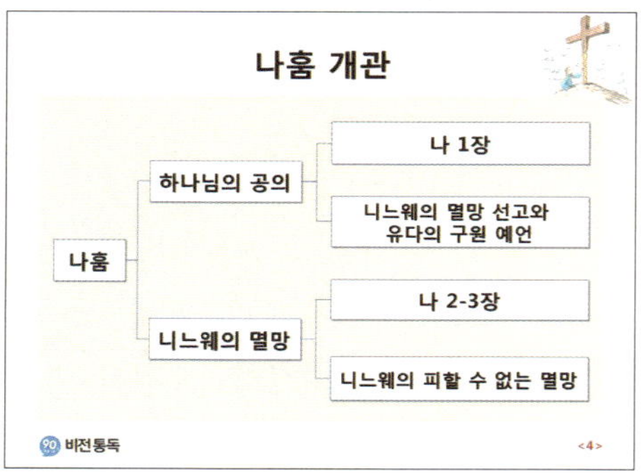

Q. 나훔서의 구조는 무엇인가?

1장은 하나님의 공의이고, 2-3장은 니느웨의 멸망입니다. 나훔서는 요나서와 동일한 니느웨를 향한 예언입니다. 그러나 요나서와 다른 부분은 하나님의 공의(심판)를 드러낸다는 것입니다. 그것은 피할 수 없는 하나님의 심판을 말합니다.

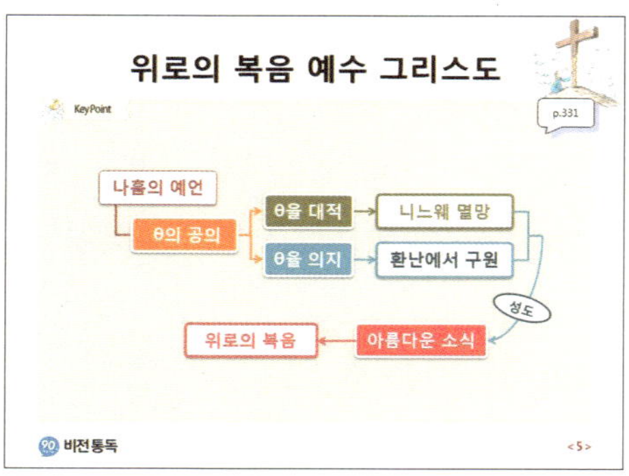

Q. 나훔서의 초점은 무엇인가?

나훔서의 초점은 하나님의 공의이며, 공의의 양면성을 잘 보여 줍니다. 이스라엘 족속을 괴롭히는 앗수르(니느웨)는 망하고, 고통당하는 이스라엘 족속은 위로와 안식을 받게 되기 때문입니다. 하나님의 공의는 구원 받는 백성에게 큰 위로로 다가옵니다.

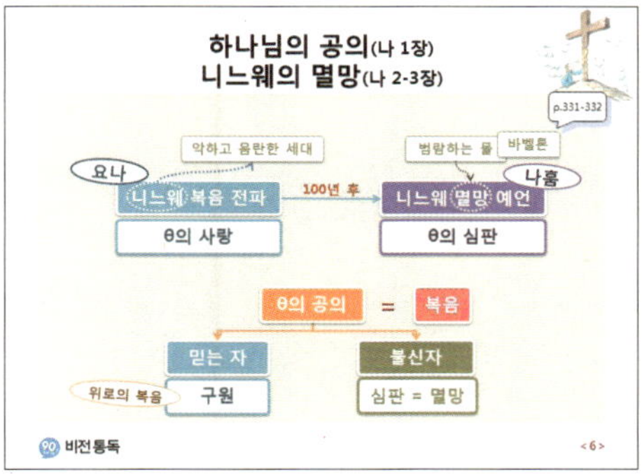

Q. 요나서와 나훔서의 차이점은 무엇인가?

요나서와 나훔서 모두 니느웨를 향한 예언입니다. 둘 다 하나님의 정의를 말하지만, 요나서는 피할 수 없는 하나님의 사랑이고, 나훔서는 피할 수 없는 하나님의 심판입니다. 하나님은 악한 자라도 회개하기를 원하십니다. 이것이 에스겔서에서 말하는 파수꾼의 역할입니다. 그렇기 때문에 요나서는 회개의 실제 사례를, 나훔서는 피할 수 없는 심판이 하나님을 대적하는 자(나 1:2)에게는 멸망으로 결론난다는 것을 보여 줍니다. 이것이 하나님의 공의입니다.

하박국

하박국 개관

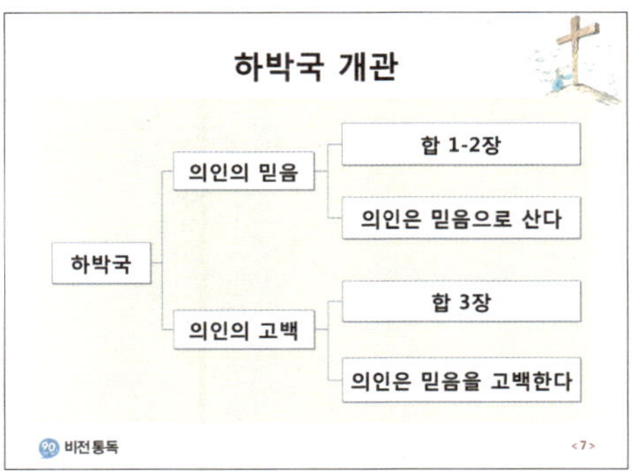

Q. 하박국서의 구조는 무엇인가?

1-2장은 의인의 믿음이고, 3장은 의인의 고백입니다. 하박국서의 핵심은 실천적 복음으로, 복음의 삶을 살아야 함을 이야기합니다. 미가서가 복음의 원리라면 하박국서는 복음의 삶인 것입니다.

Q. 하박국서의 구속사적 초점은 무엇인가?

소선지서 전체의 초점을 복음이라 했을 때, 하박국서의 구속사적인 초점은 의인의 복음입니다. 여기서 의인의 복음이란 믿음으로 살게 하는 복음이요, 실천적 복음입니다. 실천적 복음이란 인간이 할 수 없는 순종을 마음의 할례(신 30:6)를 통해 하나님이 하게 하시겠다는 것입니다.

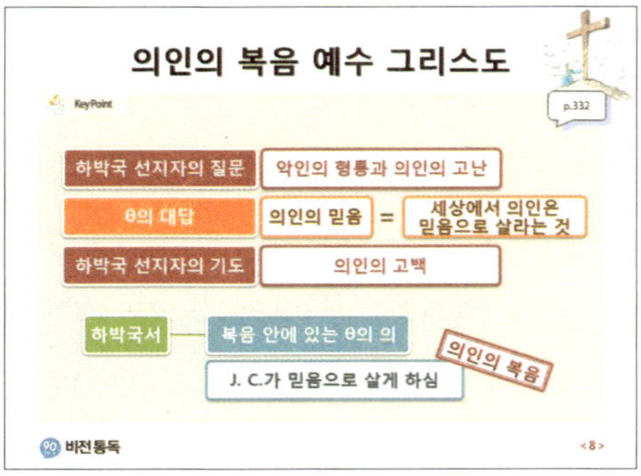

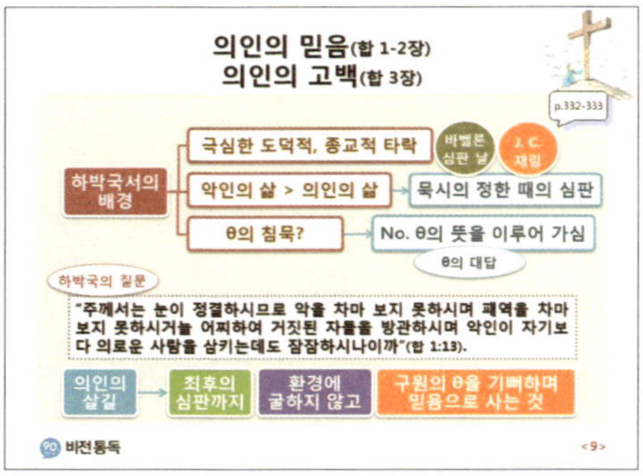

Q. 하박국이 가진 의문은 무엇인가?

왜 악인은 형통하고 의인은 고난을 받느냐는 것입니다. 복음을 가진 의인은 세상의 중심에서 어떻게 살아야 하는가의 문제를 다루는 것입니다. 악인은 형통하고 의인은 고난을 받는 세상의 아이러니한 상황 속에서 하나님은 '묵시의 정한 때가 있다'고 말씀하십니다. 악인이 현재는 형통해도 그 마지막이 있다는 것입니다. 더불어 의인의 고난도 반드시 끝이 있다는 것입니다. 부당함을 당해도 의인은 믿음으로 살리라는 말은, 원수를 사랑하고 축복하는 것이 합당한 삶이라는 것입니다.

스바냐

스바냐 개관

Q. 스바냐서의 구조는 무엇인가?

1-2장은 하나님의 심판이고, 3장은 하나님의 구원입니다. 스바냐서의 핵심은 종말적 심판인데, 하박국서에서 하나님의 정의가 움직였다면, 스바냐서에서는 하나님

의 공의가 움직입니다.

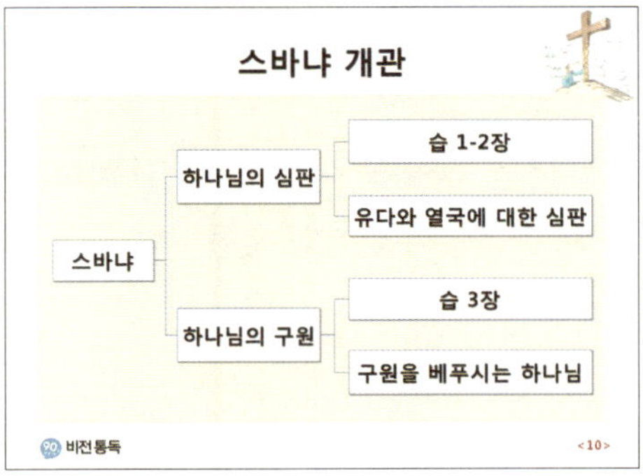

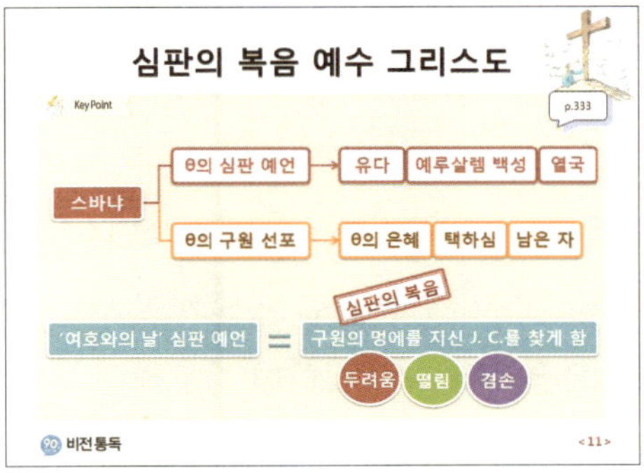

Q. 스바냐서의 구속사적 초점은 무엇인가?

심판의 복음입니다. 하나님의 심판과 하나님의 구원이 같이 움직입니다. 왜냐하면 하나님의 공의는 구원과 심판이 동시에 움직이기 때문입니다. 그러면 하나님의 공의 앞에 어떻게 구원을 얻을 수 있을까요? 바로 하나님의 택하심을 따라서입니다. 그 택하심은 바로 그리스도를 찾게 하는 복음입니다.

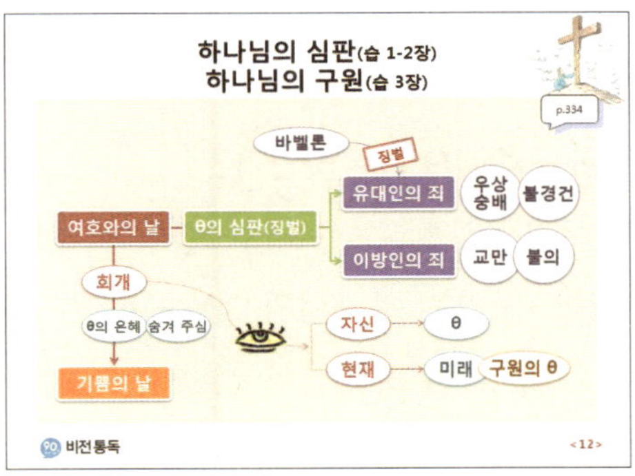

Q. 스바냐서의 주요 내용은 무엇인가?

먼저 우상을 제거하는 것입니다. 미가서는 핵심적인 죄의 본질이 우상 숭배임을 말씀합니다. 또한 스바냐 1장 18절은 물질에 마음을 두는 것을 우상 숭배와 연결합니다. 그러나 여호와의 날, 우상 숭배에 대한 심판이 있는 그날이 이르기 전에 회개하는 자들은 심판 날에 숨겨 주시는 은혜를 받게 됩니다(습 2:3). 우리의 시선을 어디에 맞추느냐가 구원의 삶을 결정합니다.

day 67. 소선지서의 복음

Q. 소선지서에 나타난 복음은 무엇인가?

소선지서 네 권을 복음으로 정리한다면, 미가서는 예수 그리스도의 겸손의 복음이고, 나훔서는 구원을 주시는 위로의 복음이며, 하박국서는 믿음으로 사는 실천적 복

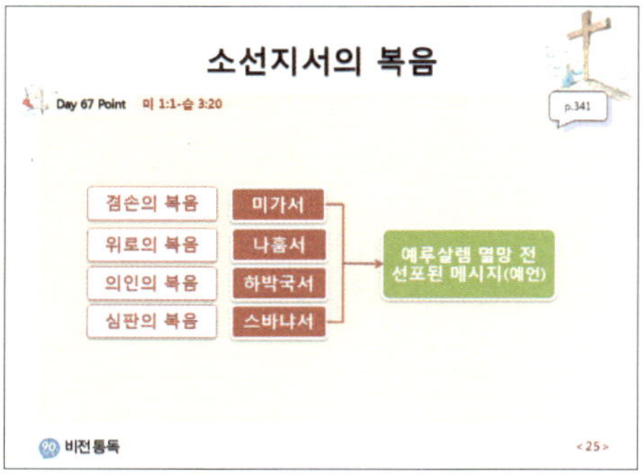

음이고, 스바냐서는 종말적 심판의 복음입니다. 나훔서와 스바냐서 모두 심판을 말하지만, 나훔서는 한 나라, 한 민족의 심판을 말하고, 스바냐서는 우주적 심판을 말합니다. 다른 말로 하면 종말적 심판인 것입니다.

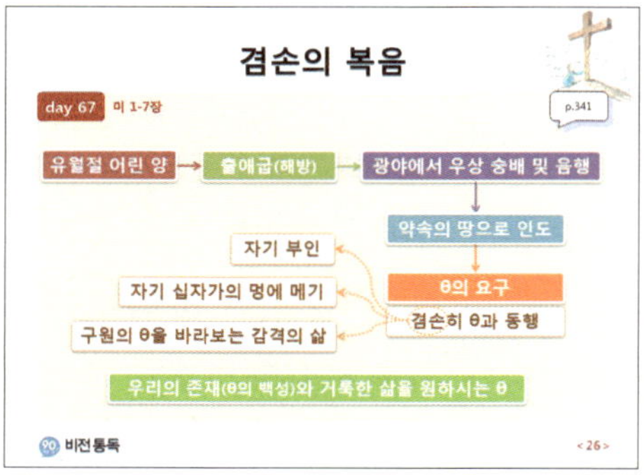

Q. 겸손의 복음이란 구체적으로 무엇인가?

미가서 4-5장은 그리스도에 대해 설명합니다. 이는 이사야서에도 똑같이 나오는 이야기입니다. 그 후 6-7장에는 본질적인 복음의 요구, 즉 구원하신 목적이 나옵니다. 하나님이신 그리스도가 인간으로 오신 것이 겸손이고, 이것이 겸손의 복음입니다. 그렇다면 성도에게 요구되는 겸손의 복음은 무엇일까요? 구원자이신 하나님에게 천천의 숫양과 만만의 강물 같은 기름이 아닌 진정한 겸손의 순종을 드리는 것입니다.

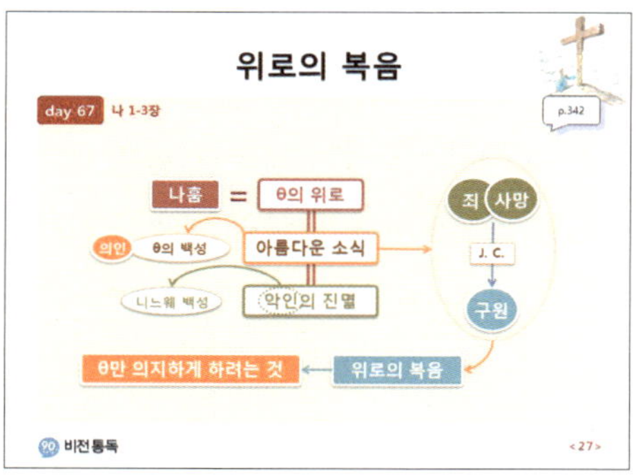

Q. 위로의 복음이란 구체적으로 무엇인가?

요나서와 나훔서는 공통적으로 니느웨를 향한 예언입니다. 요나서가 피할 수 없는 하나님의 사랑이라면, 반대로 나훔서는 피할 수 없는 하나님의 심판입니다. 하나님의 사랑에 걸려들면 피할 수 없이 구원을 받고, 하나님의 심판에 걸려들면 아무도 그 심판으로부터 피할 수 없습니다. 그런데 이 심판이 누군가에겐 위로가 된다는 것입니다. 이스라엘을 핍박했던 이방 족속들에겐 심판이지만 이스라엘 족속에겐 하나님의 큰 위로가 된다는 의미입니다. 그래서 하나님의 심판은 위로의 복음인 것입니다.

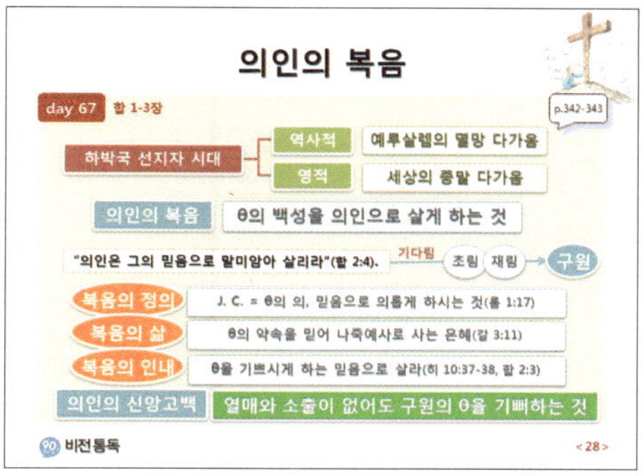

Q. 의인의 복음이란 구체적으로 무엇인가?

이스라엘 백성은 광야 40년 동안 복음대로 살지 못했습니다. 그것을 민수기가 증명합니다. 그런데 신명기 30장에서 하나님이 마음의 할례를 베푸시겠다고 말씀하십니다. 그 원리는 인간이 스스로 하나님을 사랑하지 못하니 하나님이 직접 하나님 당신을 사랑하게 만드시겠다는 것입니다. 하나님이 당신의 율법을 사람의 마음에 새겨 지키게 하시겠다는 구원의 계획인 것입니다. 성령님을 의지한 신앙고백이야말로 의인의 복음입니다.

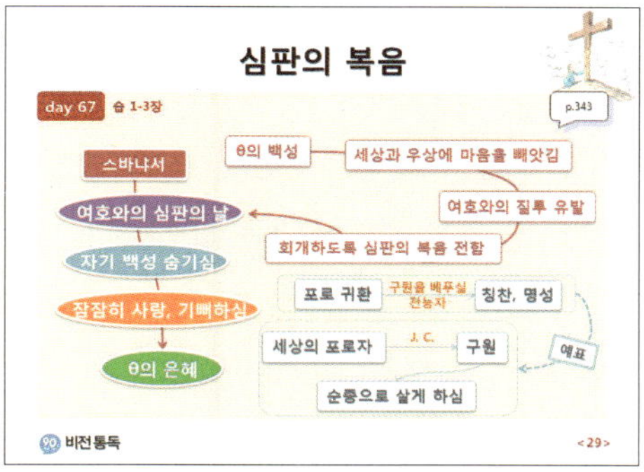

Q. 심판의 복음이란 구체적으로 무엇인가?

하나님은 스바냐를 통해 심판을 예고하십니다. 그리고 여기에 심판을 예고하는 분의 마음이 있습니다. 다시 말하면, 심판 자체가 목적이 아니라 하나님의 심판을 대비하고 복음을 받아들이라는 것이 핵심입니다. 이 심판으로 심판 받는 사람들이 나오고 하나님의 공의가 움직일 때 구원의 그리스도를 찾게 하는 은혜가 임한다는 것입니다. 그렇기 때문에 심판이 회개하는 자들에게는 복음인 것입니다.

학개

학개 개관

Q. 학개서의 구조는 무엇인가?

1장은 성전 재건축 추진이고, 2장은 성전 재건축의 복입니다. 학개서의 초점은 성전, 곧 참성전입니다. 참성

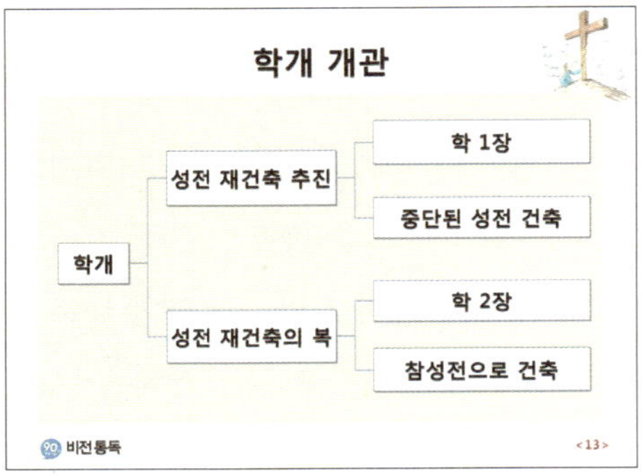

전은 다른 말로 구원이라 할 수 있습니다.

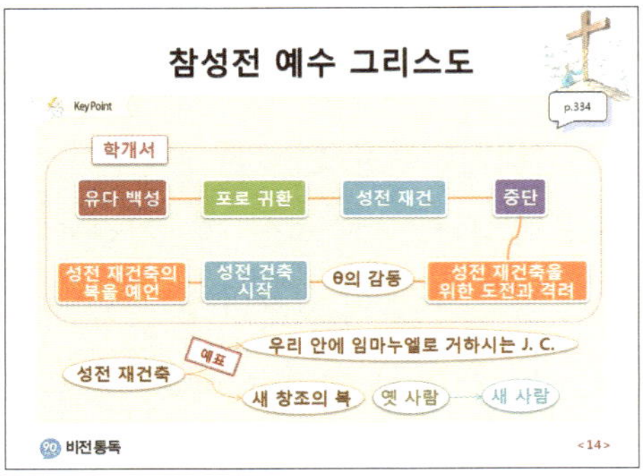

Q. 학개서의 구속사적 초점은 무엇인가?

학개서의 구속사적 초점은 성전입니다. 특히 중단된 성전의 재건축에 대한 감동을 통해 참성전이신 그리스도의 임마누엘을 설명합니다. 성전 재건의 영광은 보배이신 그리스도가 임마누엘로 들어오시는 것입니다. 즉 건물이 아닌 성도인 우리의 성전 됨을 설명하려는 것입니다.

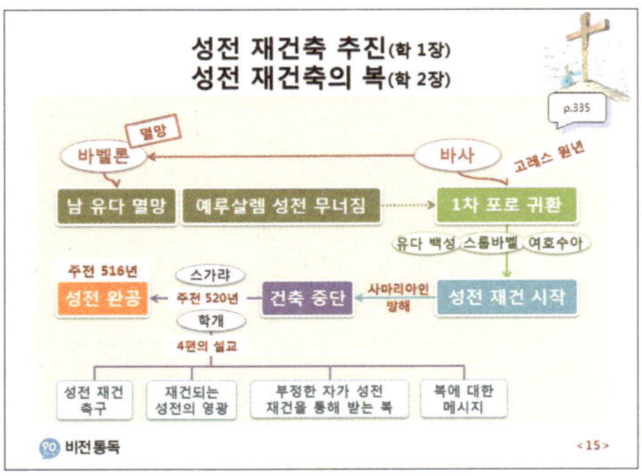

Q. 임마누엘이 갖는 의미는 무엇인가?

학개는 제사장에게 '부정한 자가 거룩한 물건을 만지면 어떻게 되는가'를 묻습니다. 대답은 모두 부정해진다는 것입니다. 이는 우리가 하는 모든 일이 부정하며 인간에겐 거룩이 없다는 말입니다. 그러나 임마누엘 되신 그리스도와 만나면 부정한 자가 거룩한 자로 바뀐다는 것입니다. 이는 그리스도가 아니면 절대 거룩하게 될 수 없다는 것을 이야기하기 위함입니다. 이게 복입니다.

스가랴

스가랴 개관

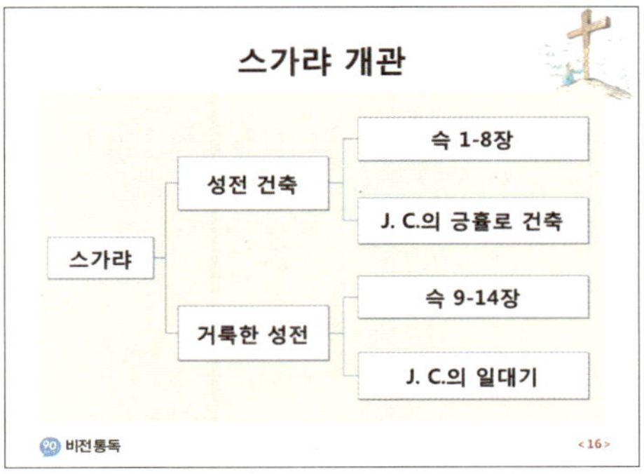

Q. 스가랴서의 구조는 무엇인가?

1-8장은 성전 건축이고, 9-14장은 거룩한 성전입니다. 스가랴서의 초점은 거룩한 성전, 다시 말해 거룩하게 만드는 구원의 방법을 설명하는 것입니다.

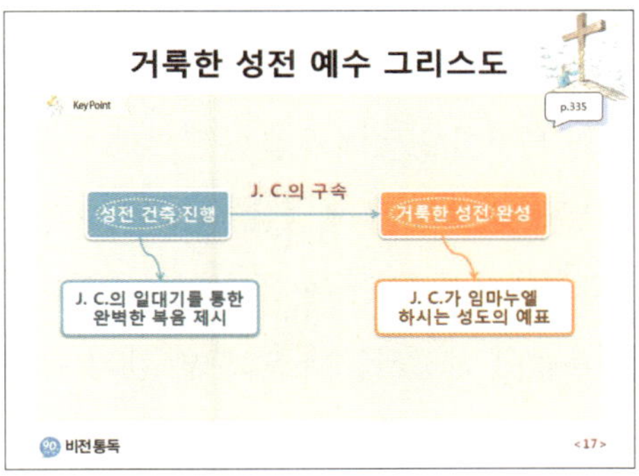

Q. 스가랴서의 구속사적 초점은 무엇인가?

거룩한 성전, 구체적으로 말하면 참성전이 건축되는 방법입니다. 학개서가 참성전을 말한다면, 스가랴서는 성전이 어떻게 건축되는지를 말하는 것입니다. 곧 구원의 방법을 전개시킵니다.

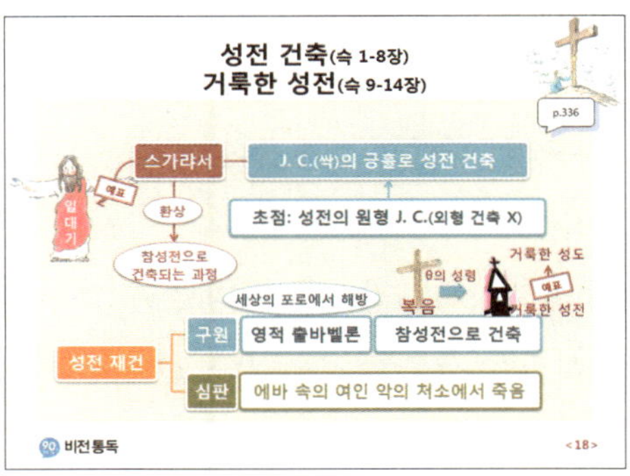

Q. 참성전이 건축되는 방법은 무엇인가?

학개서와 스가랴서 모두 성전에 대한 말씀입니다. 그런데 스가랴서는 성전 건축의 과정을 완성시키는 분이 하나님이신 '여호와의 신'이라고 설명합니다. 사람의 힘으로는 안 된다는 것입니다. 이것은 구원의 방법이 그리스도에게 있음을 의미합니다.

말라기

말라기 개관

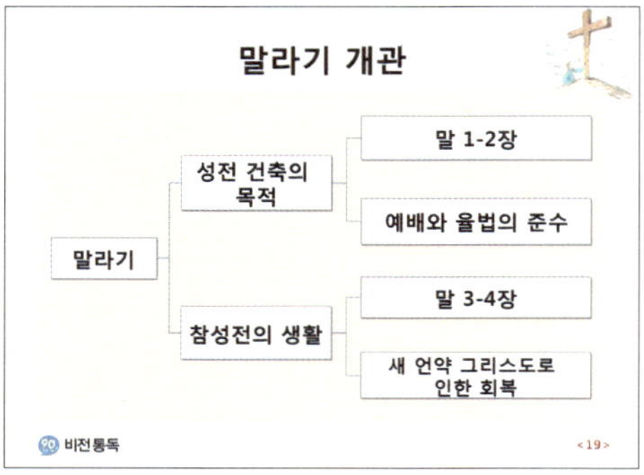

Q. 말라기서의 구조는 무엇인가?

1-2장은 성전 건축의 목적이고, 3-4장은 참성전의 생활입니다. 말라기서의 핵심은 성전의 본질인 그리스도, 즉 뜨인 해, 뜨인 성전이라고 할 수 있습니다.

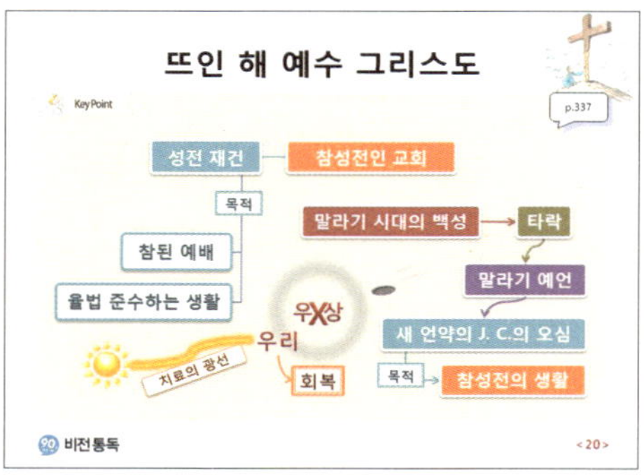

Q. 말라기서의 구속사적 초점은 무엇인가?

학개와 스가랴 선지자를 통해 성전의 목적을 말씀하셨습니다. 그런데 성전의 목적이 참예배와 율법 준수(말 1-2장)임에도 불구하고 말라기 시대의 백성은 타락한 모습을 보여 줍니다. 결국 공의로운 뜨인 해(말 4:2)로 치료하시고 회복시키시는 복음이 선포되는데, 그 뜨인 해가 바로 예수 그리스도이십니다.

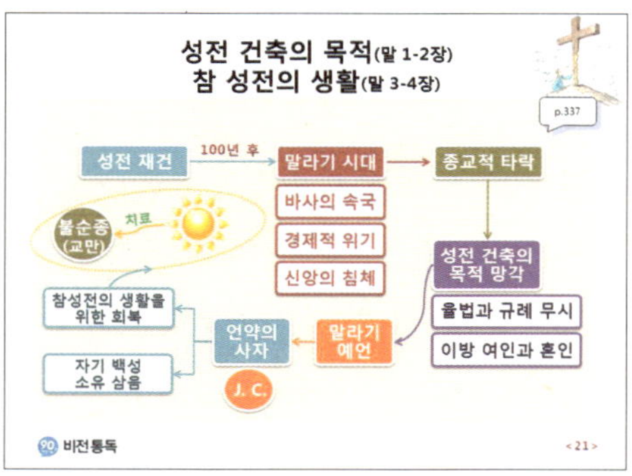

Q. 말라기서의 주요 내용은 무엇인가?

1장은 성전 건축의 목적이 예배드리기 위함임을, 2장은 언약을 깨뜨린 제사장과 백성의 모습을 보여 줍니다. 그래서 3장에서 그리스도를 예표하는 언약의 사자를 통해 특별한 소유로 삼으시며, 4장에서 공의로운 뜨인 해로 치료하사 회복시키실 것을 예언합니다. 결국 말라기서를 통해 하나님 형상으로의 회복과 불순종의 치유를 약속하십니다.

day 68. 소선지서의 성전

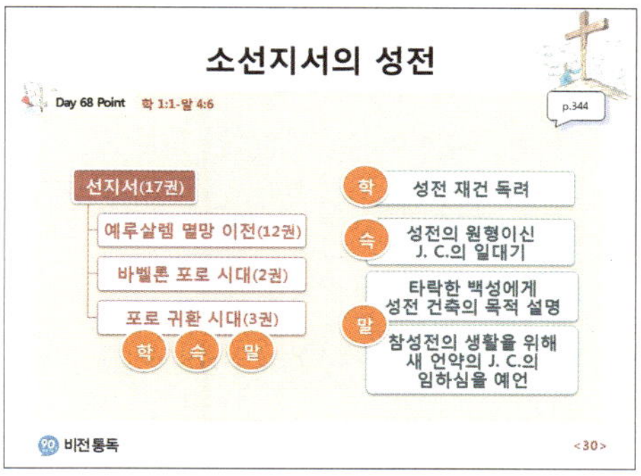

Q. 학개서와 스가랴서, 말라기서에 나타난 성전은 무엇인가?

학개서와 스가랴서, 말라기서의 구조적인 초점은 모두 성전입니다. 학개서는 성전 재건을 독려하고, 스가랴서는 성전의 원형이신 예수 그리스도를 다루며, 말라기서는 성전 건축의 목적과 참성전의 생활을 하도록 새 언약의 예수 그리스도의 임재를 예언합니다.

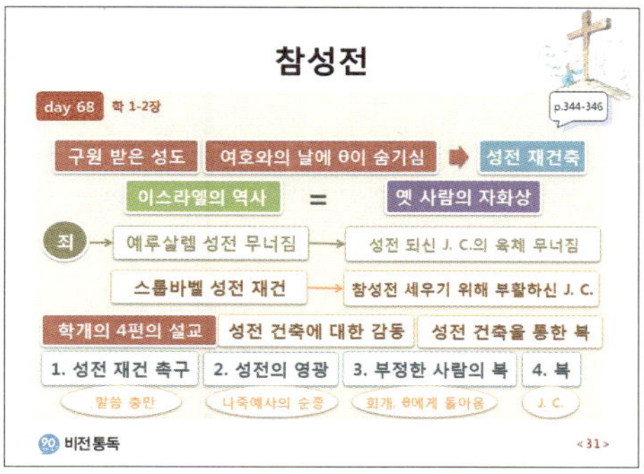

Q. 참성전은 무엇인가?

학개서는 구원을 말합니다. 다시 말해, 건물 성전이 아닌 참성전을 이야기합니다. 솔로몬 성전이 굉장히 화려하고 영광스러웠음에도 그것을 이전 성전이라고 표현합니다. 눈으로 보면 스룹바벨 성전이 더 초라합니다. 하지만 지금 성전이 더 영광스럽다는 것입니다. 이렇게 말할 수 있는 것은 하나님의 영광이 그 안에 가득 찼기 때문입니다. 이는 눈에 보이는 성전이 아닌 보배이신 예수 그리스도가 있는 성전을 말합니다. 즉 스룹바벨 성전은 성전 된 사람을 겨냥하는 것입니다. 성전의 완성은 구원의 완성을 설명합니다.

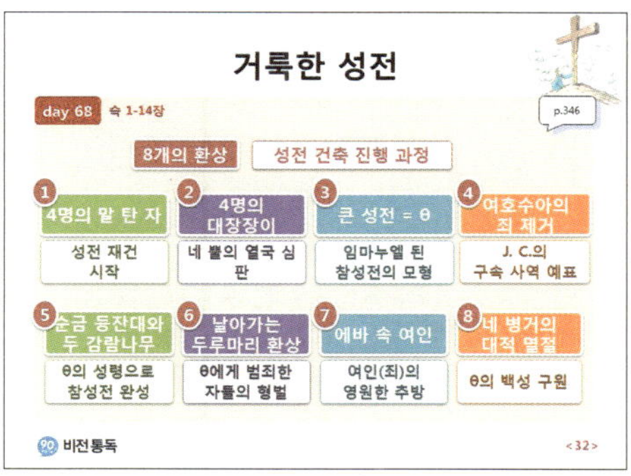

Q. 거룩한 성전은 무엇인가?

스가랴서는 학개서와는 다른 모습으로 성전 건축을 설명합니다. 스가랴서는 여덟 개의 환상을 통해 성전 건축을 설명하는 매우 신비로운 책입니다. 성전 건축이라는 주제로 그리스도를 설명하는 것입니다. 참성전이 될 수 있는 이유는 여호와 하나님의 신, 즉 성령이며, 이는 결국 그리스도를 겨냥합니다. 이렇듯 참성전이신 예수 그리스도로 인해 성도인 우리 또한 참성전으로 지어져 가게 됩니다.

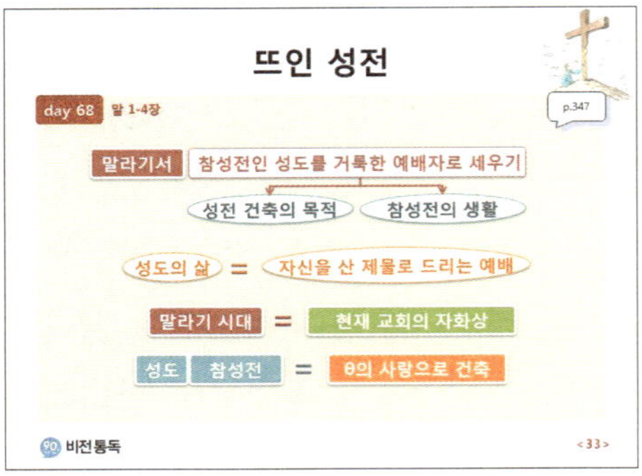

Q. 뜨인 성전은 무엇인가?

학개서와 스가랴서를 통해 참성전 되시는 그리스도로 인해 성도 또한 참성전으로 지어져 가는 것을 보았습니다. 그러므로 말라기서는 하나님의 백성인 성도가 어떻게 참성전으로 살아야 되는지를 설명하려는 것입니다. 말라기서에 나오는 이스라엘 백성의 모습이 오늘날 우리의 모습입니다. 입으로는 하나님을 찬양하지만 마음의 중심은 우상으로 가득합니다. 그런 인생을 뜨인 해이신 예수 그리스도를 통해 치유하시고 회복하셔서 참성전답게 살도록 하시겠다는 것이 말라기서의 핵심입니다. 뜨인 성전은 바로 예수 그리스도이십니다.

마태복음

마태복음 개관

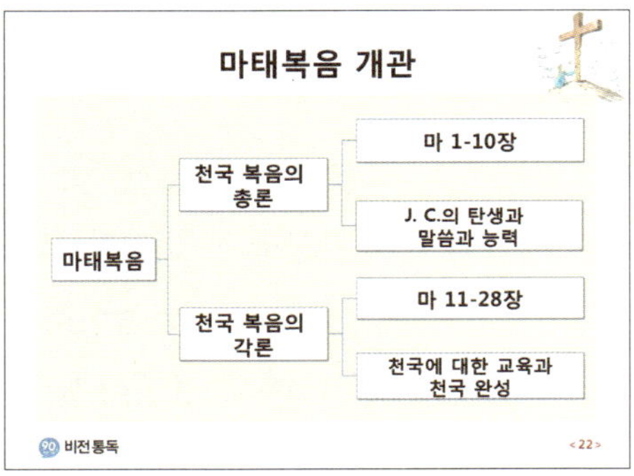

Q. 마태복음의 구조는 무엇인가?

1-10장은 천국 복음의 총론이고, 11-28장은 천국 복음의 각론입니다. 마태복음의 구조적인 초점은 천국 복음입니다. 복음은 기쁜 소식이므로 천국 복음과 대비되는 땅의 복음도 있을 것입니다. 자식이 잘되거나 좋은 일이 생기면 그것을 땅의 복음이라 할 수 있을 것입니다. 마태복음이 말하는 천국 복음은 바로 구원입니다.

Q. 그리스도가 천국 복음인 것을 어떻게 증명하는가?

그리스도가 하나님의 아들이심을 1장에서는 이사야와 미가가, 2장에서는 동방박사의 경배로, 3장에서는 세례

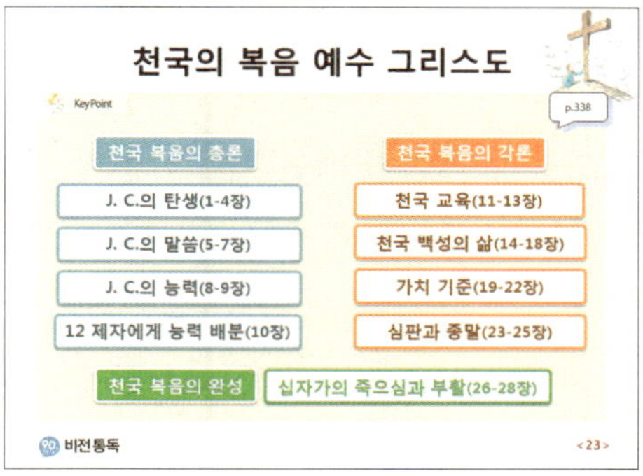

요한과 "내 사랑하는 아들"이라고 말씀하신 하나님이, 4장에서는 "네가 만일 하나님의 아들이어든" 하면서 던지는 사탄의 세 가지 시험으로 증명됩니다. 결론적으로 그리스도가 하나님의 아들이신 것이 바로 천국 복음입니다.

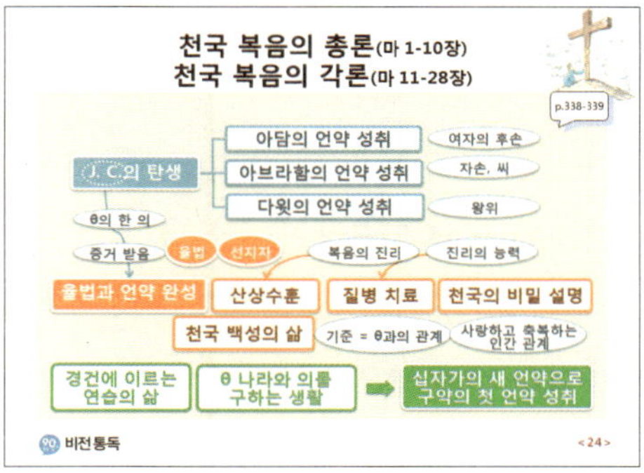

Q. 마태복음의 전체 내용은 무엇인가?

1-4장은 예수 그리스도의 탄생, 5-7장은 예수 그리스도의 말씀, 8-9장은 예수 그리스도의 능력, 10장은 예수 그리스도가 자신의 권세 있는 능력을 열두 제자에게 나누어 주심, 11-13장은 천국에 대한 교육, 14-18장은 천국 백성의 삶, 19-22장은 천국 백성의 가치 기준, 23-25장은 다가올 말세의 대비책으로 심판과 종말을 가르치심, 26-28장은 예수 그리스도의 대속과 부활로 인한 천국 복음의 완성으로 정리할 수 있습니다.

day 69. 천국 복음의 총론

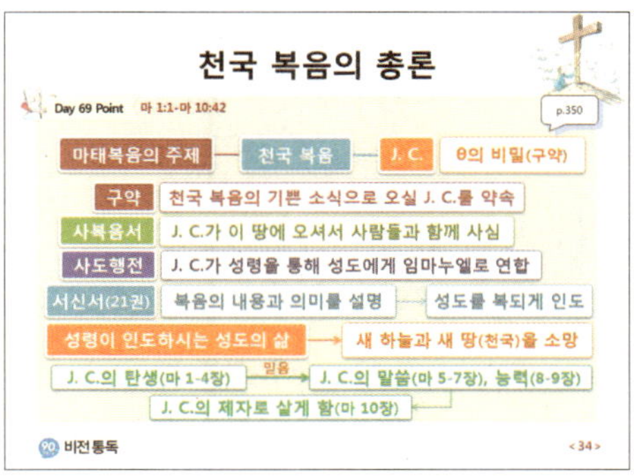

Q. 천국 복음의 총론은 무엇인가?

마태복음을 천국 복음의 총론이라고 하는 이유는 그리스도의 탄생과 그분의 말씀과 능력이 매우 정확하게 분포되어 있기 때문입니다. 물론 다른 복음서에도 있지만 마태복음이 좀 더 조직적으로 잘 설명되어 있습니다. 그래서 마태복음은 사복음서의 총론이라고도 할 수 있습니다.

Q. 마태복음에서 강조하는 예수 그리스도의 탄생은 무엇인가?

구약에서 계속 설명해 왔던 아담의 언약, 아브라함의 언

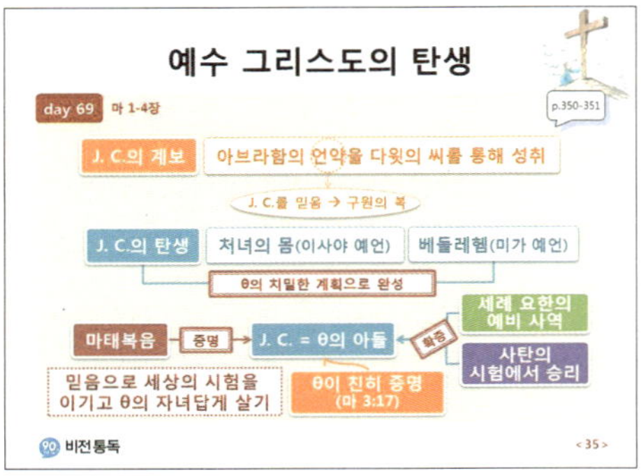

약, 다윗의 언약이 마태복음에 와서 성취됐다는 것을 강조합니다. 먼저 처녀의 몸에서 아들이 태어난다는 이사야의 예언이 성취되었고, 미가의 예언대로 유다 베들레헴에서 나셨으며, 이사야서와 말라기서에서 예언된 세례 요한의 등장 또한 예언의 성취라는 것을 강조합니다. 무엇보다 예수 그리스도가 하나님의 아들이심(마 3:17)을 분명하게 나타내고 있어 천국 복음이 곧 예수 그리스도인 것을 강조합니다.

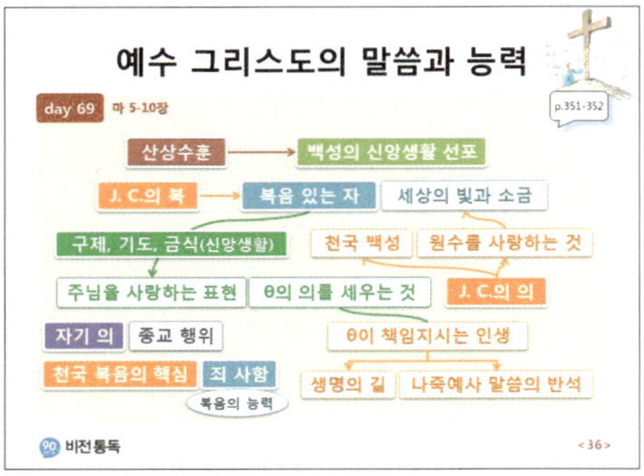

Q. 천국 복음의 핵심은 무엇인가?

임마누엘(마 1:23)로 그리스도의 의가 우리 안에 들어옵니다. 그러면 그 전가된 의로 5-7장처럼 살아야 한다는 것입니다. 그리고 뒤이어 병 고치는 사례들이 8-9장에 집중되어 있습니다. 즉, 예수님은 5-7장에서 천국 백성으로서 어떻게 살아야 하는지를 말씀하시고, 8-9장에서는 병 고침을 통해 죄 문제를 다루십니다. 천국 복음의 핵심은 결국 죄 용서라는 것을 8-9장을 통해 보여 주시는 것입니다.

day 70. 천국의 비밀과 천국 백성의 삶

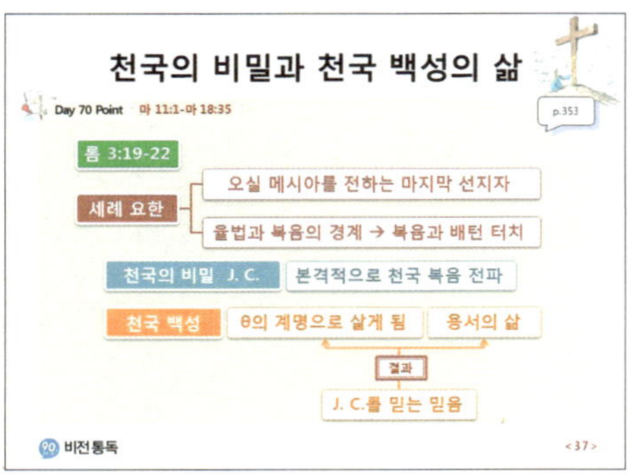

Q. 천국 비밀을 아는 자는 어떻게 살아야 하는가?

이제 본격적으로 천국 복음(11-13장)이 다루어집니다. 그리고 그 천국 복음을 아는 천국 백성들이 어떻게 살아야 하는지를 14-18장에서 이야기합니다. 결론적으로 천국 백성은 이 세상에 사는 동안 용서하며 살아야 합니다(마 18:35).

Q. 천국의 비밀은 무엇인가?

세례 요한은 말라기서에서 예언한 엘리야입니다. 구약

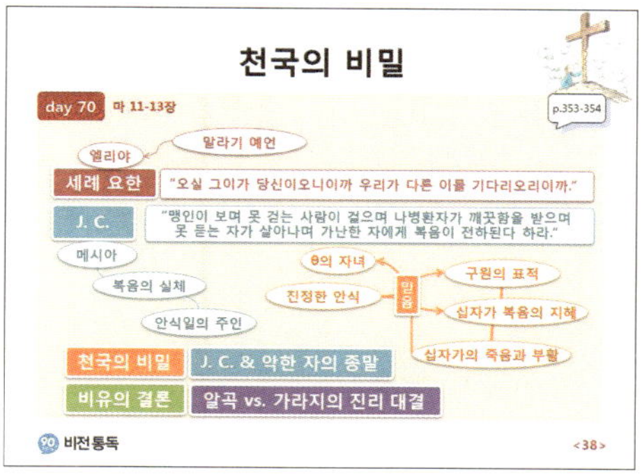

의 마지막 인물을 세례 요한이 담당하고, 예수 그리스도가 배턴 터치해서 천국 복음으로 등장하십니다. 예수가 메시아인지에 대한 세례 요한의 질문에 예수님은 이사야서의 말씀으로 대답하십니다(마 11:5). 자신이 구약에 예언된 천국 복음이라는 것을 말씀하십니다.

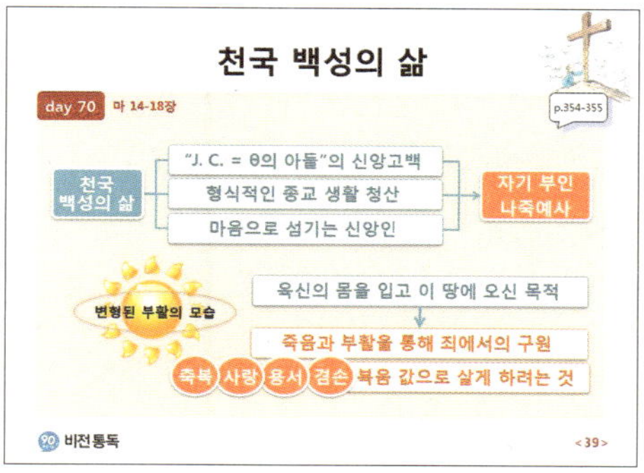

Q. 천국의 비밀을 깨달은 천국 백성의 삶은 어떠해야 하는가?

천국 백성의 삶을 한마디로 요약한 것이 18장입니다. 18장은 대인관계에 대한 이야기입니다. 1만 달란트 탕감 받은 은혜로 형제의 연약함을 용서하라는 것입니다. 용서의 문제를 돈으로 환산해서 설명합니다. 결국 천국 백성은 용서하고 사랑하고 축복하며 살아야 합니다.

day 71. 말세 대비책과 천국 복음 완성

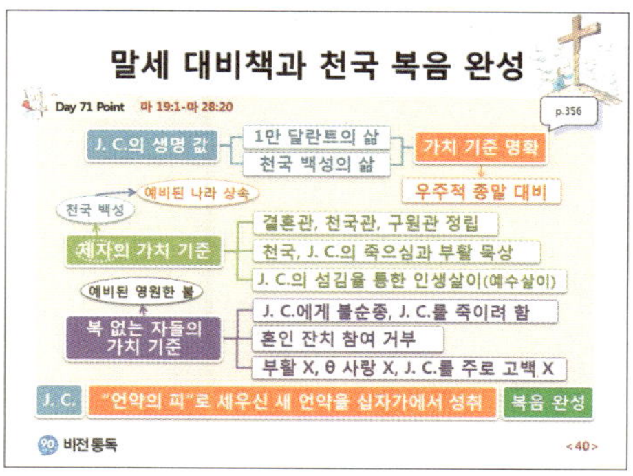

Q. 천국과 지옥은 존재하는가?

천국 복음을 전한다는 것은 천국이 있다는 것이고, 천국이 있으면 지옥도 존재합니다. 23-25장에서 복 받은 자들은 예비된 나라를 상속 받고, 저주 받은 자들은 예비된 영원한 불에 들어갑니다. 이는 천국과 지옥이 있음을 설명하는 것입니다. 마태복음 25장 46절은 예수로 사는 자와 자기 의로 사는 자를 비교하며 영생과 영벌에 대한 설명을 정확하게 하고 있습니다.

Q. 말세 대비책은 무엇인가?

첫 번째는, 깨어 있는 것입니다. 세상에 빠지지 말고 깨어 있으라는 것은 말씀에 빠지라는 말입니다. 두 번째는, 충성된 종이 되는 것입니다. 동물은 죽어서 가죽을

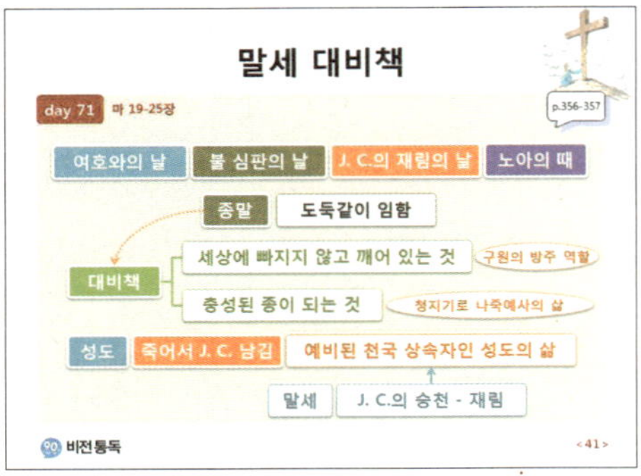

남기고 사람은 죽어서 이름을 남기지만, 성도는 죽어서 예수를 남겨야 합니다.

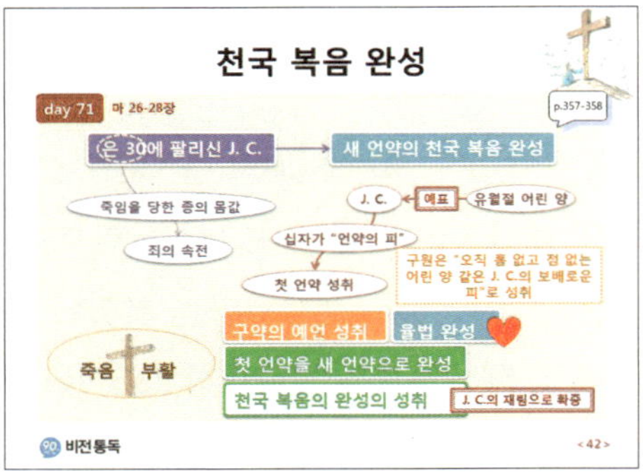

Q. 천국 복음은 어떻게 완성되는가?

구약의 약속이 현실로 나타날 때, 새 언약의 천국 복음을 완성하시기 위해 구약성경 선지서의 예언대로 은 30개에 팔리십니다. 예수 그리스도는 출애굽기에 기록된 대로 십자가에서 언약의 피로 죽으셨습니다. 예수님이 죽으셔야 복음이 완성된다는 것입니다. 이는 곧 나도 죽어야 한다는 것입니다.

마가복음

마가복음 개관

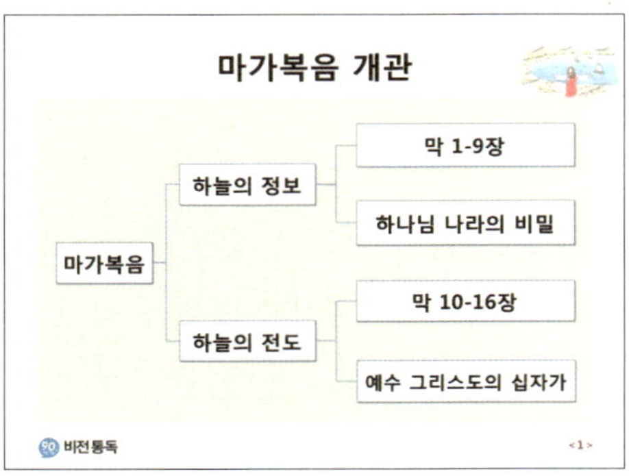

Q. 마가복음의 구조는 무엇인가?

1-9장은 하늘의 정보이고, 10-16장은 하늘의 전도입니다. 하늘의 정보는 하나님 나라의 비밀(막 4:11)인데, 그 비밀이 바로 죄를 사하는 권세를 가지신 예수 그리스도입니다.

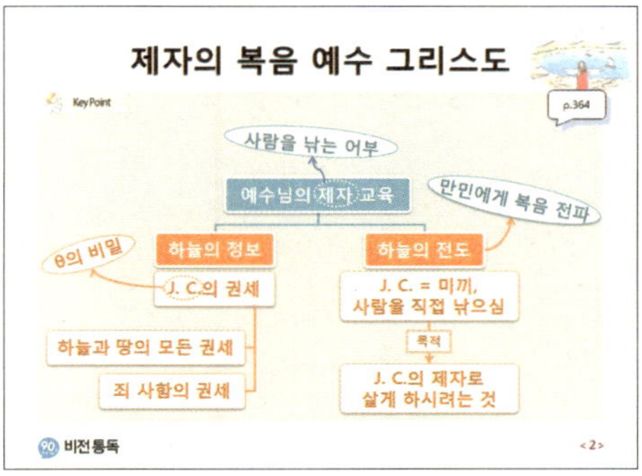

Q. 마가복음에서 하늘의 정보를 주는 이유는 무엇인가?

예수의 제자로 살게 하려는 것입니다. 예수 그리스도에게 죄를 사하는 권세가 있음을 알게 하려는 것입니다. 예수님은 죄를 해결하는 분이시며, 자연 세계와 영적 세계와 물질 세계를 지배하는 분임을 설명합니다.

Q. 하늘의 전도 방법은 무엇인가?

마가복음은 사람을 천국 제자로 삼고 교육해서 하늘의 전도를 맡기시는 내용입니다. 하늘의 정보는 예수 그리스도가 이 세상의 모든 권세뿐 아니라 죄를 사하는 권세 또한 가지고 있다는 것이고, 하늘의 전도는 예수님이 나를 대신해서 죽으셨으며 3일 만에 부활하셨다는 사실을 만민에게 전파하는 것입니다.

day 72. 하늘의 정보

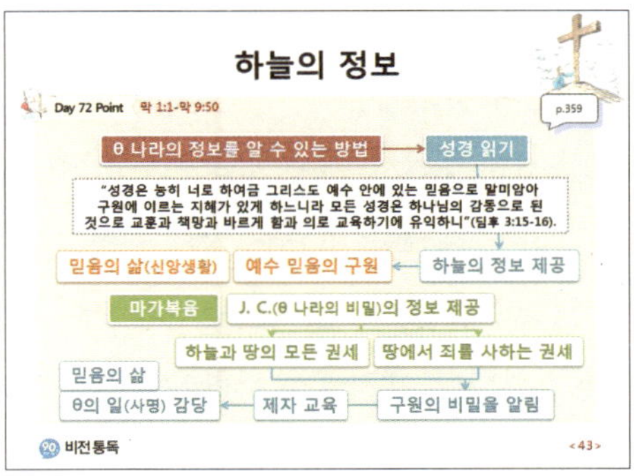

Q. 하늘의 정보를 얻을 수 있는 방법은 무엇인가?

하늘의 정보를 얻을 수 있는 방법은 성경을 읽는 것입니다. 성경만이 하늘의 정보를 제공하기 때문입니다(딤후 3:15-16). 하늘의 정보를 제공하는 목적은 바로 전도입니다. 전도는 구원과 구원의 삶을 포함합니다. 우리를 구원하고 구원의 삶을 살게 하는 것이 하늘의 정보를 주는 최종적인 목적입니다.

Q. 그리스도의 권세는 무엇인가?

마가복음의 장점은 짧다는 것입니다. 그렇기 때문에 복음과 제자 훈련에 대한 부분을 명확하게 설명합니다. 그리스도의 권세는 첫째로 세상을 이기는 권세입니다. 둘째는 영적 세계, 즉 사탄을 이기는 권세입니다. 셋째는

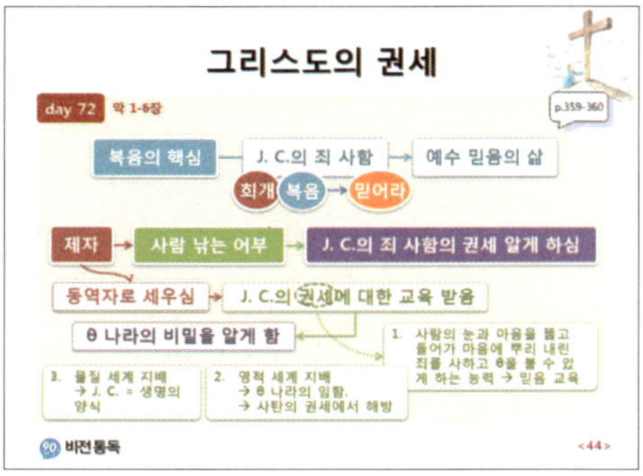

물질세계, 즉 사망을 이기는 권세입니다. 이 세 가지 권세를 합치면 길과 진리와 생명이 됩니다.

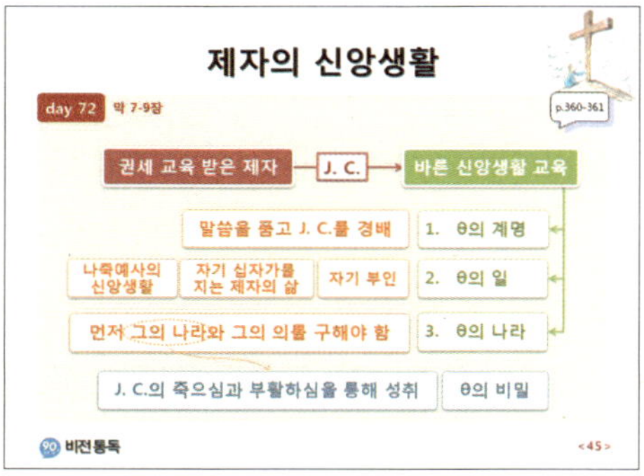

Q. 사람 낚는 어부의 신앙생활은 어떤 것인가?

제자의 신앙생활은 세 가지인데, 첫째, 외식적인 종교 행위를 버리고 하나님의 계명인 말씀을 마음에 품고 살라는 것입니다. 둘째, 자기중심적인 사람의 일을 생각하는 대신 자기를 부인하고 십자가를 지는, 즉 나는 죽고 예수로 살라는 것입니다. 셋째, 하나님 나라의 건설을 위해 하나님 나라와 의를 구하는, 이는 곧 예수 그리스도의 동역자로 살라는 것입니다.

day 73. 하늘의 전도

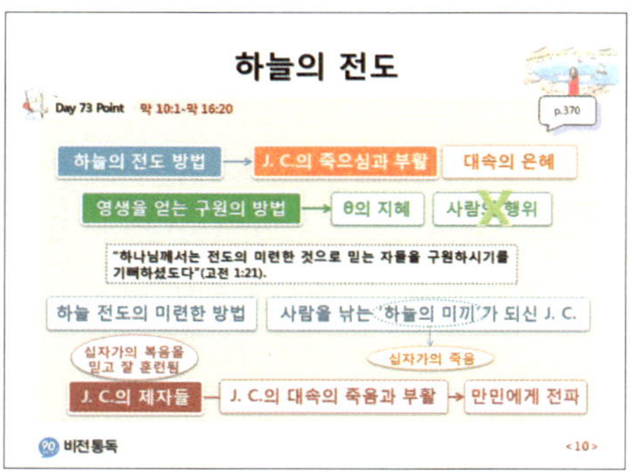

Q. 하늘의 전도 방법은 무엇인가?

하늘의 전도 방법은 십자가에서 예수 그리스도가 죽으시는 것입니다. 인간의 지혜로는 미련한 방법(고전 1:21)일 수 있으나 이것이 그리스도가 직접 제자들에게 보여 주신 하나님의 전도 방법입니다. 제자들을 사람 낚는 어부로 만드시고 예수 그리스도가 직접 하늘의 미끼(막 14-16장)가 되신 것입니다.

Q. 구원의 방법은 무엇인가?

구원의 방법은 하나님의 지혜인 예수 그리스도를 설명합니다. 마가복음 10장에서 부자 청년과 바디매오를 통해 세상의 탐심을 버리고 오직 자신이 죄인인 것과 예수

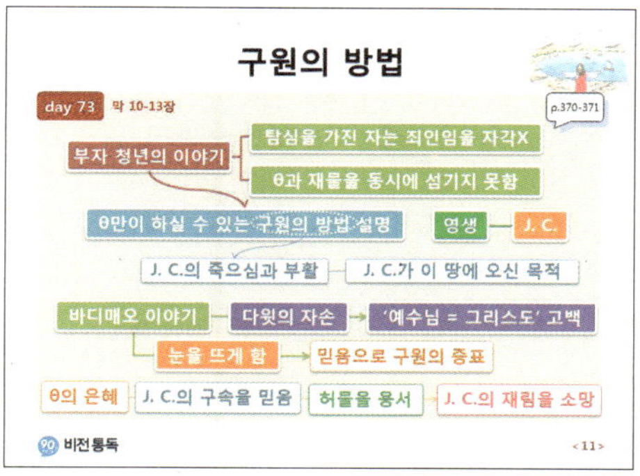

가 그리스도이심을 고백하는 것이 구원의 길임을 설명합니다. 구원은 사람은 할 수 없고, 오직 하나님만이 하실 수 있습니다. 이것을 아는 것이 하나님의 은혜입니다. 구원이란 예수님이 죽으시고 살아나시는 방법 외에는 없기 때문입니다. 이것을 깨달은 사람은 이 땅이 아닌 그리스도의 재림에 소망을 두고 천국을 기대하는 구원의 증표를 나타냅니다.

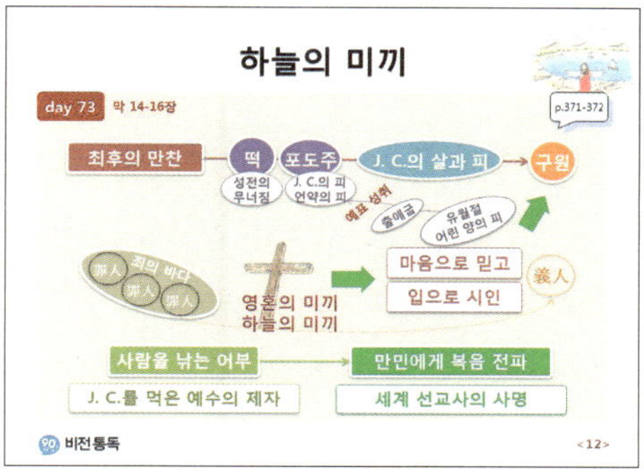

Q. 하늘의 미끼는 무엇인가?

고기를 낚으려면 미끼를 잘 끼워야 합니다. 하나님이 이 땅에 오셔서 우리를 사람 낚는 어부로 만드십니다. 그런데 그 미끼가 예수님입니다. 그분이 죽으신 것이 나의 죄 때문이라는 것을 알게 된 자는 낚이게 됩니다. 구원이 발생하는 것입니다. 예수 그리스도의 희생이 바로 사람을 낚는 미끼가 되는 것입니다. 우리 또한 세상에 미끼로 던져질 것입니다. 그러나 완전히 잡아먹히는 것이 아닙니다. 낚싯줄이 미끼를 붙잡고 있듯, 우리를 붙잡고 계시는 하나님이 우리를 절대 놓지 않으시기 때문입니다. 하늘과 땅에 연결된 성도에게는 예수 그리스도의 임마누엘이 연결되어 있습니다.

누가복음

누가복음 개관

Q. 누가복음의 구조는 무엇인가?

1-19장은 예수의 사역이고, 20-24장은 증인의 사역입

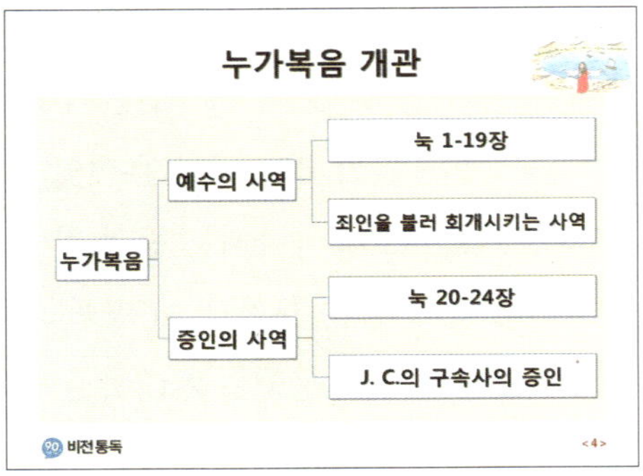

니다. 누가복음의 초점은 하늘의 증인인데, 이는 하늘 복음의 증인, 천국의 증인, 예수의 증인을 말합니다.

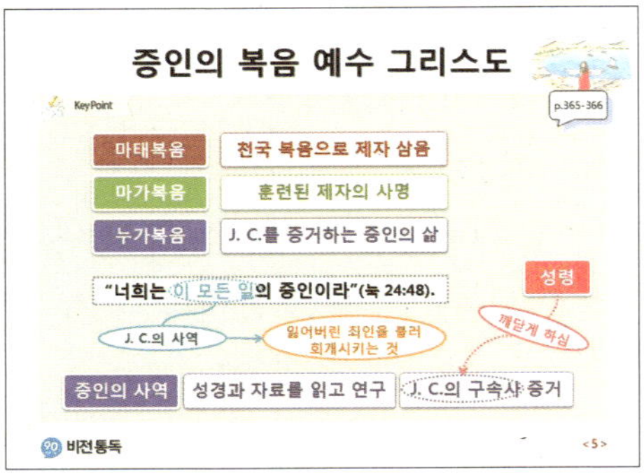

Q. 누가복음에서 증인의 사역은 무엇인가?

누가복음의 핵심은 증인의 삶을 살게 하는 것으로, 사람의 아들로 오신 예수를 집중적으로 소개합니다. 그 이유는 바로 여자의 후손이신 예수 그리스도가 구속을 완성하시는 분임을 증언하기 위함입니다. 즉, 증인의 사역은 예수를 증거하는 것입니다.

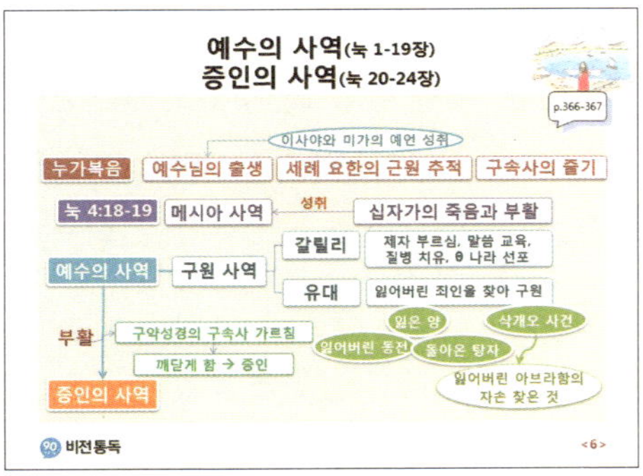

Q. 누가복음의 특징은 무엇인가?

누가복음의 특징은 예수의 사역(눅 1-19장)을 제자들의 증인의 사역(20-24장)으로 연결하는 것입니다. 예수의 사역을 한마디로 정리하면 '잃어버린 자를 찾아 구원'(눅 19:10)하는 것입니다. 이 예수의 사역에 제자들을 동참시키는 것입니다. 그것이 바로 증인(눅 24:46-48)인 것입니다.

day 74. 북쪽 갈릴리 중심 사역

Q. 한 가정을 등장시키는 이유는 무엇인가?

누가복음 1장에 사가랴와 엘리사벳이 나옵니다. 사가랴의 뜻은 '하나님이 기억하신다'이고, 엘리사벳의 뜻은 '하나님은 맹세이시다'입니다. 출애굽 했을 때 하나님이 아브라함과의 언약을 기억하셨습니다. 이것이 구원

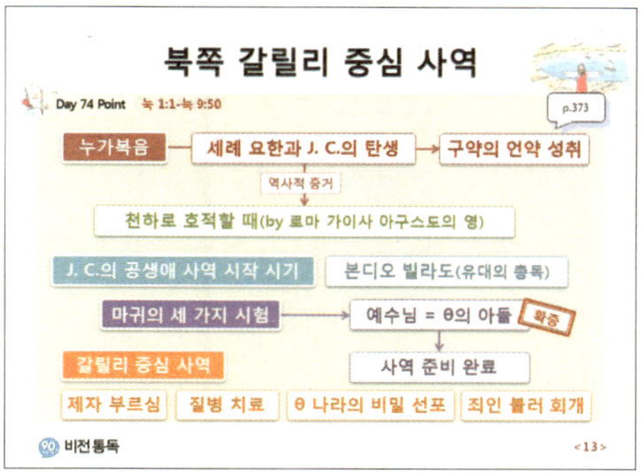

입니다. 그래서 '하나님이 그것을 기억하셨다'라는 단어가 맞물려서 나오는 것입니다. 그리스도를 맞이하는 한 가정, 즉 사가랴를 통해 그리스도의 구원 사역을 예비합니다.

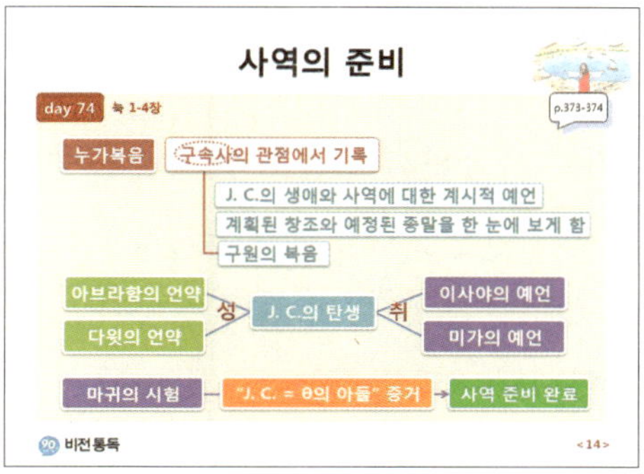

Q. 그리스도의 사역은 어떻게 준비되는가?

그리스도의 사역은 '한 가정'과 '두 선지자'를 통해서 준비됩니다. 이는 예수 그리스도의 탄생이 구약의 성취이고, 구원의 시작이라는 것을 의미합니다. 그 후 마귀의 시험을 통해 하나님의 아들로 증거되시고 구속 사역을 시작하십니다. 구속사의 궁극적인 목적은 죄인을 불러 회개시키기 위함입니다.

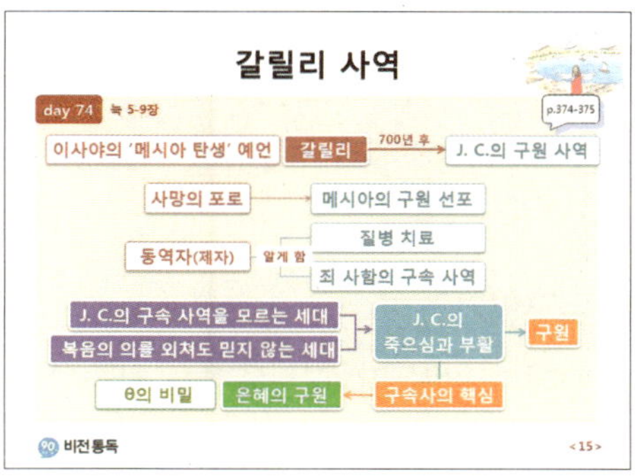

Q. 갈릴리 사역이 주는 지역적 의미는 무엇인가?

갈릴리 지역은 북 이스라엘의 영토였다가 앗수르에 침략당한 도시입니다. 그런데 이사야서의 예언(사 9:1-2)대로 갈릴리에 오셔서 사망의 그늘에 있는 자들을 해방시키는 일을 전개하고 계시는 것입니다. 예수 그리스도의 사역은 사망의 죄로부터 해방하고 죄인을 불러 회개시키는 것입니다. 더불어 이 사역의 클라이맥스는 예수님의 승천(눅 9:51)이라는 것을 명확히 보여 줍니다.

day 75. 남쪽 유대 중심 사역

Q. 누가복음 9장 51절이 주는 의미는 무엇인가?

예수님은 승천하실 기약이 차 가자 예루살렘을 향해 올라가기로 굳게 결심하시고 움직이십니다. 누가복음은 다른 복음서와 다르게 갈릴리에서 출발해서 유대를 지

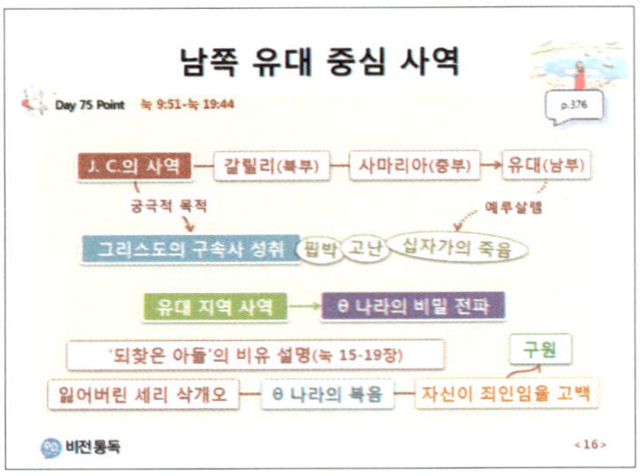

나 예루살렘을 향해 가는 방향으로 서술됩니다. 누가복음의 서술적 방식이 예수님의 탄생으로 시작해서 예루살렘을 향해 가는데 승천할 기약이 찼다는 것입니다. 승천하려면 십자가에서 죽으시고 부활하셔야 되기 때문에 십자가를 지러 가셔야 한다는 것입니다. 이는 예수 그리스도의 구속사의 완성을 향한 삶의 목적을 기술하는 것입니다.

Q. 유대 지역의 사역은 무엇인가?

누가복음은 예수님이 이 땅에 오신 목적이 죄인을 불러 회개시키는 것이라는 사실을 계속 끌고 갑니다. 죄인을 불러 회개시키는 것의 결론은 예수님의 십자가의 죽음입니다. 13장에서 말하는 좁은 문이 결국 십자가의 길이라는 것입니다. 하나님 나라를 회복하고 병을 낫게 하는 것이 복음입니다. 그런데 13장 32-33절은 오늘과 내일과 모레의 삼 일 길을 설명합니다. 그러면서 "내가 갈 길을 가야 하리니 선지자가 예루살렘 밖에서는 죽는 법이 없느니라"고 말씀하십니다. 즉 죽으러 가신다는 말씀입니다.

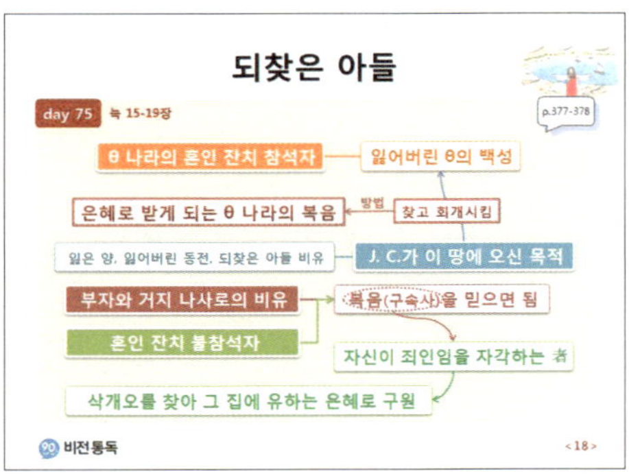

Q. 되찾은 아들은 누구인가?

계속 예루살렘을 향해 가면서 일어난 사건을 정리합니다. 사마리아와 갈릴리는 목적지가 아니라 통과하는 곳입니다. 이는 이 세상이 머무는 곳이 아니라 통과하는 길임을 말해 줍니다. 왜냐하면 예루살렘으로 올라가야 선지자들을 통해서 기록된 모든 것이 인자에게 응하기 때문(눅 18:31)입니다. 중간중간 나오는 비유는 결국 잃어버린 하나님의 자녀를 되찾기 위한 예수 그리스도의 여정임을 나타냅니다.

day 76. 증인의 사역

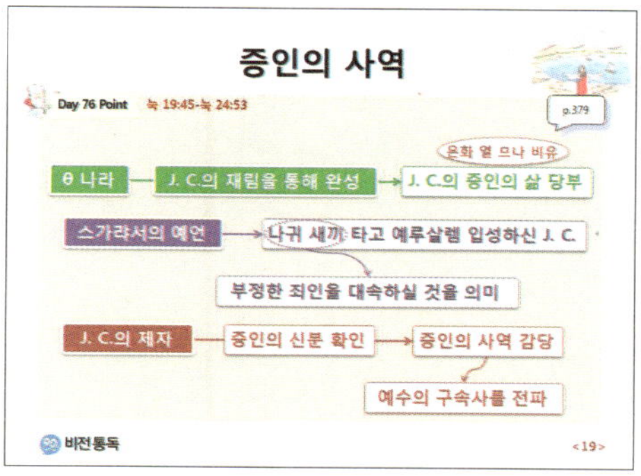

Q. 열 므나의 비유는 무엇인가?

제자들은 예수님의 죽음 이후 하나님 나라가 당장 나타날 줄로 생각했습니다. 그런데 가시적인 하나님 나라가 안 나타납니다. 이때 해 주시는 이야기가 열 므나의 비유입니다. 이것은 하나님 나라가 가시적으로 나타날 때까지 예수님이 계신 것처럼 살라는 뜻입니다. 예수님이 다시 오실 때까지 예수님이 계신 것처럼 예수를 남기라는 것입니다. 장사를 잘하라는 이야기는 예수 장사를 잘해서 예수를 남겨야 한다는 말입니다.

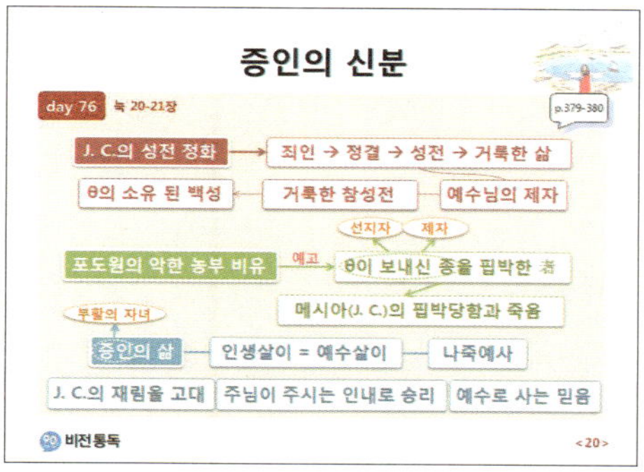

Q. 증인의 삶은 무엇인가?

증인의 삶이란, 예수의 왕 되심을 인정하는 삶입니다. 증인의 삶을 살기 위해서는 명확한 증인의 신분이 있어야 합니다. 그 증인의 신분은 말씀으로 우리를 정결하게 해야 얻을 수 있습니다. 예수님이 성전을 청결하게 하신 것은 그런 의미입니다. 정결한 마음으로 가이사의 것은 가이사에게, 하나님의 것은 하나님에게 드리는 지혜로 예수살이가 되도록 해야 합니다.

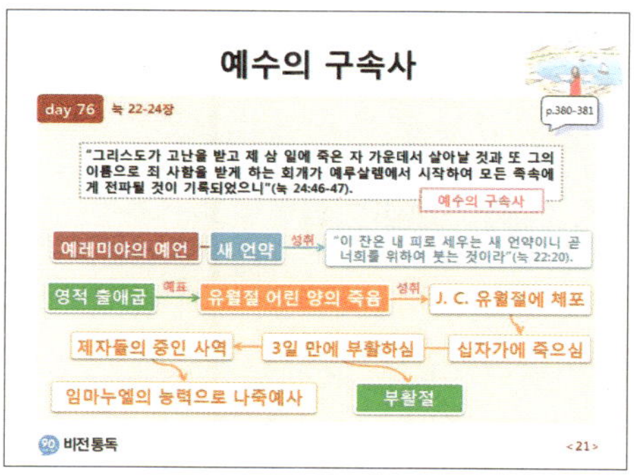

Q. 예수의 구속사는 무엇인가?

증인의 주된 사역은 구원의 복음(예수가 나를 구원하신 것)과 구원의 삶(예수가 나의 주인으로 살고 계신 것)을 전하는 것입니다. 그래서 누가복음과 사도행전이 구원의 지식과 구원의 삶으로 연결됩니다. 누가복음의 지식이란 예수님의 구원 사역을 지식으로도 전해야 된다는 것입니다. 그리고 사도행전의 삶이란 예수님이 살아 주시는 삶으로 증거해야 한다는 것입니다. 하나님의 구원 역사를 통해 구원 받은 성도는 구원 사역을 통해 다른 사람을 구원시킵니다. 이것이 곧 성도의 삶입니다.

요한복음

요한복음 개관

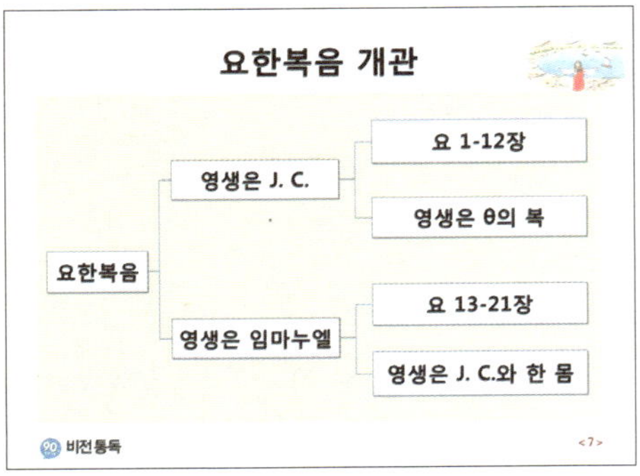

Q. 요한복음의 구조는 무엇인가?

1-12장은 '영생은 그리스도'이고, 13-21장은 '영생은 임마누엘'입니다. 요한복음은 하늘의 생명으로 사는 것인데, 하늘의 생명은 영원한 생명, 땅의 생명은 유한한 생명을 말합니다. 성경은 하늘의 생명으로 살게 하기 위해 기록되었습니다.

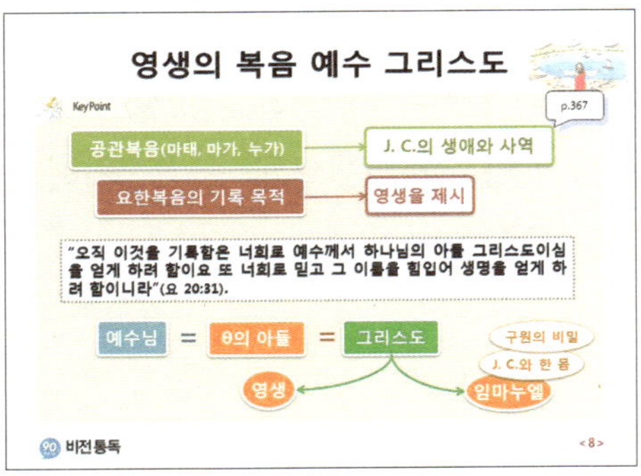

Q. 요한복음의 구속사는 무엇인가?

구속사의 핵심은 예수를 믿어 영생을 얻게 하려는 것입니다. 영생을 얻게 하려는 것은 하늘의 생명으로 살게 하기 위함입니다. 즉, 예수 그리스도가 영생(요 5:39)인 것입니다.

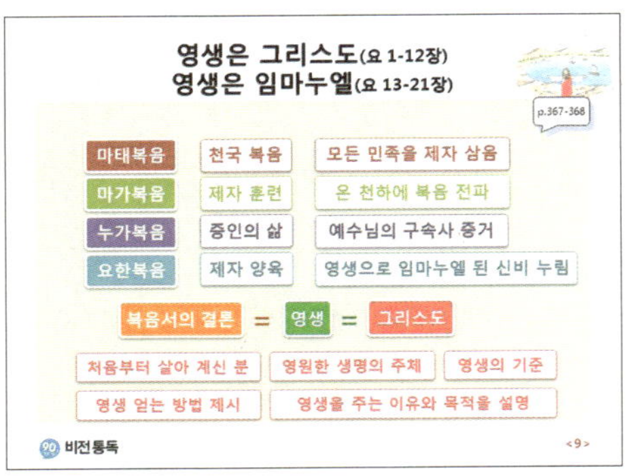

Q. 요한복음의 주요 내용은 무엇인가?

요한복음을 사복음서의 결론이라고 본다면, 복음서의 최종 결론은 영생이라 할 수 있습니다. 하늘의 복음이 땅에 내려온 것이 마태복음이고, 마가복음은 예수의 제자가 되어 온 천하에 다니면서 복음을 전파하는 세계 선교가 목적이고, 누가복음은 성령의 인도하심을 따라 예수의 증인으로 사는 것이며, 요한복음은 예수의 영생, 예수의 생명을 누리는 신비한 삶을 살게 하는 것입니다.

day 77. 영생은 그리스도

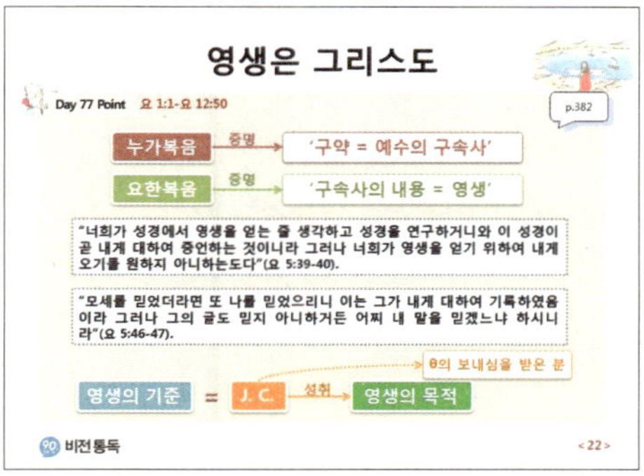

Q. 성경에 있는 영생은 무엇인가?

요한복음 5장 30절은 "너희가 성경에서 영생을 얻는 줄 생각하고 성경을 연구한다"면서 성경이 곧 예수 그리스도를 겨냥하고 있음을 말씀합니다. 또한 누가복음의 마지막은 구약성경이 예수의 구속사임을 증명하며, 요한복음은 구약성경의 핵심 내용인 예수가 영생이라는 것을 연결시켜 줍니다.

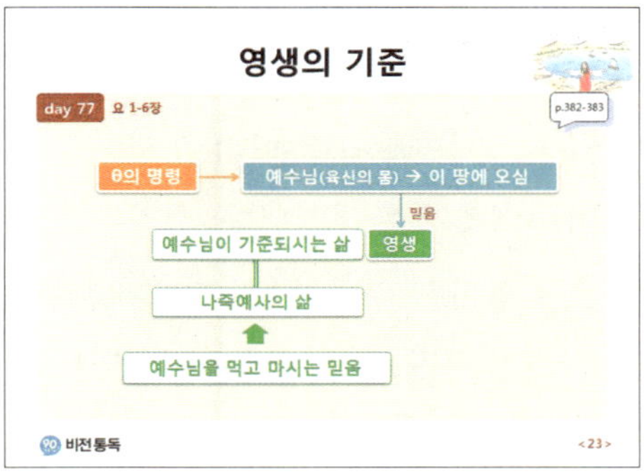

Q. 영생의 기준은 무엇인가?

영생의 기준은 예수님입니다. 영생의 기준을 붙잡고 살 수 있는 비결은 말씀이 믿어지는 은혜, 말씀에 압도되는 은혜입니다. 이는 내 힘이 아닌 말씀이 나를 뚫고 들어와 역사하는 능력을 말합니다. 성경을 읽을 땐 이러한 은혜가 임할 것을 기대해야 합니다. 말씀이 들어오고 채워져야 합니다. 그것이 내 안에 꽉 채워지면 나갈 수 있는 힘이 생깁니다.

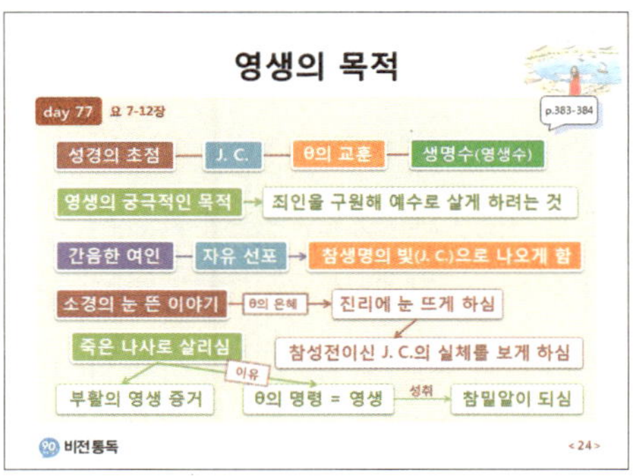

Q. 영생의 목적은 무엇인가?

성경의 초점은 예수 그리스도이며, 영생의 목적은 죄인을 구원해 예수로 살게 하는 것입니다. 그러나 성경보다 세상 교훈에 목말라했던 자들은 예수 그리스도를 알아보지 못했습니다. 맹인이 눈 뜬 사건은 예수님이 진리의 눈을 뜨게 하사 예수 그리스도의 실체를 보게 하신 것입니다. 영적인 눈이 열리면 예수 그리스도를 보게 되고, 예수 그리스도를 보면 참성전으로 살게 됩니다.

day 78. 영생은 임마누엘

Q. 구속사는 어떻게 성취되는가?

구속사는 예수 그리스도의 죽으심으로 성취됩니다. 구

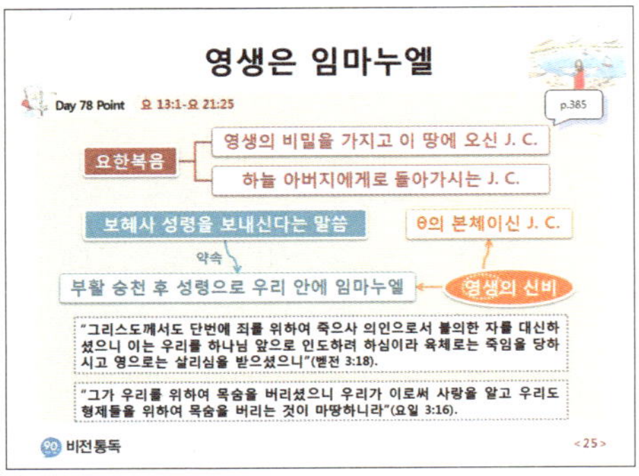

약성경에서 예언된 메시아는 바로 예수 그리스도시고, 예수 그리스도는 하나님의 본체이십니다(빌 2:6-8). 하나님의 본체이신 그리스도가 죽고 부활하셔서 성령으로 우리에게 임마누엘하시겠다고 약속하십니다(요 16:7). 그리스도가 성령으로 우리 안에 임마누엘하시는 것은 영생의 신비입니다.

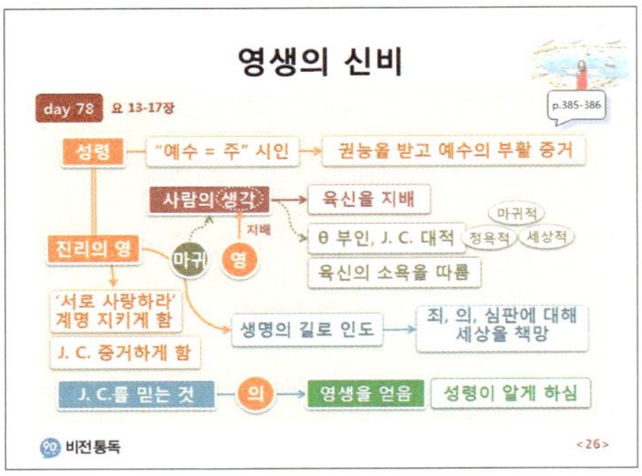

Q. 영생의 신비는 무엇인가?

영생의 신비는 성령을 통해서 육신의 마음 판에 새겨진 새 언약을 말합니다. 새 언약의 신비는 예수를 주로 고백하고 증거하면 알 수 있는데, 그것이 바로 성령을 통해 그리스도가 임마누엘하시는 것입니다. 성령은 눈에 보이지는 않지만 분명 살아서 역사하십니다. 영생의 신비는 육신의 마음 판에 새겨진 새 언약의 신비입니다.

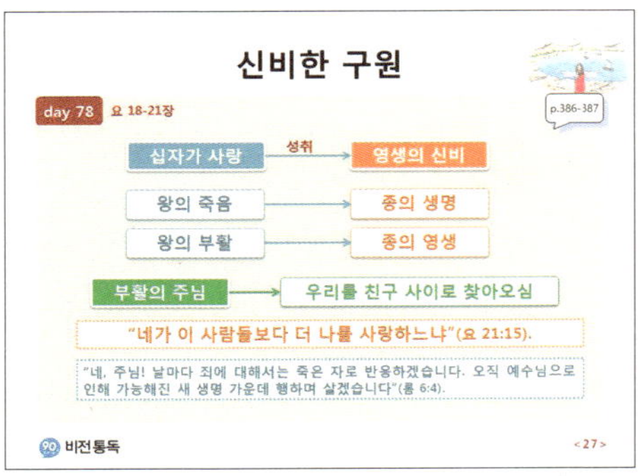

Q. 영생의 신비는 어떻게 성취되는가?

영생의 신비는 십자가 사건으로 성취됩니다. 예수님이 잡히시면서 바라바(아버지의 아들이라는 뜻)가 사면을 받았습니다. 예수님의 죽으심으로 우리는 아버지의 아들이 됩니다. 이는 곧 바라바의 사면이 나의 사면과 같음을 뜻합니다. 창에 찔리신 그리스도를 통해 복음의 말씀을 들을 때 심령이 찔리고, 그 말씀이 비집고 뚫고 들어와 실제 구원의 역사가 일어납니다. 그렇게 하나님의 은혜가 우리 안에 비집고 들어오는 것이 바로 하나님의 구속사입니다.

Tip 사복음서를 한 주제로 설명할 수 있는가?

사복음서는 '하늘'이라는 주제로 설명할 수 있습니다. 마태복음은 '하늘의 복음'을 전하기 위함이고, 마가복음은 '하늘의 정보'를 제공하기 위함이며, 누가복음은 '하늘의 증인'이 되라는 것이고, 요한복음은 '하늘의 생명', 곧 영생으로 살라는 것입니다.

'하늘의 복음'을 통해 우리에게 '하늘의 정보'가 전달되면 이 땅에서 '하늘의 증인'으로서 하늘의 사역을 행해야 합니다. 그리고 최종적으로 성도에게는 '하늘의 생명', 곧 영생으로 사는 도전이 필요합니다. 이 땅에는 영생이 없습니다. 그렇기 때문에 영생의 증인이 되고 영생을 전파하는 것이 영생을 소유한 사람의 본분입니다.

사도행전

사도행전 개관

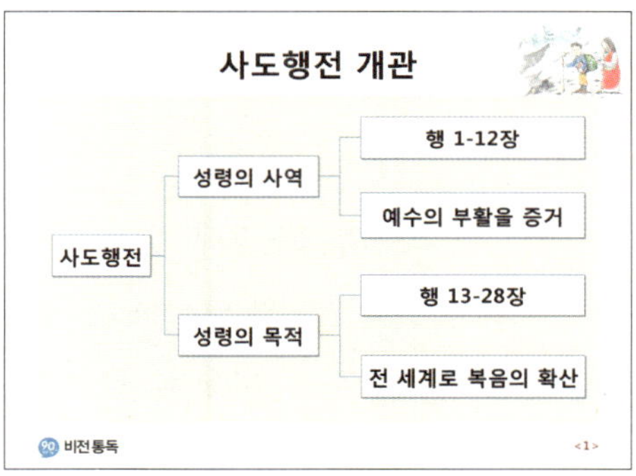

Q. 사도행전의 구조는 무엇인가?

1-12장은 성령의 사역이고, 13-28장은 성령의 목적입니다. 요한복음은 성령에 대한 지식적인 부분을 다루고, 사도행전은 성령이 실제적으로 삶에 임하는 내용을 다루고 있습니다. 사도행전은 성령의 역사를 다루는데, 이는 예수 그리스도의 복음을 땅끝까지 전파하는 성령 사역을 말합니다.

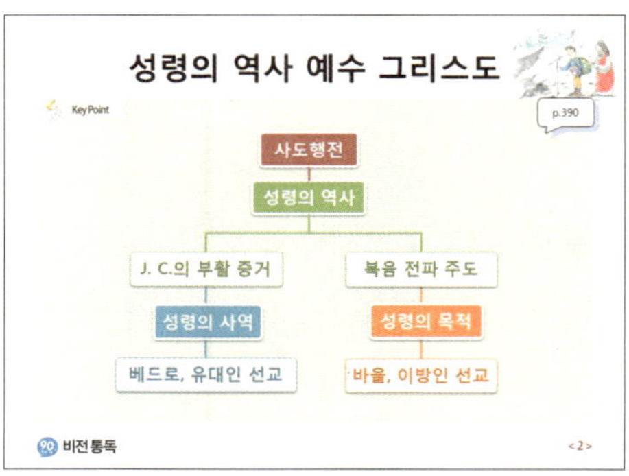

Q. 사도행전의 구속사는 무엇인가?

사도행전의 구조적인 초점은 성령입니다. 사도행전 1-12장은 베드로를 통한 유대인 사역이고, 13-28장은 바울을 통한 이방인 사역입니다. 여기서 주의해야 할 부분은 시간의 흐름과 배경을 토대로 장별로 진행되는 내용의 전환보다 더 중요한 주제가 흐르고 있음을 간과하면 안 된다는 것입니다. 즉, 천상천하와 사람을 넘나드는 성령이라는 주체가 사도행전 1장부터 28장까지의 다양한 사건과 인물들을 통해 등장하며 지금까지 끊임없이 연결되고 있다는 것입니다. 사람이 아니라 성령이 주체임을 놓치지 말아야 합니다.

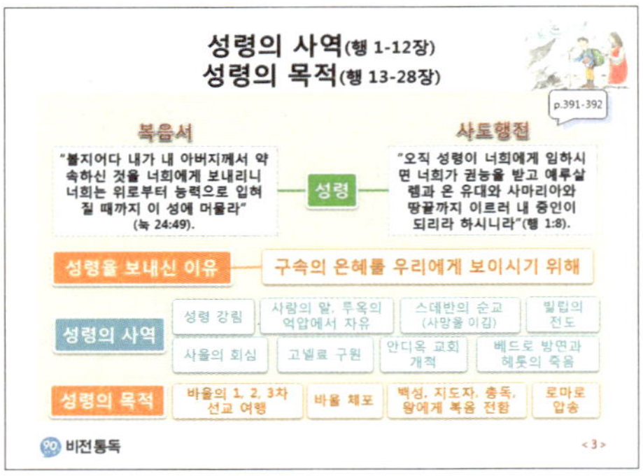

Q. 복음서와 사도행전의 연결 고리는 무엇인가?

복음서와 사도행전의 연결 고리는 성령입니다. 누가복음과 사도행전은 저자가 의사 누가로 같기 때문에 당연히 연결됩니다. 그런데 문학적인 순서로 봐도 요한복음과 사도행전이 절묘하게 연결됩니다. 그 연결 고리 또한 성령입니다. 요한복음 12장까지의 내용이 공생애 3년에 해당되는 반면, 13-17장까지는 잡히시기 전날인 목요일 저녁이며, 16-17장에서 성령에 대해 가장 강력하게 설명해 주십니다. 요한복음이 이렇게 성령에 대해 정리하고 나면 곧바로 사도행전으로 이어져 드디어 성령이 오십니다.

day 79. 성령의 유대인 사역

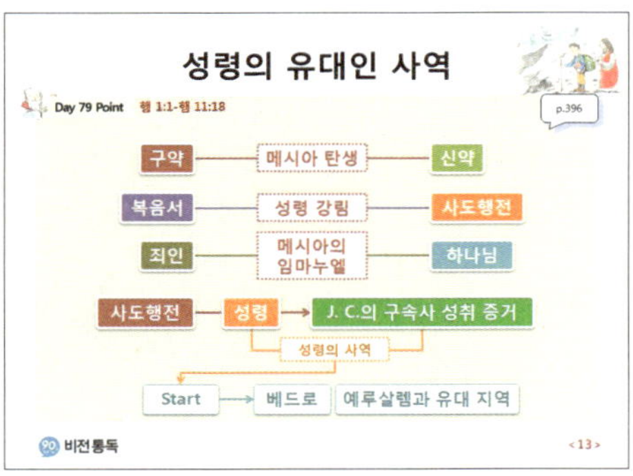

Q. 죄인과 하나님의 연결 고리는 무엇인가?

구약과 신약의 연결 고리는 그리스도의 탄생이고, 복음서와 사도행전의 연결 고리는 성령의 강림입니다. 죄로 인해 하나님과 멀어진 사람은 성령으로 말미암은 메시아의 임마누엘로 연결됩니다.

Q. 그리스도의 부활과 성령의 관계는 무엇인가?

구원 받은 성도가 전해야 할 것은 그리스도의 죽으심과 부활입니다. 그리스도의 복음은 지식으로 깨달아지지 않습니다. 이해함으로 구원을 받는다면 아이큐가 좋

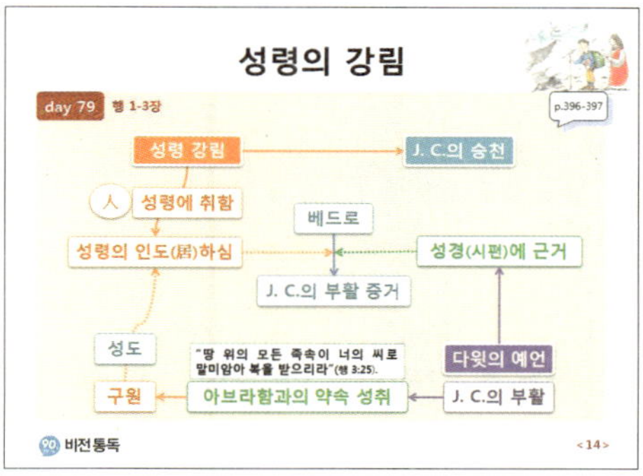

은 사람만 구원 받을 것입니다. 그리스도의 복음이 깨달아지는 이유는 성령의 감동이 함께하기 때문입니다. 성령이 아니고서는 그리스도를 주라 시인할 수 없기 때문입니다. 그래서 사도행전을 성령 강림으로 시작하는 것입니다.

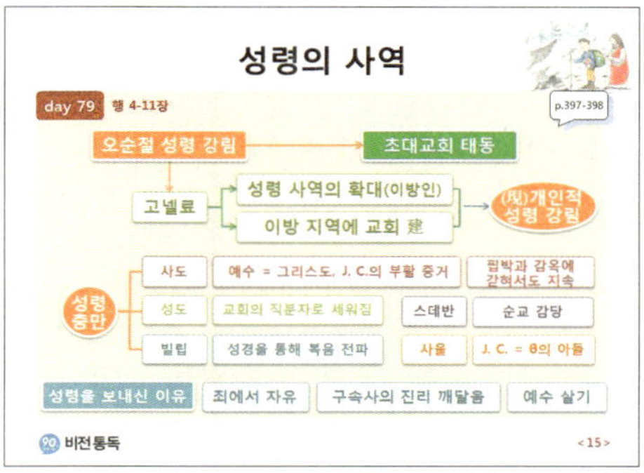

Q. 성령의 사역은 어떻게 나타나는가?

1-3장을 통해 성령의 강림을 경험한 제자들은 4장에서 사람의 말에도 끄떡하지 않고, 5장에서 투옥되어도 끄떡하지 않으며, 6장에서 스데반과 빌립 같은 성령 충만한 사람들을 세웁니다. 그리고 7장에서 스데반은 심지어 순교를 당하지만 넉넉히 감당합니다. 8장에서는 빌립이 광야로 이끌림 받아 다니며 선교를 합니다. 9장에서는 사울이 회심해서 바울이 되고, 10장에는 고넬료 사건이 나오며, 11장에는 안디옥 교회가, 12장에는 베드로 사건과 헤롯의 죽음이 등장합니다. 그럼에도 불구하고 하나님의 말씀은 흥왕합니다. 어떠한 핍박이나 사건 사고 속에서도 결국 성령이 이어집니다. 이는 진정한 정복자는 성령이요, 정복의 무기는 복음임을 웅변합니다.

day 80. 성령의 이방인 사역

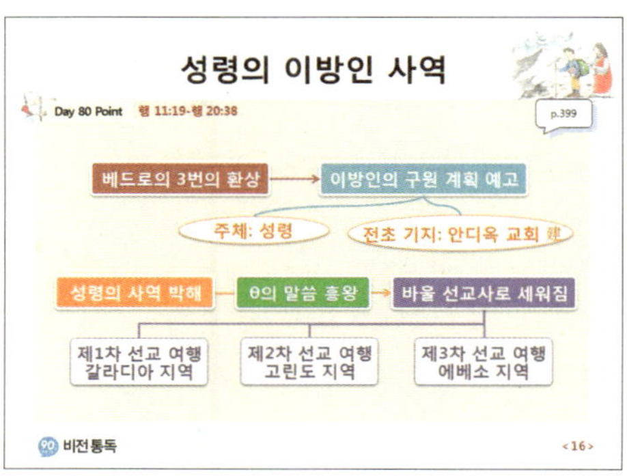

Q. 고넬료의 사건은 어떤 의미를 지니는가?

고넬료라는 백부장이 복음을 받아들이는 과정에서 베드로에게 세 번씩이나 보여 주신 환상을 통해 이방인에게도 복음의 문이 열리게 될 것을 예고하셨습니다. 고넬료 사건은 바울을 이방인 사역자로 전환시키는 계기가 됩니다. 우리가 하나님의 자녀가 된 계기, 전환점은 무엇인가요? 그것은 예수 그리스도의 죽으심입니다. 우리가 구원의 삶을 살아야 할 이유, 그렇게 살고자 하는 전환점은 무엇인가요? 그것은 예수 그리스도의 살아나심입니다. 그분이 내 안에서 주인으로 살아 주셔야 구원의 삶을 살 수 있습니다.

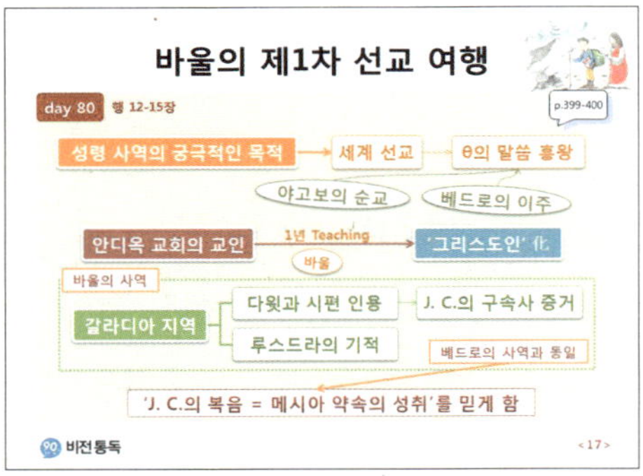

Q. 다윗과 시편을 인용해 그리스도의 구속사를 증거하는 이유는 무엇인가?

사도행전 2장과 13장을 보면 베드로와 바울이 동일하게 다윗의 시편을 인용해 그리스도의 구속사를 증거하는 것을 볼 수 있습니다. 앉은뱅이가 일어난 사건도 동일하게 나타납니다. 이렇게 반복해서 기술된 이유는, 성경에 기록된 하나님의 구속사는 시간과 공간의 차이에도 불구하고 늘 옳다는 걸 증명하기 위해서입니다. 또한 반복되는 표적을 통해 구속의 기적을 증명하고자 함입니다.

앉은뱅이가 일어나는 것보다 더 큰 기적은 바로 우리가 앉은뱅이 신앙에서 일어서는 것입니다. 기록된 성경을 근거로 밝히 드러나는 예수 그리스도를 믿는 믿음이 바로 하늘의 신령한 복을 받는 방법입니다. 세상적인 기복이 아니라 예수님 그분을 믿어야 탐심, 욕심, 교만 같은 앉은뱅이 신앙에서 벌떡 일어서는 기적이 일어납니다.

Q. 바울의 선교 사역의 의미는 무엇인가?

성령에 의해서 바울이 선교사로 세워진다는 것이 제1차 선교 여행의 핵심입니다. 그 후 16장에 나오는 제2차 선교 여행에서는 선교지가 결정됩니다. 제1차 선교 여행을 마치고 아시아로 가려는 것을 다름 아닌 성령이 막으십니다. 선교지는 내가 아니라 성령이 결정하십니다. 선교의 사명 또한 성령이 결정하십니다. 그래서 결국 순교를 결단하게 만드십니다. 이것이 바울의 선교 여행을 통

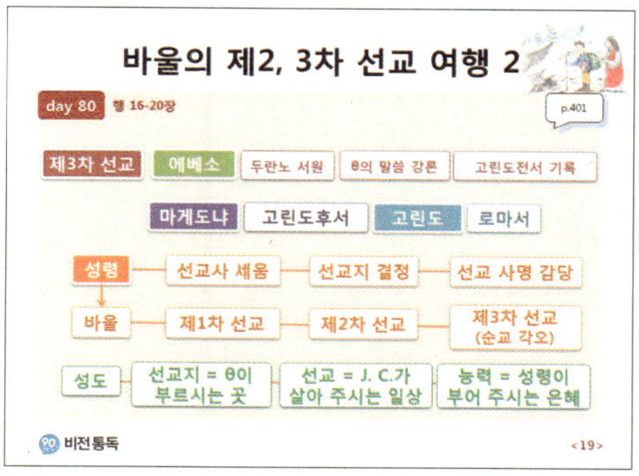

해 사도행전이 전하는 메시지입니다. 성령이 역사하셔서 우리를 선교사로 세우기 원하시는 곳 그리고 내가 사는 곳이 바로 선교지입니다. 이렇게 세상의 선교사로 부름 받은 우리의 사역은 나는 죽고 예수로 사는 순교적인 삶으로 이어집니다.

day 81. 성령의 세계 선교 사역

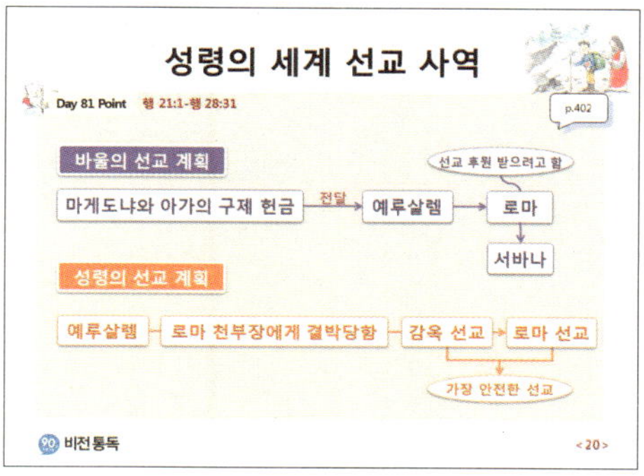

Q. 바울을 향한 하나님의 뜻은 무엇인가?

제3차 선교 여행을 마칠 즈음의 바울의 선교 계획은 구제 헌금을 모아서 예루살렘에 전달하고 로마에 잠시 들러 선교 후원을 받아서 스페인으로 가는 멋진 시나리오였습니다. 그런데 하나님은 그 선교 전략을 바꿔서 결박당해 로마로 보내지게 하십니다. 이는 선교를 헌신하는 것은 사람이지만, 선교 사역의 주체는 성령 하나님이심을 드러냅니다.

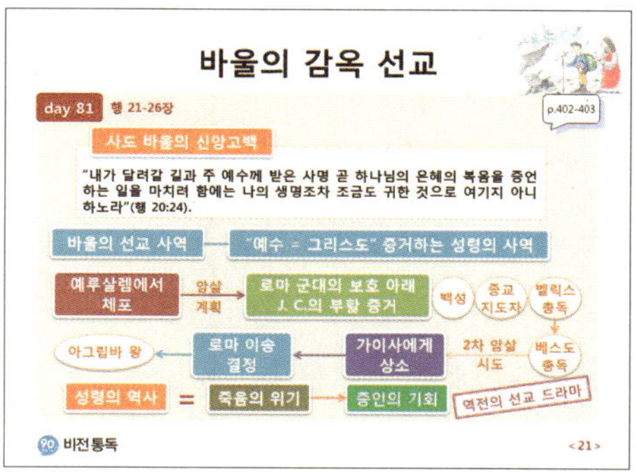

Q. 바울의 감옥 선교는 어떻게 이뤄졌는가?

바울의 감옥 선교는 순종으로 이뤄졌습니다. 이것이 가능했던 이유는 20장에서 순교를 각오하고 주님을 위해 살리라는 마음을 가졌기 때문입니다. 사도 바울은 이미 결박당할 것을 알고 있었습니다(행 20:23). 그러나 결박과 환난이 기다린다 해도 사명 받은 대로 살겠노라 고백합니다(행 20:24). 그리고 같은 성령의 감동으로 아가보라는 사람이 와서 바울이 결박될 것이라는 예언을 전했습니다. 그럼에도 사도 바울은 순교하겠노라 결단합니다. 바울은 하나님의 뜻을 알았습니다. 하나님은 바울을 잡히게 하십니다. 성령의 선교 계획은 내 생각과 다르다는 것을 인정하는 것이 성령 사역입니다.

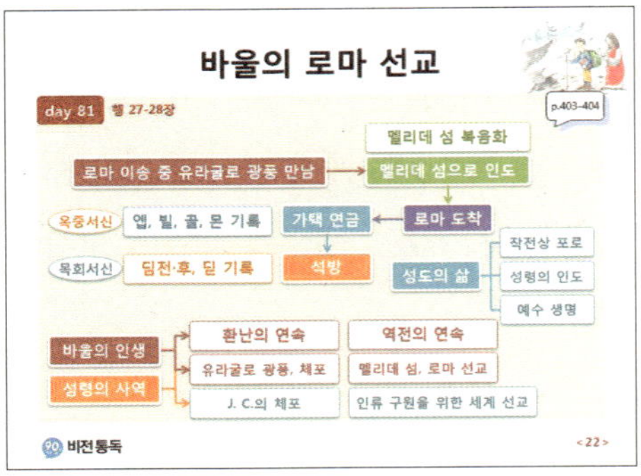

Q. 바울의 인생은 어떠한가?

바울의 인생은 환난의 연속이었지만, 또한 역전의 연속이었습니다. 유라굴로 광풍을 만나게 하시는 고난을 통해서 복음이 펼쳐지게 하시고(행 27장), 로마에 도착한 후 가택 연금 중에도 옥중서신과 목회서신을 쓰게 하셨습니다. 이렇듯 우리의 선교 계획과 성령의 선교 계획은 다르게 전개됩니다. 고약한 사람과 고약한 상황을 통해서 하나님의 일을 하십니다. 죽을 고비를 넘겨 본 사람만이 죽을 고비를 맞은 생명을 살려 낼 수 있습니다. 환난 속에서 하나님은 우리가 순교적인 삶, 구원의 삶을 살기 원하십니다.

로마서

로마서 개관

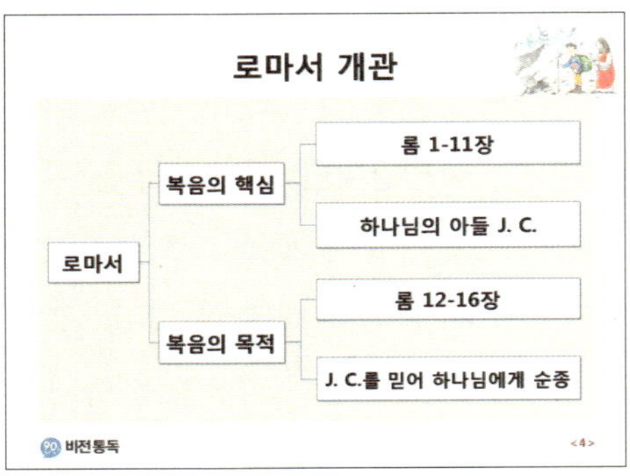

Q. 로마서의 구조는 무엇인가?

1-11장은 복음의 핵심이고, 12-16장은 복음의 목적입니다. 로마서는 한마디로 복음덩어리입니다. 1-11장은 복음의 이론을, 12-16장은 복음의 실제를 설명합니다. 복음의 이론은 죄를 해결하는 자, 곧 예수라는 단어 안에 담겨 있습니다. 그러므로 복음의 이론이 예수님이라면 복음의 실제는 예수로 사는 삶입니다.

Q. 로마서의 구속사는 무엇인가?

로마서의 구조적인 초점은 복음이고 구속사적인 핵심은 순종입니다. 예수 그리스도를 믿어서 하나님에게 순종한다는 건 바로 예수로 사는 것입니다. 예수 그리스도

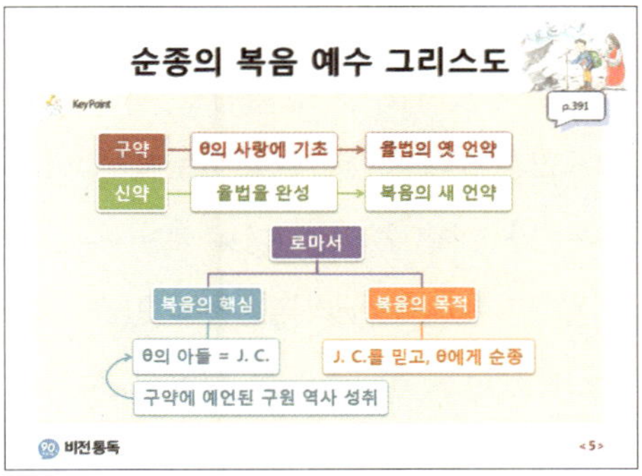

때문에 내가 죽고 그로 인해 내가 예수로 사는 삶이 한 마디로 복음입니다. 구약의 예언들이 성령을 통해서 실제화되는 스토리가 사도행전이라면, 서신서는 그 현상들을 보는 기준을 다시 잡아 주는 역할을 합니다. 이 서신서 전체를 대변하는 책이 로마서이고, 그 로마서가 제시하는 복음의 목적은 예수를 믿어 하나님에게 순종하게 하는 것입니다(롬 1:5).

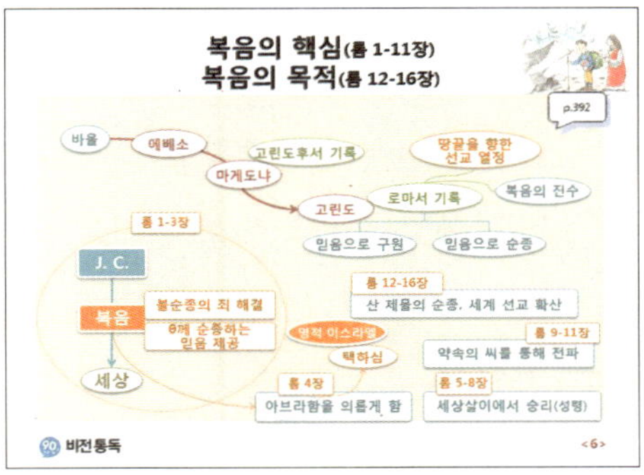

Q. 로마서의 주요 내용은 무엇인가?

로마서의 주요 내용은 복음의 핵심이 되시는 예수 그리스도를 믿음으로 말미암아 구원 받고 순종하며 사는 방법에 대한 것입니다. 1-11장이 구원 받는 방법이고, 12-16장이 순종하며 사는 방법입니다. 특히 1-3장은 복음의 핵심 내용으로, 죄 문제를 해결해 주는 것은 율법이 아니고 하나님이심을 명시합니다. 이를 위해 먼저 인간의 죄를 다룬 후 구원 받은 사람의 대표로 아브라함과 다윗을 언급하는데, 다윗의 구원 받은 사례가 더 중요합니다. 왜냐하면 시편에 기록된 사람의 복에 대해서 다윗은 죄에 대해서 가리움을 받은 자, 죄 없다고 인정을 받은 자는 사람 중에 복 있는 사람이라고 증거하기 때문입니다.

day 82. 순종의 복음

Q. 누가 이스라엘 백성인가?

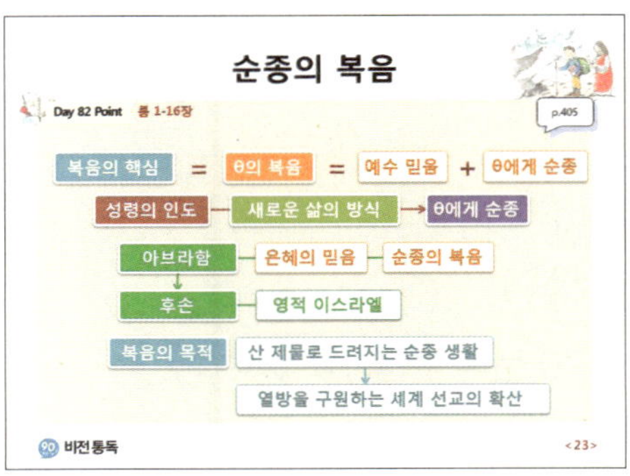

로마서의 복음의 핵심은 예수 그리스도를 믿어 하나님에게 순종하는 것입니다. 구원은 믿음으로 받는 것이고 순종은 믿음으로 사는 것입니다. 하나님이 주시는 은혜의 믿음을 통해 믿음의 조상 아브라함의 후손들은 영적 이스라엘이 됩니다.

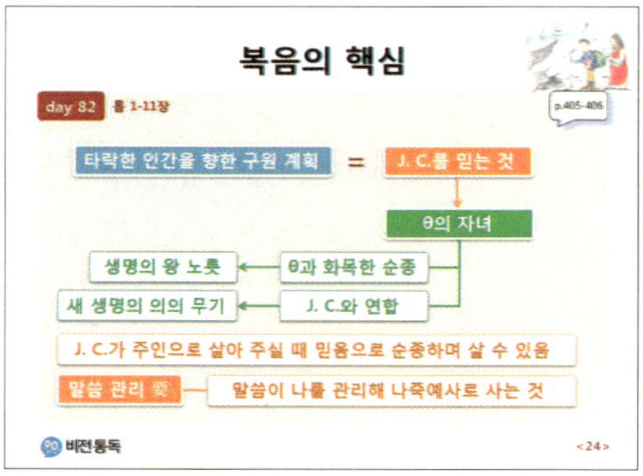

Q. 로마서를 쓴 이유는 무엇인가?

로마서 1-2장을 보면 로마서를 써서 보내는 대상은 이미 믿고 있는 로마 교회입니다. 로마서 서두에서 바울은 로마 교인들에게 "나는 할 수 있는 대로 로마에 있는 너희에게도 복음 전하기를 원하노라"고 쓰고 있습니다. 왜 그럴까요? 복음은 그렇게 살 수 있는 믿음을 준다는 말입니다. 예수를 믿으면서도 예수로 살 수 없었던 우리를 그렇게 살게 만들어 주는 도구 역시 복음이란 뜻입니다. 믿는 것도 예수의 은혜요, 살게 하는 것도 예수의 은혜이며, 그 은혜가 반복되고 각인되어서 임한 기적으로 성도는 기적의 삶을 살아 내는 것입니다. 그것이 복음입니다. 그리스도를 믿어 하나님에게 순종하고 그리스도로 사는 삶이 곧 순종의 복음입니다.

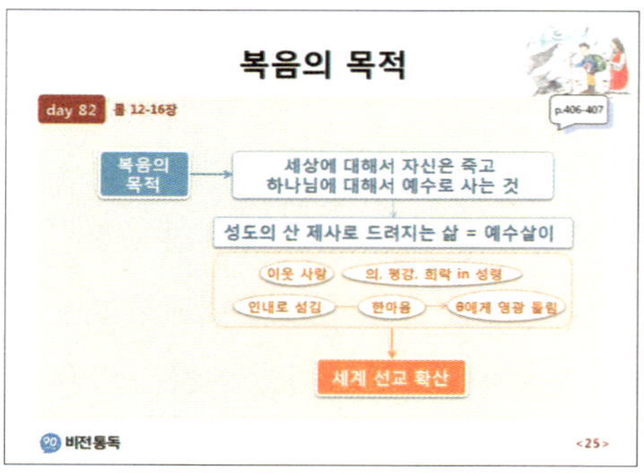

Q. 순종의 복음은 무엇인가?

복음의 목적이 믿어 순종하는 것이라면, 성도의 순종은 하나님을 기쁘시게 하는 산 제물로 드려지는 것입니다(롬 12:1). 세상에 대해서 죽고 하나님에 대해서 예수로 사는 것을 의미합니다. 이것이 바로 나는 죽고 예수로 사는 삶입니다. 순종할 수 없는 상황에서 나를 죽이고 예수로 사는 삶을 연습해 보는 것이 중요합니다.

고린도전서

고린도전서 개관

Q. 고린도전서의 구조는 무엇인가?

1-4장은 하나님의 비밀이고, 5-16장은 하나님의 능력

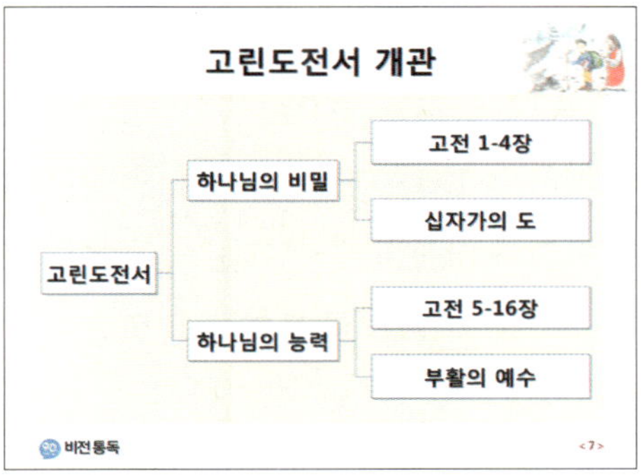

입니다. 성경의 비밀은 하나님이고, 하나님의 비밀은 그리스도입니다. 인간은 하나님을 알 수 없기에 성경은 비밀을 풀 수 있는 카드를 우리에게 하나씩 보여 줍니다. 그 카드가 바로 그리스도입니다.

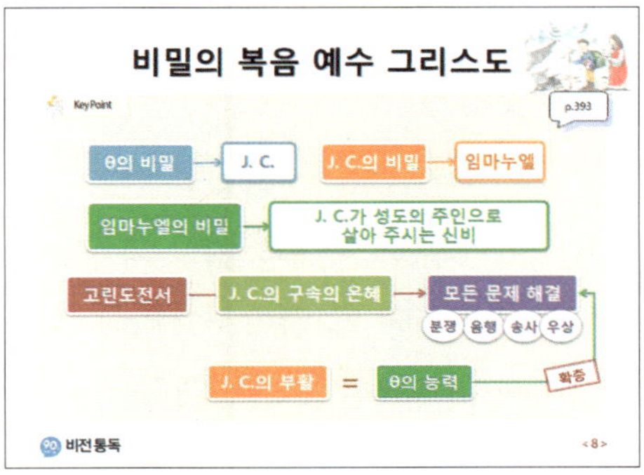

Q. 그리스도의 비밀은 무엇인가?

첫째는 '예수 그리스도가 십자가에서 죽으신 구속의 은혜'입니다. 구원의 은혜를 깨닫게 하시는 성령은 그리스도의 비밀을 깨닫게 해 주시는데, 그리스도의 비밀을 깨달았다는 것은 하나님이 어떤 분인지를 안다는 것입니다. 둘째는 '우상을 숭배하는 모든 문제들의 해결'입니다. 그리스도의 첫 번째 비밀은 구원의 비밀이요, 십자가의 도(고전 1:18)이고, 두 번째 비밀은 삶에서의 각종 문제를 해결해 줄 수 있는 하나님의 능력입니다.

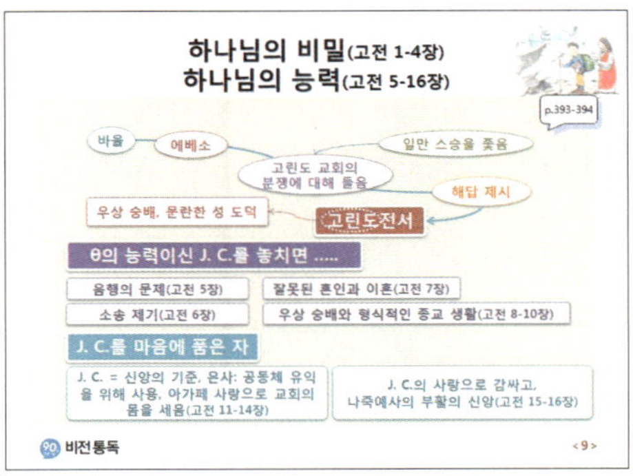

Q. 고린도전서를 쓰게 된 배경은 무엇인가?

고린도전서는 고린도 교회가 여러 가지 문제로 어려움을 겪고 있음을 들은 바울이 이를 시정하고 이에 대한 구체적인 시정 방법들을 제시하기 위해 쓴 편지입니다. 고린도는 항구 도시라는 지역적 특성상 종교적인 우상 숭배와 문란한 성적 타락이 심했습니다. 또 교회 안에 일만 스승(고전 4:15)으로 인한 분쟁도 심했습니다. 이런 교회의 문제들을 하나님의 능력이신 그리스도를 통해 해결하고자 했던 것입니다.

day 83. 비밀의 복음

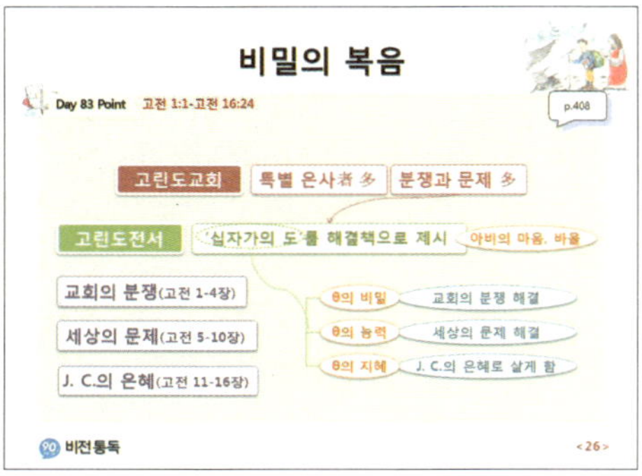

Q. 고린도 교회가 당면한 문제는 무엇인가?

고린도 교회는 교회의 분쟁(1-4장)과 음행의 문제(5장), 소송의 문제(6장), 결혼과 이혼의 문제(7장), 우상 숭배와 형식적인 종교 생활(8-10장) 등의 문제를 안고 있었습니다. 이런 광야 같은 세상의 문제들을 해결할 수 있는 것이 바로 십자가의 도이고, 그것이 하나님의 비밀이요, 능력인 것입니다.

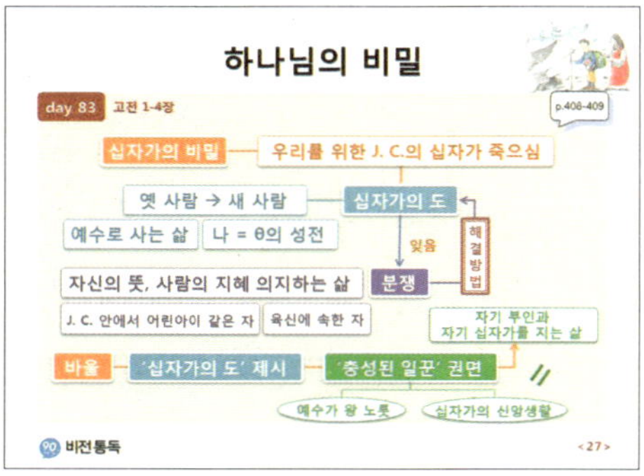

Q. 하나님의 비밀은 무엇인가?

고린도전서는 예수 그리스도가 어떤 비밀인지를 설명합니다. 하나님의 비밀은 그리스도이고, 예수 그리스도의 비밀은 임마누엘입니다. 그리고 임마누엘이신 그리스도가 내 안에 들어오셔서 구원의 삶을 살게 하십니다. 우리는 살면서 많은 문제에 직면합니다. 고린도 교회도 현대 교회도 마찬가지입니다. 고린도전서는 그러한 문제의 해결점을 찾을 수 있게 도와줍니다.

Q. 하나님의 능력은 무엇인가?

고린도 교회의 문제가 현대 교회에도 동일하게 일어납니다. 그러나 하나님의 지혜로 십자가의 도를 깨달은 신령한 성도는 예수 그리스도의 부활의 비밀을 통한 부활 신앙으로 이 세상이 아닌 예수 그리스도에게 뿌리를 두고 살게 됩니다. 사망을 이기신 그리스도의 부활의 비밀로 사는 것이 하나님의 능력으로 사는 것입니다.

고린도후서

고린도후서 개관

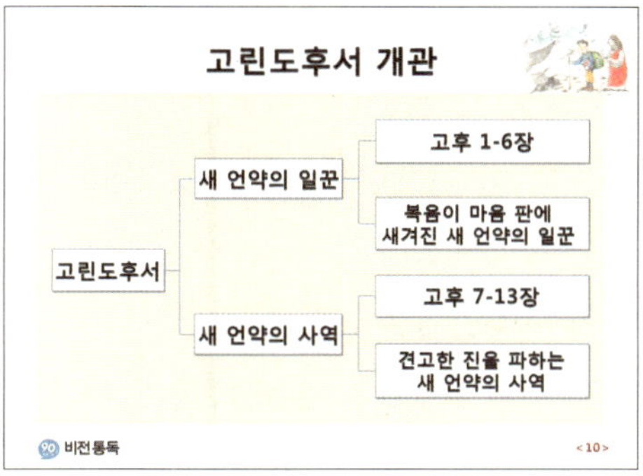

Q. 고린도후서의 구조는 무엇인가?

1-6장은 새 언약의 일꾼이고, 7-13장은 새 언약의 사역입니다. 1-6장은 마음 판에 새겨진 그리스도의 편지를 담당하는 일꾼이 어떤 존재인지를 설명하고, 7-13장은 어떤 사역이 있는지를 전개합니다.

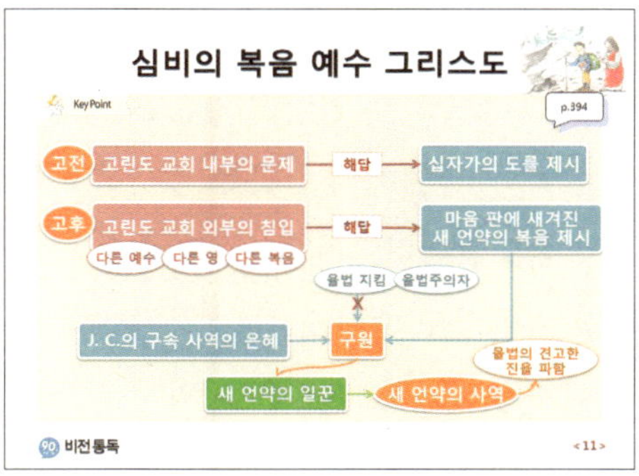

Q. 고린도후서의 구조적인 초점은 무엇인가?

새 언약의 일꾼(고후 3:6)입니다. 예레미야서에 이미 언급된 새 언약은 옛 언약과 대비되는 것으로, 우리의 심비 혹은 마음 판에 새겨진 언약을 지칭합니다. 고린도후서의 핵심은 사실 일꾼도 아니고 사역도 아닌 심비, 곧 돌에 새긴 조문 판이 아니라 마음 판에 새긴 약속입니다. 그래서 고린도후서를 심비의 복음이라고 보는 것입니다.

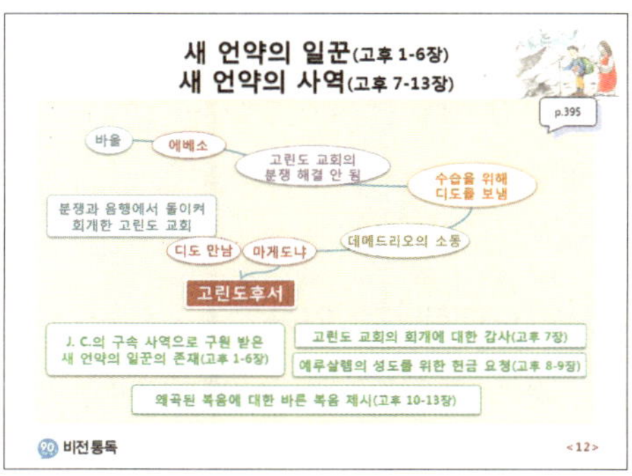

Q. 사도행전, 로마서, 고린도전·후서를 연결하면?

성령은 사도행전, 복음은 로마서, 비밀은 고린도전서 그리고 복음의 비밀인 예수 그리스도가 마음 판에 새겨지는 것은 고린도후서입니다. 성령에 의해서 복음의 비밀인 예수 그리스도가 마음 판에 새겨지는 이 네 권의 전개 과정은 복음을 큰 그림으로 설명하며, 고린도후서 3장에서 그 분위기가 확연히 드러납니다.

day 84. 마음 판에 새겨진 복음

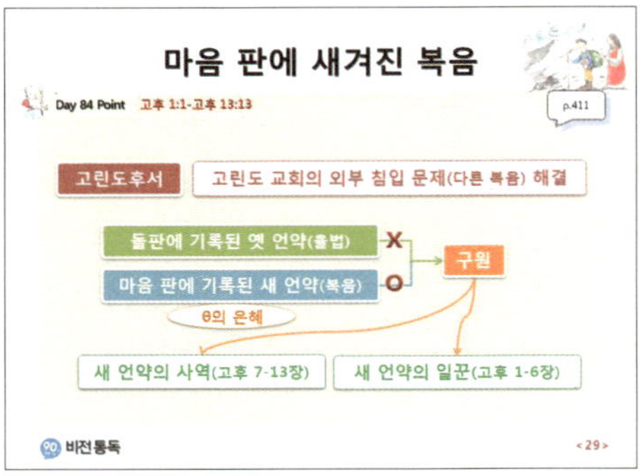

Q. 고린도전서와 후서의 차이점은 무엇인가?

고린도전서가 고린도 교회 내부의 문제라면, 고린도후서는 외부의 문제, 즉 다른 지식이 침투해서 일으키는 문제입니다. 이 다른 지식에 대한 해답은 복음이고, 고린도 교회 내부의 문제에 대한 해답 역시 복음입니다. 여기서 제시한 단어인 십자가의 도가 곧 새 언약의 복음입니다. 따라서 고린도 교회 안팎의 문제를 모두 해결할 수 있는 답은 결국 예수 그리스도의 복음, 즉 십자가의 메시지입니다.

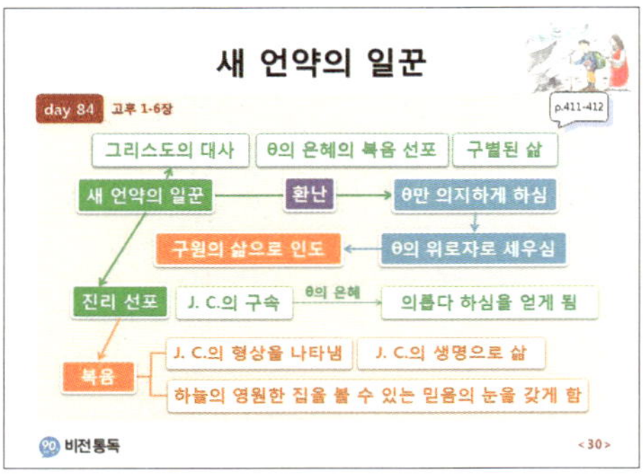

Q. 새 언약의 일꾼은 무엇인가?

십자가의 메시지는 예수 그리스도의 구속이며 하나님의 사랑입니다. 하나님의 사랑이 하나님의 비밀이고, 그것이 그리스도입니다. 그리스도가 그 사랑을 십자가에서 보인 메시지(십자가의 도)가 바로 모든 문제를 해결할 수 있는 해답입니다. 그러므로 새 언약의 일꾼은 그리스도의 향기로 사탄을 이기고, 형제의 잘못을 용서하고 위로해 구원의 삶으로 인도합니다.

예수로 산다는 것은 실력도 배짱도 아닌 하나님의 은혜입니다. 예수로 살지 못하는 고린도 교회의 혼란스러운 상태는 현대 교회와 흡사합니다. 내부가 정비되지 않은 상태에서 온갖 지식으로 파벌을 만들어 분쟁이 일어나고, 그 와중을 틈타 침입하는 다른 진리, 가짜 복음에 속수무책인 모습입니다. 이에 대해 바울은 고린도전서와 후서 모두에서 동일한 해답을 제시합니다. 답이 같기에 뚫고 나아갈 길도 같다는 걸 알아야 합니다.

Q. 율법이라는 수건은 도대체 무엇인가?

율법이라는 수건은 완고한 마음이고 왜곡된 지식이어서 이 수건으로 눈이 가려진 사람은 영적 소경과 같습

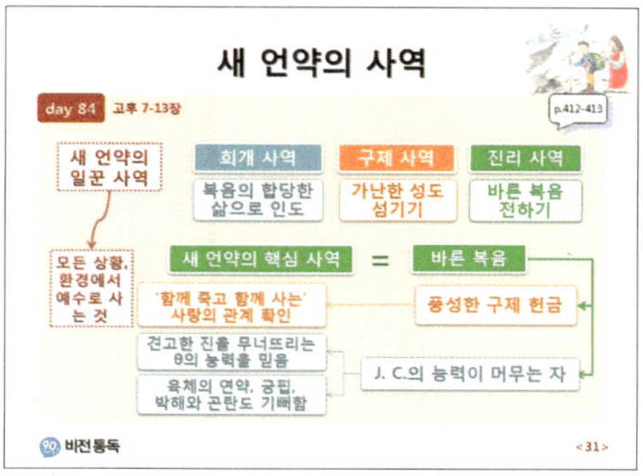

니다. 그래서 완고한 마음과 깨닫지 못하는 마음을 바꿀 수 있는 복음을 마음 판에 새기는 것입니다. 우리에겐 여전히 완고한 마음과 왜곡된 지식, 율법이라는 수건이 덮여 있습니다. 하나님을 이해하지 못하기에 자신의 지식과 하나님의 지식이 완전히 뒤섞여 명확한 기준이 없이 헷갈립니다. 조금 더 율법적으로 사는 게 그나마 최선의 삶입니다.

최고의 삶은 복음, 즉 예수로 사는 것입니다. 그것이 마음 판에 새겨진 복음의 비밀입니다. 이 비밀을 깨닫고 나면 하나님의 백성답게 복음에 합당한 삶을 살게 됩니다. 그럴 때 회개 사역, 구제 사역, 진리 사역을 할 수 있게 됩니다.

갈라디아서

갈라디아서 개관

Q. 갈라디아서의 구속사는 무엇인가?

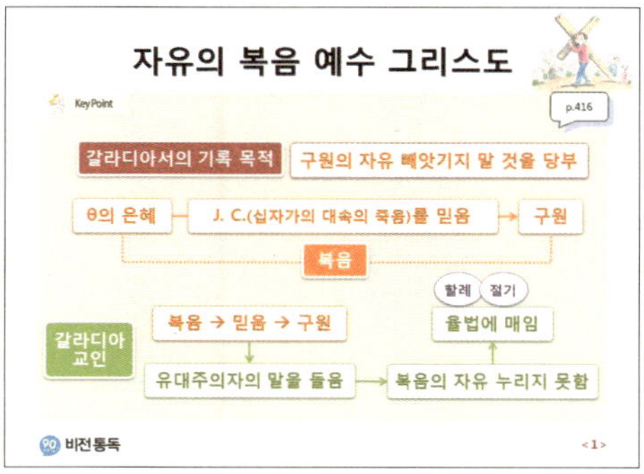

자유의 복음 예수 그리스도입니다. 출애굽기를 전체적으로 해석하면 "애굽에서 종 되었던 너희를" 출애굽시켰다는 것입니다. 애굽은 세상을 상징합니다. 세상에 종 되었던 너희를 빼내었다는 것입니다. 그 이야기를 갈라디아서가 다시 한 번 반복합니다.

갈라디아 사람들은 바울의 복음을 듣고 믿음을 통해 구원을 받았음에도 불구하고 율법에 명시된 할례와 절기들을 지켜야 구원 받을 수 있다는 유대주의자들의 말을 듣고 어리석게도 복음의 자유를 누리지 못하고 있었습니다. 이런 갈라디아 교회에게 사도 바울은 자유의 복음을 설명합니다. "그리스도가 너희를 자유롭게 하려고 자유를 주셨으니 이제 다시는 종의 멍에를 메지 말라"는 것입니다. 진정한 자유는 그리스도 안에 있다는 것입니다.

에베소서

에베소서 개관

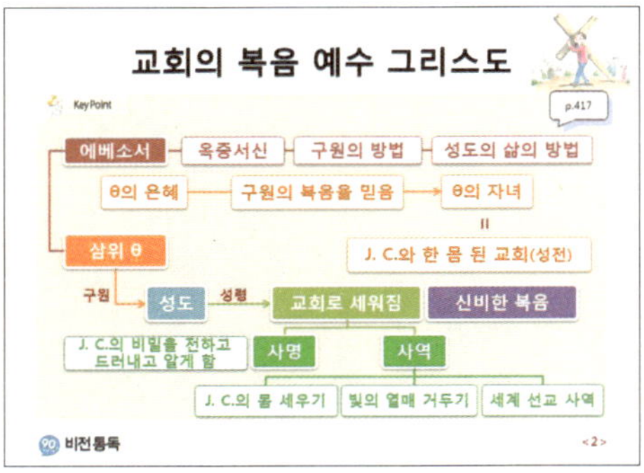

Q. 에베소서의 구속사는 무엇인가?

에베소서는 갈라디아서에서 자유를 얻은 자가 교회의 사명을 감당하는 내용의 이야기입니다. 에베소서는 옥중서신으로 구원의 발생과 구원 받은 성도의 삶에 대해 기록합니다. 구원 받은 성도는 성령님이 거하시는 교회입니다. 교회의 머리는 그리스도이시고, 몸 된 교회는 그리스도의 비밀을 전하고 드러내는 사명으로 살아야 합니다. 이것이 교회 된 성도에게 요구하시는 것입니다. 에베소서 3장은 교회의 사명을 말하고, 4장은 사명을 감당하는 다양한 직분과 은사를 말합니다. 사명은 하나지만 적용은 다양합니다. 그렇기에 교회의 머리는 한 분이지만 각 지체가 다르고 서로 연결되어 있는 것입니다.

day 85. 교회의 삶

Q. 갈라디아서와 에베소서의 공통 주제는 무엇인가?

갈라디아서와 에베소서는 핵심 내용이 서로 일치합니다. 1장의 주제는 구원이고, 2장의 주제는 하나님의 자

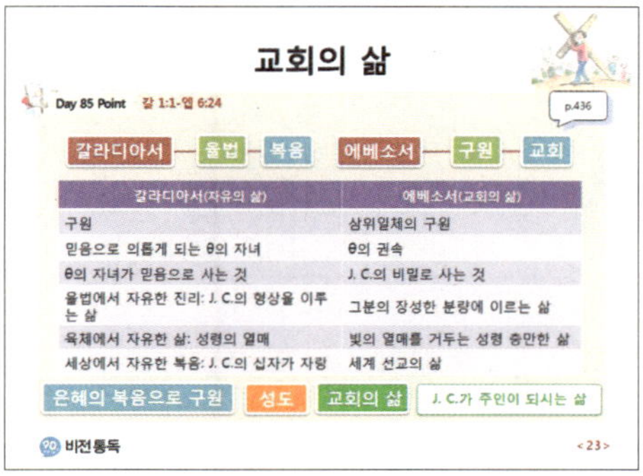

녀이고, 3장은 믿음으로 살아 내는 것입니다. 4장은 율법에서 자유한 진리로 그리스도의 장성한 분량에 이르는 삶이고, 5장은 성령 충만한 삶, 6장은 성령 충만으로 세계 선교를 감당하는 삶입니다. 갈라디아서는 복음을 통한 자유선언문이고, 에베소서는 복음의 자유자가 누리는 교회 사명선언문과 같습니다.

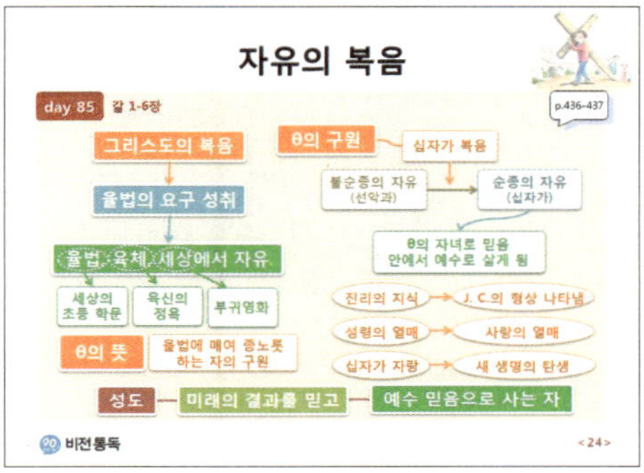

Q. 자유의 복음은 무엇인가?

갈라디아서 1-3장은 '율법은 사람을 의롭게 하지 못한다'는 것을 이야기합니다. 진정 사람을 구원하는 복음은 세 가지에서 자유하게 하는데, 율법과 지식에서의 자유(4장), 육체의 욕심에서의 자유(5장) 그리고 세상에서의 자유(6장)가 그것입니다. 자유의 복음은 비진리로부터 나를 갈라내는 것이요, 육체와 세상과 율법을 갈라내는 것입니다. 즉, 성도는 율법에서부터, 육체에서부터, 세상에서부터 자유라는 것입니다.

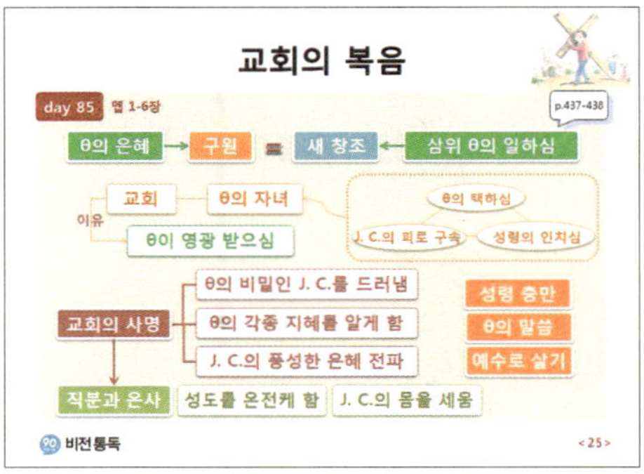

Q. 교회의 사명은 무엇인가?

삼위일체 하나님의 구원이 에베소서 1장에 등장합니다. 그 삼위 하나님의 구원으로 2장에서 교회가 탄생합니다. 그리고 3장에서는 교회의 사명을 이야기합니다. 그렇다면 갈라디아서를 통해 복음을 이해한 사람들이 교회로 사는 사명은 무엇일까요? 바로 그리스도를 드러내고, 알게 하고, 전하는 것(엡 3:8-10)입니다. 건물을 짓고 교세를 확장하는 것이 아니라 그리스도로 살아 내야 합니다. 그리스도를 드러내고 그 비밀을 알게 하고 전해야 합니다.

정리하면, 갈라디아서를 통해서 비진리로부터 나를 갈라내야(갈라디아서) 하고, 교회의 사명인 구속사를 전해서 새로운 생명을 탄생(에베소서)시켜야 합니다.

빌립보서

빌립보서 개관

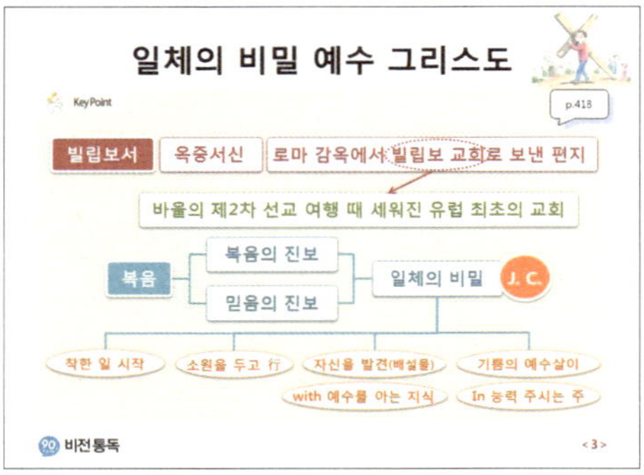

Q. 빌립보서의 구속사는 무엇인가?

일체의 비밀 예수 그리스도입니다. 일체의 비밀은 복음의 진보와 믿음의 진보(1장)를 나타내며, 우리에게 소원을 두고 행하게 하시고(2장), 예수를 아는 지식으로 자신을 발견하게 하시는(3장) 비밀을 알게 하여 예수 그리스도의 능력으로 살게 합니다.

골로새서

골로새서 개관

Q. 골로새서의 구속사는 무엇인가?

실체의 비밀 예수 그리스도입니다. 골로새서는 기독론으로, 당시 유대주의, 영지주의, 금욕주의, 천사를 숭배하는 신비주의 등을 대항해서 그리스도를 확실하게 보여 주는 책이라 할 수 있습니다.

성경에 '세월을 아끼라'는 구절이 두 번 나옵니다(엡 5:16, 골 4:5). 인생에는 골든 타임이라는 것이 있는데, 때를 놓치면 치명상을 입는다는 것입니다. 복음에도 골든 타임이 있습니다. 그리스도를 믿을 수 있는 기회(골든 타임)를 놓치면 사망으로 가게 됩니다. 골로새서는 이 골든 타임의 시기에 그리스도를 정확하게 보여 주고 믿게 만드는 책입니다. 복음의 실체이신 예수 그리스도를 만나야 합니다.

데살로니가전서

데살로니가전서 개관

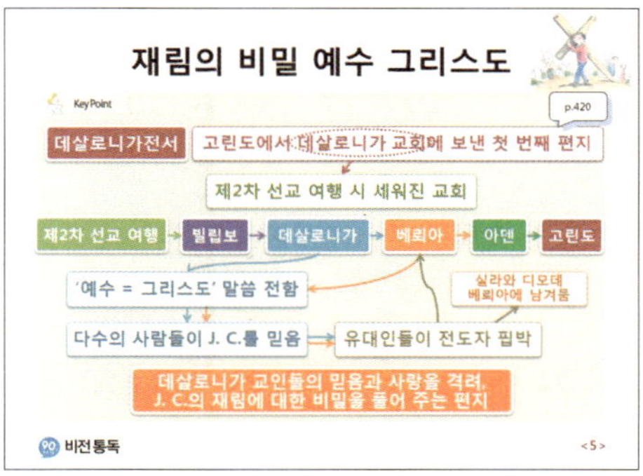

Q. 데살로니가전서의 구속사는 무엇인가?

재림의 비밀 예수 그리스도입니다. 데살로니가전 · 후서 전체의 주제가 재림입니다. 골로새서에서 세월을 아끼라 말씀하시고, 그 재림의 세월(골든 타임)을 거룩하고 흠 없이 살면서 기다리라는 것으로 이야기가 진행됩니다.

데살로니가 교회는 사도 바울의 제2차 선교 여행 때 세워진 교회입니다. 이 편지에서 사도 바울은 재림의 때에 성도는 어떻게 살아야 하는지에 대해 이야기합니다. 재림의 시기는 알 수 없고, 주의 날이 밤에 도둑같이 이르기 때문에 빛에 거하듯 거룩하게 살라는 것입니다.

데살로니가후서

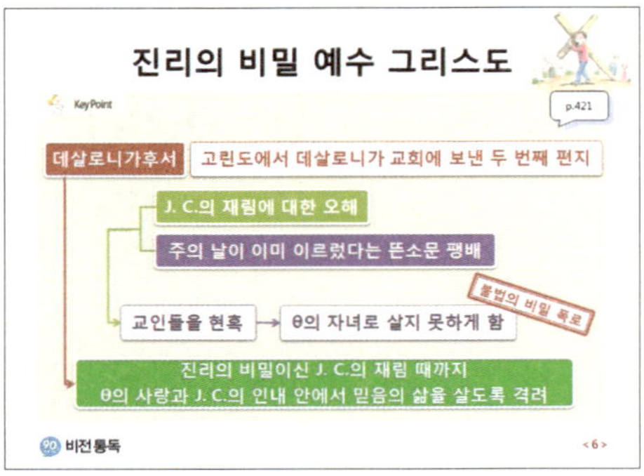

데살로니가후서 개관

Q. 데살로니가후서의 구속사는 무엇인가?

진리의 비밀 예수 그리스도입니다. 데살로니가전서와 동일하게 재림의 때에 살아가야 할 성도의 자세를 이야기합니다. 데살로니가 교회에는 재림에 대한 잘못된 소문이 있었습니다. 불법의 비밀이 이미 활동(살후 2:7)하고 있다는 것입니다. 이 불법의 비밀은 진리의 비밀이신 예수 그리스도가 오시면 죽게 되어 있습니다(살후 2:8). 주의 재림에 관련된 불법의 비밀의 현혹에 넘어가지 않도록 깨어 있어야 합니다.

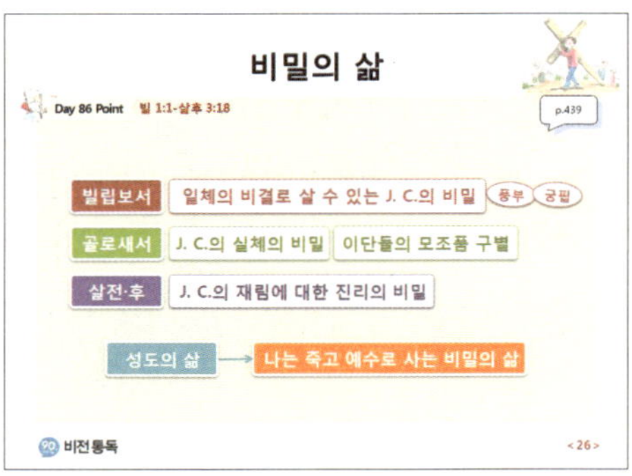

day 86. 비밀의 삶

Q. 빌립보서부터 데살로니가후서까지의 핵심은 무엇인가?

갈라디아서부터 살펴보는 것이 좋습니다. 갈라디아서는 비진리를 갈라내어 자유자가 되기 때문에 갈라디아서고, 에베소서는 그 자유자가 교회의 사명으로 사는데, 교회의 사명이 세계 선교이니 새 생명을 잉태하기 때문에 에베소서입니다. 빌립보서는 어떤 상황 속에서도 일체의 비결을 빌려오니까 빌립보서고, 골로새서는 재림의 때에 골든 타임을 놓치면 골로 가기 때문에 골로새서입니다. 그리고 골든 타임의 시기인 재림의 때에 어떻게 살아야 하는가에 대한 해답이 데살로니가전 · 후서의 거룩한 삶입니다. 이런 방법대로 숙지하면 기억에 오래 남을 수 있습니다.

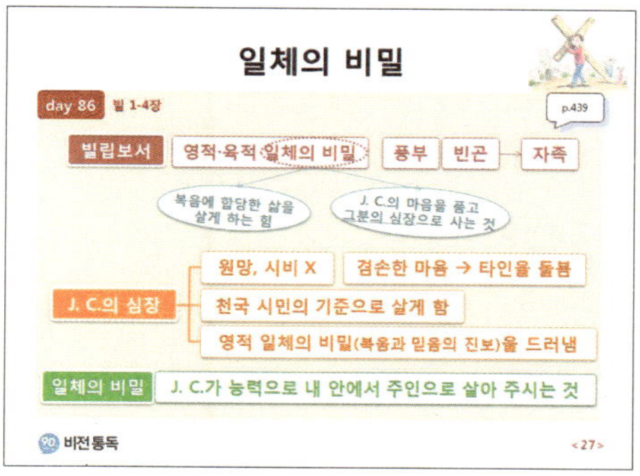

Q. 일체의 비밀은 무엇인가?

모든 환경과 상황에서 만족할 수 있는 일체의 비밀은 바로 예수 그리스도의 마음을 품고 그분의 심장으로 사는 것(빌 2:5-8)입니다. 그런데 이것은 사람의 능력으로는 되지 않기에 그리스도가 직접 그렇게 살도록 해 주시겠다는 것입니다. 복음에 합당한 삶을 사는 일체의 비밀은 그리스도가 능력으로 내 안에서 주인으로 살아 주시는 것입니다(빌 4:13).

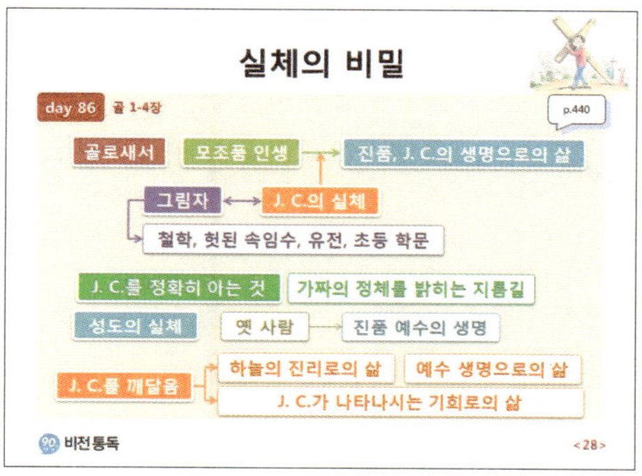

Q. 실체의 비밀은 무엇인가?

이단과 철학, 헛된 속임수와 사람의 유전과 세상의 초등학문은 모두 그림자이고, 실체는 예수 그리스도(골 2:17)입니다. 세월을 아끼라고 한 것은 나한테 주어진 이 시간이 언제까지인지 모른다는 의미고, 지금 이 순간이 바로 골든 타임이란 말입니다. 골로새서 1장에서는 존재의 실체를, 2장에서는 지식의 실체를, 3장에서는 생명의 실체(예수의 생명)를, 4장에서는 세월의 실체를 설명합니다. 그리고 그 실체의 비밀이 바로 예수 그리스도입니다.

사도 바울은 이단을 그리스도로 걸러냅니다. 위조 지폐 감별을 위해 진폐를 계속 연구하는 것처럼, 이단을 골라내기 위해서는 그리스도만 연구하면 됩니다.

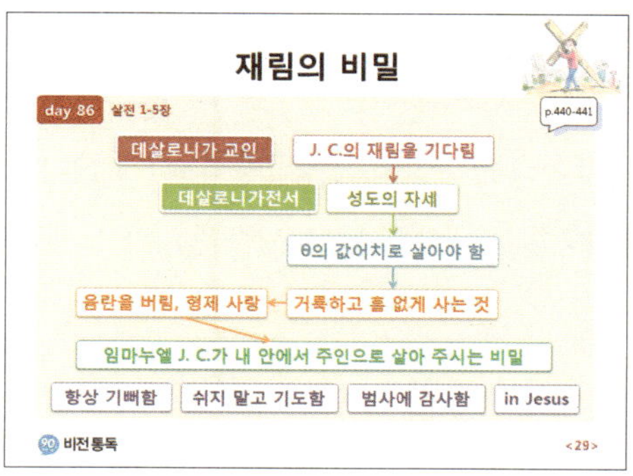

Q. 재림의 비밀은 무엇인가?

재림의 때에 성도는 거룩하게 살아야 합니다. 그런데 성경은 그가 "이루시리라"(살전 5:24)고 말씀합니다. 이는 예수님이 재림하실 때까지 거룩하고 흠이 없게 우리를 보존하시겠다는 뜻입니다. 거룩을 유지하는 방법은 항상 기뻐하고 기도하고 감사하는 것입니다. 단어만 다를 뿐, 성경 전체의 맥락에서 보면 성령의 아홉 가지 열매와 같습니다. 성령의 아홉 가지 열매는 원래 한 가지입니다. 성령의 열매가 맺힐 때 사랑, 희락, 기쁨, 오래 참음과 같은 맛이 나타나는 것입니다.

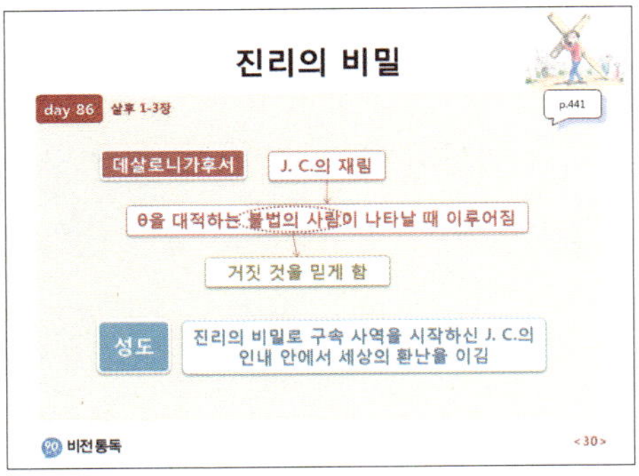

Q. 진리의 비밀은 무엇인가?

성도는 진리 되신 그리스도의 인내 안에서 세상의 환난을 이기게 됩니다. 재림의 때를 말하는 누가복음 19장에는 열 므나의 비유가 나옵니다. 열 므나 비유는 충성에 대한 이야기입니다. 재림의 때에 충성하라는 것입니다. 왕의 부재 속에서 왕이 실재하는 것처럼 충성하라는 것입니다.

데살로니가후서의 인내(살후 3:5)를 설명할 때 열 므나의 비유를 끌어서 설명하는 이유는 재림의 때에 충성으로 인내하라는 의미입니다. 요한계시록 14장도 '성도의 인내'에 대해 말하는데, 성도의 인내는 곧 그리스도의 인내를 말합니다. 그리스도의 인내는 그냥 오래 참는 것이 아니라 그리스도 자체를 말합니다. 내 삶에서 그리스도가 나타난다는 것을 설명하려는 것입니다. 인내로 세상을 이길 때 내 삶에서 그리스도가 나타납니다.

Tip 환난의 목적은 무엇인가?

이사야 45장에 보면 하나님이 이사야 선지자를 통해서 고레스에게 말씀하십니다. '내가(하나님) 천지를 창조했다'는 것입니다. 그런데 빛, 어둠, 평안과 더불어 환난도 창조했다고 말씀하십니다. 환난은 창조물(사 45:7)입니다. 창조에는 항상 목적이 따릅니다. 그 목적은 로마서에서 찾아볼 수 있는데, 환난의 목적은 구원의 소망입니다. 그런데 인내와 연단을 거치게 됩니다. 환난의 목적이 소망임을 깨달으면 베드로전·후서가 쉽게 열리게 됩니다.

디모데전서

디모데전서 개관

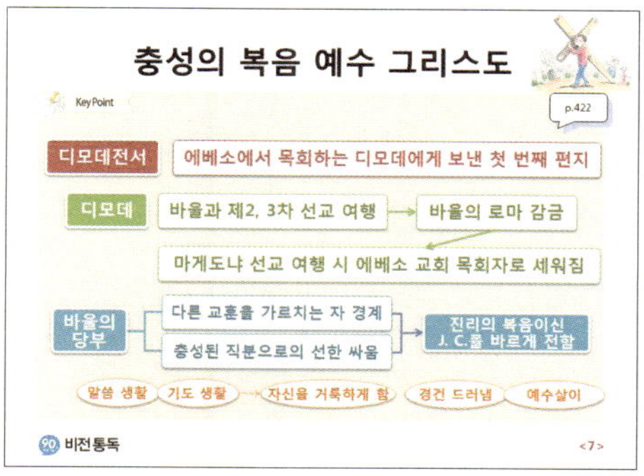

Q. 디모데전서의 구속사는 무엇인가?

충성의 복음 예수 그리스도입니다. 디모데전·후서의 주제는 경건인데, 그중 디모데전서의 경건은 충성된 일꾼의 경건한 사역을 말합니다. 그래서 성경 읽기, 설교하기, 가르치기의 이야기가 나옵니다. "크도다 경건의 비밀이여, 그렇지 않다 하는 이 없도다 그는 육신으로 나타난 바 되시고 영으로 의롭다 하심을 받으시고 천사들에게 보이시고 만국에서 전파되시고 세상에서 믿은 바 되시고 영광 가운데서 올려지셨느니라"(딤전 3:16).

이 말씀에서 경건은 예수님을 뜻합니다. 경건이란 단어는 영어 성경에 'godliness'로 되어 있습니다. 즉, 경건은 하나님이 있는 자를 말합니다. 디모데전서에서는 경건이 곧 충성이라는 결론을 내릴 수 있습니다.

디모데후서

디모데후서 개관

Q. 디모데후서의 구속사는 무엇인가?

경건의 복음 예수 그리스도입니다. 디모데전·후서의

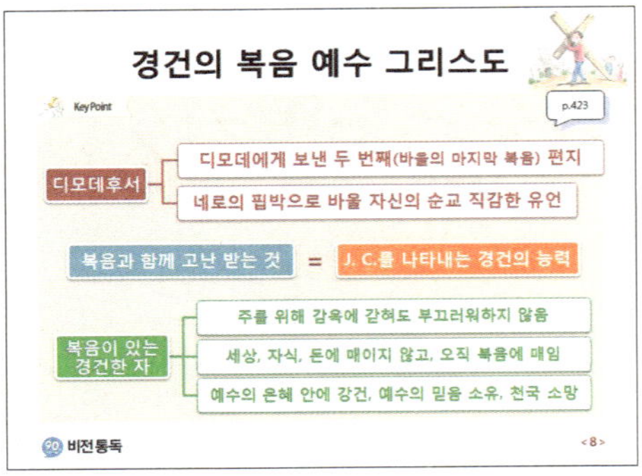

주제는 경건인데, 그중 디모데후서의 경건은 충성된 일꾼의 경건한 생활을 말합니다. 그래서 경건하게 사는 자는 복음과 함께 고난을 받게 됩니다. 경건한 자가 받는 고난과 핍박은 예수님의 발자취(벧전 2:21)를 따라가는 것입니다. 사도 바울은 복음과 함께 고난 받는 것이 예수 그리스도를 나타내는 경건의 능력이라고 고백합니다. 이것이 가능하려면 예수의 믿음을 소유해야만 합니다.

디도서

디도서 개관

Q. 디도서의 구속사는 무엇인가?

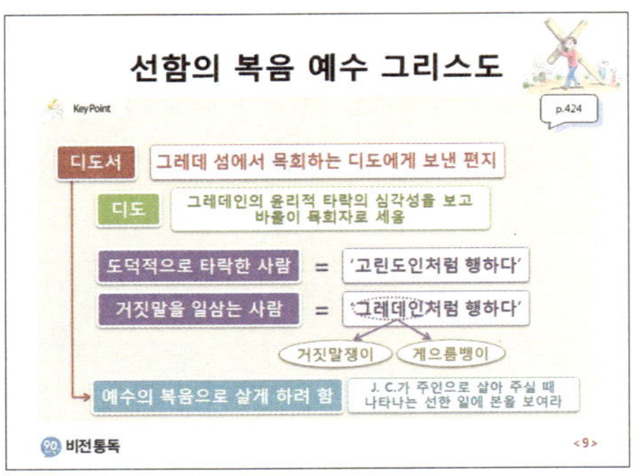

선함의 복음 예수 그리스도입니다. 디도서의 주제는 선함인데, 디모데전·후서가 경건을 '예수로 사는 것'이라 표현한다면, 디도서는 '선한 일'이라고 표현합니다. 디도서의 '선한 일'(to do good)은 로마서 8장 28절에 나오는 '합력하여 선을 이룬다'(God works for the good)의 '선'과 같은 단어를 사용합니다. 빌립보서의 '착한 일을 시작하신 이'(빌 1:6)에서도 같은 단어를 사용합니다. 그런데 하나님의 선한 일은 예수 그리스도의 죽으심으로 사람이 하나님의 자녀가 되는 선한 일을 말합니다. 그리고 죽음으로 사랑하신 선한 일을 우리에게 요구하십니다. 원수를 사랑함을 통해서 생명을 구원하고 싶은 하나님의 비밀이 숨겨져 있는 것입니다.

빌레몬서

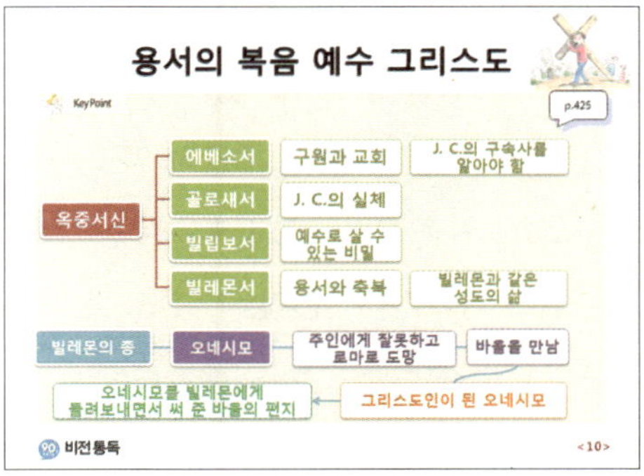

빌레몬서 개관

Q. 빌레몬서의 구속사는 무엇인가?

용서의 복음 예수 그리스도입니다. 앞의 서신서들과 연결해서 생각해 보면, 경건하게 살아야 하는 골든 타임의 시기에 그 경건의 모습이 선한 일로 드러나야 하는데, 사랑하고 용서하고 축복하는 '천국 용사'의 삶을 빌레몬서가 실제로 보여 주는 것입니다. 그 당시 문화와 배경 속에서 종을 자기의 형제로 받아 준다는 것은 이해하기 힘든 일이었습니다. 메시아가 나의 주인으로 살아 주시지 않으면 그렇게 할 수 없습니다. 내 지식과 내 율법으로는 그것을 갈라낼 수 없습니다. 비진리를 갈라냄으로써 종을 형제로 부를 수 있는 자유가 그에게 생긴 것입니다. 이것이 복음의 자유입니다.

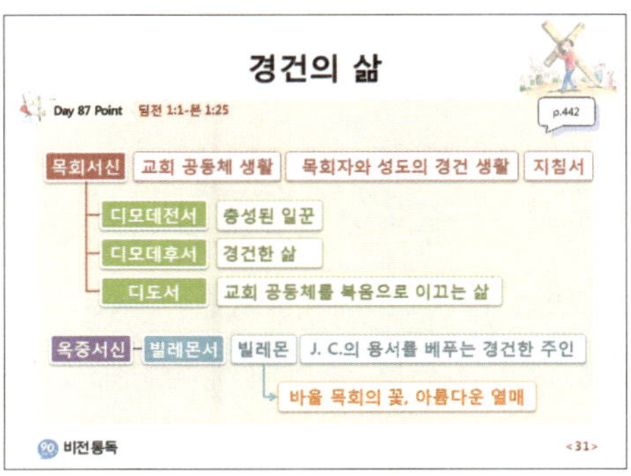

day 87. 경건의 삶

Q. 디모데전서부터 빌레몬서까지의 핵심은 무엇인가?

충성된 일꾼이(디모데전서), 경건한 삶을 살아서(디모데후서), 교회의 공동체가 복음이 이끄는 삶을 살게 합니다(디도서). 이와 같은 성도의 삶을 보여 주는 사례가 바로 빌레몬서입니다. 죄를 진 종 오네시모를 용서하고 형제로 받아 주는 열매를 보여 줍니다.

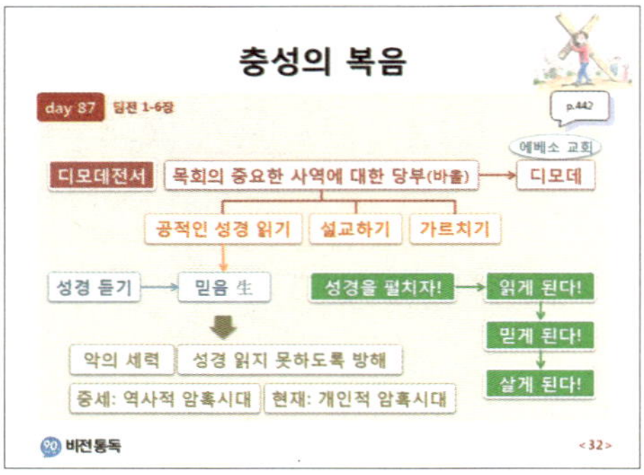

Q. 충성의 복음을 지키기 위해 교회가 해야 할 일은 무엇인가?

디모데전·후서의 주제는 경건입니다. 경건은 단순한 신앙생활이 아닌 예수로 살아 내는 것을 말합니다. 그러기 위해서 사도 바울은 목회에서 중요한 세 가지 사역, 곧 공적인 성경 읽기와 설교와 교육을 당부합니다. 오늘날 교회에서 설교와 교육은 잘 이뤄지나 공적인 성경 읽기는 약화되어 있습니다. 성경 읽기를 개인화시켰기 때문입니다. 중세 시대가 성경을 읽을 수 없는 역사적 암흑기였다면, 지금은 성경을 읽지 않는 개인적 암흑시대입니다. 성경 통독 프로그램을 통한 교회에서의 공적 성경 읽기가 다시 부활해야 합니다. 성경을 읽고 들으면 믿음이 생기기 때문입니다(롬 10:17).

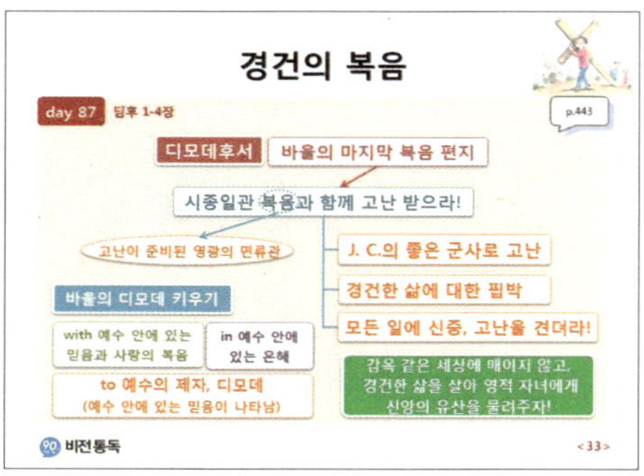

Q. 경건의 복음은 무엇을 요구하는가?

디모데후서의 경건은 충성된 일꾼의 경건한 생활을 뜻합니다. 그런데 경건하게 사는 자는 복음과 함께 고난을 받게 됩니다(딤후 1:8). 사도 바울은 영적 아들 디모데에게 마지막 복음 편지를 쓰면서 고난에 대해 이야기합니다. 이것이 세상이 아닌 경건의 복음에 매인 제자의 삶임을 말해 주는 것입니다.

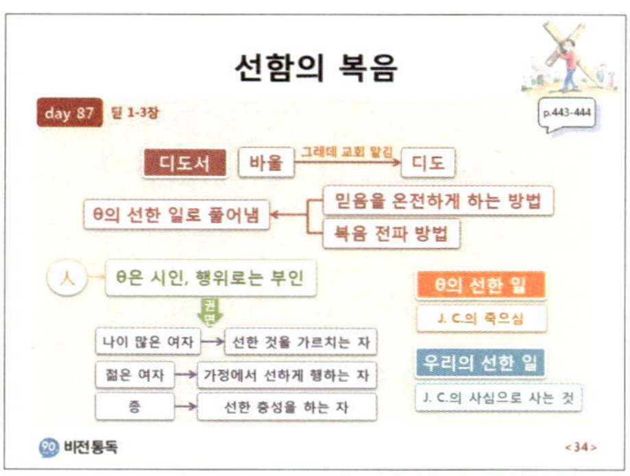

Q. 선함의 복음으로 사는 길은 무엇인가?

디도서는 목회서신으로, 사도 바울이 디도에게 편지한 것입니다. 모든 선한 일을 버린 자들(딛 1:16)에게 선한 일을 구체적으로 가르치도록 알려 줍니다. 나이가 많은 여자에게는 선한 것을 가르치는 자가 되게 하고(딛 2:3), 젊은 여자에게는 가정에서 선한 일을 하게 하고(딛 2:5), 종들에게는 선한 충성을 권면(딛 2:10)하도록 가르칩니다. 그런데 그 선한 일이란 예수 그리스도의 죽으심과 부활로 사는 우리의 삶, 즉 예수로 사는 것입니다.

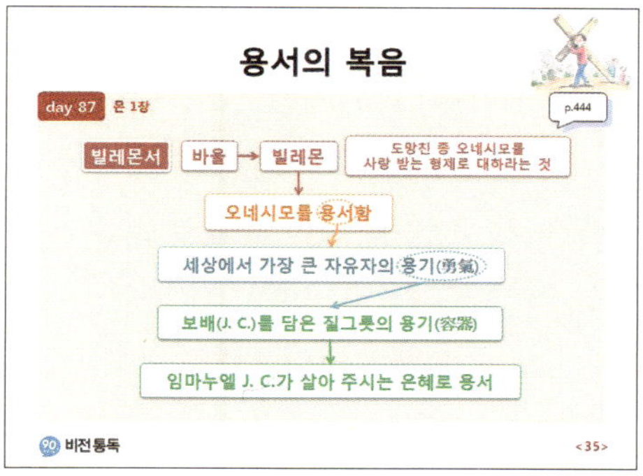

Q. 용서의 복음의 실제는 누구인가?

빌레몬서는 바울이 감옥에서 빌레몬에게 보낸 편지로, 죄를 지은 종 오네시모를 용서하고 사랑 받는 형제로 받아 주라는 내용입니다. 용서는 진정한 자유자가 가질 수 있는 용기입니다. 내 안에 보배를 가지지 않으면 나타낼 수 없습니다. 이 당시에 종을 형제로 받아들이는 것이 대단한 일이었다면, 한국에서는 손양원 목사님의 일대기가 좋은 사례가 될 것입니다. 아들을 죽인 자를 용서한 것도 모자라 아들로 삼으신 손양원 목사님이야말로 용서의 복음의 사례일 것입니다. 그러나 이 모든 것보다 죄인 된 나를 향한 그리스도의 죽으심이야말로 진정한 용서의 복음입니다.

히브리서

히브리서 개관

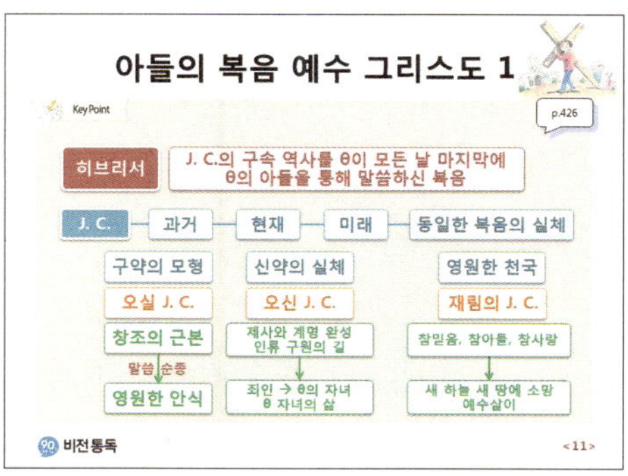

Q. 히브리서의 구속사는 무엇인가?

히브리서는 아들의 복음 예수 그리스도입니다. 골로새서와 히브리서는 같은 주제로 예수 그리스도를 과거, 현재, 미래의 시간을 초월해 동시에 보여 줍니다. 즉, 시간의 흐름 속에서 복음의 영원성을 설명합니다. 《비전 통독》 개관에 시간의 흐름에 따른 개념이 정리되어 있습니다. 종합해 보면, 그리스도는 영원하신 분, 어제나 오늘이나 동일하신 분입니다. 예수 그리스도는 과거, 현재, 미래의 영원히 변하지 않는 복음입니다. 시간은 역사의 흐름속에서 변화합니다. 그러나 영원은 변하지 않

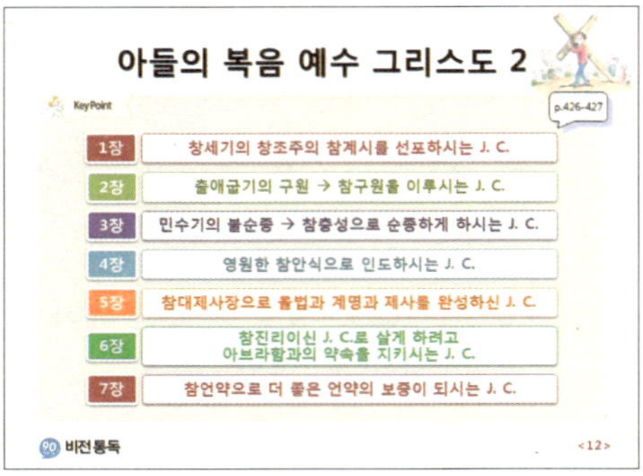

는 통일성의 개념이 있습니다. 그러므로 영원은 시간의 흐름속에서 동일한 모습이 드러납니다. 영원하신 예수 그리스도는 과거 구약의 모형과 현재 신약의 실체이며, 미래의 다시 오실 재림에서도 여전히 동일한 복음으로 역사하실 것입니다.

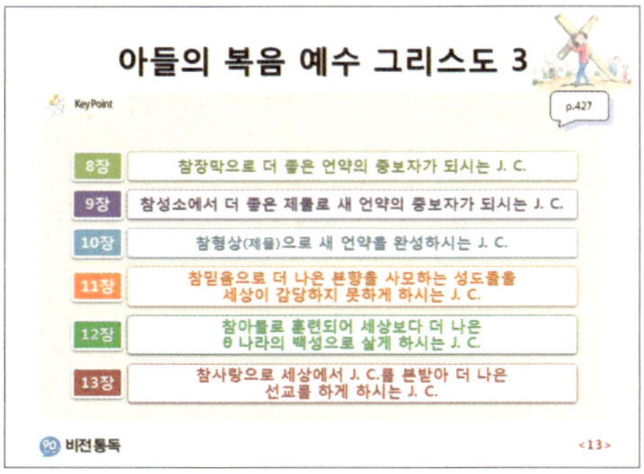

Q. 히브리서의 내용은 무엇인가?

1-4장까지는 '창조, 족장, 광야, 정복, 사사' 시대를 압축해 놓았고, 5-10장까지는 레위기를 압축해 놓았습니다. 그리고 11-13장은 성도의 삶을 압축해서 보여 줍니다.

야고보서

야고보서 개관

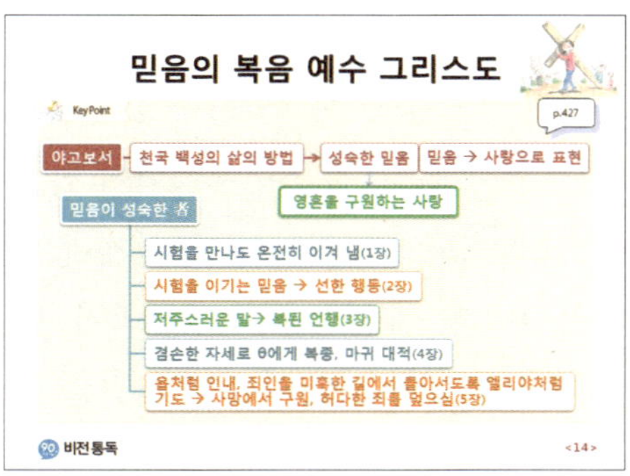

Q. 야고보서의 구속사는 무엇인가?

믿음의 복음 예수 그리스도입니다. 야고보서는 성숙한 믿음에 대해 이야기합니다. 성숙한 믿음의 마지막 결론은 인내(5장)로써 결실하는 믿음입니다. 인내를 설명하기 위해 욥을 등장시킵니다.

day 88. 아들의 삶

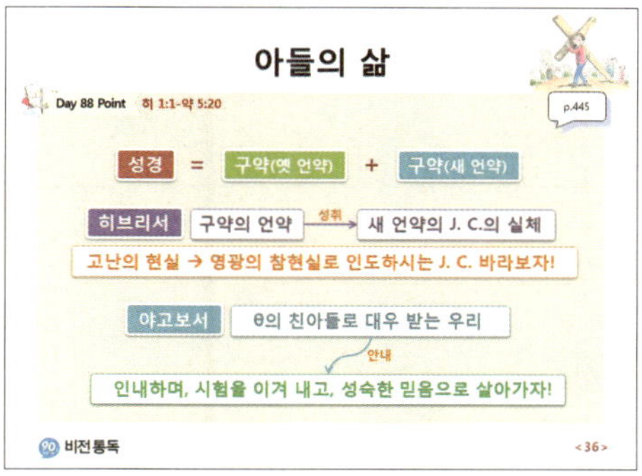

Q. 히브리서와 야고보서의 핵심은 무엇인가?

성경은 구약(옛 언약)과 신약(새 언약)인데, 히브리서는 구약의 언약을 성취하신 예수 그리스도의 실체를 보여 주고, 야고보서는 하나님의 친아들로 대우 받는 우리가 골든 타임에 끝까지 인내로 시험을 통과해서 성숙한 믿음으로 살도록 안내합니다. 두 책의 결론을 한마디로 정리하면 욥의 인내입니다.

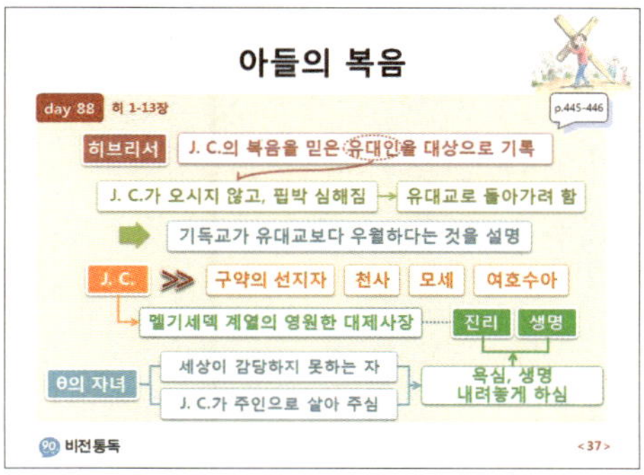

Q. 아들의 복음은 무엇인가?

히브리서는 예수님을 믿는 유대인들에게 쓴 편지입니다. 유대 사회에서 핍박 받고 추방당하자 다시 유대교로 돌아가려는 사람들을 대상으로 예수 그리스도의 우월성을 설명합니다. 이는 곧 예수 그리스도가 구약의 선지자보다 우월하시고(1장), 천사보다 뛰어나시고(2장), 모세보다 충성되시고(3장), 여호수아보다 더 좋은 인도자시고(4장), 멜기세덱의 반차를 따르는 영원한 대제사장(5-10장)이시라는 것입니다. 우리는 그리스도로 말미암아 하나님의 자녀 된 자이기에 아들의 명분을 가지고 형제를 사랑하고 축복하는 삶을 살아야 합니다.

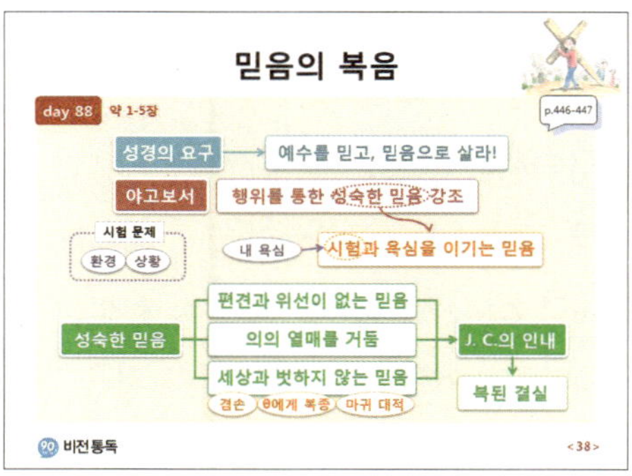

Q. 믿음의 복음은 무엇인가?

성경은 크게 믿음과 믿음으로 사는 삶으로 나눌 수 있습니다. 야고보서는 행위를 통한 성숙한 믿음을 강조합니다. 성숙한 믿음은 시험과 욕심을 이깁니다. 그래서 성숙한 믿음이 없으면 죽은 믿음(약 2:17)입니다. 그러나 임마누엘 그리스도가 주인으로 살아 주시면 성숙한 믿음이 나타납니다. 이는 환난과 시험을 이기는 그리스도의 인내로 나타납니다. 우리가 이 땅에서 그리스도의 인내를 가지고 고난 속에서 경건하게 살면, 재림의 때에 영원한 영광을 받아 내는 상급이 주어집니다.

베드로전서

베드로전서 개관

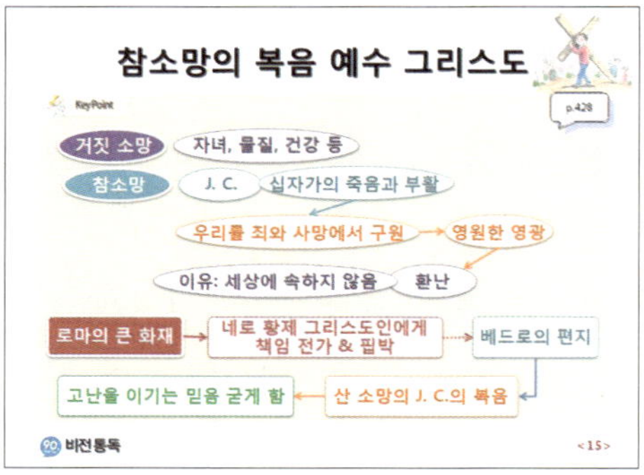

Q. 베드로전서의 구속사는 무엇인가?

참소망의 복음 예수 그리스도입니다. 그리고 내용의 핵심은 고난입니다. 그런데 그 고난을 받아 낼 수 있는 힘이 바로 참소망이신 예수 그리스도를 믿는 믿음입니다. 우리는 예수님의 발자취, 곧 길이요 진리요 생명이신 예수님의 고난의 발자취를 따라갑니다.

베드로후서

베드로후서 개관

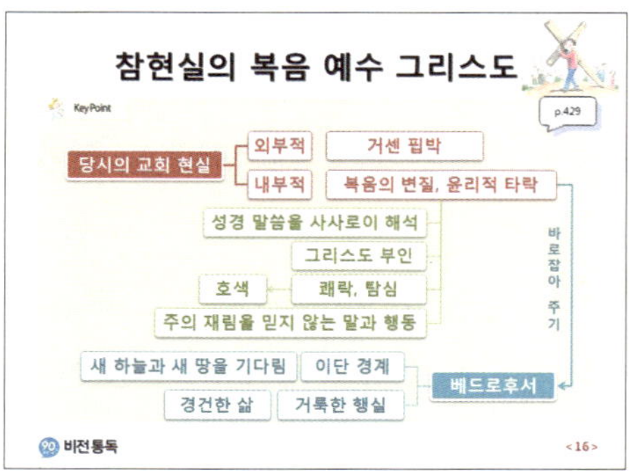

Q. 베드로후서의 구속사는 무엇인가?

참현실의 복음 예수 그리스도입니다. 이는 고난을 이기는 은혜를 설명합니다. 성경은 이를 통해 새 하늘과 새 땅이 약속되어 있는 가운데 어떠한 삶을 살아야 되는지를 반문합니다. 그리고 그 답은 베드로후서에서 강조하는 거룩한 행실과 경건한 삶입니다. 이는 디모데전·후서에서와 같이 골든 타임 때 경건한 삶을 살라는 것이고, 그렇게 살 때 고난을 받게 된다는 말씀입니다.

요한일서

요한일서 개관

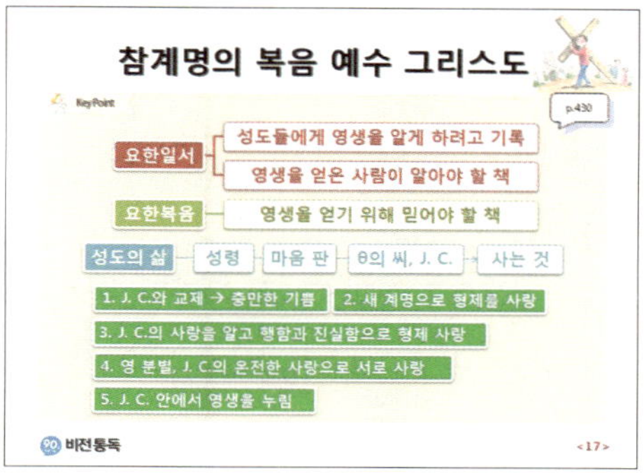

Q. 요한일서의 구속사는 무엇인가?

참계명의 복음 예수 그리스도입니다. 요한복음은 영원한 생명을 얻는 법에 대해 설명하고, 요한일서는 영원한 생명으로 사는 법에 대해 설명합니다. 영원한 생명이란 하나님과 교제하면서 사는 것입니다(요일 1장). 이는 성령으로 말미암아 마음 판에 심겨진 예수 그리스도로 사는 것입니다(요일 3:9, 24, 4:13). 율법의 완성이신 그리스도를 마음 판에 새기고 사는 삶을 말합니다.

요한이서

요한이서 개관

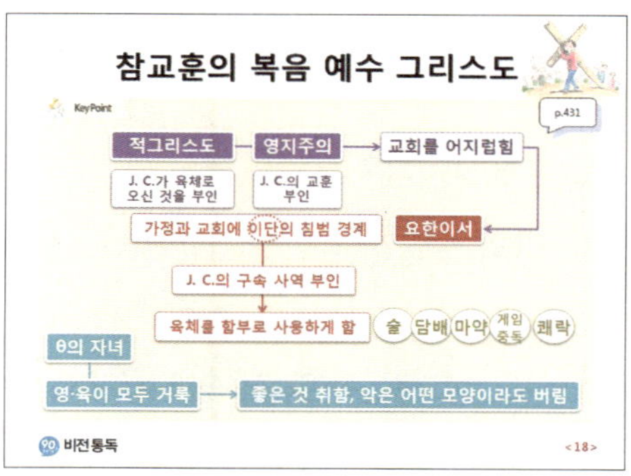

Q. 요한이서의 구속사는 무엇인가?

참교훈의 복음 예수 그리스도입니다. 요한이서는 이단을 경계하라는 것이고, 유다서는 이단을 심판하시겠다는 내용입니다. 예수 그리스도의 성육신을 부인하는 자들을 경계하라는 것입니다. 재림의 때에는 거짓 교훈이 성도들을 현혹합니다. 그럴 때 성도가 곧은 타입을 어떻게 살아 내야 하는지를 설명합니다. 거짓 교훈을 경계하고 참교훈이신 그리스도로 옷 입어야 합니다.

요한삼서

요한삼서 개관

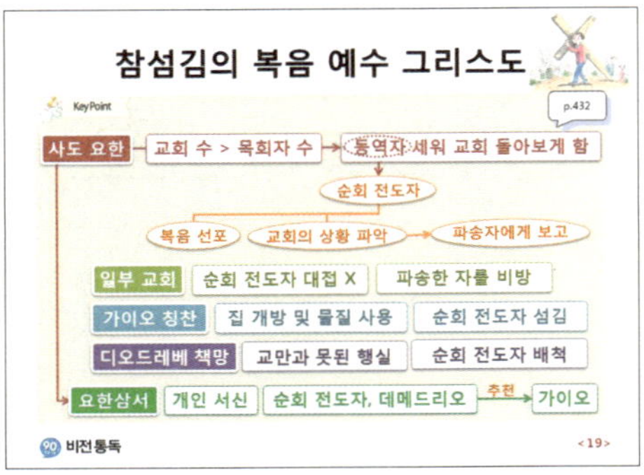

Q. 요한삼서의 구속사는 무엇인가?

참섬김의 복음 예수 그리스도입니다. 참섬김은 성도의 교제를 말합니다. 영원한 생명을 가진 자는 수직적으로는 하나님과 교제하고(요한일서), 수평적으로는 성도와 교제합니다(요한삼서). 이것이 나그네를 대접하는 것으로 나타납니다. 성도의 섬김은 내 능력이 아닌 참섬김의 본을 보여 주신 그리스도의 섬김으로 하는 것입니다.

유다서

유다서 개관

Q. 유다서의 구속사는 무엇인가?

참진리의 복음 예수 그리스도입니다. 요한이서가 이단을 경계하라는 내용이었다면, 유다서는 그 이단을 심판하시겠다는 내용입니다. 이단에 대한 심판이 결론입니다. 그렇지만 골든 타임의 시대에 사는 성도는 심판이

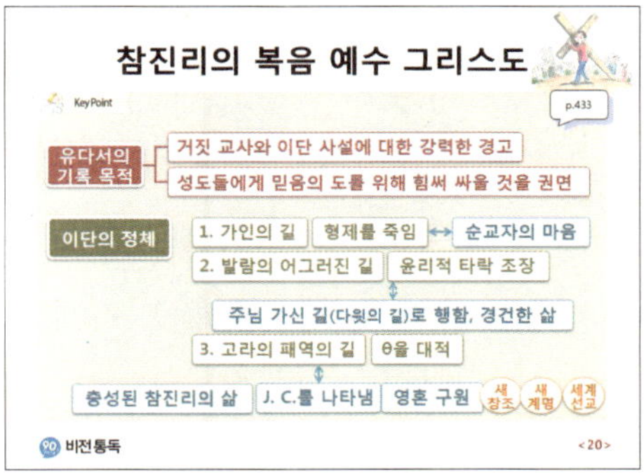

있을 때까지 예수 그리스도의 복음을 지키기 위해 거짓 교사와 이단 사설과 싸워야 합니다(유 1:3). 거짓 진리를 대항해 참진리 되시는 예수 그리스도로 싸우는 것입니다.

day 89. 참된 삶

Q. 베드로전서부터 유다서까지의 전체 주제는 무엇인가?

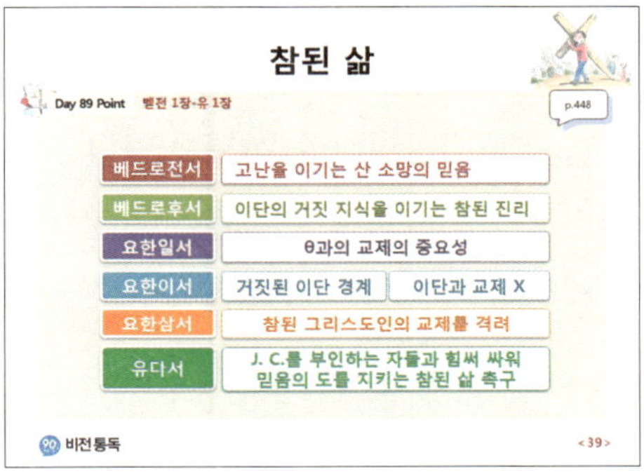

이단을 경계하고 하나님과 성도와의 교제를 통해 마지막 골든 타임의 시기에 고난 속에서도 그리스도의 인내로 승리하라는 것입니다.

Q. 참소망의 복음은 무엇인가?

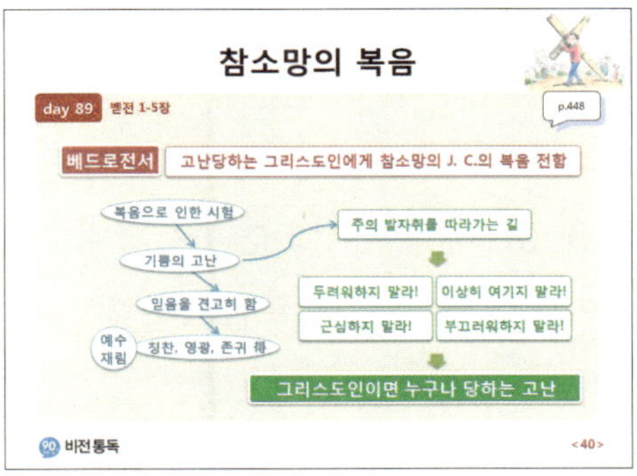

베드로전서는 고난의 종류를 말해 줍니다. 기쁨의 고난(1:6), 아름다운 고난(2:20-21), 소망의 고난(3:14-15), 영광스런 고난(4:16) 그리고 잠깐의 고난(5:10)을 설명합니다. 이러한 고난은 영원한 영광을 얻기 위한 고난이라는 것입니다. 성도에게는 고난이 있는데, 그 고난은 영원한 영광을 위해 그리스도의 매력을 보여 주는 기회가 된다는 것입니다. 이것을 베드로전서에서는 '아름다운 고난'이라고 표현합니다. "선을 행함으로 고난을 받고 참으면 이는 하나님 앞에 아름다우니라"(벧전 2:20).

Q. 참현실의 복음은 무엇인가?

구약 시대에 거짓 선지자들이 있었다면, 지금은 거짓 선생들이 있습니다. 이들은 성경의 모든 예언을 사사로이

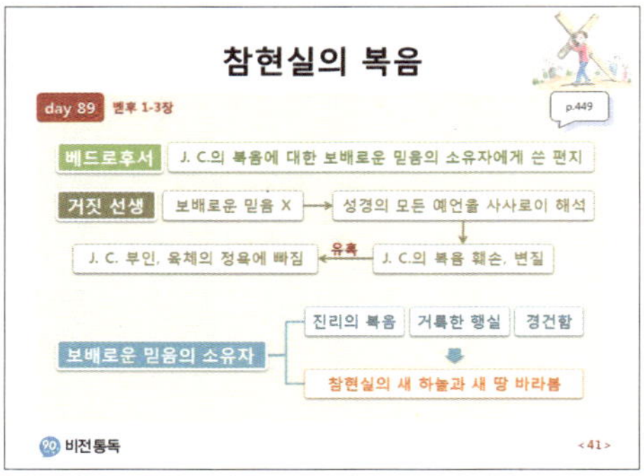

해석함으로 복음을 훼손하고 변질시켜 성도로 하여금 새 하늘과 새 땅을 바라보지 못하게 하고 현실의 문제, 육체의 정욕에 빠지게 합니다. 이러한 이단들을 대항하고 마지막 때에 경건과 거룩으로 진리의 복음을 지키는 것이 참성도의 삶입니다. 그럴 때 고난을 이기게 됩니다.

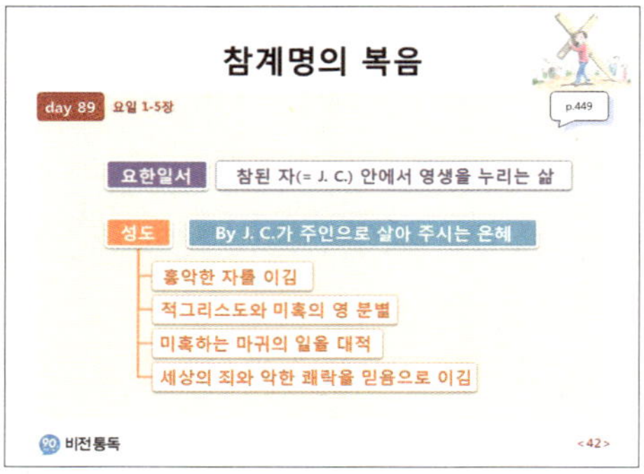

Q. 참계명의 복음은 무엇인가?

참계명은 바로 예수 그리스도입니다. 이는 율법의 완성이신 그리스도가 내 마음에 오셔서 참계명으로 살아가게 되는 신비한 복음의 메시지입니다. 성도는 영원한 생명이신 예수 그리스도가 주인으로 살아 주시는 은혜로 마귀를 대적하고, 세상의 죄와 악한 쾌락을 믿음으로 이기게 됩니다.

Q. 참교훈의 복음은 무엇인가?

참교훈은 그리스도의 교훈입니다. 이 참교훈을 가진 사람은 경건하게 살아야 합니다. 그 경건의 기준을 성경에서 붙잡으라는 것입니다. 비진리를 경계하며 진리를 사랑하고, 비본질을 경계하며 진리에 순종하고, 비복음을 경계하며 진리이신 예수 그리스도로 살아야 합니다.

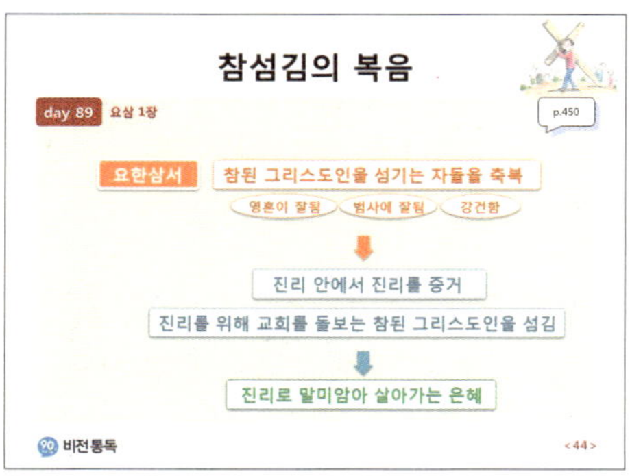

Q. 참섬김의 복음은 무엇인가?

요한삼서는 참된 그리스도인을 섬기는 가이오에게 쓴 편지입니다. 진리를 위해서 일하는 자들을 영접하고 섬기는 것이 마땅하다는 것입니다. 그 섬김이 그리스도의 섬김에서 나올 때 진정한 섬김이 됩니다.

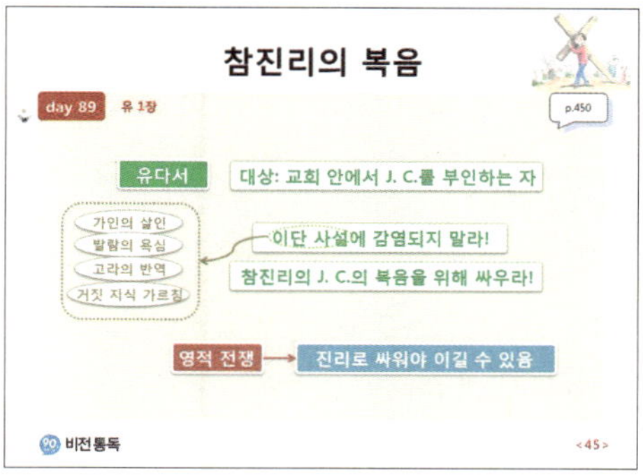

Q. 참진리의 복음은 무엇인가?

마지막 때에는 비진리가 성도들을 현혹합니다. 거짓 지식을 가르치는 이단 사설에 감염되지 말고 참진리이신 예수 그리스도의 복음을 위해 싸워야 합니다(유 1:3). 세상의 전쟁터에서 영적 전쟁은 진리로 싸워야 이길 수 있습니다.

요한계시록

요한계시록 개관

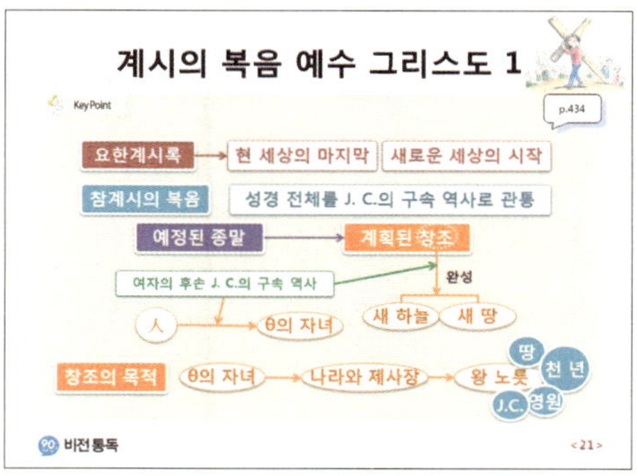

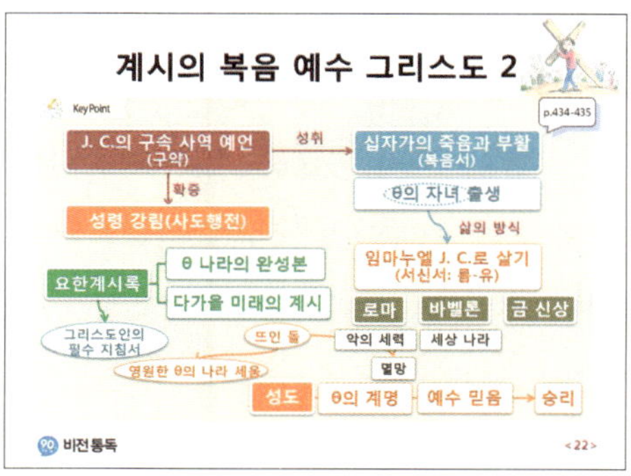

Q. 요한계시록의 구속사는 무엇인가?

새 창조의 완성입니다. 창세전에 예정된 하나님의 계획은 그리스도와 함께 왕 노릇 하는 것입니다. 여자의 후손(창 3:15)이신 예수 그리스도로 말미암아 하나님 나라와 제사장(계 1:6)이 되어 그리스도와 함께 세세토록 왕 노릇 하는 것(계 22:5)이 계시록의 핵심입니다.

그 중심에 계시의 복음이신 예수 그리스도가 있습니다. 그렇기 때문에 복음서가 중요합니다. 복음을 모르면 요한계시록을 이해할 수 없습니다. 마지막 날의 환난이 아닌 복음을 이해하는 것이 중요합니다. 환난을 이기는 것이 복음이기 때문입니다. "복음과 같이 하나님의 그 비밀이 이루어지리라"(계 10:7)는 말씀은 복음을 알아야 이해할 수 있다는 말입니다.

마태, 마가, 누가, 요한복음을 순서대로 볼 때 사복음서의 결론은 요한복음의 '영생'입니다. 그 영생으로 땅에서 왕 노릇, 천 년 동안 왕 노릇 그리고 세세토록(영생) 왕 노릇 한다는 이야기를 요한계시록은 전체적으로 반복합니다.

day 90. 계시의 복음

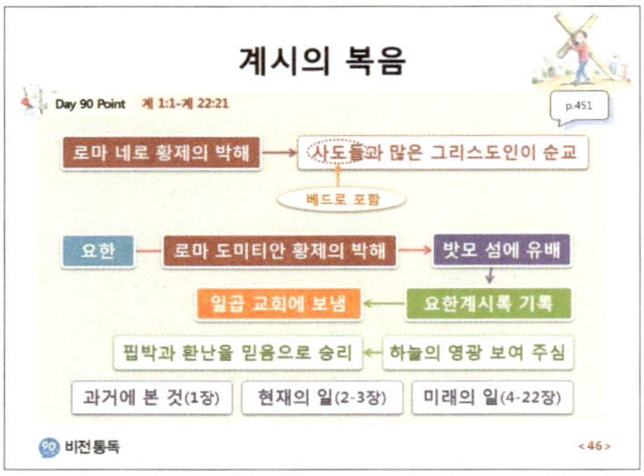

Q. 요한계시록은 어떤 책인가?

요한계시록은 사도 요한이 기록한 묵시록으로, 로마의 도미티안 황제 때 밧모 섬에 유배되어 기록해 아시아에 있는 일곱 교회에게 보낸 것입니다. 그 목적은 예수 그리스도가 교회와 성도에게 하늘의 영광을 보여 주시고, 땅에서 벌어지는 환난과 핍박을 믿음으로 이기게 하시려는 것입니다. 1장은 요한이 과거에 본 것, 2-3장은 지금 있는 현재의 일 그리고 4-22장은 장차 될 미래의 일을 설명합니다.

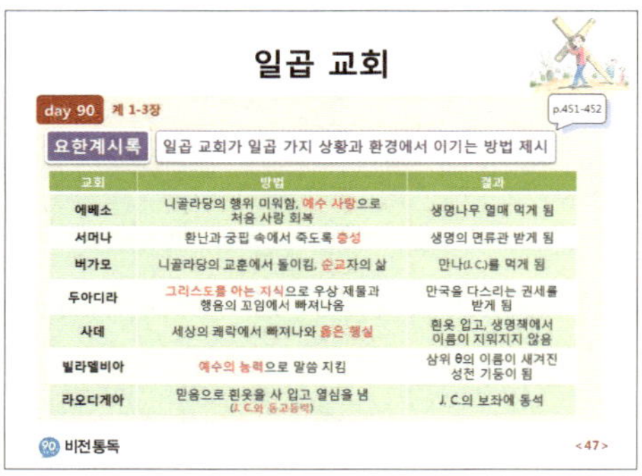

Q. 일곱 교회의 의미는 무엇인가?

요한계시록에 등장하는 일곱 교회는 에베소, 서머나, 버가모, 두아디라, 사데, 빌라델비아, 라오디게아입니다. 일곱 가지 상황과 환경에 대한 말씀이 이어지는데, 이는 오늘날 우주적 교회의 대표적인 모습으로 우리에게 하시는 말씀이며, 이를 충성이라는 단어로 압축할 수 있습니다. 고린도전서 4장에는 "맡은 자들에게 구할 것은 충성"이라는 말씀이 나오는데, 여기서 충성은 요한계시록 1장 5절과 19장 11절에 소개된 예수 그리스도의 이름입니다. 즉, 충성은 그리스도가 나오는 것을 말합니다. 다시 말하면, 모든 성도는 충성이신 예수 그리스도가 드러나는 삶을 살아야 한다는 것입니다. 그것이 곧 나는 죽고 예수로 사는 삶입니다.

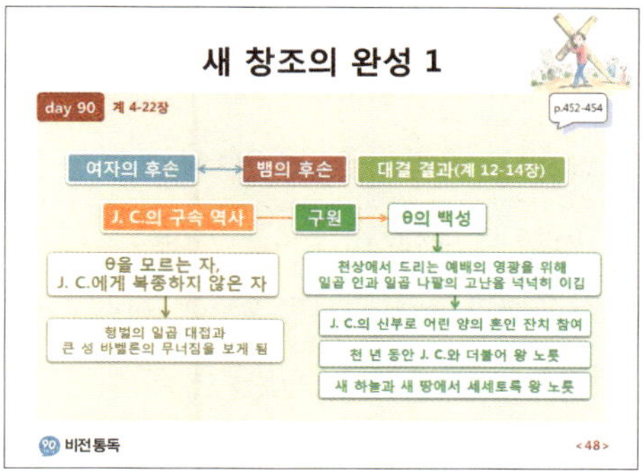

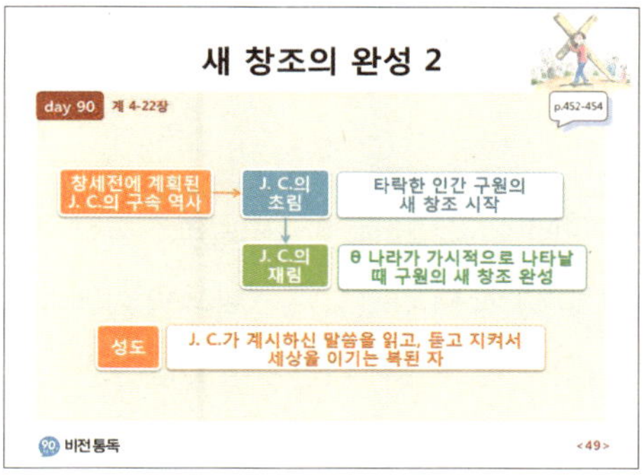

Q. 요한계시록의 결론은 무엇인가?

요한계시록 1장은 우리를 하나님 아버지의 나라와 제사장으로 삼고 출발합니다. 그리고 4-5장은 천상에서 예배하는 모습을 보여 줍니다. 이것은 결과를 미리 보여 주는 것으로, 새 하늘과 새 땅에서 세세토록 왕 노릇하는 것(계 21-22장)이 요한계시록의 결론입니다. 그리고 나타나는 현상인 6장, 7장은 일곱 인에 대한 이야기입니다. 그 환난은 지금의 환난과 다를 바가 없습니다.

지금은 재림의 때입니다. 하나님의 시간 개념을 잘 이해해야 합니다. 하루가 천 년 같고 천 년이 하루 같은 하나님의 시간 말입니다. 요한계시록은 2천 년 전에 기록되었지만 그 당시도 지금도 재림은 눈앞에 있습니다. 재림의 때란 예수님이 승천하신 때부터 다시 오실 때까지를 의미합니다. 이 재림의 때(골든 타임)에 천상의 예배자의 모습을 기대하면서 환난을 이기고 그리스도와 왕 노릇 하는 삶을 살아야 합니다.

Tip 재림의 때에 성도가 환난을 이기는 방법은 무엇인가?

요한계시록의 결론은 이미 보여 줬습니다. 그 이길 수 있는 힘이 어디서 오는지에 대한 설명이 본론에서 이어집니다. 성도가 인내할 수 있는 원동력은 한마디로 결론을 봤기 때문입니다. 하나님이 아브라함에게 가나안 땅을 보여 주셨을 때 아브라함은 이미 가나안 땅에 서 있었습니다. 그러나 아브라함은 하나님이 보여 주시는 땅이 눈에 보이는 땅이 아닌 하늘의 도성임을 믿음으로 바라본 것입니다(히 11:9-10). 이런 아브라함의 믿음이 필요합니다. 이는 종착지를 바라보는 믿음입니다.

Tip '성도의 인내'란 무엇인가?

요한계시록 14장 12절은 "성도들의 인내가 여기 있나니 그들은 하나님의 계명과 예수에 대한 믿음을 지키는 자니라"고 말씀합니다. 과연 성도의 인내가 오래 참아 내는 것을 말하는 것일까요? 그렇지 않습니다.

위 구절에서 성도의 인내는 "예수에 대한 믿음을 지키는 것"이라고 말씀합니다. 이를 디모데전서 1장 14절과 3장 13절, 디모데후서 1장 13절과 3장 15절과 연결해 보면, 예수에 대한 믿음은 예수 안에 있는 믿음이요, 예수 안에 있는 믿음은 곧 예수 그리스도 자체임을 알 수 있습니다. 또 데살로니가후서 3장 5절과 연결해 보면, 결국 성도의 인내는 사람의 인내가 아니라 그리스도의 인내입니다. 지금 인내와 믿음을 연결해서 설명하는 것입니다.

요한계시록에서 말하는 결론을 믿음으로 바라본 성도는 그리스도의 믿음으로, 그리스도가 내 안에 살아 계심으로 '성도의 인내'를 이루고 '새 하늘과 새 땅'을 향해 나아갈 수 있습니다.

PART 2

비전 통독
세미나
운영 가이드

• 운영 가이드 개관 •

성경 통독은 우리의 신앙생활에서 무척 중요한 일입니다. 성경을 읽음으로 하나님의 마음이 우리 마음 가운데 들어오기 때문입니다. 그렇지만 안타깝게도 성경 통독에 대한 중요성과 동기에 대해서는 모두 공감하지만 지속적으로 성경 통독을 하기란 쉽지 않습니다.

'비전 통독 세미나'는 성경 통독을 꾸준하게 할 수 있도록 돕는 세미나입니다. 비전 통독 세미나는《비전 통독》이라는 교재를 통해 구속사적 관점으로 성경 통독을 할 수 있는 눈을 열어주고, 소그룹 나눔을 통해 성경 읽기에서 얻은 깨달음을 삶 가운데서 실천하려는 마음을 되짚어 성경 읽기가 성경살기가 되도록 돕습니다. 궁극적으로 비전 통독 세미나는 성경 통독을 통하여 "예수 진리와 통하고, 예수 통치가 임하여, 작은 예수로 살아갈 비전"을 제시합니다.

운영 가이드는 비전 통독 세미나를 운영하고 싶은 교회나 단체를 위해 제작되었습니다. 세미나를 위한 조직을 세우는 방법과 세미나 전반에 대한 운영법, 소그룹 운영에 대한 방법 등이 운영 가이드에 자세하게 소개되어 있습니다. 따라서 누구라도 손쉽게 세미나를 운영할 수 있도록 가이드해줍니다. 또한, 필요한 행정 서식들도 잘 정리하여 제공하기에 운영자들도 성경 통독에 집중할 수 있도록 배려하고 있습니다.《비전 통독》과 함께 하나님의 마음을 알아가고 싶은 모든 분들에게 운영 가이드가 조금이라도 도움이 되길 바랍니다.

• 조직(스태프) 구성 가이드 •

1. 개요

1) 각 캠퍼스는 조직을 구성해서 세미나를 운영합니다.
2) 전체적인 운영을 위해서 간사, 조장을 세워 조직을 구성합니다.
3) 전체 캠퍼스를 돕기 위해서 찬양 팀을 구성해서 운영합니다.

2. 스태프 구성하기

1) 간사(총무)
- 캠퍼스 스텝을 구성합니다.
- 사전 기도 모임 및 조장 카톡 방을 운영합니다.
- 세미나를 준비합니다.
- 세미나를 진행합니다.
- 수료식을 준비합니다.

* 첨부된 간사(총무) 지침서를 참고하시기 바랍니다.

2) 조장
- 간사와 함께 사전 기도 모임 및 조장 카톡 방을 운영합니다.
- 세미나를 준비합니다.
- 세미나를 진행합니다.
- 조 나눔을 인도합니다.
- 조 카톡 방을 운영합니다.
- 출석체크를 확인하며 조원들의 성경 통독을 도와줍니다.
- 수료식을 준비합니다.

* 첨부된 조장 지침서를 참고하시기 바랍니다.

3. 찬양 팀 구성하기

1) 찬양 팀은 리더와 보컬 그리고 반주자로 구성합니다.
2) 조원들 중에 달란트가 있으며 자원하는 자를 세우도록 합니다.
3) 지속적으로 헌신할 수 있는 자를 세웁니다.
4) 조장들도 참여할 수 있으나 찬양 팀 참여로 조장의 역할을 하기가 어렵다면 참여하지 않는 것이 좋습니다.
5) 연습할 수 있는 시간이 없으므로 찬양 팀 단체 카톡 방을 활용해서 미리 한 주 전 악보를 제공합니다.
6) 강의 시작 10분 전에 찬양함으로 조원의 마음을 위로하고 마음을 열 수 있도록 돕습니다.
7) 찬양이 끝날 때는 함께 기도하고 생활 나눔 발표자가 마무리 기도할 수 있도록 합니다.

• 세미나 시작 전 모임 가이드 •

1. 개요

1) 학기 시작 전 캠퍼스 간사 중심으로 기도 모임을 운영해서 준비에 착오가 없게 합니다.

2) 캠퍼스 간사가 조장을 대상으로 세미나 개강 3주 전부터 장소를 정하여 주 1회(총 3회) 오프라인 기도 모임을 갖습니다.

3) 마지막 오프라인 기도 모임 때 조장 O/T를 시행하며 조장들은 반드시 참석하도록 합니다.

4) 모임 시간은 각 캠퍼스 간사의 재량에 맡기되 너무 길지 않게 합니다.

2. 모임 내용

1) 세미나가 개최되는 장소에서 모입니다.

2) 캠퍼스 간사는 기도 제목을 간략하게 정리해서 옵니다.

3) 캠퍼스 간사는 준비해 온 찬양으로 마음을 열고 함께 기도합니다.

4) 조장들의 기도 제목을 나눔으로써 유대감과 서로간의 신뢰를 맺어 가도록 합니다.

5) 기도를 마친 후 식사를 통해 교제하는 것도 좋습니다.

6) 마지막 3주째는 자연스럽게 조장 O/T로 마무리됩니다.

3. 시작 전 모임의 유익

1) 세미나가 시작되기 전 기도로 준비해 스태프들이 상황을 숙지하고 진행 사항에 관심을 가지게 됩니다.

2) 조장들이 마음을 열어 함께 나눈 기도 제목으로 기도함으로써 서로를 알아 가게 되어 학기 시작 전에 어색함을 없앨 수 있습니다.

3) 간사와 조장의 관계가 부드러워져 서로 힘을 합할 수 있는 좋은 기회가 됩니다.

4) 생활 숙제와 5분 발표 등을 기도 모임에서 미리 조장들이 발표해 봄으로써 조원들에게 어떻게 전달해야할 지 미리 체험해 볼 수 있어 소그룹 운영에 도움이 됩니다.

5) 경험했던 애로상항에 대해 서로 나눌 수 있는 기회가 되어 앞으로 만나게 될 어려움에 대해 여유있게 대처할 수 있습니다.

6) 미리 단체 카톡 방을 운영하고 참여하면 조원을 대할 때 도움이 됩니다.

• 세미나 운영 가이드 •

1. 개요

1) 간사를 중심으로 세미나 일정, 장소, 대상을 정하고 구성합니다.

2) 조편성과 세미나 준비물을 세미나 개강 1주 전에 준비합니다.

3) 세미나가 시작되면 출석 관리, 소감문, 생활 숙제 등을 원활하게 조원들이 해올 수 있도록 조장이 적극적으로 돕습니다.

4) 소그룹 나눔을 통해 예수 그리스도를 초점으로 하는 성경 통독을 조원들이 잘 할 수 있도록 적극 권면하고 도움을 줍니다.

5) 카톡 단체방을 활용하여 혼자 하기 힘든 성경 통독과 교재 읽기 등을 독려하여 끝까지 완독할 수 있도록 돕습니다.

6) 수료시에는 수료 대상자 파악과 수료증을 준비하여 수료 대상자에게 전달합니다.

2. 세미나 준비

1) 세미나 접수는 간사를 통한 접수를 기본으로 합니다.

– 조 편성은 간사가 개강 1주 전까지 조 편성을 완료하여 조장에게 전달합니다.
조 편성 시 성별, 나이 등을 고려함은 물론, 무엇보다 기도로 조 편성합니다.

– 세미나 준비물은 간사와 총무가 협력해 준비합니다.

- 간사 준비물 : 전체 출석부, 개강 O/T 자료, 참석자 명찰, 조 팻말
- 조장 준비물 : 조별 출석부, 세미나 일정표, 성경 읽기표, 생활나눔(조원용, 제출용), 조별 기도 제목표, 가족카드, 소감문 등

3. 세미나 진행

1) 출석 체크는 참석자 본인이 직접 출석부에 체크하도록 합니다.
단, 지각과 결석은 다른 색 볼펜으로 간사가 표시합니다.

- 전체 출석부 : 강의실 입구에 배치하고 간사가 관리합니다.
- 조별 출석부 : 조별 나눔 시간에 체크하도록 하고 조장이 관리합니다.

(전체 출석부와 조별 출석부에 이중 체크해 오류를 방지하고 출석을 독려한다.)

2) 주차별 특이 사항은 아래와 같습니다.

- 개강주차 : 간사의 진행으로 개강 O/T와 가족 카드를 작성합니다.
- 2–3주차 : 조별 외부(식사) 모임을 통해 조 단합의 시간을 가집니다.

- 7주차 : 강의 후 조장 모임을 가지고 중간 피드백 시간을 가집니다.
- 13주차 : 조원들에게 소감문을 작성 혹은 작성해 오도록 공지합니다.
- 15주차 : 수료식을 가집니다. 수료식 후 조장 피드백 시간을 가집니다.

3) 그 외 진행 사항은 아래와 같습니다.

- 강의 자료는 교재를 중심으로 하는 것이 원칙으로, 필요 시 간사를 통해 전달합니다.
- 매주 필요한 광고는 간사가 취합해 전체 공지합니다.
- 기본 간식과 강사 간식은 간사와 총무가 협의해 준비합니다(커피, 사탕, 물 등).
- 조별 나눔 시 먹을 간식은 각 조에서 조장 중심으로 준비하도록 합니다.

4. 수료식 준비

1) 세미나 14주차에 출석을 확인해 수료증을 준비합니다.
2) 수료식 때 소감문 발표자를 조장의 추천을 받아 2~3명을 미리 결정합니다.
3) 수료식 음식 준비는 조장 모임 때 간사를 중심으로 정합니다.
4) 수료식 이후 일주일 이내에 회계 장부를 정리해 대표에게 제출합니다.
5) 수료식 이후 기수별 행정 자료를 정리해 본부에 보관하도록 합니다.

• 소그룹 운영 가이드 •

1. 개요

1) 소그룹 나눔은 성경 읽기와 어깨를 나란히 할 정도로 중요한 부분입니다.

2) 소그룹 운영은 소그룹 나눔을 효율적으로 관리하는 것입니다.

3) 크게 오프라인 나눔과 온라인 SNS 운영으로 나뉘며 온/오프라인 동시에 진행합니다.

2. 소그룹 나눔

1) 세미나가 개최되는 장소에서 강의 후 모여 조장의 인도로 30분 정도 소그룹 나눔을 합니다.

2) 출석부는 조원 각자가 작성합니다.

3) 준비한 간식을 먹으면서 조장의 인도를 따릅니다.

4) 조장은 조장 회의에서 받은 공지 사항을 전달합니다.

5) 조장은 한 주간 있었던 생활 나눔을 진행합니다.

6) 기도 제목이 있으면 함께 기도합니다.

7) 조장은 말씀 읽기와 단체 카톡 방의 진행과 참여 여부를 체크하며 독려합니다.

8) 기도로 마무리합니다.

9) 조원이 결석하지 않도록 격려하고, 결석시 전화 혹은 문자로 심방합니다.

* 조장은 조장 지침서를 숙지해서 소그룹 나눔을 진행합니다.

3. 소그룹 SNS(카카오톡) 운영 가이드

1) 개강한 첫 주는 성경 읽기가 없으므로 카톡을 활용해서 온라인으로 O/T를 진행합니다.

- 매일 꼭 알아야 하는 진행 내용과 참여 방법을 제공합니다.
- 카톡의 필요한 기능을 안내합니다.
- 완독 표시에 대한 표시 방법을 안내하고 실습합니다(딸기, 밥, 하트, 잘자, 꽃 등 이모티콘 활용).
- 아침에 O/T 자료와 말씀 요약 올리는 것은 규칙적인 시간에 올리도록 합니다. 규칙적인 것이 신뢰감을 주기 때문에 늦더라도 오전 9시 이전에 올리도록 합니다.
- O/T기간중에는 성경 통독 범위가 없으므로 로마서를 읽으면서 O/T를 진행해도 유익합니다.
- 성경 읽기와 함께 매일 요약된 읽기 가이드에 대해 설명합니다.
- 〈오늘의 미션〉에 대하여 설명하고 조장이 솔선수범하여 먼저 미션을 수행하도록 합니다. 샘플이 되어 다른 조원들에게 도움이 되기 때문입니다.

2) 온라인 SNS에서는 미션을 활용해서 이모티콘이나 기프티콘을 선물하면 참여 및 동기부여를 높일 수

있습니다.

3) 반대로 참여하지 않은 것에 대해서 가벼운 벌점을 부여함으로 참여를 독려할 수 있습니다.

4. 매일 기도 가이드

1) 성경 읽기도 중요하지만 정해진 시간에 조원들과 같이 기도하는 것도 중요합니다.
2) 매일 저녁 9시에 조원들을 위해 잠시라도 함께 기도하도록 합니다(기도 알림은 8시 50분).
3) '기도했습니다', '기도합니다', '기도하겠습니다'로 기도 여부를 표현하게 하며, 간단한 한 줄 기도문을 적어 서로 힘이 될 수 있도록 합니다.
4) 조원들의 변경된 기도 제목이 있다면 신속히 반영해서 기도하도록 합니다.
5) 긴급한 기도 제목은 조장 방에 알려 함께 기도할 수 있습니다.

5. 간식 준비 가이드

1) 간식은 어색한 분위기를 쉽게 친근감 있는 분위기로 바꾸어 줍니다.
2) 개강주차 조별 나눔의 간식은 조장이 준비합니다. 너무 과하지 않는 것으로 준비합니다.
3) 1주차부터 간식을 어떻게 준비할지 조원과 함께 논의해 정하도록 합니다. 다양한 방법들이 있을 수 있습니다.
   - 짝을 정해 힘을 모아 준비해 올 수 있습니다.
   - 조원 각자가 조금씩 준비해 올 수 있습니다.
   - 한 명씩 돌아가며 한 주씩 준비해 올 수 있습니다.
   - 조장의 헌신으로 준비할 수 있습니다.
   - 자원하는 조원의 수고로 준비할 수 있습니다.

• 조장 회의 가이드 •

1. 개요

1) 조장 회의를 통해서 해당 주차의 주요 내용을 조장에게 전달하며, 시작과 마무리로 두 번의 회의를 하게 됩니다.
2) 주요 내용은 전체 공지 사항과 진행 사항을 전달하며, 주차 결정 사항(생활 나눔 발표자, 외부 모임 일시 등)을 미리 공지합니다.
3) 세미나 일정의 중간과 마지막에 피드백 시간을 통하여 운영에 대한 전반적인 점검을 합니다.

2. 시작 회의

1) 시작 회의는 팀장이 강의 1시간 전에 시작해서 30분 안에 마무리합니다.
2) 시작 시 간단한 찬양과 기도를 하면 좋습니다.
3) 간사는 오늘 진행 사항에 대한 내용과 주차별 공지 사항을 A4에 정리해서 조장에게 나누어 줍니다.
4) 간사는 결정 사항(생활 나눔 발표자, 외부 모임 일시 등)이 있을 때 A4에 명시해서 조장에게 나누어 줍니다.

3. 마무리 회의

1) 간사가 주관하며 강의 후 정리 정돈이 마쳐졌을 때 시작해서 30분 안에 마무리합니다.
2) 조장들은 생활 숙제를 정리해서 출석부와 함께 파일에 넣어 제출합니다.
3) 결석 사유가 있으면 포스트잇에 결석자와 사유를 적고 눈에 보이도록 출석부 위에 붙여 제출합니다.
4) 한 주간 있었던 카톡 방의 운영에 대한 내용이나 조원들의 참여와 분위기에 대해 간략하게 나눕니다.
5) 특이 사항이 있는 경우 기도 제목과 함께 나눕니다.
6) 건의 사항이 있는 경우 듣고 바로 조치할 수 있는지 간사가 결정하고, 의논이 필요한 사안은 본부와 논의 후 결과를 조장 회의 시 또는 단체 카톡 방을 통해 통보합니다.
7) 몇 가지 주요 기도 제목으로 기도하고 마칩니다.

4. 조장 피드백 회의

1) 간사가 주관하며 미리 피드백 문항을 정리하여 피드백 회의 1주전에 작성해 오도록 합니다.
2) 비전 통독 세미나(16주 과정) 7주차에 조장회의 후 중간 피드백을 진행합니다.
3) 비전 통독 세미나(16주 과정) 15주차에 조장회의 후 피드백을 진행합니다.
4) 두 번의 피드백을 통해 나온 내용은 잘 정리하여 간사회의를 통해 바로 조치할 것과 향후 개선해야할 의견으로 나누어 관리합니다.

• 세팅 및 정리 가이드 •

1. 개요

1) 강의를 위해 필요한 찬양, 강의, 간식 테이블, 컴퓨터 및 오디오, 캠코더, 차량 안내에 대한 전체적인 세팅에 대해서 설명합니다.
2) 강의를 마친 후 강의실을 정리하기 위한 효율적인 방법에 대해 설명합니다.

2. 강의 준비 세팅

1) 최소 조장 회의 전에는 기본적인 세팅이 완료되어야 합니다.
2) 미리 담당자를 정해 두어 신속하게 세팅이 되도록 합니다.
3) 현수막과 안내 배너는 강의실 정면과 입구에 배치하도록 합니다.
4) 강사를 위한 테이블을 준비합니다.
5) 수강생 책걸상을 미리 배치하고, 필요시 빠른 조치를 할 수 있도록 여분의 책걸상을 확보합니다.
6) 찬양 팀은 리더를 중심으로 악기, 보면대, 마이크, 악보(PPT 포함)를 세팅합니다.
7) 총무는 음료와 간식 테이블을 준비하고 그 위에 필요한 간식을 세팅합니다.
8) 필요시 간사는 강사를 위한 음료와 다과를 준비합니다.
9) 컴퓨터와 오디오 담당자는 필요한 PPT와 음향 시설을 미리 점검하고 세팅합니다.
10) 차량 안내 담당자는 주차와 출차를 담당합니다.

3. 정리

1) 담당자를 조별로 세워 해당 조장이 담당 구역을 신속하게 정리할 수 있도록 합니다.
2) 강의실 담당 조장은 책걸상을 원래대로 복구합니다.
3) 찬양 팀은 리더를 중심으로 신속히 정리하고 다른 곳을 돕도록 합니다.
4) 강사, 간사, 간식 테이블 담당 조장은 각 테이블을 정리합니다.
5) 컴퓨터와 오디오 담당자는 파일을 정리하고 전원까지 확인합니다.
6) 강의실 바닥 담당 조장은 쓸고 닦아 청결하게 정리합니다.
7) 쓰레기 담당 조장은 분리수거해서 정리합니다.
8) 현수막 담당 조장은 현수막을 분리해서 보관합니다.

• 온라인 성경 통독 운영 가이드 •

1. 개요

1) 오프라인이 아닌 온라인을 통해서도 성경 통독을 함께 진행할 수 있습니다.
2) 카카오톡이나 문자로 소통이 되며, 말씀을 함께 읽고, 함께 나누는 것이 온라인에서도 가능합니다.
3) 온라인 성경 통독을 통하여서도 예수 진리와 통하고, 예수 통치가 임하여, 작은 예수로 살아갈 비전을 제시합니다.
4) 물리적 공간의 제약을 넘어 전세계의 성도들과 함께 성경 통독을 진행할 수 있습니다.

2. 온라인 성경 통독 준비

1) 《비전 통독》 90일 온라인 말씀방을 개설할 수 있습니다.
2) 말씀방을 운영할 온라인 리더가 1명 필요하며 각 온라인 리더들은 리더 모임방을 통해서 전달사항을 전달받습니다.
3) 온라인 리더가 효율적으로 온라인 말씀방을 운영할 수 있도록 온라인 개강 일정은 비전 통독 세미나의 일정에 맞춥니다.
4) 온라인 성경 통독의 신청과 등록은 SNS와 문자를 통해 안내 문자를 발송하여 모집을 합니다.

3. 온라인 성경 통독 진행

1) 개강 후 6일 동안은 온라인 말씀방 O/T를 진행합니다.
   - 간단한 카톡 사용법을 설명합니다.
   - 카톡 방에는 말씀 통독, 나눔의 내용 위주로 올릴 것을 알려줍니다.
   - 《비전 통독》 90일 성경 1독을 설명해줍니다.
   - 하루 분량을 다 읽었을 시에는 (딸기)나 (밥) 모양 이모티콘을 올리도록 합니다.
   - 쉽고 간단한 오늘의 미션을 제시하고 미션을 수행하도록 권면합니다.
   - 성경 통독을 위한 비전을 제시해 줍니다(예수 진리와 통하고, 예수 통치가 임하여, 작은 예수로 살아갈 비전).
   - 말씀을 지속적으로 읽을 수 있도록 영적 전쟁의 이야기와 '콩나물 재배법'의 이야기로 격려합니다.
2) 주차별 일일 성경 통독이 시작되면 O/T에서 배운대로 온라인 리더가 일일 요약치를 통독방에 올립니다.
3) 온라인이기 때문에 참여가 흐지부지 될 수 있기 때문에 말씀방 참여에 대하여 명확한 기준을 제시하여야 합니다(예: 3번 연속 말씀 읽기 이모티콘이 올라오지 않을 경우 방에서 나간다 등).
4) 나눔은 말씀살기에 관련된 나눔만 가능합니다. 다른 주제의 이야기가 올라오는 경우는 온라인 말씀방의 취지를 다시 설명합니다.

5) 오후 9시에는 기도 제목을 공유하고 함께 기도하는 시간을 갖습니다(기도 알림은 8시 50분).

6) 말씀 완독자를 체크하여 말씀방에 공유하면 서로 격려가 됩니다(담당자를 세우면 좋습니다).

7) 가능하다면, 오프라인에서 모임을 한 번 하면 더욱 온라인 방이 활기를 띕니다.

* 〈비전 통독 세미나〉 카톡 방 오리엔테이션 샘플

> [제1일]
>
> 오늘부터
> 〈비전 통독 세미나〉 카톡 방 O/T가 시작됩니다(총 6일간 실시).
>
> 1. 말씀 읽기와 세미나 참여에 집중할 수 있도록 중보자에게 기도를 부탁하고, 주변정리를 해 두길 바랍니다.
>
> 2. 성경 읽기는 우리의 믿음을 자라게 하는 강력한 영적전쟁의 현장입니다. 기도 없이는 성공적인 90일 성경 통독이란 불가능한 일입니다. 오늘부터 월요일에서 금요일 저녁 9시는 자기 자신과 통독 조원들 그리고 레제나 하우스를 위해 기도하는 연합 기도 시간으로 드려질 것입니다. 카톡 방에 매일 올라오는 기도 제목으로 함께 기도하길 바랍니다.
>
>   * 연합 기도 시간 10분 전(8시 50분) 핸드폰 알람 설정은 필수입니다~!
>
>   "기도합시다." 메세지가 뜨면, "기도합니다" "기도하겠습니다"라고 응답하고, 되도록이면 연합 기도 시간에 함께 기도하되, 형편에 따라 각자 개인기도 시간에 유연하게 기도해도 좋습니다. 그럴 때는 "기도했습니다" 또는 "늦게 기도합니다" 등으로 반응하면 됩니다.
>
> 3. 얼굴이 보이지 않는 공간에서 텍스트로만 서로를 이해하게 되기에 더욱 적극적인 동참이 필요합니다. 소그룹 리더로 카톡 방을 운영해 본 분들은 적극적으로 답 글을 달고 서로를 격려하는 것이 얼마나 힘이 되는지 잘 알 것입니다. 16주 동안 매주 정해진 시간에 모임을 갖고, 매일 카톡 방에서 사랑과 축복의 교제를 나누다보면 하나님이 주시는 큰 은혜를 경험하게 될 것입니다.
>
> 4. 매일 〈오늘의 미션〉이 주어집니다. 미션을 수행함으로써 말씀 읽는 목적인, '말씀살기'로 살아지는 현장감을 느낄 수 있습니다.
>   미션이 혹 불편하고 귀찮을 수 있지만, 하기 싫을수록 〈오늘의 미션〉에 동참하는 것 자체가 순종 훈련이 되고, 작은 변화가 놀라운 기적의 변화로 이어질 뿐 아니라, 이 순종 훈련을 통해 풍성한 삶의 열매가 맺히게 될 것입니다.

*〈오늘의 미션〉
핸드폰 알람으로 각자 개인 기도시간을 설정한 후, 확인 글을 올려주세요.

예)
〈오늘의 미션 수행〉
"기도시간 알람, 8시 55분으로 설정했습니다."

이렇게 하면 됩니다.
긴 글 읽으시느라 수고하셨습니다!
사랑하고 축복합니다. ♥

• 온라인 성경 통독 자료 가이드 •

1. 개요

1) 온라인 성경 통독을 운영하기 위해 필요한 자료들을 정리하여 제공합니다.

2) 온라인 성경 통독 자료는 레제나 하우스가 주관하는 운영 세미나 참석자에 한하여 제공됩니다.

2. 온라인 성경 통독 자료 종류

1) '비전 통독 세미나' 카톡 방 O/T 자료

– 비전 통독 세미나 진행시 개강과 함께 6일 동안 조 카톡 방에 공유될 내용이 수록된 자료입니다.

2) 비전 통독 세미나 90일 말씀요약 자료

– 비전 통독 세미나 진행시 1주차부터 15주차까지 매일 읽어야할 본문에 대한 말씀요약이 수록된 자료입니다.

3. 온라인 성경 통독 시행 샘플

1) 울산 대영교회가 비전 통독 세미나를 교회내에서 자체적으로 도입하여 성도들과 함께 온라인 성경 통독 자료를 활용하여 성경 통독을 진행했습니다.

https://vimeo.com/202383817

2) 자료 활용의 좋은 예이기에 간단하게 어떻게 진행하는 지 보여드리고자 합니다.

– "전교인 성경 통독 90일 작전"이라는 명칭으로 진행하기 전 영상을 제작하여 홍보합니다.

– 성경 통독이 시작이 되면 성경 통독 음성 파일과 함께 일일 말씀요약을 문자나 카톡으로 보내주어 함께 성경 통독을 합니다.

* 카톡으로 보내는 말씀요약 내용 샘플

> **샬롬!**
> **90일 비전 통독**
> **10월 24일 월요일**
>
> **1일차 – 모세오경 창세기 1장부터 11장 26절까지의 말씀입니다.**
>
> **말씀 읽기를 통해 하나님의 마음이 나의 마음이 되는 기적의 성경 읽기가 되길 축복합니다.**

* 창조의 목적
하나님은 모세를 통해서 창세기를 문자적인 기록으로 남기신다.

출애굽 당시 이스라엘 백성에게 창세기는 역사 속에서 이미 진행된 과거의 이야기이다.

이스라엘 백성과 언약을 체결하신 하나님은 창세기의 창조, 타락, 홍수, 바벨탑 사건을 통해서 하나님 자신이 어떤 분인지 드러내신다.

1. 창조(창1-2장)
하나님이 세상을 창조하신 목적은 무엇일까?
창조의 초점은 인간이 하나님과 교제하며, 하나님의 자녀가 되게 하는 구원에 있다.

2. 타락(3-5장)
인간의 죄로 인해 막힌 생명나무의 길을 여는 방법은 바로 제사이다. 믿음으로 드린 아벨의 제사는 어린양 예수 그리스도의 희생을 상징적으로 보여 준다.

3. 홍수(6-9장)
온 인류에게 하나님의 심판이 임할 때 구원 받는 방법은 구원의 방주이신 예수 그리스도 안에 있는 것이다.

4. 바벨탑(10-11장)
인간의 교만과 반항의 바벨탑은 훗날 여자의 후손 예수 그리스도에 의해 무너질 큰 성 바벨론으로 용(옛뱀, 마귀, 사탄)의 세력을 상징한다.

http://subspla.sh/0123189

* 1일치 본문에 해당하는 성경 음성 파일 제공 샘플
(울산 대영교회)

• 행정 서식 가이드 •

1. 개요

1) 효율적인 세미나 관리를 위해서 간소화된 행정 서식에 대해 설명합니다.

2) 행정 서식은 가능한 줄이는 것이 관리에 도움이 되므로 통합할 수 있는 서식은 통합하고, 불필요한 서식은 없애도록 합니다.

2. 행정 서식의 종류

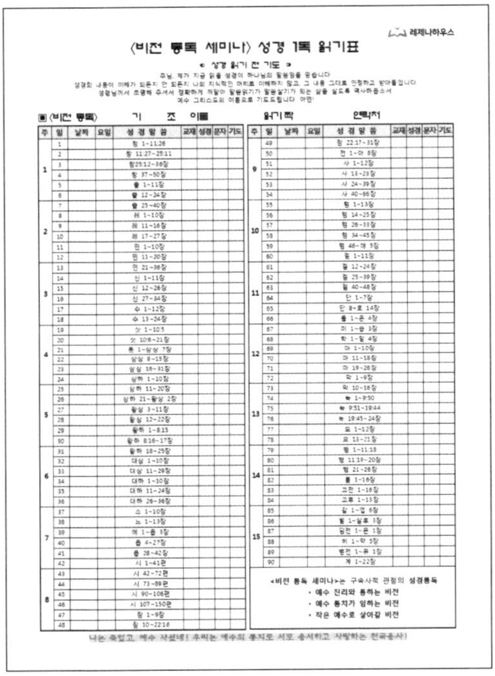

레제나하우스

〈비전 통독 세미나〉 성경 1독 읽기표

« 성경 읽기 전 기도 »

주님, 제가 지금 읽을 성경이 하나님의 말씀임을 믿습니다
성경의 내용이 이해가 되든지 안 되든지 나의 지식적인 머리로 이해하지 않고 그 내용 그대로 인정하고 받아들입니다
성령님께서 조명해 주셔서 정확하게 깨달아 말씀읽기가 말씀살기가 되는 삶을 살도록 역사하옵소서
예수 그리스도의 이름으로 기도드립니다 아멘!

▣ 〈비전 통독〉 기 조 이름 읽기짝 연락처

주	일	날짜	요일	성 경 말 씀	교재	성경	문자	기도
1	1			창 1~11:26				
	2			창 11:27~25:11				
	3			창25:12~36장				
	4			창 37~50장				
	5			출 1~11장				
	6			출 12~24장				
2	7			출 25~40장				
	8			레 1~10장				
	9			레 11~16장				
	10			레 17~27장				
	11			민 1~10장				
	12			민 11~20장				
3	13			민 21~36장				
	14			신 1~11장				
	15			신 12~26장				
	16			신 27~34장				
	17			수 1~12장				
	18			수 13~24장				
4	19			삿 1~10:5				
	20			삿 10:6~21장				
	21			룻 1~삼상 7장				
	22			삼상 8~15장				
	23			삼상 16~31장				
	24			삼하 1~10장				
5	25			삼하 11~20장				
	26			삼하 21~왕상 2장				
	27			왕상 3~11장				
	28			왕상 12~22장				
	29			왕하 1~8:15				
	30			왕하 8:16~17장				
6	31			왕하 18~25장				
	32			대상 1~10장				
	33			대상 11~29장				
	34			대하 1~10장				
	35			대하 11~24장				
	36			대하 26~36장				
7	37			스 1~10장				
	38			느 1~13장				
	39			에 1~욥 3장				
	40			욥 4~27장				
	41			욥 28~42장				
	42			시 1~41편				
8	43			시 42~72편				
	44			시 73~89편				
	45			시 90~106편				
	46			시 107~150편				
	47			잠 1~9장				
	48			잠 10~22:16				

주	일	날짜	요일	성 경 말 씀	교재	성경	문자	기도
9	49			잠 22:17~31장				
	50			전 1~아 8장				
	51			사 1~12장				
	52			사 13~23장				
	53			사 24~39장				
	54			사 40~66장				
10	55			렘 1~13장				
	56			렘 14~25장				
	57			렘 26~33장				
	58			렘 34~45장				
	59			렘 46~애 5장				
	60			겔 1~11장				
11	61			겔 12~24장				
	62			겔 25~39장				
	63			겔 40~48장				
	64			단 1~7장				
	65			단 8~호 14장				
	66			욜 1~욘 4장				
12	67			미 1~습 3장				
	68			학 1~말 4장				
	69			마 1~10장				
	70			마 11~18장				
	71			마 19~28장				
	72			막 1~9장				
13	73			막 10~16장				
	74			눅 1~9:50				
	75			눅 9:51~19:44				
	76			눅 19:45~24장				
	77			요 1~12장				
	78			요 13~21장				
14	79			행 1~11:18				
	80			행 11:19~20장				
	81			행 21~28장				
	82			롬 1~16장				
	83			고전 1~16장				
	84			고후 1~13장				
15	85			갈 1~엡 6장				
	86			빌 1~살후 3장				
	87			딤전 1~몬 1장				
	88			히 1~약 5장				
	89			벧전 1~유 1장				
	90			계 1~22장				

<비전 통독 세미나>는 구속사적 관점의 성경통독
- 예수 진리와 통하는 비전
- 예수 통치가 임하는 비전
- 작은 예수로 살아갈 비전

나는 죽었고, 예수 사셨네! 우리는 예수의 통치로 서로 용서하고 사랑하는 천국용사!

1) 90일 성경 읽기표

– 기수별 시작일이 확정되면 날짜를 기입할 수 있는 빈 양식입니다. 복사해서 사용하십시오.

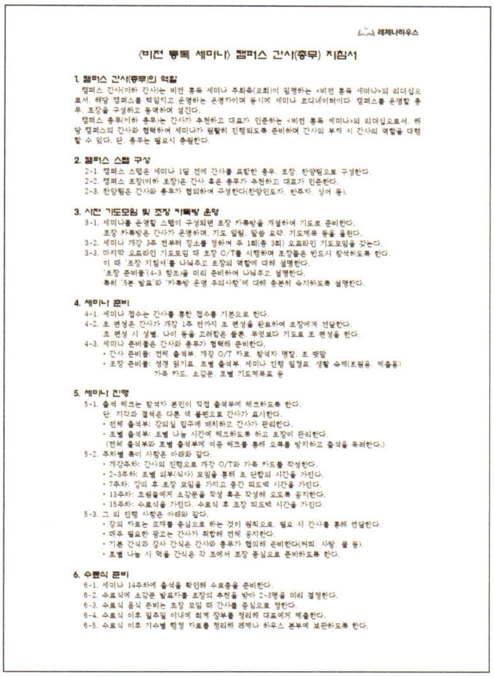

레제나하우스

〈비전 통독 세미나〉 캠퍼스 간사(총무) 지침서

1. 캠퍼스 간사(총무)의 역할

캠퍼스 간사(이하 간사)는 비전 통독 세미나 주최측(교회)이 임명하는 <비전 통독 세미나>의 리더십으로서, 해당 캠퍼스를 책임지고 운영하는 운영자이며 동시에 세미나 코디네이터이다. 캠퍼스를 운영할 총무, 조장을 구성하고 동역하며 섬긴다.

캠퍼스 총무(이하 총무)는 간사가 추천하고 대표가 인준하는 <비전 통독 세미나>의 리더십으로서, 해당 캠퍼스의 간사와 협력하여 세미나가 원활히 진행되도록 준비하며 간사의 부재 시 간사의 역할을 대행할 수 있다. 단, 총무는 필요시 충원한다.

2. 캠퍼스 스탭 구성

2-1. 캠퍼스 스탭은 세미나 1달 전에 간사를 포함한 총무, 조장, 찬양팀으로 구성한다.
2-2. 캠퍼스 조장(이하 조장)은 간사 혹은 총무가 추천하고 대표가 인준한다.
2-3. 찬양팀은 간사와 총무가 협의하여 구성한다(찬양인도자, 반주자, 싱어 등).

3. 사전 기도모임 및 조장 카톡방 운영

3-1. 세미나를 운영할 스탭이 구성되면 조장 카톡방을 개설하여 기도로 준비한다.
조장 카톡방은 간사가 운영하며, 기도 알림, 말씀 요약, 기도제목 등을 올린다.
3-2. 세미나 개강 3주 전부터 장소를 정하여 주 1회(총 3회) 오프라인 기도모임을 갖는다.
3-3. 마지막 오프라인 기도모임 때 조장 O/T를 시행하며 조장들은 반드시 참석하도록 한다.
이 때 '조장 지침서'를 나눠주고 조장의 역할에 대해 설명한다.
'조장 준비물'(4-3 참조)을 미리 준비하여 나눠주고 설명한다.
특히 '5분 발표'와 '카톡방 운영 주의사항'에 대해 충분히 숙지하도록 설명한다.

4. 세미나 준비

4-1. 세미나 접수는 간사를 통한 접수를 기본으로 한다.
4-2. 조 편성은 간사가 개강 1주 전까지 조 편성을 완료하여 조장에게 전달한다.
조 편성 시 성별, 나이 등을 고려함은 물론, 무엇보다 기도로 조 편성을 한다.
4-3. 세미나 준비물은 간사와 총무가 협력해 준비한다.
· 간사 준비물: 전체 출석부, 개강 O/T 자료, 참석자 명찰, 조 팻말
· 조장 준비물: 성경 읽기표, 조별 출석부, 세미나 진행 일정표, 생활 숙제(조원용, 제출용)
가족 카드, 소감문, 조별 기도제목표 등

5. 세미나 진행

5-1. 출석 체크는 참석자 본인이 직접 출석부에 체크하도록 한다.
단, 지각과 결석은 다른 색 볼펜으로 간사가 표시한다.
· 전체 출석부: 강의실 입구에 배치하고 간사가 관리한다.
· 조별 출석부: 조별 나눔 시간에 체크하도록 하고 조장이 관리한다.
(전체 출석부와 조별 출석부에 이중 체크를 통해 오류를 방지하고 출석을 독려한다.)
5-2. 주차별 특이 사항은 아래와 같다.
· 개강주차: 간사의 진행으로 개강 O/T와 가족 카드를 작성한다.
· 2-3주차: 조별 외부(식사) 모임을 통해 조 단합의 시간을 가진다.
· 7주차: 강의 후 조장 모임을 가지고 중간 피드백 시간을 가진다.
· 13주차: 조원들에게 소감문을 작성 혹은 작성해 오도록 공지한다.
· 15주차: 수료식을 가진다. 수료식 후 조장 피드백 시간을 가진다.
5-3. 그 외 진행 사항은 아래와 같다.
· 강의 자료는 교재를 중심으로 하는 것이 원칙으로, 필요 시 간사를 통해 전달한다.
· 매주 필요한 광고는 간사가 취합해 전체 공지한다.
· 기본 간식과 강사 간식은 간사와 총무가 협의해 준비한다(커피, 사탕, 물 등).
· 조별 나눔 시 먹을 간식은 각 조에서 조장 중심으로 준비하도록 한다.

6. 수료식 준비

6-1. 세미나 14주차에 출석을 확인해 수료증을 준비한다.
6-2. 수료식에 소감문 발표자를 조장의 추천을 받아 2~3명을 미리 결정한다.
6-3. 수료식 음식 준비는 조장 모임 때 간사를 중심으로 정한다.
6-4. 수료식 이후 일주일 이내에 회계 장부를 정리해 대표에게 제출한다.
6-5. 수료식 이후 기수별 행정 자료를 정리해 레제나 하우스 본부에 보관하도록 한다.

2) 간사(총무) & 조장 지침서

– 간사(총무)와 조장이 해야할 일들을 정리한 지침서입니다. 간사(총무)와 조장은 반드시 이 내용을 숙지하여야 합니다.

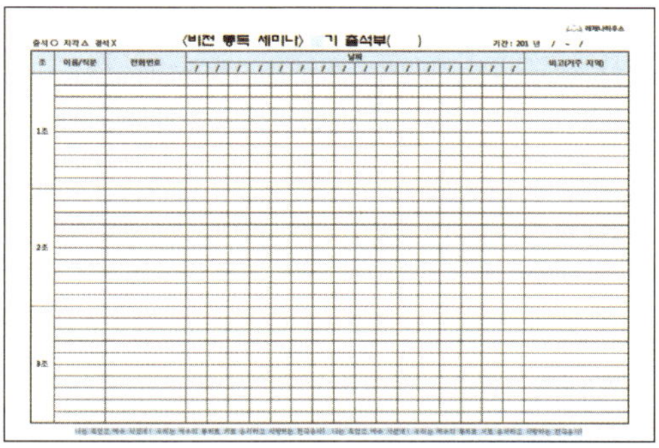

레제나하우스

출석○ 지각△ 결석X 〈비전 통독 세미나〉 기 출석부( ) 기간 : 201 년 / ~ /

조	이름/직분	전화번호	날짜	비고(거주 지역)
1조				
2조				
3조				

3) 전체 출석부(간사용)

– 기수별 세미나의 총 진행과 관리를 맡는 간사용 출석부입니다.

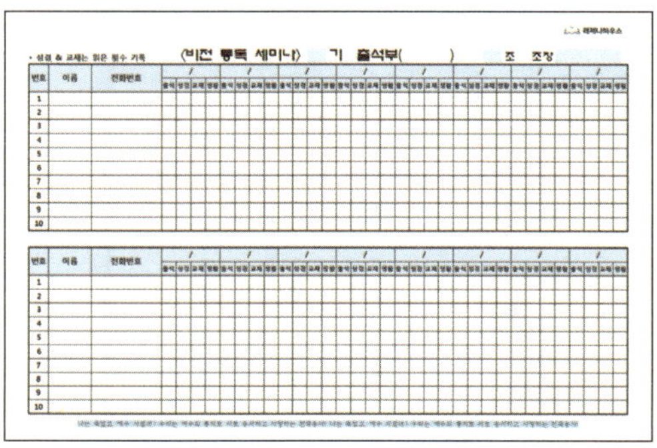

레제나하우스

· 성경 & 교재는 읽은 횟수 기록 〈비전 통독 세미나〉 기 출석부( ) 조 조장

번호	이름	전화번호	출석	성경	교재	생활
1						
2						
3						
4						
5						
6						
7						
8						
9						
10						

4) 조별 출석부(조장용)

– 편성된 조의 조장용 출석부입니다.

5) 진행 일정표 및 오리엔테이션

– 수강생들에게 출력해서 나누어 줄 내용입니다.

레제나하우스

〈비전 통독 세미나〉 진행 일정표

강의 기간		장소	
담당 강사		문의	

▣ 세미나 진행 : 찬양 및 기도 15분, 개인 성경 읽기 발표 5분, 복습 10분, 강의 90분, 조별 나눔 및 간식 30분

주	날 짜	강의 범위	성 경 범 위	비 고
D-1	/	조장 연합 오리엔테이션	진행일정 및 운영방법 브리핑	• 등록 및 조·팍 편성
개강	/	총론	구속사적 관점의 성경통독	• 가족카드 작성제출
1	/	1강: 1~6일	창 1장 ~ 출 24장	• 읽기 시작일
2	/	2강: 7~12일	출 25장 ~ 민 20장	• 조별 식사 외부모임
3	/	3강: 13~18일	민 21장 ~ 수 24장	• 조별 식사 외부모임
4	/	4강: 19~24일	삿 1장 ~ 삼하 10장	
5	/	5강: 25~30일	삼하 11장 ~ 왕하 17장	
6	/	6강: 31~36일	왕하 18장 ~ 대하 36장	
7	/	7강: 37~42일	스 1장 ~ 시 41편	• 조장교육 및 중간 피드백
8	/	8강: 43~48일	시 42편 ~ 잠 22:16	
9	/	9강: 49~54일	잠 22:17 ~ 사 66장	
10	/	10강: 55~60일	렘 1장 ~ 겔 11장	
11	/	11강: 61~66일	겔 12장 ~ 욘 4장	
12	/	12강: 67~72일	미가 1장 ~ 막 9장	
13	/	13강: 73~78일	막 10장 ~ 요 21장	• 소감문 및 헌신신청서 작성제출
14	/	14강: 79~84일	행 1장 ~ 고후 13장	• 소감문 및 헌신신청서 최종제출
15	/	15강: 85~90일	갈 1장 ~ 계 22장	• 수료식: 소감발표, 단체사진 • 조장교육 및 수료식 피드백

〈비전 통독 세미나〉 오리엔테이션

<비전 통독 세미나>는 성경 66권의 핵심인 "예수 그리스도"를 초점으로 90일에 성경을 일독합니다.

1. 비전 통독 표어	나는 죽었고 예수 사셨네 / 우리는 천국용사 / 도전! 성경 천독
2. 비전 통독 성구	"하나님의 약속은 얼마든지 그리스도 안에서 예(Yes)가 되니 그런즉 그로 말미암아 우리가 아멘 하여 하나님께 영광을 돌리게 되느니라"(고후 1:20).
3. 비전 통독 특징	성경의 초점인 예수 그리스도의 구속사적 관점으로 성경 66권을 관통한다.
4. 비전 통독 기적	1) 예통 비전 : 예수 통치로 예수 진리와 통하고, 예수 통치가 임하여, 작은 예수로 살아갈 비전 2) 90일 완독 : 90일 완독을 통해 성경이 구속사적 관점으로 관통된다. 3) 예통 열매 : '나죽예사, 천국용사'로 살게 된다. • '나죽예사'는 나는 죽었고 예수로 사는 삶 • '천국용사'는 용서하고 사랑하는 용사(용서+사랑=용사)의 삶
5. 비전 통독 목표	1) 읽기 가이드북, 읽기표와 읽기 팍, 오디오 등의 도움으로 90일에 완독한다. 2) 90일 동안 1독을 시작으로 1년에 3독 이상이 되는 성경통독의 용사가 된다. 3) 1년에 3독 이상을 통해 용서하고 사랑하는 천국용사가 된다.
6. 비전 통독 읽기	1) 읽기를 빠뜨린 날은 그대로 두고 제 날짜 범위를 읽는다(보충은 주일에 한다). 2) 이해되는 부분에 집중하고, 이해가 어려운 부분은 들으며 눈으로만 읽는다. 3) 각조 안에 읽기 팍을 두어 매일 그 날의 해당 분량을 읽은 후, 팍에게 문자를 보낸다. 4) 나중에 읽은 사람은 팍에게는 물론 조장이 확인하도록 조 카톡방에도 올린다. 예) "제1일 창 1-11장 완독! 할렐루야 승리하세요. 에덴의 순종을 회복하게 하옵소서!" 5) 읽기 발표 형식 : 언제, 어디서, 어떻게 읽었는가, 읽으면서 좋았던 것에 대해 5분간 발표한다.
7. 비전 통독 세미나	1) <비전 통독 세미나> 등록 입금 후 문자나 전화로 등록해야 접수완료(환불은 개강 전까지만 가능). 2) 세미나 교재 : <비전 통독>(두란노, 정가 25,000원, 저자/조상연) 3) 세미나 정원 : 100명(선착순 마감) 4) 세미나 수료 : 총 16회 중 14회 이상 참석해야 수료 가능함. 5) 홈페이지 : *세미나 안내 :

나는 죽었고, 예수 사셨네! 우리는 예수의 통치로 서로 용서하고 사랑하는 천국용사!

6) 가족 카드

– 수강생들에게 출력해서 나누어 주고 기입하게 한 후 조장이 걷어야 할 자료입니다. 가족 사항과 기도 제목을 적는 양식이며, 기간 동안 이 내용을 토대로 간사와 조장들이 함께 조원을 위해서 기도합니다.

레제나하우스

가 족 카 드

▣ 과정명 : 〈비전 통독 세미나〉 기 조

이 름		생년월일		핸드폰	
교 회		직 분		이메일	
비 고		주 소			

1. 나의 가족 소개(자녀가 학생이면 학년)

관 계	이 름	나 이	직 업	교회/직분	비 고

1) 나의 가족 이야기(부모님직업, 형제자매, 집안의 환경, 영적인 배경)
2) 삶속에서 가장 가슴 추웠던 시절(12살 이전과 이후로 나눔)
3) 삶속에서 가장 따뜻했던 시절(12살 이전과 이후로 나눔)
4) 언제 주님을 인격적으로 만났는가?
5) 성경통독 경험은?

2. 지원 동기(왜, 무엇을 위해? 간단하게 1~2줄로)

3. 주요 사역 이력(대표적인 사역과 역할)

4. 기도 제목 (나의 성숙 / 가족의 건강, 진로, 비전 / 교회 사역의 열매)

성경을 읽으면서 예수님이 통치하시는 삶이되기를 소망하고,
예수님이 십자가에서 자기 몸을 깨뜨려 나의 죄를 용서해주신 것처럼,
나 자신과 남의 죄를 용서하며 사랑하는 천국 용사의 삶을 살 것을 서약합니다.

201 년 월 일

지원자 서명____________

레제나하우스

나는 죽었고, 예수 사셨네! 우리는 예수의 통치로 서로 용서하고 사랑하는 천국용사!

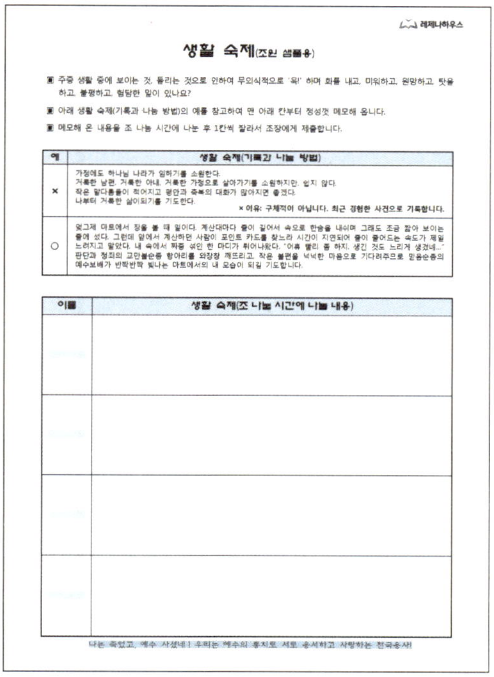

레제나하우스

생활 숙제(조원 샘플용)

▣ 주중 생활 중에 보이는 것, 들리는 것으로 인하여 무의식적으로 '욱!' 하며 화를 내고, 미워하고, 원망하고, 탓을 하고, 불평하고, 험담한 일이 있나요?

▣ 아래 생활 숙제(기록과 나눔 방법)의 예를 참고하여 맨 아래 칸부터 정성껏 메모해 옵니다.

▣ 메모해 온 내용을 조 나눔 시간에 나눈 후 1칸씩 잘라서 조장에게 제출합니다.

예	생활 숙제(기록과 나눔 방법)
×	가정에도 하나님 나라가 임하기를 소원한다. 거룩한 남편, 거룩한 아내, 거룩한 가정으로 살아가기를 소원하지만, 쉽지 않다. 작은 말다툼들이 적어지고 평안과 축복의 대화가 많아지면 좋겠다. 나부터 거룩한 삶이되기를 기도한다. × 이유: 구체적이 아닙니다. 최근 경험한 사건으로 기록합니다.
○	엊그제 마트에서 장을 볼 때 일이다. 계산대마다 줄이 길어서 속으로 한숨을 내쉬며 그래도 조금 짧아 보이는 줄에 섰다. 그런데 앞에서 계산하던 사람이 포인트 카드를 찾느라 시간이 지연되어 줄이 줄어드는 속도가 제일 느려지고 말았다. 내 속에서 짜증 섞인 한 마디가 튀어나왔다. "어휴 빨리 좀 하지. 생긴 것도 느리게 생겼네..." 판단과 정죄의 교만불순종 항아리를 와장창 깨뜨리고, 작은 불편을 넉넉한 마음으로 기다려주므로 믿음순종의 예수보배가 반짝반짝 빛나는 마트에서의 내 모습이 되길 기도합니다.

이름	생활 숙제(조 나눔 시간에 나눌 내용)

나는 죽었고, 예수 사셨네! 우리는 예수의 통치로 서로 용서하고 사랑하는 천국공사!

7) 생활 숙제(조원 샘플용)

– 조원들에게 나누어 줄 생활 숙제 샘플입니다. 한 주간 말씀을 읽고 말씀으로 살아가다 부딪힌 사례를 간략하게 적어 오기 위한 서식입니다. 이 내용을 조별 나눔 시간에 짧게 나누며 교제합니다.

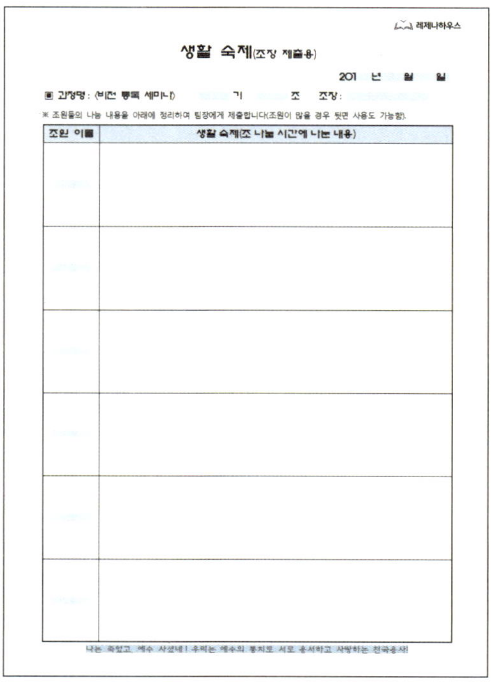

레제나하우스

생활 숙제(조장 제출용)

201 년 월 일

▣ 과정명 : (비전 통독 세미나) 기 조 조장 :

※ 조원들의 나눔 내용을 아래에 정리하여 팀장에게 제출합니다(조원이 많을 경우 뒷면 사용도 가능함).

조원 이름	생활 숙제(조 나눔 시간에 나눈 내용)

나는 죽었고, 예수 사셨네! 우리는 예수의 통치로 서로 용서하고 사랑하는 천국공사!

8) 생활 숙제(조장 제출용)

– 조원들이 해 온 생활 숙제를 모을 수 있는 서식입니다. 매주 세미나 전 간사를 통해 조장들에게 한 장씩 나누어 줍니다. 조장은 조원들의 생활 숙제를 모아 간사에게 제출합니다.

9) 소감문

– 13주차부터 세미나에 대한 소감문을 받습니다. 그때 나누어 줄 자료입니다.

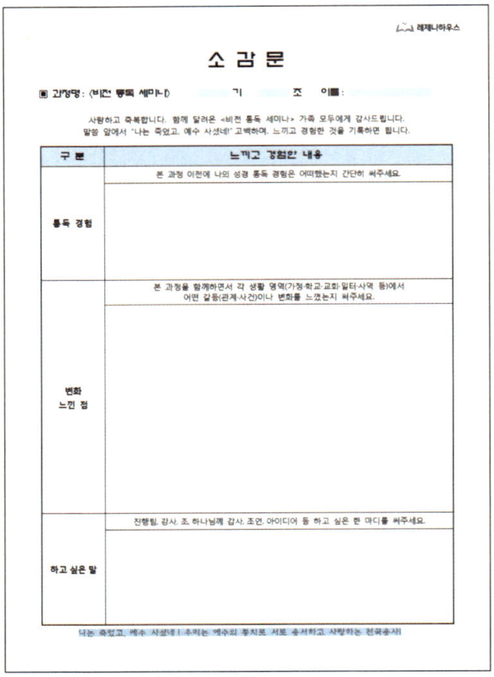

레제나하우스

소 감 문

▣ 과정명 : 〈비전 통독 세미나〉 기 조 이름 :

사랑하고 축복합니다. 함께 달려온 «비전 통독 세미나» 가족 모두에게 감사드립니다.
말씀 앞에서 "나는 죽었고, 예수 사셨네!" 고백하며, 느끼고 경험한 것을 기록하면 됩니다.

구 분	느끼고 경험한 내용
통독 경험	본 과정 이전에 나의 성경 통독 경험은 어떠했는지 간단히 써주세요.
변화 느낀 점	본 과정을 함께하면서 각 생활 영역(가정·학교·교회·일터·사역 등)에서 어떤 갈등(관계·사건)이나 변화를 느꼈는지 써주세요.
하고 싶은 말	진행팀, 강사, 조, 하나님께 감사, 조언, 아이디어 등 하고 싶은 한 마디를 써주세요.

나는 죽었고, 예수 사셨네! 우리는 예수의 통치로 서로 용서하고 사랑하는 천국공사!

10) 조장 피드백

– 세미나 기간 중 2번의 조장 피드백에 사용할 문서입니다.

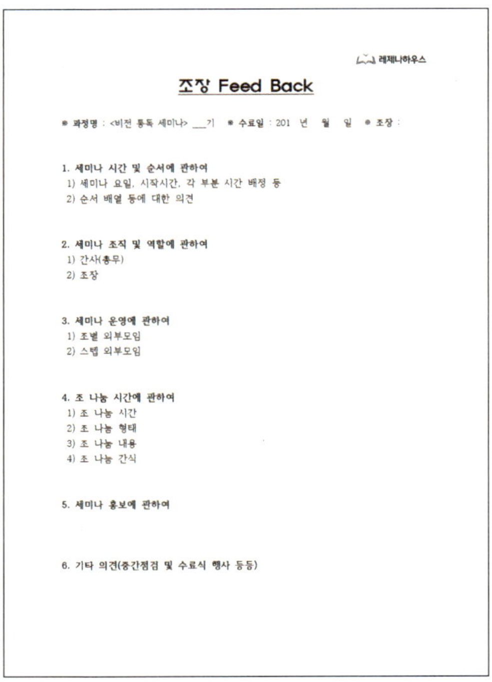

레제나하우스

조장 Feed Back

※ 과정명 : <비전 통독 세미나> ___기 ※ 수료일 : 201 년 월 일 ※ 조장 :

1. 세미나 시간 및 순서에 관하여
1) 세미나 요일, 시작시간, 각 부분 시간 배정 등
2) 순서 배열 등에 대한 의견

2. 세미나 조직 및 역할에 관하여
1) 간사(총무)
2) 조장

3. 세미나 운영에 관하여
1) 조별 외부모임
2) 스텝 외부모임

4. 조 나눔 시간에 관하여
1) 조 나눔 시간
2) 조 나눔 형태
3) 조 나눔 내용
4) 조 나눔 간식

5. 세미나 홍보에 관하여

6. 기타 의견(중간점검 및 수료식 행사 등등)

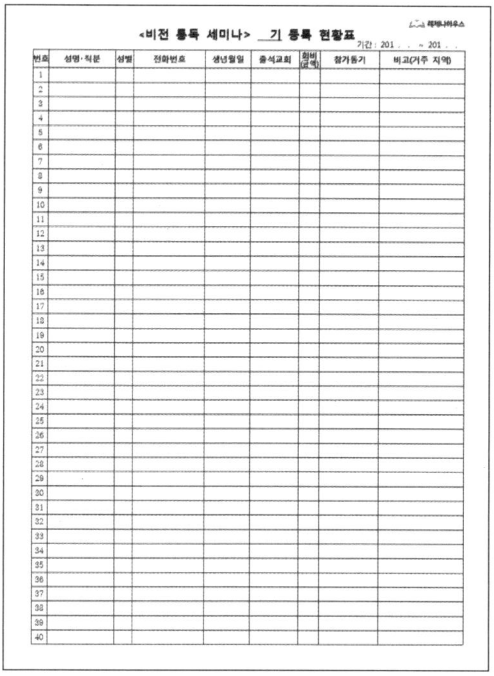

레제나하우스

<비전 통독 세미나> __기 등록 현황표

기간 : 201 . . ~ 201 . .

번호	성명·직분	성별	전화번호	생년월일	출석교회	회비(금액)	참가동기	비고(거주 지역)
1								
2								
3								
4								
5								
6								
7								
8								
9								
10								
11								
12								
13								
14								
15								
16								
17								
18								
19								
20								
21								
22								
23								
24								
25								
26								
27								
28								
29								
30								
31								
32								
33								
34								
35								
36								
37								
38								
39								
40								

11) 세미나 등록표(간사용)

– 처음 세미나를 등록할 때 필요한 문서입니다. 간사가 등록을 받으면서 작성합니다.

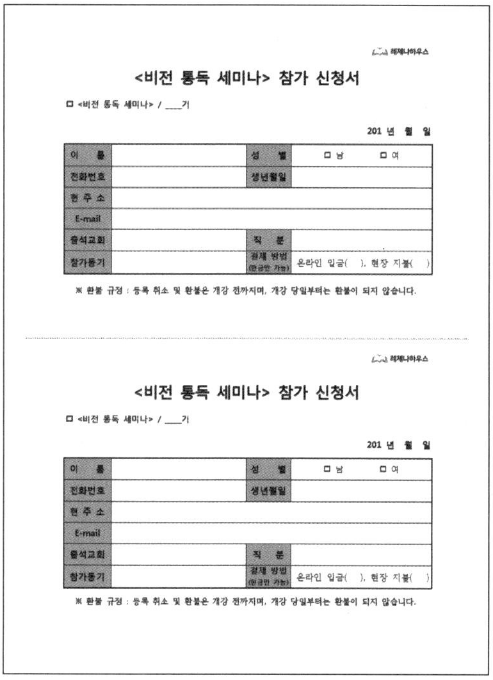

레제나하우스

<비전 통독 세미나> 참가 신청서

□ <비전 통독 세미나> / ____기

201 년 월 일

이 름		성 별	□ 남 □ 여
전화번호		생년월일	
현 주 소			
E-mail			
출석교회		직 분	
참가동기		결제 방법(현금만 가능)	온라인 입금( ), 현장 지불( )

※ 환불 규정 : 등록 취소 및 환불은 개강 전까지며, 개강 당일부터는 환불이 되지 않습니다.

레제나하우스

<비전 통독 세미나> 참가 신청서

□ <비전 통독 세미나> / ____기

201 년 월 일

이 름		성 별	□ 남 □ 여
전화번호		생년월일	
현 주 소			
E-mail			
출석교회		직 분	
참가동기		결제 방법(현금만 가능)	온라인 입금( ), 현장 지불( )

※ 환불 규정 : 등록 취소 및 환불은 개강 전까지며, 개강 당일부터는 환불이 되지 않습니다.

12) 세미나 참가 신청서

– 세미나를 참가하기 위한 신청서입니다. 다음 세미나를 위해 세미나의 후반부에 광고를 통하여 참가자를 모집하고 그 때 신청서를 제출받습니다.

Loving People Blessing Nations!

레제나 하우스

레제나 하우스 소개

- 레제나는 레위인, 제사장, 나실인의 앞 자를 딴 것으로 구별된 성도의 호칭이다.
- 레제나는 세상의 선교사로 사람을 사랑하고 세상을 축복하는 거룩한 사명이다.
- 레제나 하우스는 성경 1천 독으로 새로운 종교개혁에 헌신하는 세계선교의 현장이다.

레제나 하우스 비전

- 레제나 하우스는 같은 말로 하나님의 말씀을 세워 그리스도의 생명과 본질을 드러내는 구속사를 전개한다.
- 레제나 하우스는 같은 마음으로 순종의 마음을 품어 나는 죽고 예수로 사는 새로운 종교개혁을 일으킨다.
- 레제나 하우스는 같은 뜻으로 하나님의 뜻을 이루기 위해 온 세상이 성경 읽는 가정, 교회, 나라가 되도록 세계 선교에 헌신한다.

레제나 하우스 사역

세미나(말통 세미나, 예통 세미나, 성경 통독 운영 세미나, 성경 통독 강사 세미나, 말통 원리 세미나), 심화 연구 과정, One-Day 성경 통독, 선교사의 날, 선교단체협력, 아웃리치, 온라인 캠퍼스, 레제나 리트릿 등이 있다.

레제나 하우스 통독

1. 역사적 구조의 성경 읽기로 성경역사의 골조를 세운다.
   - 역사적 구조(구약 11권과 신약 3권)의 책을 선별해 읽는다.
2. 문학적 구조의 성경 읽기로 구원역사의 골조를 세운다.
   - 창세기부터 요한계시록까지 정독과 속독으로 읽는다.
3. 성경의 핵심을 관통하는 책을 우선적으로 1천 독 한다.
   - 로마서를 1천 독 하여 복음의 핵심을 관통한다.
   - 바울서신(로마서~히브리서) 14권 100장을 1천 독 하여 율법적 내용을 복음적 의미로 관통한다.
   - 신약성경을 1천 독 하여 구속사의 구조적 핵심을 관통한다.
   - 신구약성경을 1천 독 하여 신약과 구약의 균형을 관통한다.

레제나 하우스 교육 과정

- **초급 말통 과정**(말통 52일 연대기 10주)

  〈말씀 통독 마스터〉는 성경 66권을 13시대로 나누고 역사적 핵심이 되는 14권을 선별하여 전체적인 성경의 골조를 세우는 과정이다. 본 과정은 첫째로 옛 사람이 벗어지고 새사람의 형상을 덧입는 은혜를 알게 된다. 둘째로 성경역사가 마스터 되고 존재와 말씀과 거룩이 회복된다. 셋째로 마음속에 있는 원망, 분함, 악의, 비방, 부끄러운 말이 말씀 통독을 통해 '사랑하고 축복하는 마음'과 '나는 죽었고 예수 사셨네!' 고백하는 기적의 삶이 된다.

  ▸ 말통 속성 과정 신설(말씀 통독, 연대기 4주 과정)

- **중급 예통 과정**(예통 90일 구속사 16주)

〈비전 통독〉은 성경 66권을 구속사로 관통하여 예수님의 스토리를 알아가는 과정이다. 본 과정은 첫째로 예수통치가 임하여 Yes! 아멘 순종하는 비전을 알게 된다. 둘째로 성경 66권을 90일 동안 구속사적 관점으로 관통하게 된다. 셋째로 나는 죽었고 예수 사셨네!의 '나죽예사'와 사람을 용서하고 사랑하는 '천국용사'의 삶이 플러스 된다.

▸ 예통 속성 과정 신설(비전 통독, 구속사 6주 과정)

- **고급 강사 과정**(말통 및 예통 강사 세미나)

강사 과정은 말통과 예통 인도자로 세우기 위한 One-Day 과정이다. 본 과정은 첫째로 학습자를 잘 인도할 수 있도록 전체적인 강의와 진행방법 등을 배우게 된다. 둘째로 효율적인 강의를 위한 PPT와 소그룹 인도를 위한 행정서식이 제공된다. 셋째로 심화 연구 과정에 참여할 수 있는 자격이 부여된다.

▸ 성경 통독 운영세미나 신설(비전 통독, 원데이 과정)

- **세미나 교육 자료**

신구약 주제 폴더

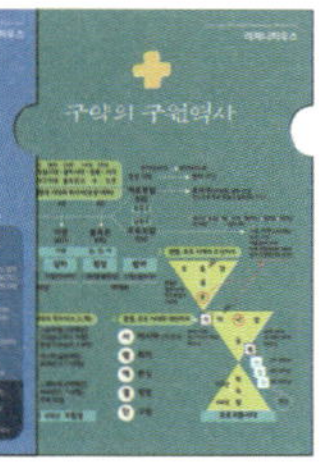

신구약 역사 폴더

심화 연구 과정(강사 과정 수료자 연장교육)

심화 연구 과정은 말통과 예통 강사 과정 수료자를 대상으로 대그룹 강의와 일대일 및 소그룹 인도자 양성을 위한 교육 과정이다.

본 과정은 첫째로 성경의 각 권에 나타난 구속사와 역사적 구조에 대해 세부적으로 연구한다. 둘째로 소그룹 운영 가이드와 강의를 위한 교안 및 학습도구들을 개발하고 자료를 제공한다. 셋째로 강사와 소그룹 인도자에게 필요한 교육과 훈련을 받게 된다.

레제나 하우스 세미나 문의 http://lejena.godpeople.com

- 월요예통 캠퍼스(구속사 16주) : 안숙향 간사 _ owj0149@naver.com
- 수요예통 캠퍼스(구속사 16주) : 주혜선 간사 _ 6461grace@gmail.com
- 목요말통 캠퍼스(연대기 10주) : 주영미 간사 _ joyjooym@hanmail.net
- 토요말통 캠퍼스(연대기 10주) : 김영숙 간사 _ dyds0425@naver.com
- One-day 강사 심화 연구 과정 : 신기영 간사 _ skyloveru@naver.com
- 말통 및 예통 세미나 속성 과정 : 김성국 총무 _ drn121@naver.com

레제나 하우스 후원 안내

- 국민은행 _ 046801-04-143829 예금주 _ 레제나 하우스
- 미션 펀드 _ http://go.missionfund.org/lejena(미션 펀드를 통한 후원은 기부금 영수증 발급가능)
- 후원 문의 _ 070-8249-0765 _ joy-jsy@hanmail.net
- 후원 담당 _ 전구영 총무 _ jeon5546@naver.com